D1720356

Peter Altenstein

Kasatschok

Peter Altenstein

KASATSCHOK

**Unheroische Geschichten
aus heldenhaften Zeiten**

© 1996 by Peter Altenstein
    für bede-Verlag, D-94239 Ruhmannsfelden
    alle Rechte vorbehalten
ISBN 3-931 792-18-8

Der General

Die Stiefelabsätze auf der Oberkante des fußseitigen Bettkastens, lag Oberst Blink angezogen im Halbdunkel seines Gefechtsstands. Die linke Hand in napoleonischer Geste unters Hemd gesteckt, stützte er mit der rechten seinen hellblonden Stiftenkopf und starrte mit seinen wasserhellen Augen zur Decke. Es war noch keine 4 Wochen her, seit er mit seinem Regiment den Feind bei Krasnowskoja umgangen und in einem blutigen Gemetzel eine halbe russische Division in die Flucht geschlagen hatte.

Er selbst hatte an die 400 Mann verloren, aber das war ihm die Beförderung zum Oberst und die Verleihung des Ritterkreuzes allemal wert gewesen. Doch nun war er kaltgestellt. Generalmajor Engholm vom Stab der 1. Panzerarmee hatte im nachhinein die ganze Aktion als viel zu verlustreich eingestuft und ihn zur 2. Stellungsdivision versetzt. Da lag er nunmehr seit 1 Woche faul auf seinem Bett und blickte hinunter auf das Flüßchen Sejm, dessen grünblaues Wasser 3 km talwärts in die Desna mündet.

Er war kaltgestellt worden, und die Chance, in diesem schon verlorenen Krieg noch General zu werden, war äußerst gering. Er mußte sich etwas einfallen lassen; soviel war sicher! Aber was?

Unruhig wälzte er sich von einer Seite zur anderen, ohne die Stiefel vom Bettrand zu nehmen. Er war immer schon ein Mann von penibelster Sauberkeit gewesen, und allein der Gedanke, seine Bettwäsche mit Stiefelwichse zu versauen, hätte ihm Übelkeit bereitet. Die unwürdige Beschäftigung mit dem vermeintlichen tragischen Ende seiner militärischen Laufbahn hatte ihn in einen Zustand tranceartiger Erstarrung versetzt, so daß er das erste Klopfen an seiner Türe überhörte und erst beim zweitenmal erschrocken hochfuhr.

"Einen Augenblick bitte!" brüllte er unwirsch in Richtung Eingang. Es wäre ihm nicht im Traum eingefallen, sich irgend jemandem in diesem halbangezogenen Zustand zu zeigen. Rasch schloß er Hemdkragen und schlüpfte in seinen Waffenrock. Während er sorgfältig Knopf für Knopf schloß, warf er einen prüfenden Blick in den Spiegel, ging dann zur Türe und öffnete sie mit energischem Ruck.

"Treten Sie ein Leutnant!" befahl er barsch, ging mit kurzen, schnellen Schritten zu seinem Kartentisch, setzte sich auf den dahinter stehenden Stuhl und stützte beide Unterarme auf die Tischplatte, während sich sein wässeriger Blick in die Augen des vor ihm stehenden Offiziers bohrte.

"Nun, was gibt's?" schnauzte er ihn an.

"Herr Generalmajor Engholm wünscht Sie zu sehen, Herr Oberst!" Blink stand auf und ging mit dem Leutnant vor das Haus, wo er auf der kleinen Veranda stehenblieb.

"Wann?" fragte er mit hochgezogenen Augenbrauen.

"Sofort, Herr Oberst!" sagte der Leutnant und salutierte, wobei die Absicht deutlich wurde, daß er sich zurückziehen wollte.

"Bleiben Sie!" brüllte Blink und schlug sich mit der Reitpeitsche kreuz und quer über seine Reitstiefel.

"Gehen Sie zu meinem Fahrer, und sagen Sie ihm, er solle mich in 10 Minuten hier am Gefechtsstand abholen!"

"Jawohl, Herr Oberst!" sprach der Leutnant, machte kehrt und wollte zur Unterkunft des Regimentsstabs eilen, aber die schneidende Stimme des Obersten nagelte ihn fest.

"Wer hat denn Sie zum Offizier gemacht?" fuhr er den Leutnant an und schrie, ohne dessen Antwort abzuwarten, mit sich überschlagender Stimme: "In meinem Regiment ist es üblich, daß erteilte Befehle von den Untergebenen wiederholt werden."

Verdutzt starrte der Leutnant in die düsteren Wasseraugen.

"Fahrer in 10 Minuten zum Gefechtsstand!" brachte er stotternd hervor und fixierte konsterniert die hin und her schwingende Peitsche.

"Welcher Fahrer?" fragte der Oberst lauernd. "Ich bitte um größte Präzision in der Weitergabe von Befehlen!"

"Ihr Fahrer, Herr Oberst!"

"Und jetzt das Ganze noch mal, wenn ich bitten darf!"

"Ihr Fahrer in 10 Minuten zum Gefechtsstand, Herr Oberst!" kam es verdattert aus dem Mund des Leutnants.

"Also los dann!" befahl der Oberst und verschwand in seiner Unterkunft. In größter Eile lief der Leutnant zum Regimentsstab und befahl dem Obergefreiten Jungböck sich in 10 Minuten mit dem Kübelwagen beim Obersten zu melden.

"Wo soll's denn hingehen?" fragte der kleine, dickliche Obergefreite mit verschmitztem Lächeln.

"Nach Neschin zum Generalstab!" antwortete der Leutnant und setzte sich zum wachhabenden Unteroffizier an den Tisch.

"Dicke Luft?" meinte der fragend und blickte forschend auf den Leutnant.

"General Engholm schien mir ziemlich sauer zu sein!"

"Das ist er meistens!" lachte der Unteroffizier und beobachtete den Obergefreiten, der sich fertigmachte.

Jungböck setzte seinen Stahlhelm auf und verließ den Raum. In der Tür drehte er sich nochmals um und sagte: "Wenn ich nicht wiederkommen sollte, kriegt meinen Spindinhalt der Adelmeier!"

"Es ist gut, daß der Jungböck seine Testamente nicht schriftlich macht. Der hätte viel zu schreiben!" sagte lachend der Leutnant.

Joachim Engholm war seit 8 Monaten erster Generalstabsoffizier der 1. Panzerarmee und als 1 a für die allgemeinen Führungsaufgaben zuständig. Er war ein großer, schlanker Mann, 39 Jahre alt und hatte unter Guderian den Ostfeldzug von der ersten Stunde an mit viel Courage, Geschick und Umsicht hinter sich gebracht. Die großen Erfolge der Panzerarmeen in den siegreichen Kesselschlachten seit Beginn der Eroberung Rußlands hatten ihn fast mühelos nach oben getragen. Doch seit der Katastrophe von Stalingrad war sein strahlender Optimismus einer depressiven Untergangsstimmung gewichen. Die verlustreichen Rückzugsgefechte der letzten Monate hatten sein Selbstvertrauen lädiert, und er saß oft tagelang verstört vor seinen Lagekarten und Organisationsplänen.

Meist fehlte die erforderliche Konzentration, um die strategischen Anweisungen des Armeeoberkommandos in taktische Anweisungen umzuwandeln. Da dieser offensichtliche Verlust an führungstechnischer Effizienz auch seinen Vorgesetzten nicht verborgen blieb, war ihm auf Weisung des Führerhauptquartiers ein Verbindungsmann zum benachbarten SS-Panzerkorps zugeteilt worden, der ihm große Sorge bereitete.

Standartenführer Michael Schwarz stammte aus Graz und war ein eiskalter Karrierist. Engholm hatte ihn noch nie lachen gesehen, und was ihm am meisten zusetzte, war die Tatsache, daß dieser Mann niemals zu einer klaren Stellungnahme zu bewegen war. Er drückte sich um jede Entscheidung, nahm nur Befehle entgegen und gab sie weiter. Dabei hatte Engholm stets das Gefühl, auf Schritt und Tritt belauert zu werden, und häufig überraschte er Schwarz beim Durchwühlen seiner Aufzeichnungen. Gelassen ließ dieser danach Engholms Fragen und Vorwürfe über sich ergehen, stellte sich dumm und bat unterwürfig um Entschuldigung.

Auch jetzt saß Schwarz im Halbdunkel des großen Kartenraumes und machte sich Notizen, als die Ordonnanz die Ankunft von Oberst Blink meldete.

Engholm mußte kurz überlegen, dann fiel ihm wieder ein, daß dieser Blink ja der abgeschobene Schlächter von Krasnowskoje war, den er zu sich bestellt hatte, um ihm seine neue Aufgabe zuzuweisen.

"Ich lasse bitten!" sagte er, wie immer korrekt und wohlerzogen zu dem wartenden Offizier. Dieser verschwand salutierend, und gleich darauf betrag Oberst Blink den Raum.

"Oberst Blink meldet sich zur Stelle!"

Engholm ging ihm entgegen, reichte ihm die Hand und stellte vor: "Oberst Blink, Standartenführer Schwarz!"

Ohne sich aus dem Halbdunkel zu lösen, sagte Schwarz nur kurz "Angenehm!" und tauchte zurück in die von ihm bevorzugte Anonymität.

Nachdem sich die beiden Offiziere gesetzt hatten, begann Engholm mit leiser, aber präziser Stimme:

"Die Sowjets scheinen die Erfolge der letzten Wochen doch nicht ganz ohne Schaden überstanden zu haben. Wir haben jedenfalls zuverlässige Nachrichten, daß sie sich augenblicklich mit größeren Umgruppierungen herumschlagen müssen. Das läßt auch uns Zeit, unsere Verbände neu zu ordnen." Engholm stand auf und ging zum Kartentisch, wohin ihm auch Blink nach einem einladenden Kopfnicken folgte.

"Wie Sie sehen, hat die russische Front hier am oberen Sejm, also zwischen Maloarchangelsk und Bjelogord, einen großen Bogen nach Westen gebildet. In diesem Sack liegen die Städte Kursk und Obojan und was für uns schlimmer ist, die 1. Panzerarmee und die 1. Garde-Armee, beides ausgezeichnete Verbände mit großer Kampferfahrung."

"Ihr Kommandeur ist Generalleutnant Katukow!" meldete sich Schwarz aus dem Hintergrund.

"Mehr Sorge bereitet uns die Anwesenheit von Armeegeneral Watutin. Wenn er zusammen mit seinem Kriegsrat Chrustschow irgendwo auftaucht, nehmen meist größere Operationen ihren Anfang."

"Gestatten Sie eine Zwischenfrage, Herr General?" fragte Blink.

"Bitte!" sagte Engholm und blickte kurz von seinen Karten auf.

"Als ich vor einer Woche aus Orel abreiste, ging das Gerücht um, daß eher wir eine entscheidende Aktion vorbereiteten!" Seine wässrigen Augen bekamen einen lauernden Ausdruck, aber Engholm wich seinen Blicken aus und deutete energisch auf seine Karten.

"Vergessen Sie die Gerüchte", sagte er mit ironischem Unterton. "Der Kursker Bogen wird den Russen zeigen, daß sie mit ihren blitzkriegsartigen Manövern kein Glück haben werden. Wir haben ihnen diese Operationen zwar ausreichend oft vorgemacht, aber zur Nachahmung fehlen ihnen doch die strategischen Köpfe."

"Unterschätzen Sie Watutin nicht!" warf Schwarz ein, stand auf und näherte sich dem Kartentisch. "Es könnte nämlich auch sein, daß uns die Nase vor Orel noch einige Sorgen bereiten könnte."
Engholm blickte kurz auf die blaue Linie seiner HKL, die tatsächlich in großem Bogen um Orel herum weit nach Osten aus der Brjansker Front herausragte.
"Wir werden sehen!" brach er jede weitere Diskussion über dieses Thema ab und wandte sich Blink zu.
"Kommen wir zu Ihnen!" Er machte eine kurze Pause und überlegte, ob er sich nochmals zur Krasnowskojer Affäre äußern oder gleich zur Sache kommen sollte. Dann entschied er sich für letzteres.
"Auf Befehl des Führers muß sich die Truppe aus den dezimierten Verbänden der letzten verlustreichen Abwehrschlachten neue schlagkräftige Abteilungen aufbauen. Dazu brauchen wir erfahrene Offiziere, die wir aber nicht von den Kriegsschulen bekommen, sondern nur aus unseren Restbeständen. Der Oberbefehlshaber der Heeresgruppe Mitte bedauert daher außerordentlich, daß er Sie nicht mit Ihren Soldaten in die Etappe zurücksenden kann."
"Das war mir schon klar, als Sie mich Ihrer Stellungsdivision zuteilten!"
"Ich bedaure persönlich diese Entscheidung ebenso, aber ich glaube, daß sich das OKW durch Beförderung und Auszeichnung in gewisser Weise doch sehr generös gezeigt hat", stellte Engholm sarkastisch fest.
"Wie Sie meinen, Herr General!" gab Blink etwas patzig zur Antwort.
"Jedenfalls sind Sie nun hier in meiner Division, und ich bin sicher, daß wir einige Wochen Zeit haben werden, eine schlagkräftige Division aufzubauen, ohne in Kampfhandlungen verwickelt zu werden."
"Und woher wollen Sie die Leute nehmen?" fragte Blink.
"Das lassen Sie nur unsere Sache sein!" erwiderte Schwarz, worauf ihn Engholm vorwurfsvoll ansah, so als schiene ihm die Frage Blinks weit berechtigter als die großmaulige Antwort des Standartenführers.
Sie bleiben jedenfalls vorerst in Osatowo, machen Ihre Vorausplanungen für die Aufstellung eines Sturmregiments und warten auf die Mannschaften und Offiziere, die wir Ihnen in der Reihenfolge zuteilen werden, wie sie bei uns eintreffen. Ist das klar?"
"Jawohl, Herr General! Planung für Sturmregiment und Eingliedern der ankommenden Mannschaften und Offiziere!"
"Da Sie im Moment mit dieser Aufgabe wohl nicht gerade überlastet sein werden, kann ich Ihnen nach Rücksprache mit dem Ober-

kommando 8 Tage Heimaturlaub genehmigen. Sie können Ihren Urlaubsschein im Vorzimmer mitnehmen!"

"Verbindlichsten Dank, Herr General! Kann ich gehen?" fragte Blink.

Engholm warf einen fragenden Blick auf Schwarz, und als dieser in gewohnter Weise stumm nickte, verabschiedete er sich von Blink und ließ sich dann aufatmend in seinen Sessel fallen.

"Nun, das ist ja besser gegangen, als ich dachte", sagte er, nachdem Blink den Raum verlassen hatte.

"Hatten Sie irgendwelche Schwierigkeiten von seiner Seite erwartet?" fragte Schwarz und setzte sich dem General gegenüber in einen Sessel.

"Oberst Blink ist ein schwieriger Mensch, und es wäre durchaus denkbar gewesen, daß er hier den wilden Mann gespielt hätte!"

Gut gespielte Überraschung auf dem Gesicht des Standartenführers veranlaßte Engholm zu dem Kommentar:

"Dieser Mann geht über Leichen, und wenn wir beide jetzt tot wären, hätte sich sein Kontostand nur unwesentlich verändert!"

Da der Zug nach Krakau erst gegen Abend in Kiew abfahren sollte, befahl Oberst Blink seinem Fahrer gemächlich zu fahren.

Während der Kübelwagen in mäßiger Geschwindigkeit auf der Rollbahn dahinschaukelte, verfiel Blink ins Grübeln, wie er es immer dann tat, wenn keine sofortigen Entscheidungen von ihm gefordert wurden. Dabei ertappte er sich in letzter Zeit immer häufiger beim aberwitzigen Gedanken, seine Frau loszuwerden, koste es, was es wolle. Er hatte damals die bigotte Tochter eines Leipziger Pastors nur deshalb geheiratet, weil er als junger Leutnant von seinem Sold nicht so leben konnte, wie er es für einen Offizier als standesgemäß gehalten hatte. Die kleine Mitgift der Braut hatte gerade ausgereicht, sie beide über Wasser zu halten, bis er - zum Hauptmann befördert - genügend Sold erhielt, um den Armeleutegeruch selbst verscheuchen zu können. Dann war der Krieg ausgebrochen, und sein militärischer Aufstieg hatte ihn sehr rasch in Kreise befördert, die er bis dahin nur aus Illustrierten kannte. Obwohl er strengt auf seinen guten Ruf achtete, hatte er einige pikante Affären und war so auch am Neujahrsball 42 an die blutjunge Witwe eines Fliegerleutnants geraten, die ihn sofort in einer aufreizenden Art ekstatischer Verehrung anhimmelte. Obwohl Kameradenfrauen für ihn stets tabu gewesen waren, redete er sich ein, daß ein toter Kamerad doch wohl nicht gegen seine Prinzipien verstoßen konnte. Im übrigen hielt er sich für intellektuell ausreichend beweglich, auf Prinzipien zu verzichten, wenn sie ihm nur als Vorwand dazu dienen sollten, daß ihm in der gegebenen Situation nichts Brauchbares eingefallen sei. So hatte er, weit entfernt von lutherischer Ehepflicht, in himmlischer Verzückung ein paar sensationelle Nächte an der Grenze obszöner Geilheit mit dieser Marianne verbracht und war ihr seit dieser Zeit in einem Ausmaß verfallen, daß selbst Mordgedanken sein Drillgehirn aus der gewohnten Denkbahn zu werfen drohten.

Mit zittrigen Händen zündete er sich eine Zigarre an und blies den Rauch in den preußisch-blauen Himmel. Was hatte diese Hexe aus ihm gemacht? Militärisch gesehen brauchte ihn augenblicklich nichts aus der Ruhe zu bringen. Seine Beförderung zum General war nur aufgeschoben, nicht aufgehoben, dessen war er sicher. Der Krieg würde noch lange genug dauern, und Helden würden jetzt mehr gefragt sein denn je. Er würde schon dafür sorgen, daß seine Soldaten in kommenden Schlachten bewiesen, daß er das Zeug zum Feldherrn hatte und ihn auch keine Skrupel davon abhielten, für Führer, Volk und Vaterland bis zum letzten Mann zu kämpfen.

Sobald sich seine Gedanken in militärischen Bereichen bewegten, fühlte er sich von dieser absoluten Sicherheit umgeben, die nur im Schoße soldatischer Grundsätze gedeihen konnte. Daß es sich hierbei in Wirklichkeit um eine äußerst trügerische Angelegenheit handelte und er eher dem Reiter auf dem Bodensee glich, sollte ihm erst viel später aufgehen.

Am Kiewer Bahnhof angekommen, nahm Oberst Blink seine Reisetasche aus dem Wagen und befahl seinem Fahrer, sich unverzüglich zurück nach Osatowo zu begeben.

Nach kurzem Suchen hatte er in dem halbverfallenen Bahnhofsgebäude die Heeresleitstelle gefunden und sich die genaue Abfahrtszeit seines Zuges geben lassen. Da er noch mehr als zwei Stunden Zeit hatte, streunte er ziellos durch Behelfsbauten und betrat schließlich die Marketenderei, in der sich ein halbes Dutzend Soldaten für die Heimreise mit Zigaretten und Wodka versorgten. An der rechten Seite des langen, schlecht gehobelten Holztisches stand ein Schild, das mit dem Hinweis "Nur für Offiziere" dem Obersten jegliche Wartezeit ersparte.

Nach Vorlage seiner Raucherkarte und seines Urlaubsscheines kaufte er zwei Flaschen Wodka und eine Kiste leichter Zigarren. Nachdem er bezahlt und die Ware in seinem Wäschebeutel verstaut hatte, fragte der ihn bedienende Unteroffizier mit etwas gesenkter Stimme:

"Wenn Sie gestatten, Herr Oberst, könnte ich Ihren Reiseproviant etwas aufbessern!"

"In welcher Weise?" fragte Blink erstaunt.

"Wir haben gestern abend zwei Waggons Marketenderware aus Orel hereinbekommen. Da die Waren noch nicht inventarisiert sind, könnte ich Ihnen zwei Flaschen echten französischen Kognak überlassen!" Da er sah, wie sich das Gesicht des Obersten verfinsterte und die Augenbrauen bedrohlich nach oben wanderten, fügte er rasch hinzu: "Gegen Bezahlung natürlich!"

"Stehen Sie stramm, und nennen Sie mir Ihren Namen!" befahl Blink barsch.

"Furier-Unteroffizier Heitzer, Herr Oberst!"

"Ich nehme an, daß ich nicht der erste Offizier bin, dem Sie solch ein Angebot machen!"

"Doch, Herr Oberst. Ich bin erst seit einer Stunde im Dienst, und bisher war noch kein Offizier bei mir!"

"Wie heißt Ihr Vorgesetzer, und wo kann ich ihn antreffen?"

"Oberzahlmeister Dr. Klein, Herr Oberst. Sein Büro befindet sich gleich hinter unserem Lager!"

"Ich werde ihm über Ihren Vorschlag Meldung erstatten und eine empfindliche Bestrafung fordern! Ist Ihnen das klar?"

"Jawohl, Herr Oberst!" stieß Heitzer zwischen geschlossenen Zähnen hervor und knallte die Hacken zusammen. Während Oberst Blink mit finsterem Blick den Raum verließ, sagte Heitzer zu dem neben ihm stehenden Obergefreiten: "Arschloch, aufgeblasenes! Man sollte diesen Idioten wirklich keinen Gefallen tun!"

Blinks Vorsprache bei Dr. Klein verlief etwas anders, als er sich das ausgemalt hatte. "Diese gottverdammten Etappenhengste haben wirklich eine total verkommene Dienstauffassung", fluchte Blink vor sich hin, als er das Büro des Zahlmeisters verlassen hatte. Er stellte sich hinter einen verrosteten Gittermast und beobachtete mit großem Mißtrauen die Marketenderei. Nach kurzer Wartezeit sah er, wie der Oberzahlmeister sein Büro verließ und den Verkaufsraum betrat. Durch die offene Tür konnte er zwar erkennen, daß Dr. Klein mit dem Unteroffizier sprach, aber er konnte nicht hören, was dieser sagte: "Zum Donnerwetter, Heitzer, wie oft muß ich Ihnen noch sagen, Sie sollen sich die Leute vorher ansehen, bevor Sie ihnen solche Angebote machen!"

"Jawohl, Herr Oberzahlmeister. Der Mann sah so deprimiert aus, daß ich mir dachte, er könnte eine kleine Dreingabe gebrauchen!"

12

"Wie lange sind Sie schon beim Barras?"

"Mit dem Arbeitsdienst zusammen 5 Jahre, Herr Oberzahlmeister!"

"Dann müßten Sie sich eigentlich etwas besser auskennen. Offiziere vom Major aufwärts haben keinen Gesichtsausdruck mehr, der auf Gefühle schließen ließe. Diese Leute sehen deswegen deprimiert aus, weil sie Tag und Nacht daran denken müssen, daß es immer noch einen Dienstgrad gibt, der über ihnen steht, und diese Tatsache macht sie so mißmutig. Ab sofort keine Sonderzuteilungen mehr an Offiziere. Haben Sie mich verstanden?"

"Jawohl, Herr Oberzahlmeister!" sagte Heitzer schon etwas erleichtert.

"Und nun zur Bestrafung, die der Herr Oberst gefordert hat! Sie machen den Rest der Woche jeden Abend eine Stunde länger Dienst! Ist das klar?"

"Jawohl, Herr Oberzahlmeister!" Ein leises Lächeln schlich sich auf die Lippen des Unteroffiziers.

Dr. Klein drehte sich um und verließ den Verkaufsraum. Unter der Türe blieb er stehen und kratzte sich nachdenklich die Stirne. Dann drehte er sich nochmals um und sagte:

"Von mir aus können Sie dann morgens eine Stunde später anfangen!"

Auf dem Wege zurück in sein Büro entdeckte der Oberzahlmeister den Oberst, der sich immer noch hinter dem Stahlmast verbarg. Ohne zu zögern ging er auf ihn zu und sagte:

"Der Mann hat seine Bestrafung erhalten, Herr Oberst!"

Da Dr. Klein trotz größter Bemühung nicht sehr zackig aussah mit seinem zerknitterten Waffenrock und den schlecht geputzten Stiefeln, knurrte der Oberst nur ein kurzes: "Danke, Herr Oberzahlmeister!" und wandte sich angewidert ab.

Um 14 Uhr 30 bestieg er den Zug, und 10 Minuten später war er auf dem Weg in die Heimat, die ihn, wenn er es genau überdachte, noch mehr anwiderte.

In seinem schwach besetzten Abteil 1. Klasse verbrachte Oberst Blink eine ruhige Nacht und stieg am anderen Tag ausgeruht aus dem Zug. Er durchquerte zu Fuß die Innenstadt Leipzigs, ohne die leicht beschädigten Fassaden des alten Rathauses und des protzigen Reichsgerichts zu beachten. Befriedigt stellte er fest, daß das Haus Nr. 12 in der Hermannstraße noch unversehrt war. Ohne große Eile stieg er drei Treppen hoch und läutete wie verlangt bei Frl. Lehmann 3 x. "Gnade ihr Gott, wenn sie nicht allein ist", dachte der Oberst und fuhr sich über die unrasierte Wange. Als er schon die Hand hob, um ein zweites Mal zu läuten, wurde die Türe einen Spalt weit geöffnet, und er sah ein paar zerzauste blonde Haare und sehr erstaunte blaue Augen. Gleich darauf riß Marianne die Türe vollends auf und flog in seine Arme.

Blink war kein Freund stürmischer Gefühlsäußerungen in aller Öffentlichkeit, und so löste er sich rasch aus der zudringlichen Umarmung und drängte die junge Frau zurück in die Wohnung. Hastig betraten sie das möblierte Zimmer und fielen sich erneut in die Arme. Ein kaum verständlicher Schwall von Fragen stürmte auf ihn ein: warum er nicht geschrieben habe, warum er ihr seine Ankunft nicht mitgeteilt habe, ob er sie wohl überraschen wollte, ob er ihr vielleicht gar nicht traute, er wisse doch, wie sehr sie ihn liebte, und so weiter.

Wortlos zog er die junge Frau aus und legte sie ins Bett. Dann holte er eine Flasche Wodka aus seinem Brotbeutel, zündete sich genüßlich eine Zigarre an und begann sich ebenfalls auszuziehen. Bevor er sich zu ihr ins Bett legte, entkorkte er die Flasche, nahm einen kräftigen Schluck und reichte sie dann Marianne.

"Nein danke!" sagte sie angewidert. "Am frühen Morgen vertrage ich noch keinen Wodka!"

Lächelnd stellte er die Flasche auf den Boden und schob seinen Arm unter Mariannes Kopf.

"Ich habe erst gestern erfahren, daß ich heimreisen durfte. Ich war noch nicht zu Hause. Mein erster Weg führte mich zu Dir. Ich hoffe, das beweist Dir, wie sehr ich dich liebe", sagte er mit süffisantem Lächeln.

"Es ist gut, Dich wieder zu fühlen!" schnurrte sie und küßte seinen Hals.

Als Blink spürte, daß sich seine Nervosität gelegt hatte, und er die Wärme ihrer Hand auf seinem sich straffenden Geschlecht wahrnahm, drückte er seine Zigarre auf dem Boden aus und schob sich langsam über die junge Frau.

Als sein schwerer Körper sie mit langhubigen Stößen in die Matratze stieß, begann sie sofort leise zu wimmern. Ob es sich dabei um sospiri in dolcezza d'amore handelte oder um das wehleidige Gekeuche einer zu eng gebauten Jammerliese, war ihm ziemlich gleichgültig. Der Grad seines Genusses war nie davon abhängig, ob er die jeweilige Dame liebte. Er wußte gar nicht, was Liebe ist, und er wollte es gerade jetzt auch nicht erfahren.

Mit dem Versprechen, gegen 20 Uhr wiederzukommen, drückte Blink der immer noch Wimmernden einen flüchtigen Kuß auf die Stirne, drehte sich aus dem Bett, zog sich an und verließ ohne jeden Kommentar das Zimmer.

Punkt 11 Uhr betrat er seine eigene Wohnung in der Blumenstraße und umarmte seine Frau ohne den leisesten Hauch von Zärtlichkeit. Er ging sofort ins Bad, duschte und rasierte sich, zog seinen Hausrock an und suchte seine Frau, die er in der Küche antraf, wo sie etwas verstört umherirrte.

"Ich habe gar nicht genug Lebensmittel zu Hause. Du hättest doch schreiben können, daß du kommst!" stotterte sie und schaute ihn ängstlich an.

"Das sieht dir wieder ähnlich. Den ganzen Tag hockst du faul zu Hause, und wenn ich dann ankomme, hast du nicht mal was zu essen für mich. ich kann natürlich auch ins Kasino gehen, wenn dir das lieber ist!"

"Nein, bitte, nein. Tu mir das nicht an. Ich bin doch froh, daß du endlich wieder da bist. Ich renne schnell zum Metzger, er wird schon noch was für uns haben!" Sie band rasch ihre Schürze ab und verließ eiligst die Wohnung.

Blink betrat sein Wohnzimmer, öffnete seinen Schreibtisch und überflog eine Reihe von Briefen, die ungeöffnet dort auf ihn gewartet hatten: Grüße von Kameraden aus Italien, Norwegen und Frankreich, Gratulationen zu Orden und Beförderung von Freunden sowie Anfragen von Hinterbliebenen der Opfer seiner verlustreichen Schlachten. Letztere warf er teilnahmslos in den Papierkorb.

Als seine Frau zurückkam und lautlos in ihrer Küche verschwand, begann er mit der Beantwortung der übrigen Post. Nach dem Essen legte er sich im Wohnzimmer auf den Diwan und las den "Völkischen Beobachter."

Kopfschüttelnd wühlte er sich durch den Wust von Frontberichten. Wenn die Nachrichten aus den übrigen Teilen Europas ebenso stimmig waren wie die Siegesmeldungen aus dem Osten, wo er ja nun wirklich wußte, wie es dort aussah, dann gute Nacht Deutschland. Wütend warf er die Zeitung auf den Boden und drehte sich zur Wand. Schnell fiel er in einen unruhigen Schlaf, aus dem er gewohnheitsmäßig nach einer halben Stunde wieder aufwachte.

Hastig nahm er einen Schluck Wodka und rief dann seinen Schulfreund Dr. Prinz an, mit dem er sich für fünf Uhr im Cafè Melodie verabredete.

Jetzt endlich brachte er es über sich, seine Frau aufzusuchen, die still am Küchenfenster saß, die Hände in den Schoß gelegt, und traurig das Blumenmuster ihrer Tischdecke studierte.

"Wie geht es euch hier in Leipzig?" fragte er sie.

"Es geht", antwortete sie, "die Flugzeuge kommen jetzt immer häufiger, und man ist gar nicht mehr sicher in den Häusern!"

"Ich hoffe, du gehst rechtzeitig in den Luftschutzkeller!"

"Dort habe ich noch mehr Angst als hier oben. Man kommt sich da vor, als sei man schon im Grabe!" sagte die Frau und blickte ihn traurig an.

"Das ist doch dummes Zeug. Der Keller hat eine sehr starke Betondecke, und da müßte die Bombe schon direkt drauffallen!" erwiderte Blink.

"Und warum sollte sie das nicht tun?" fragte seine Frau erstaunt.

"Weil die Wahrscheinlichkeit dagegen spricht!"

"Die Wahrscheinlichkeit, was ist das?"

Er sah sie verdutzt an und überlegte einen Augenblick, bevor er ihr antwortete:

"Das ist eine rechnerische Größe, die in diesem Fall vielleicht 1:100000 liegt. Du kannst also ruhig in deinen Keller gehen. Es wird dir schon nichts passieren", beruhigte er sie.

"Wenn du meinst, dann gehe ich eben in den Keller!"

Damit war ihre Konversation beendet, und er kehrte ins Wohnzimmer zurück, wo er sich erneut in den "Völkischen Beobachter" vertiefte.

Viertel vor fünf zog er sich sorgfältig an und verließ die Wohnung: "Ich werde gegen sechs wieder zurück sein!" verabschiedete er sich.

Auf dem Weg zum Café Melodie überlegte er, wie er sein Gespräch mit Dr. Prinz beginnen sollte. Zwar wußte dieser von seinen unlösbar gewordenen Problemen mit dieser Frau, die über die Tatsache, daß es ihr trotz zwanzigjährigen Bemühungen nicht gelungen war, Kinder zu gebären, in tiefe Depressionen, verbunden mit wachsenden Unlustgefühlen versunken war, was dazu führte, daß sie seit drei Jahren jeglichen Verkehr mit ihm vermied, weil ihr solches Tun um der reinen Lust willen als unverzeihlicher Verstoß gegen die Sittlichkeit und gegen die primitivsten Regeln christlicher Gläubigkeit vorkam. Da ihn bisher das Kriegsführen so stark in Anspruch genommen hatte, daß er sich diesen Liebesentzug glaubte leisten zu können, und da die oberste Heeresleitung für die Entspannung ihrer höheren Chargen auch in Frontnähe sehr passable Etablissements bereithielt, hatte er keineswegs unter sexuellen Entzugserscheinungen gelitten. Seit er jedoch diese Marianne kennengelernt hatte, war ihm immer häufiger der Gedanke gekommen, sich dieses Ballastes zu entledigen. Vielleicht wäre die Psychiatrie ein taugliches Mittel? Als er das Café betrat, sah er seinen Freund schon am Fenster sitzen und gelangweilt vor sich hin starren. Nachdem sich beide ohne großen Überschwang begrüßt hatten und der bestellte Kaffee vor ihnen stand, kam Blink zur Sache. "Es tut mir leid, wenn ich dich damit belästigen muß, aber meine Frau wird immer sonderbarer. Sie weigert sich, mir die Hand zu geben, sie ist nicht mehr bereit, ihren häuslichen Pflichten nachzukommen, von den ehelichen gar nicht zu reden, und heute morgen gestand sie mir, daß ich in ihren Augen mehr und mehr teuflische Züge annähme. Was soll ich tun?"

"Die Frage ist: Was willst du tun? Wenn wir deine Frau einer psychiatrischen Untersuchung unterziehen, ist die zweite Frage: Heilen oder ausmerzen!"

Oberst Blink zuckte etwas hilflos mit der Schulter und sagte dann: "Das müßten doch die Ärzte entscheiden, oder irre ich mich da?"

"Da irrst du dich gewaltig! Seit unsere Juristen, die im Innenministerium für das Gesundheitswesen zuständig sind, so schöne Begriffe wie Ballastexistenzen oder Defektmenschen erfunden haben, und natürlich vor allem seit dem Führererlaß vom 1.9.39, ist es ganz einfach geworden, Geisteskranke zu desinfizieren. Man muß sich nur darüber im klaren sein, daß es kein Zurück mehr gibt, wenn die Maschinerie erst einmal läuft. Ich frage dich also nochmals: "Was willst du?"

Verzweifelt kaute Blink an seiner Unterlippe und wußte, daß ihn diese Frage überforderte. Er, der in Hunderten von Gefechten keine Sekunde gezögert hatte, ganze Kompanien in den sicheren Untergang zu hetzen, konnte sich nicht entschließen, diese Frau, die ihn seit vielen Jahren völlig kaltließ und ihm furchtbar auf den Wecker ging, einem gnadenlosen Schicksal auszuliefern. Aber welchen Sinn hatte das Leben noch für sie? Wofür war sie noch gut? War sie nicht tatsächlich eine Ballastexistenz? Doch warum mußte er entscheiden, was letztendlich mit ihr geschah?

"Wäre es möglich, vorerst mal eine psychiatrische Untersuchung durchzuführen? Wenn dann die Befunde vorliegen, sollen doch die Spezialisten entscheiden!" sagte Blink ein wenig erleichtert, denn so glaubte er, den schwarzen Peter diesmal anderen zuschieben zu können. Aber so leicht wollte ihm Dr. Prinz die Entscheidung nicht machen.

"Natürlich können wir das in die Wege leiten. Aber man kann der ganzen Untersuchung von vornherein eine bestimmte Richtung geben, wenn man den betroffenen Herren die gewünschte Marschrichtung angibt."

Wieder fühlte sich Blink an einer Schwachstelle getroffen, von deren Existenz er bisher keine Ahnung gehabt hatte. Zugegeben, er liebte diese Frau nicht mehr. Es war sogar fraglich, ob er sie jemals geliebt hatte. Aber zwanzig gemeinsame Jahre sind eben viel Zeit, und da streckt man nicht so einfach seinen Daumen nach unten. Er war gedrillt, in der Hitze des Gefechts einen kühlen Kopf zu behalten und rasch und klug zu entscheiden. Aber jetzt fühlte er, wie in seinem Hirn aus der Kälte der Gedanken ein heißes Nichts geworden war, das ihn zusammenstauchte. Wie ein gebrochener Greis saß er plötzlich, zusammengesunken auf seinem Stuhl und führte seine Kaffeetasse mit zittriger Hand zum Mund.

"Du brauchst diese Fragen nicht alle heute schon zu beantworten. ich werde die Untersuchung beantragen, und dann sehen wir weiter", schlug Dr. Prinz vor.

Wortlos reichte der Oberst seinem Freund die Hand und verließ grußlos das Café.

Die Unsicherheit über den tatsächlichen Verlauf dieser Geschichte - der Therminus Endlösung fiel ihm ein und machte ihn ein wenig schaudern - trieb ihn ziellos durch die Stadt. Kurz nach sechs Uhr betrat er dann seine Wohnung. Seine Frau hantierte in der Küche, und er ließ sie gewähren. Um Viertel nach sechs stellte sie ihm einen Bohneneintopf mit Brühwurst auf den Tisch, schenkte ihm ein Glas Bier ein und schaute ihm gebannt zu, wie er mit einem wahren Heißhunger alles in sich hineinstopfte. "Und du ißt nichts?" fragte er sie, als er seinen Löffel ablegte.

"Nein, ich habe keinen Hunger!" sagte sie, ohne ihn anzublicken.

"Du solltest aber regelmäßig essen!" insistierte er, ohne davon überzeugt zu sein, daß sie das wirklich tun sollte.

Sie räumte scheu den Tisch ab und blieb in ihrer Küche sitzen, während er unruhig im Wohnzimmer auf und ab lief. "Die Ausmerzung dieser Frau stellt wahrlich keinen Verlust für die Menschheit dar", dachte er unentwegt. Aber im Unterbewußten nagte ein ihm ansonsten unbekanntes Mitleid und bedrängte ihn so sehr, daß er sich verzweifelt auf den Diwan warf und die Augen schloß. Er war noch nie ein großer Psychologe gewesen und schon gar kein Philosoph. So wälzte er sich von einer Seite auf die andere, und schließlich landete er wieder da, wo er zeitlebens gestanden hatte: mitten im Denkgebäude seines militärischen Universums. Die ausgefeilten Erziehungsprozeduren, die noch aus der Kaiserzeit stammten, hatten ihn in eine unselige Tradition eingebunden, deren Denkmechanismen alles verdrängten, was mit Gefühlen, Menschlichkeit und Moral zu tun hatte. Was zählte, war das hierarchische System von Befehl und Gehorsam, an dessen Ende der militärische Erfolg stand. Daß dieses System eigenartige Charaktere hervorbringen mußte, war ihm zum erstenmal klargeworden, als er im Bericht über den russischen Feldzug von 1812, Carl von Clausewitz, Beschreibung der Person des Generals York gelesen hatte.

Nun war dieser General schon damals eine suspekte Figur gewesen, weil er ja gegen den Befehl Napoleons, aber auch gegen die Intuitionen seines preußischen Königs von den Franzosen abgefallen war, doch was dieser Clausewitz da für eine zwiespältige Persönlichkeit skizziert hatte, ging weit über das hinaus, was man einen ordentlichen Soldaten nennen mochte. Blink hatte diese Stelle an die hundertmal durchgelesen, und somit war er in der Lage, sie fast wörtlich wiederzugeben: Ein heftiger, leidenschaftlicher Wille, den er aber in anscheinender Kälte, ein gewaltiger Ehrgeiz, den er in beständiger Resignation verbirgt, und ein starker, kühner Charakter zeichnen diesen Mann aus. Er ist ein rechtschaffender Mann, aber er ist finster, gallsüchtig und versteckt, und darum ist er ein schlimmer Untergebener. Persönliche Abhängigkeit ist ihm ziemlich fremd, was er tut, tut er um seines Rufes willen.

Was Blink an dieser Charakterisierung am meisten erschreckte, war die fast deckungsgleiche Übereinstimmung mit seinem eigenen Charakter in all seiner Widersprüchlichkeit. Er hatte immer Schwierigkeiten gehabt sich einzugestehen, daß er zwar voller Ehrgeiz war, aber doch immer in tiefe Resignation verfallen konnte, wenn er feststellen mußte, daß die Realisation seiner kühnsten Pläne immer wieder an Lappalien scheitern konnte. Auch daß dieser York dann am lautesten prahlte, wenn er nur noch wenig Hoffnung hatte, entsprach seiner eigenen Mentalität so haargenau, daß er meist tiefrot anlief, wenn er seinen Untergebenen eine Siegesgewißheit mit auf den Weg gab, von deren Eintreffen er keineswegs überzeugt war. Das, was seine Leute dann für das Feuer der Begeisterung hielten, war in Wirklichkeit seine ureigenste Scham über seinen unmoralischen

Defätismus. Ruckartig unterbrach er seine nervöse Rennerei, ging zu seiner Frau in die Küche und teilte ihr mit, daß er für ein paar Tage verreisen müsse. Sie hörte ihm widerspruchslos zu, nickte nur kurz mit dem Kopf und begleitete ihn noch zur Wohnungstüre, die er lautlos zuzog, so als wolle er sich ohne Aufsehen verdrücken. Da er sich erst gegen acht Uhr bei Marianne angesagt hatte, bummelte er noch ein wenig durch die menschenleere Innenstadt und traf sehr pünktlich in der Hermannstraße ein, wo er schon sehnlichst erwartet wurde.

Ohne lange Vorreden landeten sie im Bett, wo er mit dem ganzen Gewicht seines kräftigen Körpers ihre ekstatischen Konvulsionen niederdrückte, bis ihr wollüstiges Gewimmere in einem langgedehnten, erlösenden Seufzer endete.

Er selbst war wie so oft mit zusammengebissenen Zähnen dem Orgasmus ausgewichen, da er sich in seiner Männlichkeit besudelte fühlte, wenn er, das nachtröpfelnde Glied in der Hand, unter dem kaltfragenden Blick der ihm plötzlich ganz fremd gewordenen Person eine demütigende Erschöpfung nicht gänzlich verbergen konnte. Eine Berliner Barfrau, die ihn daraufhin angesprochen hatte, und der er diesbezügliche Zurückhaltung erläutert hatte, nannte ihn einen neurasthenischen Idioten und verbat sich weitere Zudringlichkeiten.

Trotzdem war er weiterhin bei seiner Taktik geblieben, und da er auch in der Zukunft keine erotischen Wunder mehr erwartete, setzte er sich ganz zufrieden auf und betrachtete mit großem Wohlgefallen den schlanken Körper des Mädchens, das in unschuldiger Nacktheit vor ihm lag. In weihevoller Gelassenheit, gleich einer mystischen Handlung, zündete er sich eine Zigarre an und blies den Rauch in gleichmäßigen Ringen zur Decke. Bei ihm hing der Grad des Genusses eindeutig vom Grad seines Selbstwertgefühls ab, und er fühlte sich bedeutend wohler, wenn er glaubte, frei von jeder seelischen Verstrickung seine potentielle Überlegenheit beweisen zu können.

Entgegen seiner sonstigen Gewohnheit zog er noch an seiner Zigarre, als die Glut schon seine Fingerspitzen wärmte. Nachdem sein Blick äußerst befriedigt den friedlich ruhenden Körper des Mädchens abgetastet hatte, stand er auf, zog sich leise an und verließ die Wohnung.

Obwohl es schon gegen Mitternacht ging, war die Enge der Straßen angestaut mit der warmen Luft des heißen Julitages. Da er etwas zu zügig losmarschiert war, wurde ihm plötzlich sehr warm, und er öffnete den obersten Knopf seines Kragens. Als sich auch noch die Anstrengungen seiner lustgebremsten Begierden in einer leichten Schwäche der Kniegelenke niederschlugen, war er froh, sich auf eine Anlagebank setzen zu können. Er öffnete seinen Waffenrock zur Gänze und streckte seine bestiefelten Beine weit von sich. Nach einem kurzen Blick auf den sternenbedeckten Himmel schloß er die Augen und fiel in den Abgrund seiner unmäßigen Phantasmagorien.

Die abstrakten Spiele mit dem Tod, die in den Sandkastenschlachten und bei Manövern immer mit dem Verlust von Hunderten oder gar Tausenden von Menschen geendet hatten, mußten unweigerlich zu einem abgestumpften Verhältnis zu menschlichen Schicksalen führen. Das hatte ihn nie gestört, im Gegenteil, je mehr Menschenleben in einer taktischen Variante auf dem Spiel standen, um so mehr steigerte sich sein Erregungszustand. Es war wie beim Roulette, wenn er mit waghalsigen Einsätzen sein Glück herausforderte. Aber er war nie ein triebhafter Spieler gewesen, der seine ganze Existenz in die Waagschale warf. Auch in den blutrünstigen Schlachten dieses Krieges hatte er sich stets verpflichtet gefühlt, seinen eigenen Tod zu vermeiden. Es wunderte ihn manchmal, daß es ihm sogar als kleiner Leutnant gelungen war, tapfer zu erscheinen, ohne sich je der echten Gefahr ausgesetzt zu haben. Die Besten fallen immer zuerst, hatte man ihn gelehrt, doch da kannte sein Ehrgeiz feste Grenzen. Die Süße des Heldentodes war ihm immer als dümmliche Klassikromantik erschienen. Er würde diesen Krieg überleben, ganz gleich, ob es sich danach tatsächlich noch lohnte zu leben. Im Augenblick hatte er die Zügel noch sicher in der Hand, und er würde schon dafür sorgen, daß sein Schicksalswagen in der Spur blieb.

Befriedigt schob er die tiefsinnigen Grübeleien über Leben und Tod beiseite und erinnerte sich seiner hingebungsvollen Geliebten, die er nunmehr ein paar unbeschwerte Tage ganz allein für sich haben wollte. Aber daneben mußte auch sein eheliches Problem gelöst werden. Er konnte nicht glauben, daß Dr. Prinz die Angelegenheit so leicht bereinigen würde. So wie er die medizinische Bürokratie kannte, würden sich hier noch Berge von ethischen Überlegungen auftun. Auch wenn die oberste politische Führung fest entschlossen sein sollte, das Problem der Defektmenschen in eleganter Großzügigkeit zu lösen, die kleinen Hippokratiker würden sich schon querlegen. Dessen war er sicher. Unmutig stand er auf und schlenderte langsam zurück in sein trügerisches Paradies.

Marianne hatte ihr bestes Kleid angezogen und erwartete ihn ungeduldig. Auf dem Tisch stand eine Flasche Sekt zwischen zwei langstieligen Gläsern. In einem Kristalleuchter steckte eine hellblaue Kerze, die mit ihrem flackernden Licht dem Ensemble einen festtäglichen Glanz verlieh. Marianne umarmte ihn heftig, half ihm aus dem Waffenrock und zog ihm die Stiefel aus. Dann setzten sie sich an den Tisch und stießen an.

"Ich möchte gerne, daß du mir mehr von dir erzählst!" sagte sie.

"Da ist nicht viel zu erzählen", meinte Blink und zündete sich eine Zigarre an. "Du bist Oberst und hast das Ritterkreuz", stellte sie fest, "wann wirst du eigentlich General?"

Ja, das war die Frage der Fragen. Wann würde er wohl General werden?

"Das weiß ich selbst nicht!" antwortete er wahrheitsgemäß.

"Kannst du denn nichts dazu tun?" fragte sie.

"Was denn?" schnauzte er sie an, beruhigte sich aber gleich wieder und sagte besänftigend: "Wir haben kaum noch Erfolge, es gibt immer weniger Soldaten und darum braucht man immer weniger Generäle."

"Aber du hättest es doch verdient!" sagte sie.

"Die Beförderung zum General ist keine Frage der Verdienste, sondern der militärischen Erfordernisse. Wenn die Truppe einen General braucht, dann wird der Oberst befördert, der gerade am Drücker sitzt."

Was heißt das?" fragte sie.

"Wenn im Nordabschnitt ein General gebraucht wird, dann holen sie einen Obersten aus dem Nordabschnitt und nicht einen von der Krim."

"Und in deinem Abschnitt werden keine Generäle mehr gebraucht?" Sie ließ nicht locker.

"Im Augenblick nicht", sagte er verbittert. "Die Front bewegt sich kaum noch!"

"Und du kannst da gar nichts tun?" fragte sie weiter. Da wurde es ihm zu dumm. Mit der Faust hieb er auf den Tisch, daß die Gläser klirrten.

"Hör endlich mit der dummen Fragerei auf. Du kannst mir glauben, daß ich mir nichts sehnlicher wünsche, als General zu werden. Aber da muß man warten können."

Diese Antwort behagte Marianne nun keineswegs, denn sie hatte immer geglaubt, daß sie selbst an der Spitze seiner Wünsche stünde. Sie sah sich getäuscht und wechselte das Thema.

"Hast du schon mit deiner Frau gesprochen wegen der Scheidung?" fragte sie.

"Nein. Aber da tut sich eine ganz andere Lösung des Problems auf."

"Welche?" wollte sie wissen, doch er winkte ab.

"Darüber kann ich noch nicht sprechen, aber du wirst schon sehen."

"Ich möchte gerne einen General zum Mann!" fing sie wieder an, nachdem sie einige Minuten lang geschwiegen hatten.

"Laß uns ins Bett gehen", sagte er und stand auf. Die ganze Nacht über plagte ihn die Frage: wann würde er befördert werden?

Zwei Tage und zwei Nächte vergingen, angefüllt mit halbseidener Glückseligkeit, mit grüblerischen Spaziergängen, lustlosen Stunden des Müßiggangs und vor allem mit der quälenden Frage nach dem Schicksal seiner Frau. Man sollte ihr nicht weh tun; das war die einzige Forderung, die er stellte.

Am dritten Tag betrat er gegen 11 Uhr seine Wohnung und fand sie verlassen. Er rief bei Dr. Prinz an und erfuhr, daß seine Frau seit gestern Mittag in der psychiatrischen Abteilung der Universitätsklinik untersucht würde. Leider liege ihm noch kein Befund vor, aber er sei sicher, daß die Angelegenheit bei Professor Dr. Beilmeier gut aufgehoben sei, schließlich habe er sich ja des öfteren für eine strikte Handhabung der Euthanasie ausgesprochen. Er würde sofort melden, wenn er aus der Klinik Bescheid bekäme. Blink bedankte sich und kehrte erleichtert in sein Liebesnest zurück.

Die Tatsache, daß er seit mehr als 4 Jahren töten ließ, gab ihm das Gefühl der Überlegenheit, und er sah nicht ein, daß er in einer unentwirrbaren Schicksalslage davor zurückschrecken sollte, nur weil es sich bei der zu Tötenden um seine Frau handelte, und sich für ihn das Ganze als ziemlich segensreich erwies. Dieser Krieg forderte auf allen Gebieten seine Opfer, und er fand es weder teuflisch noch obszön, daß er so dachte.

Mit großem Eifer und ohne jeden Eigennutz befriedigte er Marianne, ging spazieren, aß zweimal bei Kameraden im Kasino, schlief des Nachts den Schlaf des Gerechten und erholte sich prächtig.

Am Tage vor seiner Rückreise an die Front wurde er zu Dr. Prinz gebeten, der ihm mitteilte, daß seine Frau zur weiteren psychiatrischen Behandlung in die Allgäuer Heilanstalt Irsee verlegt worden sei.

"Wollte sie mich denn gar nicht mehr sehen?" fragte Blink, ein wenig in seiner Eitelkeit verletzt.

"Sie hat meines Wissens keinen derartigen Wunsch geäußert!" antwortete Dr. Prinz knapp und blätterte weiter in den vor ihm liegenden Akten.

"Ja, hier steht es: 'Depressive Agitiertheit von absoluter Gefühlslo-
sigkeit begleitet, deutliche Denkhemmungen mit partiellem Gedächt-
nisverlust, neurotische Erschöpfungszustände, die auf die endogen-
depressive Wut aufgrund ihrer Kinderlosigkeit zurückzuführen sind,
und so weiter!"
"Reicht das aus?" fragte Oberst Blink mitleidlos.
"Ganz sicher!" sagte Dr. Prinz. "Gegen die geballte Kraft dieser Diagnose kann der größte Menschenfreund nicht ankommen. Außerdem sitzt in Irsee ein Studienkollege von Dr. Beilmeier, der sich aus-
kennt!"
"Ich danke dir, mein Freund!" sagte Blink und klopfte Dr. Prinz auf
die Schulter.
"Nichts zu danken! Man hilft, wo man kann, dazu sind wir Ärzte ja da!"
Anderntags kehrte Oberst Blink zufrieden an die Front zurück.

Er war schon wieder eine ganze Woche in Osatowo, als endlich
Nachricht von der Division bei ihm eintraf. Begierig riß er den
Umschlag auf und entnahm ihm mehrere Papiere, die die sofortige
Rückverlegung hinter den Dnjepr befahlen. Blink war enttäuscht.
Natürlich wußte er, daß sein Regiment noch nicht einsatzfähig war,
aber wie sollte er jemals General werden können, wenn er nur immer
in rückwärtige Stellungen geschickt wurde. Eilig überlas er die Befeh-
le, verglich die Aufstellungen der Division mit seinen Zahlen und
mußte zugeben, daß General Engholm gute Arbeit geleistet hatte.
In drei Tagen sollte der Rückzug beginnen.

Den guten Offizier erkennt man daran, daß er die Heeresdienst-
vorschrift auswendig herunterbeten kann. Der sehr gut Offizier
bringt es fertig, daß seine Soldaten mit einem Hurra auf den Lippen
für ihn in den Tod gehen. Das militärische Genie aber beweist sich
erst dann, wenn Truppenverbände zu verladen und über größere
Distanzen zu verlegen sind.

Es gab keinen Zweifel, Oberst Blink bewies in diesen letzten Juli-
tagen genialische Züge, denn in nicht ganz acht Tagen hatte er das
ganze Regiment mit allen Zugtieren und Fahrzeugen verladen und
in Marsch gesetzt. Und schon drei Tage später meldete er sich von
seinem neuen Standort und bat um die Erlaubnis, entladen zu dürfen. Leider war General Engholm im Führerhauptquartier, und so
blieb das Regiment vier Tage in den Waggons und langweilte sich.
Am fünften Tag begann es zu regnen und plötzlich setzte sich der
Zug wieder in Bewegung. Die Geleise mußte frei gemacht werden,

da Blinks Zug den ganzen Verkehr von und zur Front blockierte. Es ging weiter nach Westen, was die Soldaten freudig begrüßten, dem beförderungssüchtigen Obersten aber die Zornesröte ins Gesicht trieb. An jedem Halt suchte er nach einer Nachrichtenabteilung, um die Pläne der Division in Erfahrung bringen zu können. Vergebens. Endlich erreichten sie den großen Verschiebebahnhof von Fastow, und dort wurde der Zug auf einem Nebengeleis abgestellt. Oberst Blink bekam in der Leitstelle des Bahnhofskommandanten Verbindung mit Engholm und erfuhr, daß die vorläufige Unterbringung des Regiments in Mytnitza vorgesehen sei. Einzelheiten seien bereits an ihn abgegangen.

Anderntags trafen die entsprechenden Befehl bei ihm ein, und er rief seine Bataillonskommandeure zu sich. Auf einem Meßtischblatt erläuterte er die neuen, jedoch nur vorläufigen Standorte. Die endgültigen Pläne für das Regiment seien in Ausarbeitung und würden bald eintreffen.

"Richten Sie sich also nicht zu häuslich ein", sagte der Oberst. "Wir werden nicht allzu lange hierbleiben."

Mit der gewohnten Routine wurde entladen, und noch am selben Abend bezog das Regiment die neuen Quartiere. Die Ungewißheit ging Blink auf die Nerven.

Für den Regimentsstab hatte sich ein gut erhaltenes Herrschaftshaus gefunden, das vorher vom sowjetischen Gebietskommissar bewohnt worden war. Neben den Büros und Schlafräumen für den Stab gab es einen größeren Salon mit eleganter Stuckdecke und Brokatvorhängen. Die Ordonnanzen hatten darin drei Tische der Länge nach zusammengestellt und mit feiner Tischwäsche aus polnischem Leinen bedeckt. Drei silberne Kerzenleuchter mit gelben Bienenwachskerzen warfen ein feierliches Licht auf das prächtige Tafelgeschirr und die hochstieligen Bleikristallgläser. Nur das Besteck war vom Kommissar oder seinen Bediensteten mitgenommen worden.

Die zehn Offiziere, die in ordensgeschmückten Uniformen am Tisch saßen, stocherten schweigsam in dem scheußlichen Fraß, dessen Qualität auch durch den Goldrand am Teller nicht gehoben wurde. Oberst Blink legte Wert darauf, daß seine Offiziere das gleiche Essen verzehrten wie die Mannschaften, nur eben - suariter in modo - in stilvoller Umgebung. Dabei offenbarte dieses friderizianische Bescheidenheitstheater nur eine naive Lust an Selbstkasteiung, denn die Mehrzahl der Anwesenden wußte genau, daß zur selben Zeit in ihren

Kompanien und Bataillonen weit besser gegessen wurde als an dieser operettenhaften Regimentstafel.

Mit gezierter Eleganz schob der Oberst Portionen durch seine schmalen Lippen und kaute mit übertriebener Ausdauer vor sich hin, ehe er den Bissen hinunterschluckte. Die Ordonnanzen, in ständigem Blickkontakt mit ihm, eilten geschäftig umher, gossen nach und boten an. Blink beobachtete alles mit Argusaugen und freute sich an dem Unterwerfungszeremoniell, das dem militärischen pathos seiner hochdekorierten Uniformträger bizarre Glanzlichter aufsetzte.

Oberst Blink verspürte eine geheime Freude an allen Erscheinungsformen sublimer Ekstasen des Gehorsams und nur zu diesem Zwecke ließ er seinen Offizieren von Zeit zu Zeit die Ehre zuteil werden, mit ihrem Kommandeur zu speisen. Auf der Klaviatur des alltäglichen Beziehungsspiels fingerte er mit diabolischer Geschicklichkeit. Dieser raffinierten Handhabung des eigenen Machtbesitzes verdankte er einen leicht manipulierbaren Unterwerfungsgrad, den er nach Belieben einsetzte.

So diente die wöchentliche Stabsbesprechung mit Arbeitsessen und anschließendem geselligen Beisammensein nur dazu, seinen abgefeimten Unterdrückungsmechanismus in Schwung zu halten. Da er nicht wollte, daß sich einer der Teilnehmer dem verstrickenden Netz seiner bohrenden Fragen entziehen konnte, beschränkte er die Zahl der Teilnehmer auf zehn, die er in regelmäßigem Turnus auswechselte. So hatte er sie alle unter Kontrolle, und das Auditorium war trotzdem groß genug, um sicherzustellen, daß seine Bosheiten größtmögliche Verbreitung fanden.

Nachdem sich die geladenen Offiziere in ausreichendem Maße an ihrem Fraß gelabt hatten, wurde abserviert, und der Oberst gab "Feuer frei". Mit Ausnahme des Regimentspfarrers, der sich in gewohnter Manier seine kleine Pfeife ansteckte, zogen die Herren in einheitlicher Begeisterung an ihren Zigaretten und Zigarren. Bald war der ganze Raum, trotz seiner respektablen Höhe, in dicken Qualm gehüllt, was den weitgereisten Adjutanten des Obersten zu der Bemerkung veranlaßte, daß er ähnlich schlechte Sichtverhältnisse nur im November am Londoner Piccadilly Circus angetroffen habe.

Oberst Blink ließ seinen Herren genau zehn Minuten Zeit, das schlechte Essen zu verdauen, dann klopfte er mit dem Löffel an sein Glas und bat um Silentium.

"Wie Ihnen bekannt sein dürfte, werden wir nur ein paar Tage hierbleiben können. Mir geht es wie Ihnen: ich habe dieses sinnlose Hinundhergeschiebe gründlich satt. Aber der Offizier denkt, und die oberste Heeresleitung lenkt", begann er mit einem süffisanten Lächeln auf den Lippen. "Außerdem wissen Sie, daß die Lage nicht gerade berauschend ist. Und wenn wir so weitermachen, dann glaube ich nicht, daß sich daran etwas Wesentliches ändern wird. Ich habe daher die Absicht, persönlich beim Armeeoberkommando vorstellig zu werden und meinen Standpunkt darzulegen."

Die Herren sahen sich erschrocken an. Diese Ankündigung ließ nichts Gutes ahnen. Es war ganz offensichtlich, daß sich der Oberst wichtig machen wollte, und daß das immer auf Kosten seiner Untergebenen geschah, war allgemein bekannt. Was hatte er vor?

"Bevor ich mich auf den Weg mache, möchte ich Sie ein wenig zurückführen zu den Zeiten auf der Kriegsschule, wo die höheren Weihen in Taktik und Strategie verteilt wurden." Er machte eine kleine, dramatisch-wirkungsvolle Pause und fuhr dann fort:

"Alle kriegerischen Operationen bewegen sich zwischen Angriff und Verteidigung. Ein immer wieder heftig diskutiertes Problem ist die Frage, ob die Verteidigung beweglich oder starr geführt werden soll. Während die militärische Führung von Clausewitz bis Rommel die bewegliche Verteidigung bevorzugt, vertritt die augenblickliche politische Führung mit aller Härte die Auffassung, es müsse bis zum Äußersten gekämpft und gehalten werden. Ein immer wieder zitiertes Beispiel ist die Weisung Schlieffens, lieber Ostpreußen zeitweise preiszugeben, als die 8. Armee zu opfern. Unter besonderer Berücksichtigung der Ereignisse in Stalingrad möchte ich Sie jetzt um Ihre Meinung dazu ersuchen."

Nach diesen Worten nahm er einen tiefen Schluck aus seinem Glas, paffte ein paar gekonnte Ringe an die Decke und schaute sich im Kreis um. Die Neigung zu irgendeiner Stellungnahme schien nicht sehr groß zu sein. Das war auch nicht weiter verwunderlich, denn jeder wußte, daß es besser war, seinen Mund zu halten, als mit einer nicht konformen Meinung unangenehm aufzufallen.

"Nur Mut meine Herren, raus mit der Sprache. Wie stellen Sie sich zu diesem Problem?" Vergebens spähte Oberst Blink nach einem Handzeichen. Aber niemand schien bereit sich zu äußern. Endlich erhob sich ein blaßgesichtiger Oberleutnant von seinem Stuhl.

"Verzeihen Sie, Herr Oberst, aber mir erscheint Ihre Frage doch reichlich akademisch. Seit wann wird beim Militär danach gefragt, was die niedrigen Chargen von der Kriegsführung halten?" Er sah fragend in die Runde und glaubte, von mancher Seite ein zustimmendes Kopfnicken wahrgenommen zu haben, was ihn mutiger machte. Nun provozierte er seine Zuhörer zu einem herzhaften Gelächter, als er sagte: "Ich bin sicher, daß in jedem Krieg sämtliche Soldaten, wenn sie nach ihrer Meinung gefragt würden, augenblicklich nach Hause gehen würden."

Oberst Blink war konsterniert. Seine Backenmuskeln zogen sich zusammen, ein nervöses Zucken befiel sein linkes Augenlid, und seine Hände ballten sich um die Armlehnen. Wie konnte dieser kleine Klugscheißer es wagen, die von ihm angeregte Besprechung so ins Lächerliche zu ziehen?

"Ich finde Ihren Beitrag nicht sehr originell", sagte der Oberst in aller Schärfe. "Er beweist lediglich, daß es wirklich besser ist, die Untergebenen niemals nach ihrer Meinung zur Kriegsführung zu befragen. Ich ziehe daraus die Konsequenzen und löse unsere Runde für heute auf. Ich wünsche Ihnen eine angenehme Nachtruhe."

Auf dem Heimweg nahm der Kommandeur des 2. Bataillons seinen vorwitzigen Oberleutnant beim Arm und fragte ihn, welcher Teufel ihn geritten habe, den Obersten in eine so mißliche Lage zu manövrieren.

"Ich habe diese großmütigen Belehrungen satt. Er traktiert uns mit seinen historischen Mätzchen, protzt mit seiner angeblichen Erfahrung als Heerführer und stellt uns alle so hin, als wäre der Heldentod für uns die beste Lösung."

"Na, so schlimm ist er nun auch wieder nicht", meinte der Major. "Da hab' ich schon ganz andere Typen erlebt."

"Immerhin wird er irgendwann über unser Leben entscheiden. Da möchte man schon gerne wissen, wer die entscheidenden Befehle gibt und was der sich dabei denkt."

Sie gingen eine Zeitlang schweigend nebeneinander her.

"Ich bin da Fatalist", antwortete schließlich der Major. "Der Mann kann befehlen, was er will. Wenn meine Zeit noch nicht abgelaufen ist, wird er daran auch nichts ändern."

"Die göttliche Vorsehung ist ungerecht, wenn beten helfen sollte, dann wäre sie korrupt, wenn nicht, dann vergessen Sie sie besser ganz. Ich werde meine Augen offenhalten. Fürs Überleben in einem Krieg muß man selbst etwas tun."

"Ihr Wort in Gottes Ohr", sagte der Major, und der Oberleutnant antwortete: "Lassen Sie mich mit dem lieben Gott in Ruhe. Der taugt zu gar nichts mehr. Ich verlasse mich da lieber auf mich selbst. Und nun gute Nacht, Herr Major."

"Ich wünsche Ihnen dasselbe", sagte der.

Die beiden waren an ihren Unterkünften, kleinen Häusern mit Strohdächern, angekommen. Sie verabschiedeten sich mit einem festen Händedruck und verschwanden in der Dunkelheit.

Am nächsten Tag verließ Oberst Blink kurz vor sieben sein Blockhaus und ging hinüber zum Stabsgebäude. Mit zwei elastischen Sprungen überwand er die betonierte Freitreppe und betrat die Schreibstube seines Regiments. Sein Adjutant, Leutnant Grasmeier, brüllte "Achtung", und alle Sitzenden sprangen hoch und standen "still".

"Rühren" befahl der Oberst, überblickte kurz die Anwesenden, und nachdem er festgestellt hatte, daß alle vollzählig waren, schnarrte er: "Weitermachen!"

Flotten Schrittes durchquerte er die Schreibstube und betrat sein Kommandeurszimmer, während der Leutnant ihm auf dem Fuß folgte. Er schloß die Türe hinter sich und blieb wartend vor dem Schreibtisch des Obersten stehen.

"Sind die Mannschaftsstärken schon gemeldet worden?"

"Noch nicht, Herr Oberst!"

"Dann machen Sie den Langweilern Beine!"

"Jawohl, Herr Oberst!"

"Was stehen Sie noch rum? Los, rufen Sie schon an!"

Leutnant Grasmeier verließ das Büro und befahl einem Telefonisten, sofort alle Bataillone anzurufen und die Meldung der Mannschaftsstärken anzufordern. Kaum hatte er an seinem Tisch Platz genommen, leutete das Telefon.

"Regimentsstab 1. Sturmregiment, Leutnant Grasmeier!" meldete er sich.

"Einen Moment, Herr Leutnant, ich verbinde mit Herrn Generalmajor Engholm, 1. Panzer-Armee."

"Ja, hier Engholm, 1 a der 1. Panzer-Armee, können Sie mich mit Oberst Blink verbinden?"

"Jawohl, Herr General, sofort!" Grasmeier stellte zum Büro des Obersten durch und kündigte diesem den General an.

"Blink, 1. Sturmregiment!"

"Hier Engholm, guten Morgen Blink, wie geht es Ihnen?"

"Danke gut, Herr General, ich hoffe, Ihnen auch!"

"Es geht. Kommen wir gleich zur Sache. Wir kommen mit der Auffüllung unserer Division nicht so gut voran, wie wir erhofft hatten.

Außerdem scheint der Russe in unserem Abschnitt größere Aktivitäten entwickeln zu wollen. Der Generalstab hat daher gestern abend beschlossen, uns weiter zurückzuverlegen. Kommen Sie morgen um 10 Uhr zu mir, um sich die Befehle abzuholen!"

"Jawohl, Herr General, morgen um 10 Uhr bei Ihnen."

Ein wenig verstört hängte Blink ein und ging unentschlossen in seinem Büro auf und ab. Was sollte das bedeuten: Zurückverlegt? Wollte man ihn ganz aus dem Verkehr ziehen? Um seine Beherrschung wiederzugewinnen, zündete er sich eine Zigarre an, inhalierte ein paarmal tief und eilte dann zurück in die Schreibstube. "Ich bin heute für niemand mehr zu sprechen!"

"Jawohl, Herr Oberst!" salutierte Grasmüller und starrte kopfschüttelnd dem Davoneilenden nach.

"Anscheinend keine guten Nachrichten von Stab!" murmelte er vor sich hin. "So schlecht auch wieder nicht!" sagte der Obergefreite am Klappenschrank. "Wir werden weiter zurückverlegt!"

"Haben Sie schon wieder mitgehört, Beierl? Ich habe Ihnen doch schon hundertmal gesagt, Sie dürfen nicht mithören, wenn der Chef mit dem General spricht!"

"Dann wüßten wir ja gar nicht, was die mit uns machen!" wandte der hochdekorierte Obergefreite ein.

"Sie werden das schon noch früh genug erfahren!"

"Ich bin ganz froh, daß ich es jetzt schon weiß. Man kann sich dann besser vorbereiten."

Während Leutnant Grasmüller überlegte, ob er den Obergefreiten zurechtweisen sollte, was er dann aber doch bleiben ließ, stapfte Blink über den unaufgeräumten Hof. Es bewahrheitete sich also wieder, daß sich viele Dinge von selbst erledigten. Er war jetzt froh, daß er den Hof nicht hatte aufräumen lassen. Die ganze Arbeit wäre umsonst gewesen, wo es nun feststand, daß sie noch weiter zurückverlegt werden würden.

Als er seine Unterkunft betrat, rief er seinem Burschen zu: "Wir werden verlegt!"

"Was schon wieder verlegt, wo wir uns doch gerade erst gemütlich eingerichtet haben?"

"So ist das Leben!" murmelte Blink resigniert und warf sich aufs Bett. "Verschwinden Sie jetzt und wecken Sie mich um sechs Uhr!"

"Jawohl, Herr Oberst!" antwortete der Bursche und verdrückte sich unverzüglich.

Blink lag flach auf dem Bett, die Zigarre im Mund, die Arme angewinkelt und den Blick unverwandt zur Decke gerichtet. Angestrengt versuchte er sich zu konzentrieren, aber es wollte ihm nicht gelingen. "Vorne werden die Schlachten geschlagen und die Orden verteilt", dachte er. "Hinten kann ich niemals General werden. Warum also schon wieder zurück?" Er schnappte nach Luft und verschluckte sich an seinem Zigarrenrauch. Ein schrecklicher Hustenanfall schüttelte ihn. Dem Ersticken nahe, spuckte er die Zigarre aus und japste nach Luft. Es dauerte einige Zeit, bis er sich wieder beruhigt hatte. Dann legte er sich zurück, schloß seine Augen und fiel bald darauf in einen unruhigen Schlaf.

Wie gerädert stand er am anderen Morgen auf, wusch sich das Gesicht und sah auf die Uhr: 5.40 Uhr. Steif stolzierte er zu seinem Kartentisch und wühlte ziellos in seinen Papieren. Müde ließ er sich auf den kleinen Bauernstuhl fallen und streckte die Beine weit von sich. In dieser Haltung traf ihn sein Bursche an und stellte erstaunt fest: "Herr Oberst sind ja schon auf!"

"Ja, ja, ich habe gar nicht geschlafen!" log er und begann mit seiner Toilette. Punkt halb Sieben war er im Kasino und begrüßte die anwesenden Offiziere. Mit Ausnahme seines Ordonnanzoffiziers waren heute die Offiziere aus dem Torso des zweiten Bataillons eingeladen worden, und Blink war richtig froh, den arroganten Oberleutnant Meinrad nicht anzutreffen.

Das Essen war auch um eine Nuance besser als an den Vortagen, und so hob sich seine Stimmung zusehends. Als der offizielle Teil des Abends vorüber war, setzte er sich zu seinen Offizieren und begann schmunzelnd: "Ich werde morgen beim Generalstab erwartet, und was glauben Sie, was man mir mitteilen wird?" Prüfend sah er in die Runde und schob die Unterlippe etwas vor. Obwohl alle anwesenden Offiziere längst wußten, daß eine Rückverlegung anstand, wagte keiner seinen Informationsstand preiszugeben. "Wir werden erneut zurückverlegt!" sagte Blink endlich, als sein fragendes Schweigen schon lästig zu werden begann, und da er auf seine Bemerkung überhaupt keine Reaktion feststellen konnte, fügte er hinzu: "Ich muß also morgen früh raus. Ich hoffe, Sie haben nichts dagegen, wenn wir unser geselliges Beisammensein heute ausfallen lassen. Ich möchte Sie für morgen Abend nochmals zu mir bitten. Sie werden dann aus erster Hand die neuesten Nachrichten vom Generalstab erfahren." Wenn die machtverleihende Wirkung des Herrschaftswissens je auf einem Gesicht feststellbar war, dann hier und heute in der hochmütigen Mimik von Oberst Blink. Mit einer lässigen Handbewegung bedeutete er den Offizieren sitzenzubleiben, ließ sich von einer Ordonnanz seine Zigarre anzünden und stolzierte aus dem Raum.

Es dauerte fast zwei Minuten, ehe die Herren es wagten, untereinander ins Gespräch zu kommen, und wie nicht anders zu erwarten war, bildete die kommende Rückverlegung das Hauptthema.

"Es wird immer schwieriger, ausgebildeten Nachschub zu bekommen", sagte Hauptmann Brunner. "Nun liegen wir schon fast 6 Wochen hier herum, und unsere Kompanien und Bataillone sind kaum zur Hälfte aufgefüllt."

"Und was für Zeug sie uns zumuten", warf Oberleutnant Schwerin ein. "Ehemalige Filmvorführer aus Wehrmachtskinos in Hamburg und Umgebung, Unteroffiziere und Feldwebel, die noch nie eine Gruppe geführt haben, sollen jetzt bei uns als Zugführer eingesetzt werden."

"Wem sagen Sie das? Meinen Sie, wir sind besser dran?"

"Um Gottes Willen, nein, ich weiß, daß meine Sorgen auch die ihrigen sind", schwächte Schwerin seinen Einwurf ab und sagte: "Ich werde mich auch verdrücken."

Mit ihm verabschiedete sich die Mehrzahl der Offiziere, so daß nur noch Oberleutnant Schwerin und der Militärpfarrer Weigand übrigblieben. Sie ließen sich noch ein Glas Bier einschenken und rückten ihre Stühle zusammen.

"Wie lange sind Sie schon bei diesem Verein, Herr Pfarrer?" fragte Schwerin.

"Seit etwa vier Wochen. Vorher war ich auf dem Truppenübungsplatz Münsingen eingesetzt. Aber da in letzter Zeit auch immer mehr Geistliche ausfallen, wurde ich kurzerhand hierher abgeschoben."

"Ich hoffe, Sie halten mich nicht für aufdringlich, aber ich wollte schon lange wissen, ob unsere Soldaten Ihren geistlichen Zuspruch tatsächlich in Anspruch nehmen."

"O ja", versicherte Pfarrer Weigand, nahm einen kräftigen Schluck aus einem Glas und wiederholte: "O ja, ich kann mich über Arbeitsmangel nicht beklagen."

"Worin besteht denn Ihre Arbeit in der Hauptsache?"

"Während ich in Münsingen vor allem organisatorische Arbeiten verrichtete, bin ich hier überwiegend seelsorgerisch tätig." Er nahm einen zweiten tiefen Schluck aus dem Glas, bevor er weitersprach: "In

Münsingen wurden die großen Transporte nach dem Osten zusammengestellt. Ich war immer der Meinung, daß die Soldaten gerade dann geistlichen Zuspruch besonders nötig hätten, wenn sie ins Feld zogen. Aber ich hatte mich sehr getäuscht. In den 6 Monaten, die ich dort war, hat sich kein einziger Soldat um Zuspruch an mich gewandt. Ich wurde auch nie darum gebeten, die Beichte abzunehmen. Nichts, rein gar nichts. Es war mir unverständlich, daß diesen Menschen die Religion so wenig bedeutete. Schließlich wußte ja keiner von ihnen, ob er die nächsten Wochen überleben würde."
Verständnislos schüttete er den Kopf und zog an seiner Zigarette. "Hier ist alles ganz anders!" fuhr er fort. "Die Leute kommen aus den Kämpfen und haben den Tod gesehen. Sie haben ihre Kameraden sterben sehen und wissen jetzt, daß ihnen in der Stunde ihres Todes nur Gott beistehen kann, sonst niemand."
"Die meisten Sterbenden, die ich erlebt habe, dachten kaum an Gott. Ich habe sie nach ihrer Mutter rufen hören, manchmal auch nach dem Vater, aber nie nach Gott", sagte Schwerin, und sein Blick hatte ganz plötzlich eine lauernde Feindseligkeit angenommen. Er war zwar auch katholisch erzogen worden, aber das Kriegshandwerk der letzten Jahre hatte jede religiöse Regung in ihm abgetötet. Er wußte, daß die Waffen, die ihre tödliche Gefahr von der anderen Seite der Front auf ihn schleuderten, seit neuester Zeit von den orthodoxen Popen gesegnet wurden. Der liebe Gott war also auf beiden Seiten tätig, und das war doch wohl ein Abgrund von Falschheit. Da er aber keinen Streit wollte, trank er sein Bier aus und erhob sich. "Ich glaube, es wird auch für uns Zeit ins Bett zu gehen."
Der Pfarrer stimmte ihm zu, und beide verließen gemeinsam das Kasino. Als sie über die einsame Rollbahn stapften, stand ein kreisrunder, orangeroter Mond am Himmel und warf ein unwirkliches Licht auf die kleinen Häuser mit den riesigen Dächern. Als Pfarrer Weigand vor seiner Kate angekommen war, reichte er Schwerin die Hand und sagte: "Vielleicht können wir unser Gespräch ein andermal fortsetzen, wenn meine Ausgangsposition ein wenig günstiger ist. Ich danke Ihnen jedenfalls, daß Sie sich für meine Arbeit interessiert haben. Gute Nacht, Herr Oberleutnant."
"Gute Nacht, Herr Pfarrer", sagte Schwerin und trottete schwerfällig weiter.
Es war neun Uhr, als der Obergefreite Jungböck feldmarschmäßig gekleidet seinen Kübelwagen bestieg und vor das Haus von Oberst

Blink fuhr. Dort angekommen, stellte er den Motor ab, stieg aus und umrundete zweimal sein Fahrzeug mit kritischen Blicken, ehe er das Haus betrat.

"Obergefreiter Jungböck abfahrbereit!" meldete er in strammer Haltung.

Oberst Blink ordnete noch seine Papiere, steckte sie in eine schwarze Aktentasche, schnalle seine Koppel, nahm Mütze und Handschuhe von der Ofenbank und verließ den Raum.

"Wir haben genügend Zeit. Also fahren Sie nicht zu schnell!"

"Jawohl, Herr Oberst!" brülle Jungböck und hielt den Wagenschlag auf.

Gravitätisch setzte sich Blink den Fond des offenen Wagens, und während er sich seine obligatorische Zigarre anzündete, fuhr Jungböck das Fahrzeug gemächlich aus dem Dorf hinaus auf die offene Rollbahn.

Es war ein herrlicher Tag, und die Sonne brannte heftig auf Jungböcks Stahlhelm. Gottlob pfiff ein leichter Fahrtwind an den Ohren vorbei unter den Helm, sonst wäre ihm schnell zu warm geworden. So aber war es richtig angenehm. Fünf vor zehn trafen sie in Neschin ein, und zwei Minuten später hielt der Wagen vor dem Generalstabsgebäude. Blink sah auf seine Uhr und lobte Jungböck: "Sehr gut gefahren. Stellen Sie das Fahrzeug in den Schatten, und warten sie dort auf mich. Es wird nicht lange dauern!"

Elastisch sprang er aus dem Wagen und betrat das Haus, während Jungböck den Wagen unter einer Birkengruppe abstellte.

"Zu General Engholm!" meldete sich der Oberst im Vorzimmer.

"Sofort, Herr Oberst. Der Herr General erwartet Sie schon!" sagte ein kleiner drahtiger Offizier, den Blink vorher noch nie gesehen hatte. Er klopfte kurz an die Türe, öffnete diese, ohne einen Befehl abzuwarten und meldete in den Raum hinein: "Herr Oberst Blink zum Rapport!"

Blink starrte verwirrt auf den kleinen Offizier und fuhr ihn dann an: "Wie kommen Sie darauf, daß ich zum Rapport komme?"

Verzweifelt suchte der Angesprochene auf dem Schreibtisch, bis er eine Liste hervorzog und triumphierend vorlas: "Rapport, Oberst Blink, 10 Uhr. Hier steht's."

"Papperlapapp!" zischte Blink und betrat Engholms Büro.

"Oberst Blink zur Stelle!"

"Guten Morgen, Herr Oberst, bitte nehmen Sie Platz!" sagte Engholm jovial.

Blink legte Mütze und Handschuhe auf ein kleines Tischchen neben der Türe und setzte sich auf den Stuhl vor dem großen Kartentisch, hinter dem General Engholm Platz nahm. "Darf ich Ihnen was zu trinken anbieten?"

"Nein danke, Herr General, ich bitte, gleich zur Sache zu kommen!"

"Wie Sie wünschen. Hiermit übergebe ich Ihnen den Befehl, die Rückverlegung Ihres Regiments betreffend. Ich bitte Sie, hier unten die Übergabe zu bestätigen."

Nachdem Blink unterschrieben und den Befehl in seiner Aktentasche verstaut hatte, blickte er fragend auf den General.

"Wir sind noch nicht fertig!" stellte dieser fest und zog ein dickes Kuvert aus seiner Schublade hervor. Ihm entnahm er ein Bündel Papiere und schob eines davon über den Tisch.

"Das ist für Sie. Ich bitte Sie, diesen Führerbefehl Nr. 11 als Geheime Kommandosache zu behandeln und vorsichtig zu verwahren. Lesen Sie den Inhalt sorgfältig durch und geben Sie mir in drei Tagen Bescheid. Ich muß wissen, ob Sie bereit wären, im Rahmen der vorgesehenen Operationen besondere Aufgaben zu übernehmen."

Blink verstaute die Papiere in seiner Tasche, ohne sie eines Blickes zu würdigen. Er würde ihren Inhalt noch früh genug erfahren. Für ihn waren jetzt andere Dinge vorrangig.

"Wann und wie soll unsere Rückverlegung vonstatten gehen, Herrn General!"

Erstaunt sah ihn Engholm an, als habe er nicht recht verstanden.

"Das wird alles von hier bis ins Detail geregelt. Sie werden die entsprechenden Befehle noch früh genug bekommen."

"Verzeihen Sie, wenn ich insistiere. Einen ungefähren Zeitpunkt möchte ich schon gerne wissen."

"Die ersten Transporte werden in 10 Tagen abgehen. Wir hoffen, daß wir den gesamten Umzug in weiteren 10 Tagen geschafft haben. Sonst noch Fragen?"

"Und wohin soll die Reise gehen?"

"In die Nähe von Brest-Litowsk. Aber das ist noch nicht amtlich!"

"Danke, Herr General!" Blink stand auf und wollte sich entfernen.

"Bleiben Sie noch einen Augenblick, ich hätte noch eine persönliche Frage."

"Bitte, fragen Sie", sagte Blink ein wenig konsterniert, denn er wußte aus Erfahrung, daß solche persönlichen Fragen meist einen unangenehmen Hintergrund hatten. Aber da er sich überhaupt nicht vorstellen konnte, was Engholm von ihm privat wollte, war er doch sehr gespannt.

"Sie wissen, daß ich Ihren ansonsten begrüßenswerten Ehrgeiz für übertrieben halte."

"Ist mir bekannt!" wimmelte Blink ab.

"Es scheint aber so, als ob die Armee in zunehmendem Maße Offiziere bräuchte, die gar nicht genug Ehrgeiz aufbringen können." Engholm machte eine kurze Pause, und überlegte, wie er fortfahren sollte, ohne Blink zu verletzen. "Wenn Sie den Führerbefehl Nr. 11 gelesen haben, werden Sie wissen, wohin meine Absicht zielt. Aber lassen Sie mich gleich direkt fragen: Wollen Sie General werden?"

Blink war überrascht, doch ohne zu zögern sagte er: "Natürlich!"

"Um jeden Preis?" hakte Engholm nach.

"Um fast jeden!" erwiderte Blink.

"Gut, dann werde ich ja von Ihnen hören. In 3 Tagen also!"

Blink verließ das Büro des Generals und wandte sich im Vorzimmer an den kleinen Offizier.

"Mein Fahrer steht da draußen irgendwo herum. Lassen Sie ihn vorfahren!"

"Jawohl, Herr Oberst", sagte der Leutnant und wandte sich an einen Soldaten. "Gefreiter Meier, lassen Sie den Wagen des Herrn Oberst vorfahren."

Sie bleiben sitzen", mischte sich der Oberst ein. "Wenn ich mich nicht irre", sagte er zu dem Leutnant, "habe ich Ihnen den Befehl gegeben; also führen Sie ihn gefälligst auch aus."

"Ich bedaure außerordentlich, Herr Oberst, aber ich darf diesen Raum nicht verlassen. Also los, Meier, holen Sie den Wagen."

Wenn der kleine Leutnant gemeint hatte, daß damit die Sache bereinigt sei, dann kannte er den Oberst schlecht. Wütend fuhr Blink den Mann an.

"Wollen Sie nun meinen Befehl ausführen, oder soll ich Sie wegen Befehlsverweigerung vor ein Kriegsgericht stellen lassen."

Da er diese Worte in erheblicher Lautstärke herausstieß, hörte auch General Engholm den Aufruhr in seinem Vorzimmer und trat durch die Türe.

"Was ist denn hier los?" fragte er erstaunt.

"Ihre Offiziere haben anscheinend noch nichts von Gehorsam gehört."

Engholm sah seinen Leutnant an und erinnerte sich wieder an die Auseinandersetzung mit dem Obersten bezüglich der Meldung zum Rapport. Das sah dem Blink wieder ähnlich, daß er sich für solch eine Lappalie stante pede revanchierte.

"Der Herr General haben befohlen, daß der Offizier vom Dienst unter gar keinen Umständen das Dienstzimmer verlassen darf", meldete sich der kleine Leutnant. "Und wer maßt sich das Recht an, diesen Befehl außer Kraft zu setzen?"

"Herr Oberst Blink hat mir befohlen, seinen Wagen zu suchen."

"Haben Sie den Befehl weitergegeben?"

"Natürlich, Herr General. Gefreiter Meier war schon unterwegs."

"Ich bin äußerst befremdet, Oberst Blink, daß Sie es für notwendig finden, in die Befehlsstruktur meines Stabes einzugreifen."

"Wenn Sie meinen, daß Ihre Leutnants zu gut dafür sind, einem Obersten behilflich zu sein, dann hole ich meinen Wagen eben selbst. Guten Tag, Herr General."

Mit einem hochmütigen Blick auf den Leutnant verließ Blink wutschnaubend den Raum. Unter den Birken fand er schnell seinen Wagen und den darin dösenden Fahrer.

"Wachen Sie auf, Jungböck, wir fahren zurück!"

Schnell stieg er in den Fond und ließ sich krachend in den Sitz fallen. Jungböck wendete das Fahrzeug und fuhr hinaus auf die Rollbahn.

"Ist die Geschwindigkeit so angenehm, Herr Oberst?" fragte er.

"Es genügt, wenn wir zum Mittagessen zu Hause sind!"

"Verstanden!" nickte der Obergefreite und nahm den Fuß ein wenig vom Gaspedal. Blink setzte seine Mütze ab und ließ den warmen Wind über seinen Stiftenkopf streichen. Nur mit Mühe konnte er sich davon abhalten, den Führerbefehl Nr. 11 schon jetzt zu lesen.

Nach dem Mittagessen nahm der Oberst den Führerbefehl, setzte sich gemütlich an seinen Tisch und begann zu lesen.

Von Zeit zu Zeit sprang er auf, stolzierte quer durch den Raum, setzte sich wieder hin und las weiter. Was hier stand, gefiel ihm ausgezeichnet. Immer wieder kehrten seine Augen zu der Zeile zurück, in der stand:

"Der Kommandant des festen Platzes" soll ein besonders ausgesuchter, harter Soldat sein und möglichst im Generalsrang stehen."

Das war es also, was Engholm gemeint hatte, als er fragte, ob er General werden möchte. Kommandant eines festen Platzes, das würde automatisch bedeuten, daß die Ernennung dazu auch die Beförderung zum General beinhaltete.

Aufgeregt rannte er im Zimmer auf und ab. Er würde nun also doch noch General werden, auch wenn dies wahrscheinlich ein Himmelfahrtskommando war. Aber Generäle fallen nicht so schnell, sagte er sich immer wieder und war schon jetzt entschlossen, zu einer solchen Ernennung ohne Wenn und Aber ja zu sagen. Er warf sich aufs Bett und ließ den Text vor seinen Augen abrollen: "Der Kommandant des festen Platzes haftet mit seiner Soldatenehre für die Erfüllung seiner Aufgabe bis zum Letzten." Das würde auf jeden Fall bedeuten, bis zum letzten, der ihm unterstellten Soldaten. Daß auch er selbst sich opfern müßte, davon stand nichts in dem Befehl. O ja, er wußte schon, wie solche Befehle auszulegen waren. Hatte nicht gerade Paulus in Stalingrad gezeigt, was von einem guten General erwartet wird. Bis zum letzten Mann wird gekämpft, dann geht man in eine ehrenvolle Gefangenschaft. Und diese Gefangenschaft ist um so ehrenvoller, je heldenhafter vorher gestorben wurde. Er würde das schon vorführen. Was dieser Paulus konnte, würde er sicher auch können. Plötzlich hatte er wieder große Freude an seinem Beruf. Rasch erhob er sich von seinem Bett und trat an seinen Kartentisch. Bei Brest-Litowsk ...

Wo war denn diese verdammte Stadt, ach ja, hier, direkt an der Grenze. Sorgfältig studierte er das ganze Umfeld und kam zu dem Ergebnis, daß die Stadt selbst sich kaum für einen festen Platz eignen würde. Sie war zu groß, sicher waren noch viele Menschen zurückgekehrt und würden also nur stören. Er würde sich einen günstigeren Platz aussuchen, dessen war er sicher.

Aufgeregt blätterte er in den Anlagen und studierte das Verzeichnis der bereits vorgesehenen festen Plätze. In seinem Abschnitt war noch kein Ort ausgewiesen. Vielleicht war es auch bessern, nichts zu überstürzen. Erneut warf er sich auf sein Bett, schloß die Augen und dachte konzentriert nach.

Jawohl, so würde er es machen: Zuerst wird zurückverlegt, dann wird dort das Gelände geprüft, gleichzeitig wird bei der Heeresgruppe sondiert. Engholm würde nichts dagegen haben, denn der wäre sicher froh, ihn endlich loszuwerden. Befriedigt drehte er sich auf die Seite und schlief sofort ein.

Am folgenden Tag war Oberst Blink schon um fünf Uhr auf den Beinen. Nach dem Frühstück schloß er sich im kleinen Blockhaus ein, das im Garten der Villa stand. Für die folgenden zwei Stunden verbat er sich jede Störung.

Sorgfältig studierte er die große Lagekarte, überlas nochmals den Führerbefehl und trug alle bisher bekannten "Festen Plätze" in die Karte ein.

Am 27. Juni hatte die 3. Panzer-Armee versucht, sich aus der Festung Witebsk zurückzuziehen, und war aufgerieben worden. Die Generäle Pistorius und Peschel waren angeblich gefallen. Dieses Schicksal wollte er sich ersparen.

Nördlich von ihm lagen nur noch die "Festen Plätze" Orscha, Mogilew und Bobruisk. Engholm hatte von Brest gesprochen. Davor lagen die Wolhynischen Sümpfe. Der nächste strategisch wichtige Platz müßte also am Bug oder knapp dahinter liegen. Langsam fuhr sein Zeigefinger den Flußlauf entlang und hielt bei Chelm inne. Das wäre der Platz.

Schnell notierte er sich auf dem Papier die Entfernungen, die Bahnstationen, die Truppenstandorte und alles, was er für seine logistischen Tabellen benötigte. Dann berechnete er die Fahrzeigen, die Ladekapazitäten, die Verpflegungssätze und den Waffenbedarf. Als er alles fein säuberlich gegliedert und alle Fakten ins reine übertragen hatte, rief er bei Engholm an.

"Gut, daß Sie sich melden", begann dieser ohne Umschweife. "Sie werden morgen mit dem Verladen beginnen und in zehn bis zwölf Tagen in der Stadt Chelm, das ist zwanzig Kilometer westlich des Bugs, vorläufig Quartier machen. Über den genauen Standort des "Festen Platzes" wird noch entschieden. Alle diese Entscheidungen hängen davon ab, wie lange sich die festen Plätze nördlich von Ihnen halten können. Wir gehen davon aus, daß die Sümpfe zwischen Baranowici und Sarny den Vormarsch der Russen ganz erheblich verlangsamen werden. Wir haben also noch genügend Zeit, diese Angelegenheit in Ruhe zu entscheiden."

Oberst Blink war überrascht. Zum einen machte ihn die Erwähnung der Stadt Chelm stolz. Die einheitliche generalstabsmäßige Schulung führte doch immer wieder zu denselben Ergebnissen. Zum anderen paßte ihm die Einschränkung "vorläufig" gar nicht in sein zeitliches Kalkül. Wenn nämlich die Stadt Chelm wieder gestrichen würde, käme es zu einer erneuten Zurückverlegung und dann stünde der Winter vor der Tür. Weiß der Teufel, ob es dann noch sinnvoll sein würde, "Feste Plätze" anzulegen? Sein Gehirn arbeitete fieberhaft. Er durfte nichts überstürzen. Zuerst mußte er dieses Chelm genau in Augenschein nehmen. Wenn er die Stadt für geeignet hielt, würde er den nächsten Schritt tun.

"Ich habe verstanden!" sagte er knapp, konnte sich aber dann doch nicht verkneifen nachzuhaken:

"Die Möglichkeit, daß Chelm ein "Fester Platz" werden könnte, bestehe aber schon?"

"Natürlich. Die Möglichkeit besteht, sonst hätte man ja diese Stadt nicht vorgesehen. Nur ist eben noch nicht endgültig entschieden worden."

Blink bedankte sich für die zusätzliche Information und hängte ein. Schon am frühen Morgen wurden die Quartiere geräumt, und die Kompanien setzten sich in Bewegung. zwei Tage später begannen die Verladearbeiten, und zum Wochenende fuhren die ersten Waggons los. Oberst Blink war unermüdlich tätig, und wieder einmal bewies sich sein militärisches Genie. Es klappte alles vorzüglich, und am Sonntag darauf war er schon in Chelm und begann damit, Quartiere für sein Regiment zu beschlagnahmen. Die Stadt hatte unter den bisherigen Kriegshandlungen kaum gelitten, und die Häuser waren fast alle in gutem Zustand.

In der Nähe der Piaristenkirche erhob sich hinter einer hohen Steinmauer ein ehemaliger Bojarenpalast, der sich vorzüglich für den Regimentsstab eignete. Blink bezog ihn sofort, mußte aber vorher die Nachrichtenstaffel eines rumänischen Ersatzbataillons vertreiben. Eine Stunde später versammelte er seine Offiziere um sich und übergab ihnen skizzierte Lagepläne, in denen die Positionen der Kompanien und Bataillone eingetragen waren.

"Wir besetzen vorläufig den Ostrand der Stadt", erläuterte der Oberst. "Dazu habe ich den gesamten Abschnitt in drei Streifen für die Bataillone eingeteilt. Wir beginnen im Norden mit dem I. Bataillon, die Mitte übernimmt das zweite und den Süden das dritte. Mein Stab befindet sich hier. Obwohl noch nicht ausgemacht ist, daß wir uns hier für eine endgültige Verteidigung einrichten müssen, werden sie sich sofort mit der Einrichtung der Fernsprechverbindungen befassen."

Nach der Klärung einiger Detailfragen verließen die Offiziere das Stabsgebäude und begaben sich zu ihren Einheiten.

Die Vertreibung der Zivilbevölkerung aus ihren Häusern ging nicht ohne gewisse Härten vor sich. Die Menschen hatten sich schon einmal in den Wäldern verstecken müssen und waren erst zögernd wieder in ihre Stadt zurückgekehrt. Aber der Truppe blieb kein anderer Ausweg. Die Häuser mußten unbewohnt sein. So lautete der Befehl, und es sah alles nach einer endgültigen Auffangstellung aus. Hier würde man also versuchen, die anstürmenden Russen aufzuhalten.

Da das übliche Arbeitsessen beim Obersten ausfiel, trafen sich die Offiziere im Stabsgebäude des II. Bataillons und besprachen ihre Lage. Nach der Lösung der kleinen Alltagsprobleme ging man rasch zu den echten Fragen der Kriegsführung über, obwohl alle wußten, daß sie winzige Rädchen in einer Riesenmaschine waren.

"Der Krieg verliert langsam seinen Sinn", sagte Hauptmann Bleich. "Wir sind doch ausgezogen, unserem Volk neuen Lebensraum zu schaffen. Dabei frage ich mich, wozu ein Volk von Wissenschaftlern, Technikern und vorzüglichen Handwerkern unbedingt ein riesiges Agrarland braucht, das dann doch von seinen slawischen Ureinwohnern bearbeitet werden muß. Warum konnte man diesen Leuten ihre Überschüsse nicht einfach abkaufen. Wozu muß man sie mit einem furchtbar teuren Krieg erobern?" Es gab keinen, der der Logik dieser Feststellung ausweichen konnte.

"Mit dem Geld, das dieser Krieg bis jetzt gekostet hat, hätte man den nächsten drei Generationen die benötigten Lebensmittel mühelos kaufen können, ohne die Verluste an Menschen zu berücksichtigen", rechnete Bleich vor. "Welchen ökonomischen Sinn macht also so ein Krieg?" Niemand wußte eine Antwort.

Mutterseelenallein saß der Oberst derweil in seinem Schlafzimmer und grübelte vor sich hin. Es war immer noch nicht entschieden, ob dieses Chelm sein "Fester Platz" werden würde. Warum zögerte das Oberkommando so lange mit einer Entscheidung? Er konnte doch keine sinnvolle Verteidigung aufbauen, wenn der Feind schon vor der Türe stand. Er mußte etwas unternehmen, nur was?

Am folgenden Tag, dem 4. Juni 1944, bot sich eine Lösung an, mit der er überhaupt nicht gerechnet hatte.

Am späten Vormittag meldete sich bei ihm ein Standartenführer namens Schwarz vom SS-Verbindungsstab. Blink saß im rückwärtigen Garten vor seinen Aufzeichnungen, als der SS-Mann über den knirschenden Kiesweg stapfte.

Während ihm sein Adjutant Meldung machte, nahm der Standartenführer seine Mütze vom Kopf und wischte mit dem Taschentuch das Schweißband ab. Es war schon sehr warm.

"Verzeihen Sie, Herr Oberst, wenn ich störe, aber ich möchte mich gerne mit Ihnen über ein uns gemeinsam interessierendes Problem unterhalten."

"Sie stören nicht", sagte Blink und deutete mit der Hand auf einen Stuhl. "Bitte nehmen Sie Platz." Schwarz setzte sich, und der Adjutant ging zurück ins Haus. "Sie sind dabei, sich hier einzurichten?" fragte Schwarz.

"Es sieht so aus, als ob wir endlich einen festen Platz gefunden hätten", antwortete Blink bewußt zweideutig. Nun würde sich gleich zeigen, wie weit sein Besucher informiert war. Schwarz zögerte nicht lange. "Die oberste Führung aller hier eingesetzten SS-Verbände ist der Meinung, daß endlich Schluß gemacht werden müßte mit den ewigen Rückzügen."

"Der Meinung bin ich auch", stimmte Blink zu.

"Das Oberkommando der drei SS-Panzerdivisionen am Bug hat die Absicht, die Stadt Chelm bis aufs Messer zu verteidigen. Alle Kommandeure sind der Meinung, daß in der Fortsetzung der Linie Orscha, Mogilew und Bobruisk ein vierter "Fester Platz" eingerichtet werden müßte, der die Rote Armee endgültig stoppt."

Blinks Herz pochte so laut, daß er fürchtete, sein Gegenüber könnte es hören. "Ich bin wiederum ganz Ihrer Meinung", stellte er fest.

"Das ist genau der Punkt, über den ich mit Ihnen sprechen möchte", sagte Schwarz und befürchtete, daß er seinen Gesprächspartner in einen heftigen Gewissenskonflikt stürzen würde. Aber er konnte ihm dies nicht ersparen. "Wir könnten Ihr Regiment aus der Division Engholm herauslösen und unserem Armeeoberkommando unterstellen." Als ersah, wie Blink zusammenzuckte, fügte er rasch hinzu: "Sie würden ein Regiment der Wehrmacht bleiben, Uniformen, Dienstgrade, alles bliebe unberührt, nur das Oberkommando würde sich ändern."

"Ja, geht das denn überhaupt?" fragte Blink ungläubig.

"Natürlich geht das, sonst wäre ich ja nicht hier!" sagte Schwarz.

"Und welche Konsequenzen würde das für mich haben?" fragte Blink und Schwarz wußte, daß er seinen Mann gefunden hatte. Keine Frage nach dem Wohl und Wehe der ihm unterstellten Soldaten. Dieser Mann dachte nur an sich.

"Wir werden im Führerhauptquartier darauf dringen, daß Chelm sofort zum "Festen Platz" erklärt wird. Ihr Regiment wird unverzüglich auf volle Mannschaftsstärke aufgefüllt, und unsere Verbände sorgen für die notwendige Verstärkung und auch dafür, daß Sie das Oberkommando erhalten und zum General befördert werden."

Welch ein Vorschlag! Das war genau das, was Blink hören wollte. Wie betäubt ließ sich der Oberst in seinen Sessel zurückgleiten. Seine Arme hingen schlaff über die rohen Armlehnen herunter und berührten fast den Boden. Seine Stiefelspitzen stießen steil in den blauen Himmel. Was gab's da noch zu überlegen? Nichts, gar nichts! Aber ... So schnell schießen die Preußen nicht. Er würde sich Bedenkzeit erbitten. Das war taktisch klug und sah sehr verantwortungsbewußt aus. Fragt sich nur wie lange? 24 Stunden, zwei Tage, drei Tage? Er entschied sich für drei Tage, und Schwarz war sofort einverstanden. "Wir waren sicher, daß Sie sich unserem Vorschlag nicht von vorneherein entziehen würden", sagte der Standartenführer und stand auf. Er setzte seine Mütze auf und schlug die Haken zusammen. Dann legte er die linke Hand an sein Koppelschloß und streckte die rechte in die Luft.

"Heil Hitler, Herr Oberst!" salutierte er. Blink streckte ihm die Hand entgegen, und Schwarz drückte sie gerne. So leicht hatte er sich seinen Besuch bei diesem Oberst nicht vorgestellt.

"Wie kann ich Sie erreichen?" fragte Blink.

"Ich werde in drei Tagen zur selben Zeit wieder hier vor Ihnen stehen."

"Einverstanden!" sagte Blink, dem es nun schon leid tat, daß er nicht eine eintägige Überlegungsfrist angeboten hatte.

"Ich muß Sie um absolute Verschwiegenheit bitten", sagte Schwarz noch. "Ihre neue Division wird vor vollendete Tatsachen gestellt werden."

Blink nickte verständnisvoll, und Schwarz verließ ihn.

Erschöpft schloß Blink die Augen. Er hatte es geschafft. Er würde endlich General werden, und zwar ohne dieses Arschloch von Engholm bitten zu müssen.

Er seufzte hörbar auf. Dann begann sein Gehirn in gewohnter Manier zu arbeiten. Was würde er alles brauchen, um diese Stadt wirkungsvoll zu verteidigen? Bedächtig ordnete er alle taktischen Maßnahmen, verteilte die schweren Waffen auf die strategisch wichtigen Punkte und teilte die ganze Stadt in Abschnitte ein. Sofort würde er damit beginnen, alles bis ins Detail zu planen. Er würde den Herren der SS schon zeigen, wozu ein generalstabsmäßig gedrillter Offizier der Wehrmacht fähig war. Die Würfel waren gefallen, er würde General werden.

Die Erschöpfung war von ihm abgefallen. Mit jugendlichem Elan stemmte er sich aus dem Sessel, kehrte zurück ins Haus und verzog sich in sein Büro.

Sorgfältig breitete er den Plan der Stadt im Maßstab 1:5000 vor sich aus, holte die Schachtel mit den Stecknadeln aus der Schublade und begann sie farblich zu ordnen. Mit einem fetten Farbstift markierte er die Abschnitte.

Den ganzen folgenden Tag verbrachte er mit dem theoretischen Ausbau der Stadt Chelm zu einer Festung. Um 17 Uhr ließ er sämtliche Offiziere und Unteroffiziere auf dem Platz vor der Piaristenkirchen antreten. Er verlas ihnen Wort für Wort den Führerbefehl Nr. 11, der in allen Einzelheiten die Aufgaben eines "Festen Platzes" beschrieb. Danach verpflichtete er seine Zuhörer zu aufopferungsvollem Gehorsam und wiederholte die Eidesformel, die sie auf Volk und Vaterland geschworen hatten. Sie stünden als Wellenbrecher, der die grausamen asiatischen Horden auseinanderreißen und dem unvermeidlichen Untergang zuleiten würde. Es sei ihrer unwürdig, in dieser verantwortungsvollen Aufgabe an Rückzug zu denken und dem Feind den Rücken zuzuwenden. "Hier in dieser Stadt wird wieder einmal bis zum letzten Mann gekämpft", sagte er, und wenn es sein muß, in ehrenvollem Widerstand gestorben. Wir werden unserem Volk und seinem Führer zeigen, daß es in dieser Armee noch Helden gibt, die wie Spartas König Leonidas mit seinen Männern bei den Thermopylen bereit sind, zur Rettung des Vaterlandes ihr Blut zu lassen." Oberst Blink war von seiner Rede so ergriffen, daß er spontan für je drei Mann eine Flasche Wodka spendierte. Mit so viel Hochprozentigem im Bauch würde sich auch der zukünftige Heldentod besser verdauen lassen.

Am folgenden Tag, also am 6. Juni 1944, waren die Alliierten zur lange erwarteten Invasion angetreten und an der Kanalküste gelandet. Diese Nachricht überraschte Oberst Blink beim Mittagessen. Sie ließ ihn aber kalt. Sollten die Herren, die sich jetzt jahrelang im Westen vergnügt hatten, endlich beweisen, wozu sie taugten. Er hatte hier seine Aufgabe, und für den morgigen Tag erwartete er den "schwarzen Boten", der dann auch pünktlich um zehn Uhr ankam.

Nach einer knappen Begrüßung teilte ihm Schwarz mit, daß alles gelaufen sei. "Ich darf Ihnen schon im voraus gratulieren", sagte er und überreichte Blink ein paar Schreiben, eines davon aus dem Führerhauptquartier. Er wurde für den 8. Juni in die Wolfsschanze bestellt.

"Sie können gleich nach dem Mittagessen mit mir nach Lublin fahren. Von dort bringt sie eine Kuriermaschine ins Hauptquartier." Oberst Blink war gerührt. Er geleitete den Standartenführer ins Kasino und bat um Beurlaubung bis zum Mittagessen.

"Ich habe nur noch einiges zu erledigen, wie Sie sich ja denken können", sagte er. Dann ging er zu seinem Stab, übergab dort seine Vertretung an Hauptmann Bleich und das Oberkommando an Major Gerstl, packte anschließend seine Reisetasche und erschien Punkt zwölf im Kasino.

Nach dem Essen fuhren sie im Dienstwagen des Standartenführers nach Lublin. Dort wartete schon ein Fieseler Storch auf Blink und brachte ihn nach Berlin. Er übernachtete im Hotel Kempinsky und flog anderntags ins Führerhauptquartier in der Wolfsschanze. Der Führer empfing ihn mit größtem Wohlwollen, beförderte ihn zum Generalmajor und überreichte ihm die Ernennungsurkunde und gleichzeitig die Bestallung zum Kommandeur des "Festen Platzes" Chelm.

"Ich bin fest davon überzeugt, daß Sie Ihre Pflicht für Volk und Vaterland erfüllen werden. In dieser schweren Zeit brauchen wir Truppenführer, die mit eiserner Hand die Disziplin der Truppe aufrechterhalten und bereit sind, für eine große Sache ihr Leben zu lassen. Die Heimat schaut auf Sie, und wir alle wünschen Ihnen viel Erfolg."

Blink hatte dem Führer in die Augen geblickt und den Hauch der Geschichte verspürt. Er war glücklich wie nie zuvor und bereit, für diesen Führer zu sterben.

Dieses Gefühl verließ ihn jedoch so schnell, wie es gekommen war. Schon im Flugzeug überlegte er seine Chancen, den Krieg zu überleben.

In Berlin angekommen, suchte er zuerst die Zeugkammer des Oberkommandos auf und ließ sich neu einkleiden. In seiner prachtvollen Uniform mit den roten Hosenstreifen und Aufschlägen am Waffenrock flanierte er unter den Linden und am Kurfürstendamm, speiste im Kempinsky und fuhr mit dem Nachtzug nach Leipzig. Nach drei Fliegeralarmen stieg er gegen sechs Uhr ein wenig lädiert aus dem Abteil erster Klasse, frühstückte gleich am Bahnhof, las die neuesten Nachrichten über die Invasion im "Völkischen Beobachter" und machte sich gegen neun auf den Weg zu Marianne.

Als sie die Tür öffnete und die fremde Uniform sah, war sie verblüfft. Rasch schob er sie in ihr Zimmer und umarmte sie dort mit überschäumender Herzlichkeit. Erst jetzt fielen die Anstrengungen der letzten Tage von ihm ab. Rasch entledigte er sich der Uniform, auf die er so lange gewartet hatte, und legte sich erleichtert in Mariannes Bett. Sie kam augenblicklich zu ihm, und zum zweitenmal innerhalb von 48 Stunden fühlte er sich glücklich wie nie zuvor.

Eigentlich besaß er nun alles, was er immer schon erträumt hatte. Abends führte er Marianne aus. Sie speisten im besten Lokal der Stadt, tranken eine Flasche Sekt und kehrten glückselig heim. Am anderen Morgen stand er um sechs ein wenig fröstelnd auf dem Bahnsteig und wartete auf seinen Zug nach Warschau. Drei Tage später war er wieder in Chelm und bedankte sich bei Major Gerstl für die verantwortungsvolle Vertretung.

Nachmittags kamen seine Offiziere der Reihe nach zu ihm und gratulierten ihm zur Beförderung. Blink merkte ihnen an, daß sie genau wußten, daß diese Ernennung für sie alle nichts Gutes bedeutete. Chelm war eine Festung und General Blink ihr Kommandant.

Als die Sonne unterging, wußte in Chelm auch der letzte Mann, daß diese Gratulationscour eine makabre Feier zu Ehren ihres kommenden Heldentodes, eine zynische Vorwegnahme des Untergangs einer Stadt mit ein paar tausend Stück menschlichem Schlachtvieh darstellte. Aber am Sinn dieser Maßnahme waren Zweifel nicht erlaubt, denn der Führer hatte persönlich in seiner genialen Allwissenheit eine strategische Entscheidung getroffen, die unverrückbar war wie das Ex cathedra des Papstes. Jeder Versuch, diesen Entschluß rückgängig zu machen, würde zum Hoch- und Landesverrat erklärt und unverzüglich mit der Todesstrafe geahndet.

Während sich Blinks Soldaten wie die Maulwürfe in die Erde gruben, patrouillierte er von Abschnitt zu Abschnitt und überwachte die Arbeiten. Vor allem nahm er jede Gelegenheit wahr, sich mit den aufsichtführenden Offizieren zu unterhalten. Er wußte, daß es wichtig war, die Kompanie- und Zugführer auf ihre kommende Aufgabe vorzubereiten und dabei kein Detail ungelöst zu lassen.

Zum Mittagessen holte er sich seine Bataillonskommandeure der Reihe nach in seine Behausung und unterzog sie während des Essens einer intensiven Befragung. "Sie wissen schon, was hier auf uns zukommt?" fragte er Major Gerstl, den er als ersten zu sich geladen hatte.

"Ich denke schon, Herr General", antwortete dieser und löffelte seine Suppe. "Wir müssen diesen "Festen Platz" unter allen Umständen halten", sagte Blink.

"So lautet der Führerbefehl", bestätigte Gerstl.

"Ihre Männer werden nicht gerade begeistert sein."

"Seit Stalingrad sinkt die Begeisterung überall", behauptete Gerstl.

"Befürchten Sie defätistische Reaktionen?" tastete sich der General vor.

"Auf keinen Fall öffentliche", wehrte Gerstl ab.

"Soll das heißen, untereinander und hinter vorgehaltener Hand wird gemeutert?"

"Richtige Soldaten meutern immer. Wenn nicht übers Essen, dann über die Offiziere oder übers Wetter. Jetzt regen sie sich eben darüber auf, daß man sie hier festnagen will." Major Gerstl überlegte sich seine Worte genau. Der General spürte diese Zurückhaltung und stocherte eine Zeitlang wortlos in seinem Gemüse herum. Schließlich entschloß er sich das Thema zu wechseln.

"Sind Sie ein religiöser Mensch?" fragte er ganz unvermittelt.

"Sagen wir so: ich glaube an Gott."

"Und glauben Sie, daß uns in dieser Situation ein Gott helfen kann?"

"Natürlich nicht!" antwortete der Major, ohne zu zögern. "Einer gewalttätigen Menschheit steht immer ein noch schrecklicherer Gott gegenüber, und wozu sollte der schon hilfreich sein?"

"Das klingt eher nach Verzweiflung und Nihilismus als nach religiöser Gläubigkeit!" sagte der General.

"In diesen harten Zeiten spielt das liebe Jesulein keine große Rolle. Für uns sind die rachsüchtigen Gottheiten der Frühgeschichte zuständig, und die haben ja nur sehr wenig mit Religion in unserem Sinne zu tun."

General Blink spürte, daß das Gespräch ins Metaphysische abglitt, und da er von Religion nicht allzuviel verstand, beendete er die Unterhaltung und schickte den Major in seinen Abschnitt zurück.

Konnte er diesem Mann bedingungslos vertrauen? Gerstl war ein zuverlässiger Berufsoffizier, der sicher sein Metier beherrschte, die Frage war nur, ob er auch in einer aussichtslosen Situation bereit war, Befehle auszuführen, die für die Betroffenen verheerende Auswirkungen hatten.

Im Laufe des Nachmittags wurden dem General die ersten Vorkommandos der SS-Waffendivisionen gemeldet. Es stellte sich heraus, daß diese Verbände ein Sammelsurium osteuropäischer Abenteurer und zwangsrekrutierter Hilfswilliger waren, die nur deswegen eine gewisse Garantie für Zuverlässigkeit boten, weil ihnen allen im Fall der russischen Gefangenschaft samt und sonders der Genickschuß drohte. General Blink wies sie in den südwestlichen Abschnitt ein.

Am folgenden Tag kamen schon die ersten regulären Soldaten aus allen möglichen Truppenteilen aus dem ganzen Reich nach Chelm. Blutjunge Grenadiere, kaum ausgebildet, Drückeberger der Marine und der Luftwaffe, die mangels Schiffen und Flugzeugen jetzt in

Rußland verheizt werden sollten. Darunter uralte Opas vom Landsturm, die aus Ostpreußen weggekarrt worden waren. Es gab große Schwierigkeiten, diesen Abschaum eines schon viel zu lange dauernden Krieges in die Gruppen und Züge einzugliedern. Aber vorläufig wurde nicht geschossen, sondern nur gegraben und gebunkert. Schwere Waffen wurden in Stellung gebracht und Telefonleitungen verlegt. Im großen und ganzen gingen die Arbeiten gut voran, nur der geistige Zustand der Truppe verschlechterte sich von Tag zu Tag.

Der einzelne Soldat in einer Armee war mathematisch gesehen eine quantité négligeable, die man zu Zehntausenden opferte, wenn ein strategischer Wert auf dem Spiel stand. Er war ein gestalt- und hirnloses Werkzeug der Macht, das ohne Rücksicht auf seine unsterbliche Seele von eiskalten Strategen zu riesigen Haufen gebündelt in die Schlacht geworfen wurde.

Je mehr die Arbeiten fortschritten, um so greifbarer wurde der Zweck der Bemühungen. Wenn die Männer niedergeschlagen von ihrer Schinderei heimkehrten, spürten sie, daß sie wieder ein Grab mehr auf ihrem Friedhof ausgehoben hatten. Obwohl sie wußten, daß in diesen Tagen überall auf der Welt sinnlos gestorben wurde, war diese stumpfsinnige Wühlarbeit deswegen so zermürbend, weil sie ihnen den letzten Zweifel an einem möglichen Entkommen raubte. Morituri te salutant, stand unsichtbar auf allen Eingängen zu den Bunkern. Und die Todgeweihten schlichen stumm aneinander vorüber und wagten nicht mehr, sich in die Augen zu schauen.

Am Arbeitsessen beim General nahm an diesem Abend auch der Kommandeur des SS-Regiments teil. Standartenführer Laundris war ein Lette, der eine gediegene Ausbildung an der Kriegsschule in Wilna genossen hatte. Er hörte sich Blinks Vortrag über die Grundsätze der Verteidigung an und meldete sich zu Wort, als dieser geendet hatte. Auch er bezog sich auf Clausewitz, machte aber auf den Widerspruch aufmerksam, den dieser aufgestellt hatte, als er die bloße Verteidigung für sinnlos erklärte, obwohl sie der Offensive überlegen sei. Um das negative Ziel der Verteidigung in positives Handeln umzukehren, müsse nach der geglückten Verteidigung wieder zur Offensive übergegangen werden.

"Glauben Sie, Herr General, daß die in unserem Rücken aufgestellten Verbände ausreichen werden, einen Gegenstoß zu führen?" schloß der SS-Mann.

Blink war überfragt. Er hatte sich auf seine Festung konzentriert, ohne an die Möglichkeit offensiven Handelns zu denken. Er war stur davon ausgegangen, daß man diese Stadt halten müsse, bis der letzte Mann gefallen sei. Dann würde er aus seinem Bunker hervorkriechen und sich ergeben, so wie es Paulus in Stalingrad gemacht hatte. Er hätte seine Aufgabe erfüllt, und niemand würde ihm einen Vorwurf machen können, daß er nicht auch gefallen sei. Das war nicht die Aufgabe eines Generals.

Und nun kam dieser baltische Klugscheißer und servierte ihm Clausewitz, und zwar in einer Form, die im Zusammenhang mit seiner Festung gar nicht zur Debatte stand. Oder vielleicht doch?

General Blink hatte jedenfalls in den Augen seiner Offiziere plötzlich einen Hoffnungsschimmer aufleuchten sehen, der ihm in den letzten Tagen endgültig verloschen schien. Er mußte also auf die Möglichkeit eingehen - rhetorisch wenigstens. Das war er seinen Offizieren schuldig.

Kurz entschlossen erhob er sich, so daß man auch auf den entfernteren Plätzen seine roten Rockaufschläge deutlich sehen konnte.

"Ein interessanter Beitrag, mein lieber Standartenführer", sagte er und zog seinen Waffenrock stramm. "Leider hatte das Armeeoberkommando noch keine Gelegenheit, mich über seine nächsten Schritte zu unterrichten." Er lächelte mokant, doch als er spürte, daß seinen Zuhörern nicht zum Lachen zumute war, wurde er sofort wieder ernst.

"Im Augenblick werden natürlich alle vorhandenen Kräfte in Chelm zusammengezogen, damit die Festung ihre Aufgabe erfüllen kann. Selbstverständlich müssen ausreichende Kräfte zur Verfügung gestellt werden, so daß man von hier aus die Rote Armee wieder über den Bug zurückwerfen kann, sonst hat das ganze Prinzip der "Festen Plätze" keinen Sinn. Aber darüber haben nicht wir zu entscheiden, sondern das Armeeoberkommando."

"Ich möchte Sie bitten, sich zu erkundigen, welche Vorkehrungen das Oberkommando treffen wird, um uns nicht der Einschließung auszusetzen, so wie das in Stalingrad und Witebsk der Fall war."

"Ich glaube, jetzt schießen Sie übers Ziel hinaus", wehrte der General ab. "Das Oberkommando wird dieser Bitte niemals entsprechen. Wir müssen uns einfach darauf verlassen, daß die strategische Planung das Richtige tun wird."

"Verzeihen Sie, wenn ich Ihnen hier widerspreche", sagte Laundris hartnäckig.

49

"Man kann von keiner Truppe der Welt verlangen, daß sie sich ohne die leiseste Chance aufopfert. Das ergibt militärisch keinen Sinn."
"Ich halte diese Diskussion für unnötig und gefährlich. Wir müssen uns schon auf das militärische Genie des Führers verlassen. Er würde nie von uns solch ein Opfer verlangen, wenn es nicht einem ganz bestimmten Ziel diente."

Laundris war klug genug, nicht nachzuhaken, aber er wußte Bescheid. Nachdem der General die Offiziere in ihre Quartiere entlassen hatte, gingen die drei Bataillonskommandeure des ehemaligen Regiments Blink zurück zu ihren Unterkünften.

"Dieser Standartenführer hat den Finger auf die Wunde gelegt", sagte Major Gerstl.

"Und der General hat die Blutung nicht gestillt", äußerte Hauptmann Reich. "Es sieht so aus, als rechnet er gar nicht mit einem rechtzeitigen Ausbruch."

Major Baier vom I. Bataillon zog nervös an seiner Zigarette. Er war Reserveoffizier und hielt nicht viel vom Sterben. Ihn hatte die ganze Diskussion so mitgenommen, daß ihm die Knie zitterten. Natürlich hatte auch er kapiert, daß so ein "Fester Platz" eine verdammt kritische Situation ergeben konnte. Aber heute abend war ihm endgültig klargeworden, daß man die gesamte Besatzung schon längst abgeschrieben hatte. Das war so unglaublich, daß ihm schwindelte. "Kein Mensch rechnet damit, daß wir ausbrechen!" stöhnte er. "Die haben uns längst abgeschrieben."

"Die Amerikaner kommen in Frankreich gut voran. Also müssen wir die Russen hinhalten, solange es geht. Das sehe ich ein", meinte Gerstl. "Aber was nutzt unser Tod in Chelm dem Oberkommando?"

"Gar nichts", bestätigte Baier. "Wir müssen uns mit hinhaltendem Widerstand zurückziehen, das bringt viel mehr als eine Einkesselung. Die Front geht an uns vorbei, so als gäbe es uns gar nicht, und dann werden wir ausgehungert und müssen uns ergeben."

"Ich gehe nicht in Gefangenschaft", protestierte Gerstl.

"Ich auch nicht", schloß sich Reich an.

"Ja, aber was sollen wir tun?" fragte Baier.

"Wenn wir uns einig sind und die SS mitmacht, dann setzen wir uns rechtzeitig ab. Da kann der Blink machen, was er will. Er allein kann uns nicht aufhalten."

Schweigend trotteten die drei durch die Nacht. Vor Gerstls Bunker verabschiedeten sie sich.

"Wer von uns geht zu Laundris?" fragte Gerstl.

"Ich bin bereit, mit ihm zu reden", schlug Baier vor, und die beiden anderen hatten nichts dagegen.

"Kommen Sie bitte morgen abend um 8 Uhr zu mir, dann reden wir weiter."

Die Konspiration löste sich auf, und jeder von ihnen schlief in dieser Nacht sehr schlecht, denn auf Hochverrat stand die Todesstrafe. Aber der "Feste Platz" Chelm war schon das Grab.

Auf dem Weg zum südwestlichen Stadtrand bemerkte Major Baier, daß sich die SS-Einheiten keine große Mühe gegeben hatten, ihre Stellungen auszubauen. Alles was er sah, machte einen sehr provisorischen Eindruck. Als er sich zu Standartenführer Laundris durchgefragt hatte, traf er diesen kartenspielend vor seinem Haus an. Laundris stellte Baier seine beiden Skatpartner vor und fragte nach dem Grund des Besuchs.

"Ich bedaure außerordentlich, daß ich Sie beim Spiel störe", sagte Baier. "Ich komme lieber zu einem günstigeren Zeitpunkt wieder, wenn ich mit Ihnen allein sprechen kann."

"Kein Problem", erwiderte Laundris, "die beiden spielen so schlecht Skat, daß eine kleine Unterbrechung eine wahre Erholung ist." Auf lettisch bat er seine Kameraden um eine kurze Unterbrechung des Spiels, weil er mit dem Major etwas Dienstliches zu besprechen habe.

"Nun, worum geht es, mein lieber Major?" fragte Laundris und bot Baier einen Platz auf der Bank neben sich an. Baier setzte sich und bat rauchen zu dürfen, weil er das Gefühl hatte, dieses schwierige Problem im Dunst einer Zigarette besser angehen zu können. Bedächtig holte er eine Muratti mit Goldmundstück aus seinem silbernen Etui, rollte sie zwischen den Fingern und zündete sie an. Ein paar tiefe Lungenzüge, und er hatte den Einstieg gefunden.

"Ihre Frage nach den Reserven, die unseren eventuellen Gegenstoß ermöglichen könnten, hat uns aufgeschreckt. Dabei haben unsere Nachforschungen ergeben, daß zwischen Chelm und Lublin überhaupt keine entsprechenden Kräfte bereitgehalten werden." Baier beobachtete die Reaktion des SS-Mannes und mußte feststellen, daß dieser nicht im mindestens überrascht war.

"Es dürfte Ihrer Aufmerksamkeit nicht entgangen sein, daß wir keine Anstalten getroffen haben, uns hier allzu tief einzugraben. Wir sehen unsere wichtigste Aufgabe darin, Ihnen den Rücken freizuhalten, und wenn Sie dem Ansturm nicht mehr standhalten können, werden wir uns mit Ihnen absetzen."

Baier war erleichtert. Dieser Laundris war ein kluger Mann und kein Selbstmörder. "Ich bin zu Ihnen gekommen, um im Auftrag meiner Kameraden herauszufinden, wie Sie über die Verteidigung dieses "Festen Platzes" denken. Es beruhigt mich außerordentlich zu hören, daß auch Sie keinen Sinn darin sehen, hier bis zum letzten Mann auszuharren und 12000 Mann einem sicheren Untergang auszusetzen."

"Genau dieser Meinung bin ich, aber es scheint nicht sehr klug zu sein, diese Absicht frühzeitig bekanntzugeben." Laundris griff nach seinen Spielkarten und begann sie zu mischen. Baier vermutete, daß er damit andeuten wollte, die Unterredung sei hiermit beendet. Er stand auf. "Ich danke Ihnen, Standartenführer, für Ihre Offenheit."

"Sparen Sie sich Ihre großen Worte", raunzte Laundris. "Im übrigen habe ich mit Ihnen überhaupt nicht gesprochen. Guten Tag, Herr Major."

Major Baier legte die Hand an seine Mütze und ging davon.

Als die beiden Kommandeure abends bei ihm eintrafen, bot er ihnen eine Flasche Moselwein an und berichtete von seinem Gespräch mit dem Standartenführer.

"Scheint ein kluger Mann zu sein, dieser Laundris", sagte Reich.

"Mit allen Wassern gewaschen", ergänzte Baier.

"Ob man ihm trauen kann?" wandte Gerstl ein.

"Wir haben keine andere Wahl", versicherte Baier.

"Und wie soll's nun weitergehen?" fragte Gerstl.

Auf diese Frage wußte keiner eine passende Antwort.

"Wir müssen warten, bis die Russen angreifen", schlug Reich schließlich vor.

"Das ist klar", meinte Gerstl", nur wie lange können wir standhalten?"

"Der Ausbruch aus der Festung muß jedenfalls so rechtzeitig erfolgen, daß er Aussicht auf Erfolg hat", sagte Baier.

"Auch das ist klar, nur wer sagt uns, wenn es Zeit ist?" fragte Reich.

"Das müßte der Laundris tun", meinte Baier. "Der hat Verbindung mit dem rückwärtigen Raum und kann die Lage am ehesten abschätzen."

"Ob wir ihn dazu bringen könnten, uns dies fest zuzusichern?" fragte Gerstl.

"Ich werde nochmals zu ihm gehen und mit ihm reden", schlug Baier vor.

Die andern beiden nickten. Schweigend tranken sie ihren Wein aus. Jetzt war nicht die Zeit, große Reden zu schwingen. Man mußte mit sich selbst ins reine kommen und wenn's soweit war, ins kalte Wasser springen. Das war man seinen Untergebenen schuldig. Die großen Sprüche von Volk und Vaterland sollten die im Führerhauptquartier schwingen. Hier an der Front, wo man hautnah mit den Menschen in Verbindung stand, galten andere Gesetze.

"Wir warten die ersten Angriffe ab, dann geh' ich zu Laundris", sagte Baier. "Aber dann muß alles sehr schnell gehen", meinte Reich, "denn wenn die mit ihren Panzern kommen und die Stadt umgehen, müssen wir bereit sein."

Daruber waren sie sich einig. Still und ein wenig niedergedrückt gingen sie auseinander.

Zwei Tage später legten die Russen ein gewaltiges Sperrfeuer auf den Bug und setzten über. Der deutsche Widerstand war gering, und sie konnten ihren Brückenkopf in Ruhe verstärken. Sie würden zwei Tage brauchen, um Waffen, Geräte und Munition nachzuschieben, ehe sie den Vormarsch fortsetzen konnten. Die ersten Panzerspähtrupps tauchten schon am Stadtrand von Chelm auf.

"Endlich geht's los!" sagte General Blink zu seinen Stabsoffizieren, die mit ihren Ferngläsern die Truppenbewegungen im Vorfeld der Stadt verfolgten.

"Werden wir Luftunterstützung bekommen?" fragte sein Adjutant, aber Blink winkte mit einer müden Geste ab. "Wo denken Sie hin", sagte er nur und starrte durch das Glas.

"Es sieht auch nicht so aus, als ob sie uns frontal angreifen wollen."

"Woraus schließen Sie das?" fragte der General, obwohl er die Antwort kannte.

"Sie legen keine Artilleriestellungen an", sagte der Adjutant.

"Den Anschein hat es." Der General setzte sein Glas ab und ging zurück zu seinem Stabsgebäude. Dort traf er auf die Bataillonskommandeure Gerstl, Baier und Reich. Ohne sie eines Blickes zu würdigen, ging er an ihnen vorüber und schloß die Türe seines Büros hinter sich.

"Das schlechte Gewissen in Person", stellte Baier sarkastisch fest.

"Wir müssen ihn zu einer Stellungnahme zwingen", sagte Gerstl.

"Das war doch deutlich genug", meinte Reich, aber Gerstl war nicht einverstanden. "Ich würde mir das später nie verzeihen, wenn ich ihn nicht ganz eindeutig festgenagelt hätte, bevor wir ohne ihn ausbrechen."

"Der Meinung bin ich auch", sagte Gerstl. "Also rein zu ihm."

Major Baier befahl Blinks Adjutanten, den General zu holen. Blink ließ sie über fünf Minuten warten, ehe er sich blicken ließ. Man sah ihm an, daß er ahnte, was auf ihn zukam. Er bat die Herren Platz zu nehmen und verbarrikadierte sich hinter seinem Schreibtisch. "Sieht ein wenig nach Verschwörung aus", versuchte er zu scherzen. "Dazu besteht kein Anlaß", versicherte Gerstl.

"Was kann ich also für Sie tun?" fragte Blink jetzt direkt.

"Wir haben noch immer keine genauen Befehle für unser weiteres Vorgehen", sagte Reich. Blink lief rot an, und seine Stirn legte sich in Falten.

"Sie kennen den Führerbefehl Nr. 11. Wir sind hier ein "Fester Platz" und der wird verteidigt bis zum Letzten. Wozu benötigen Sie da noch Einzelheiten. Sie sind alle erfahrene Frontkämpfer. Wir haben einen klaren Kampfauftrag, und der wird ohne Wenn und Aber durchgeführt. Ich hoffe, wir haben uns verstanden?"

Die drei Offiziere senkten ihre Blicke. Der uralte Zwist zwischen Vernunft und sturem militärischem Gehorsam hatte sie im Griff. Alle drei wußten, daß es in den Augen des Generals keine Möglichkeit zum Kompromiß geben würde. Der Befehl war klar, und die Alternative hieß Gehorsam. Langsam wich die Röte aus Blinks Gesicht. Er kannte den inneren Konflikt, dem seine drei Kommandeure ausgesetzt waren, aber er konnte ihnen nicht helfen. Er hatte seine Seele für die roten Streifen an seinen Hosen verkauft, und er würde zu seinem Wort stehen. Sollten sie doch dasselbe tun.

"Wir müssen also tatenlos zusehen, wie die Russen uns einschließen und aushungern?" fragte Gerstl, dem diese Möglichkeit überhaupt nicht behagte.

"Der "Feste Platz" Chelm bindet nach Meinung des Oberkommandos eine russische Division. Das verzögert den Vormarsch in diesem Abschnitt um eine Woche. Diese Zeit bleibt der Etappe, um neue Verteidigungslinien aufzubauen."

"Und wenn wir uns kämpfend zurückziehen, verlangsamen wir den Vormarsch der Russen um viele Wochen", behauptete Gerstl.

"Ich möchte Sie bitten, mich mit solchen kühnen Behauptungen zu verschonen. Sie stehen nicht zur Disposition. Ich sage nochmals: "Wir sind ein "Fester Platz", und der wird verteidigt. Mehr ist da nicht zu sagen. Und nun bitte ich Sie, mich meine Arbeit tun zu lassen." Blink stand auf und wartete.

"Das ist Ihr letztes Wort?" fragte Baier.

"Das ist mein letztes Wort", wiederholte der General.

"Zwölftausend Mann werden hier also sinnlos verheizt", sagte Reich.

"Es steht Ihnen nicht zu, die Entscheidung des Führers in Zweifel zu ziehen", entgegnete der General und wies mit der Hand zur Türe. Gesenkten Hauptes gingen die drei Offiziere davon. Sie schlossen sich in Baiers Büro ein und besprachen die nächsten Schritte.

"Es bleibt kein anderer Ausweg, wir müssen ihn außer Gefecht setzen", schlug Baier vor, und die andern beiden nickten zustimmend.

"Fragt sich nur, wie?" überlegte Reich.

"Wir müssen alles für den Rückzug vorbereiten. Er muß in der Nacht erfolgen. Wir müssen das zusammen mit Laundris machen", sagte Gerstl.

"Und in dieser Nacht muß Blink ausgeschaltet werden", sagte Baier.

"Richtig, aber wie?" fragte Reich.

"Mit einem starken Schlafmittel." sagte Baier.

"Das wäre eine Möglichkeit", stimmte Gerstl zu.

"Und wer gibt ihm das?" fragte Reich.

"Sein Adjutant", schlug Baier vor.

"Ob der das macht?" zweifelte Reich.

"Wird ihm schon nichts anderes übrigbleiben. Sonst bleibt er auch da", sagte Gerstl, und sie sahen ihm an, daß er in diesem Fall kein Pardon kennen würde.

Sie saßen noch ein paar Minuten schweigend beieinander, ehe sie sich trennten.

"Ich gehe jetzt gleich zu Laundris. Mit seinem Verhalten steht und fällt unser Plan", sagte Baier, und die beiden wünschten ihm Glück. Den ganzen Weg überlegte Baier, ob er sich dem SS-Mann anvertrauen konnte. Als er dessen Unterstand betrat, war ihm klargeworden, daß er keine Wahl hatte. Laundris schien auf ihn gewartet zu haben.

"Na endlich kommen Sie", sagte er und streckte Baier die Hand entgegen. "Wir haben nicht mehr viel Zeit."

"Sie haben den Bug überwunden und sind dabei, uns einzuschließen", sagte Baier.

"Vorher müssen wir raus", entgegnete Laundris.

"Wie viele Tage geben Sie uns noch?" fragte Baier.

"Je früher, um so besser", sagte Laundris. "Wir wär's mit übermorgen nacht?"

"Einverstanden!" antwortete Baier und drückte Laundris erleichtert die Hand.

General Blink saß in seinem Büro und starrte zur Decke empor. Er fühlte sich saumäßig. Nicht daß ihn das Schicksal seiner Soldaten beunruhigte, nein, er hatte vielmehr unter dem langen Warten auf des Führers Entscheidung gelitten. Lediglich die Nachricht, daß seine Frau in Hadamar an einem Herzversagen verschieden sei, hatte seine Stimmung kurzfristig gehoben. Schon am nächsten Tag aber war er wieder in eine ihm unbekannte Lethargie verfallen. Er mußte etwas dagegen tun. Energisch schüttelte er seinen Kopf, sprang auf, schnallte seine Koppel um, setzte den Stahlhelm auf und verließ sein Büro.

"Es scheint ernst zu werden", mutmaßte der Adjutant, der sich wunderte, daß sein Chef im Kampfanzug, ohne die roten Besätze, ausging. Als sich der General den vorderen Linien des II. Abschnittes näherte, vernahm er das helle Hämmern von Gewehrfeuer. Rasch stieg er in den Verbindungsstollen und lief gebückt zum Gefechtsstand von Major Baier.

Der stand aufrecht im Graben und stierte durch sein Fernglas auf die flache Senke, die sich vor seinem Bunker zum Bug hinunter streckte.

"Na, wie sieht's aus?" fragte der General.

"Eine ganz dünne Schützenreihe, Herr General", sagte Baier und deutete ins Freie. "Keine Panzer, keine schweren Waffen?" fragte Blink.

"Bis jetzt noch nicht."

"Wollen Sie die Kerle nicht zurückwerfen?" fragte Blink, dem schon wieder nach einem verwegenen Husarenritt zumute war.

"Das bringt doch nichts", antwortete Baier knapp und mehr zu sich selbst. Dies paßte dem General ganz und gar nicht.

"Wenn Sie mit mir sprechen, nehmen Sie Haltung an und fügen Ihrer Antwort meinen Dienstgrad bei", zischte Blink unter seinem Stahlhelm hervor. Baier starrte ihn an. Was wollte der Blödmann? Er dachte nicht daran, hierauf eine Antwort zu geben.

"Haben Sie mich verstanden?" brüllte der General wutentbrannt.

"Ihr Gebrüll können sogar die Russen hören", bemerkte der Major und wandte sich ab. "Sie bleiben gefälligst hier vor mir stehen und beantworten meine Frage!"

"Wenn Sie dann statt meiner das Bataillon führen."

"Werden Sie nicht unverschämt!" blaffte Blink und zitterte vor Wut. So etwas war ihm in seiner ganzen Laufbahn noch nicht vorgekommen. Die übrige Bunkerbesatzung blickte ungläubig auf die beiden Kontrahenten.

Major Baier war jetzt endgültig davon überzeugt, daß man das Schicksal von zehntausend Soldaten unmöglich den Launen eines hirnrissigen Karrieristen anvertrauen durfte. Aber es war auch unklug, Blink zu sehr zu reizen. Man durfte ihn jetzt nicht aus der Ruhe bringen, sonst würde er womöglich stutzig. Also lenkte Major Baier ein. "Das war absolut nicht meine Absicht, Herr General", sagte er und nahm Haltung an.

"Ich werde Ihr gänzlich unpassendes Verhalten dem Streß der letzten Tage anlasten, verlange aber in Zukunft äußerst korrektes Benehmen. Sie wissen, wie unerläßlich dies in Zeiten großer Anspannung sein kann."

Mit einer lässigen Handbewegung zum Helm verabschiedete sich der General und verschwand im Verbindungsstollen. Major Baier atmete schwer durch.

Kaum war der General verschwunden, tauchten die beiden Mitverschwörer Gerstl und Reich im Unterstand des II. Bataillons auf. Als Baier sie im Verbindungsstollen sah, ging er ihnen entgegen und führte sie zurück in ein leeres Stück Graben, in dem Munition gestapelt war. Die drei setzten sich auf die Kisten und entzündeten ihre Zigaretten.

"Sie waren bei Laundris?" fragte Gerstl.

"Ja, ich war bei ihm", antwortete Baier. "Der Mann hat's eilig."

"Das heißt, er ist einverstanden!" sagte Reich.

"Natürlich", bestätigte Baier, "der wäre auch ohne uns gegangen."

"Und wann soll's losgehen?" fragte Gerstl.

"Übermorgen nacht."

"Donnerwetter", sagte Reich, "das nenne ich schnell entschlossen."

"Mit gutem Grund", sagte Baier. "Laundris geht davon aus, daß die Russen in zwei Tagen genügend Panzer auf dieser Seite des Bugs haben werden. Wenn die sich dann in Bewegung setzen, sind sie, ohne großen Widerstand anzutreffen, in zwei Tagen in Lublin, und dann ist Chelm eingeschlossen."

"Da ist was dran", überlegte Gerstl. "Wir müssen also noch vorher raus."

"Genau. Also übermorgen nacht", sagte Baier.

"Und wie gehen wir im einzelnen vor?" wollte Reich wissen.

"Wir beginnen morgen mit der Bereitstellung der Fahrzeuge. Das muß so unauffällig wie möglich geschehen. Verladen wird nachts. Übermorgen nach dem Mittagessen informieren wir die Truppe. Dann gehen die Kompanien in Bereitschaft."

"Und wer übernimmt den General?" fragte Gerstl.

"Sanitätsunteroffizier Kistler", antwortete Baier und lachte in sich hinein. "Er sorgt dafür, daß dem General ein starkes Schlafmittel in die

Suppe gegeben wird, und garantiert, daß Blink vierundzwanzig Stunden hinübersein wird."

"Und wann setzen wir uns in Bewegung?" fragte Gerstl.

"Sobald die Sonne untergegangen ist, beginnt Reicht, dann ich, zum Schluß Sie, Gerstl. Wir verteilen uns links und rechts der Rollbahn nach Piaski. Dort müßten wir im Morgengrauen ankommen und in Swidnik auf die neue Hauptkampflinie stoßen, wo wir uns dann einreihen werden."

"Und Sie meinen, das geht glatt?" fragte Reich.

"Die werden froh sein, Verstärkung zu bekommen, wo sie doch schon damit gerechnet haben, daß wir rettungslos verloren sind."

"Und das Oberkommando?" bohrte Reich weiter.

"Wir werden denen schon eine Geschichte anbieten", beruhigte Baier, "aber dazu muß man erst sehen, wie alles abläuft. Und dann haben wir ja auch noch Laundris."

"Also alles klar", sagte Gerstl. "Übermorgen nach Sonnenuntergang."

"Hals- und Beinbruch!" wünschte Baier den beiden und kehrte in seinen Stützpunkt zurück.

Außer einer leichten Spähtruptätigkeit rührte sich auch am nächsten Tag nichts. Immer wieder sah man einzelne Panzer, die in aller Ruhe an der Stadt vorbei nach Westen vorstießen, aber nach kurzer Zeit wieder zurückkamen, ohne einen Schuß abgefeuert zu haben.

"Die trauen dem Frieden nicht!" sagte der Adjutant zu General Blink.

"Die wissen auch nicht, wo hinter uns die HKL verläuft", bestätigte Blink. "Ich wäre an deren Stelle auch äußerst vorsichtig."

"Aber was ist, wenn sie uns auf zwei Seiten umgehen und bei Piaski zusammentreffen, ohne unsere Stellungen anzugreifen?" fragte der Adjutant ängstlich.

"Dann müssen sie auch wieder zurück, müssen diesen Tatbestand ihrem Truppenführer melden, und der muß dann entscheiden, ob er seine Infanterie vorgehen läßt."

"Und was tun wir?" fragte der Adjutant.

"Wir können nur warten, bis sie uns angreifen."

"Und wenn sie das gar nicht vorhaben?"

"Jetzt geraten Sie ins Reich der Märchen", wiegelte der General ab. Tief in seinem Innersten aber hatte er auch schon mit dieser Möglichkeit gerechnet. Wäre er Armeeführer, würde er mit Sicherheit ebenso verfahren. Die Stadt Chelm würde umgangen und der Vormarsch so fortgeführt, als gäbe es diese Stadt gar nicht. Was konnte die Besatzung dieser Festung schon groß tun? Warten, bis ihnen die Lebensmittel ausgingen, und dann vielleicht einen Ausbruch versuchen. Je länger sie darauf warteten, um so weiter würde die Front im Westen vorrücken und um so weiter müßten sie sich kämpfend durch russisches Hinterland durchschlagen. Er wollte an diese Möglichkeit lieber gar nicht denken.

"So wie ich General Watutin kenne, wird der uns nicht lange warten lassen."

Damit gab sich der Adjutant zufrieden, obwohl er zu gerne die Möglichkeit durchgespielt hätte, was zu tun sein, wenn die Russen nicht angriffen. Leider war der General dazu nicht bereit.

Man kann nicht behaupten, daß sich die schwarz gekleideten SS-Ordensverbände den Franziskanerorden mit seinen ebenfalls schwarz gekleideten Konventualen zum Vorbild genommen hätten. Eines hatten sie jedoch gemeinsam: den absoluten Gehorsam gegenüber ihren Generälen. Die Barfüßigen mußten genau wie die Gestiefelten mit Leib und Seele für die Ziele ihres Ordens eintreten.

Standartenführer Laundris regierte sein Panzergrenadierregiment, das zur SS-Waffendivision "Baltikum" gehörte, mit harter Hand. In letzter Zeit hatte er sich der Absicht seiner Vorgesetzten, zu offensichtlichen Himmelfahrtskommandos eingesetzt zu werden, immer mehr entzogen. Er teilte keineswegs die Meinung der reichsdeutschen Offiziere, daß es sich bei seinen baltischen Freiwilligen um minderwertiges Kanonenfutter handele. Auch wurde immer klarer, daß die Deutschen das ganze Baltikum bedenkenlos den Sowjets überlassen würden. Laundris und seine Unterführer waren daher nicht mehr bereit, sich zum größeren Ruhme Deutschlands totschießen zu lassen. Sie wollten ihre Haut retten, das war ihr oberstes Ziel. Und dort, wo es sich mit den Absichten der deutschen Offiziere traf, waren sie zur vorbehaltlosen Zusammenarbeit bereit.

Den ganzen Tag über waren die russischen Panzer gen Westen gerollt. Sie hatten sich nicht im mindesten um die Besatzung der Stadt gekümmert. Also war ihr Ziel ganz eindeutig: Einkesselung von Chelm. Laundris wußte, daß es höchste Zeit war. Gegen Mittag hatte er seine Kommandeure zu sich gerufen und den Ablauf des Rückzugs mit ihnen besprochen.

"Hoffentlich macht uns der General keinen Strich durch die Rechnung", sagte Laundris' Adjutant.

"Major Baier hat versprochen, ihn auszuschalten", entgegnete Laundris.

"Sollten wir nicht auf Nummer Sicher gehen?" meinte der Kommandant des II. Bataillons.

"Und wie stellen Sie sich das vor?" fragte Laundris.

"Wir laden ihn für heute abend zu uns ein", schlug der Adjutant vor.

"Und?"

"Das übliche: vollaufen lassen." Alle lachten.

"Versuchen können wir's ja. Rufen Sie ihn gleich mal an. Sagen Sie, ich hätte Geburtstag", schlug Laundris vor, und der Adjutant eilte zum Telefon.

"Zehn Minuten später kam er zurück und bestätigte Blinks Zusage.

"Fein, dann brauchen sich die Deutschen um nichts mehr zu kümmern. Wir werden das aufs beste erledigen. Aber geben Sie Major Baier Bescheid."

"Ich werde das persönlich übernehmen", sagte der Adjutant und eilte davon ...

Punkt sieben öffnete der Obergefreite Jungböck den Schlag seines Wagens und ließ den General einsteigen.

"Sie brauchen nicht zu warten, ich gehe zu Fuß zurück", sagte der General beim Aussteigen. Jungböck atmete auf. Mit dieser Weisung war klar, daß auch er problemlos mit den anderen abhauen konnte. Freudig vor sich hin pfeifend fuhr er zurück.

Laundris stand schon unter der Türe seines Quartiers und begrüßte den General mit ausgesuchter Höflichkeit. Dann führte er ihn ins Innere.

Der Tisch war in einem kleinen Salon gedeckt, und Laundris stellte die Herren seines Stabes vor. Dann wurde getafelt, und Blink mußte wieder einmal feststellen, daß die SS weitaus besser versorgt war als das Heer. Alles war vom Feinsten, und Blink wunderte sich bei jedem Gang über die vorzügliche Zubereitung der Speisen. Vor der Nachspeise hatte der Stabschef einen Toast auf den Kommandeur ausgebracht, und alle gratulierten ihm zu seinem fünfundvierzigsten Geburtstag, den sie vor drei Monaten schon einmal gefeiert hatten. Die Wodkagläser waren riesig, und der baltische Brauch forderte die unverzügliche Leerung auf einen Zug. Als erfahrener Kasinogeher war Blink einiges gewohnt, und sein Ehrgeiz verbot ihm, schon nach dem fünften Glas die Segel zu streichen. So soff er munter mit, und im Dunst seiner Zigarre verlor sich sein Gesichtskreis mehr und mehr in der Unendlichkeit der russischen Weite. Vom zwölften Glas verschüttete er die Hälfte, würgte aber den Rest noch hinunter, ehe er bewußtlos vom Stuhl fiel.

"Den hätten wir geschafft!" stellte Laundris lakonisch fest.

Zwei Ordonnanzen trugen Blink die steilen Stufen hinunter in einen Vorratskeller und legten ihn dort auf einen Stapel leerer Kartoffelsäcke. "Ruhe sanft!" lachte einer der Soldaten hämisch und schloß die hölzerne Falle hinter sich.

Laundris schaute auf seine Uhr. Zehn Uhr zweiundzwanzig.

"Wann ziehen die Deutschen ab?" fragte er seinen Adjutanten.

"Punkt elf soll's bei denen losgehen."

"Gut, dann werden wir uns eine Viertelstunde früher in Marsch setzen."

Man ließ alles liegen und stehen, und im Nu war der kleine Salon leer. Überall begann das oftmals eingeübte Aufladen, Anspannen und Abmarschieren.

Als die Deutschen den westlichen Stadtrand passierten, war er schon leer gefegt. Auch die SS-Leute hatten ihre schweren Waffen mitgenommen. Wenn man schon rechtzeitig ausbrauch, dann wollte man dem Feind wenigstens nichts Wertvolles zurücklassen. Im Dunkel der Nacht knirschten die Räder der vollbeladenen Wagen, und die Achsen der Geschütze quietschten. Sonst war nichts zu hören. Lautlos marschierten sie gen Westen, an die zehntausend Soldaten, die froh waren, diesem Kessel entronnen zu sein. Wieder einmal war ihr Leben um ein paar Tage, vielleicht sogar um ein paar Wochen verlängert. Die Stimmung war gut.

Nicht so bei General Blink.

Aus zehn Kilogramm Kartoffeln destilliert man einen Liter guten Wodka. Zu drei Liter braucht man demnach 30 kg, und der General spürte das Gewicht dieser dreißig Kilo auf seinem Schädel. Um ihn herum war es stockdunkel.

Vorsichtig tastete seine Hand nach seinem Kinn, und er spürte den Bart vom Vortage. Das Kratzen der Stoppeln machte ihn endgültig wach. Ächzend stämmte er sich hoch. Nun bemerkte er über sich den schmalen Lichtstreifen, der sich durch die Ritze der Falltüre zwängte. Direkt darunter erkannte er die Stufen. Hoffentlich war die Treppenabdeckung nicht versperrt. Eine nie gekannte Angst umklammerte sein Herz. Zum erstenmal in seinem Leben begriff er die tiefe Abneigung seiner Mutter gegen die dunkle Enge ihrer Speisekammer, die sie nie betreten hatte. Auf allen vieren kroch er zur Treppe.

Mühsam kletterte er hoch und stemmte mit all seiner Kraft die schwere Holzfalle in die Höhe. Gottlob, sie war nicht verriegelt. Mit einem gewaltigen Knall fiel sie auf den Steinboden und wirbelte den Staub auf. Auf zittrigen Beinen stelzte er bis zur Haustüre und trat ins Freie. Seine Uhr zeigte 2 Uhr 45. Alles war still und menschenleer. Die Sonne stand steil über der Stadt und brannte mit aller Kraft auf den gelblichen Sand, der ihn so stark blendete, daß er schnell seine Augen schloß. Durch schmale Schlitze begann er sich zu orientieren. Die Sonne strahlte vor ihm, also war rechts Westen und links Osten. Dorthin mußte er gehen. Langsam setzte er sich in Bewegung. Was um alles in der Welt war geschehen? Nur sehr langsam kehrte die Erinnerung zurück. Er hatte gut gespeist und sicher zuviel getrunken. Aber wo waren seine Gastgeber? In seinen Ohren begann das schauderhafte Deutsch der baltischen Barbaren nachzuhallen. Dazwischen hörte er ihr wieherndes Lachen und sah den gierigen Griff nach dem Glas. Wie war es möglich gewesen, daß er sich so hatte gehenlassen?

Er war schon gut zehn Minuten unterwegs, doch noch immer hatte er keine Menschenseele getroffen. Aus den Fenstern mancher Häuser sah er die ängstlichen Blicke von Zivilisten. Das war alles.

Schon sah er die mächtigen Türme der Kirche, die mit ihren barocken Dächern steil in den blauen Himmel stießen. Wo waren seine Soldaten?

Endlich erreichte er die ehemalige Textilfabrik, durchquerte den Hof und betrat sein Hauptquartier. Kein Posten vor der Türe, kein Fahrzeug in der Remise, kein Rauch im Küchengebäude, alles leer und ausgestorben.

Plötzlich war er stocknüchtern. Mit zwei Sätzen übersprang er die Steinstufen und drang ins Haus ein. Er riß die Tür zu seinem Büro auf. Dort saß sein Bursche Lesziak auf einem Stuhl am Fenster und schaute ins Leere.

Als er den General hörte, drehte er sich um und schaute ihn mit seinen treuen, blutunterlaufenen Bernhardineraugen schuldbewußt an.

"Was ist los, Lesziak?" fragte der General.

"Sie sind alle fort. Aber ich wollte nicht", sagte der Bursche.

"Wohin sind sie?"

"Nach Hause wollten sie. Aber ich hab' ja gar kein Zuhause. Also wo soll ich schon hin?"

Blink klopfte dem treuen Mann auf die Schulter.

"Gut gemacht, Lesziak, das wird ihnen noch leid tun, diesen Verrätern."

Er ging in sein Büro. Dort stellte er sich vor seinen Kartentisch und sah auf seine Stadt, die nicht einmal mehr das Papier wert war, auf dem sie gezeichnet war. Wütend zerknüllt er die riesigen Bogen Papier und schleuderte sie auf den Boden.

"Du bleibst hier und wartest auf mich", sagte er zu seinem Burschen und verließ das Haus. Wohin sollte er gehen? Unschlüssig blieb er im Hof stehen. Nun war er ein General, aber was ist schon ein General ohne Truppe? Wann war das schon einmal vorgekommen, daß ein General von seinen Soldaten im Stich gelassen worden war? Er konnte sich an keinen solchen Fall erinnern und schämte sich. Langsam setzte er sich in Bewegung. Je weiter er nach Osten vorankam, um so mehr dröhnte die Stille in seinen Ohren. Es war kaum noch auszuhalten. Die Besatzung seiner Festung hatte ihn eiskalt sitzenlassen. Welch eine Blamage! Er würde sich nie mehr in irgendeinem Kasino im Reich blicken lassen können. Seine Kameraden hatten ihn erledigt, ein für allemal erledigt.

Er öffnete seinen Kragen und trat in den Schatten einer Toreinfahrt. Dort blieb er stehen und überdachte seine Lage. Er war bereit gewesen, einen "Festen Platz" zu übernehmen, wenn er General werden würde. Sie hatten ihm beides gegeben: den "Festen Platz" und den Generalsrang. Der Preis war Kampf bis zum letzten Mann.

Diese Strategie war heftig umstritten, und schon zwei Feldmarschälle hatten deswegen ihre Position aufgegeben. Er dagegen hatte sich darum gerissen und war auch bereit gewesen, das Leben seiner Soldaten dafür zu opfern. Welchen Vorwurf hätte man ihm später machen können? Ein Soldat hatte zu gehorchen, und für die Strategie des Oberkommandos konnte ein kleiner General nicht zur Verantwortung gezogen werden.

Langsam stapfte er weiter, und seine Stiefel versanken im gelben Staub. Blink grübelte vor sich hin.

Niemand konnte ihm nachher die Schuld an solch einem Massaker geben, auch wenn die Kriegsgeschichte nachträglich beweisen könnte, daß es im Endergebnis sinnlos gewesen war. Er war Soldat und hatte zu gehorchen. Auch wenn er dann als einziger überlebte. Generalfeldmarschall Paulus hatte in Stalingrad vorgeführt, wie man so etwas machte. Und er war in den Augen aller Militärs auf der Welt ein tapferer Offizier geblieben, der bis zum letzten Mann gekämpft hatte. Daß er selbst auch sterben müsse, hatte niemand von ihm verlangt. Vielleicht ein paar von seinen Soldaten, aber wer fragt die schon? Die Bebauung wurde dünner, die geschlossenen Häuserreihen lösten sich in Einzelgehöfte auf. Hier begannen die Verteidigungsanlagen.

Schnell sprang er in einen der Stichgänge und kam nun etwas langsamer voran. Nachdem er den zweiten Grabenring überquert hatte, stand er in einem etwas breiteren Unterstand, der sicher einem Kompanieführer als Befehlsstand gedient hatte. Alles war sauber aufgeräumt. Sie hatten alles mitgenommen, kein leerer Patronenkasten, keine Munitionskiste, kein Spaten, gar nichts. Ein sauberer Rückzug. Vorsichtig spähte er ins Freie. In einer Entfernung von gut tausend Metern sah er drei Panzer stehen, die von einer niedrigen Hecke nur notdürftig gedeckt waren. Sonst war alles friedlich. Keine Infanterie, die angriff, kein Flugzeug, das aufklärte, kein Spähtrupp, rein gar nichts. Nur drei verschlafene Panzerbesatzungen, die ihre Siesta hielten. Blink überlegte.

Seine Truppe hatte ihn schändlich verlassen, aus welchen Gründen auch immer. Sie waren nicht bereit gewesen, sich zu opfern. Aber darf man einem Soldaten eine solche Entscheidung zugestehen? Was konnte er jetzt noch tun? Es war sicher keine Schande, sich in einer solchen Situation zu ergeben. Wenn im Laufe der Verteidigung seines "Festen Platzes" ein Volltreffer seinen Befehlsstand getroffen hätte, dann wäre er für sein Vaterland gefallen wie Millionen vor ihm und noch nach ihm. Er verstand nicht, was daran so Besonderes sein sollte. Jeder mußte einmal sterben, der Soldat im Krieg ein wenig früher. Ihm würde diesmal der Heldentod nicht vergönnt sein.

Während er sich aufrichtete und vorsichtig aus dem Bunker kroch, fühlte er sich von einer großen Last befreit. Er würde in eine ehrenvolle Gefangenschaft gehen, denn er hatte seinen Soldaten und auch dem Feind ganz erhebliche Verluste erspart. Sogar die Russen mußten einen solchen Mann ehrenvoll behandeln. Und wenn dann alles vorüber war, würde er nach Deutschland, oder dem, was davon übriggeblieben war, zurückkehren. Und was dann? Er brauchte nicht lange zu überlegen. Ein ironisches Lächeln huschte über seine Lippen: Sie würden noch nicht einmal die Hälfte des Schuttes ihrer zerbombten Städte beiseite geräumt haben und schon wieder mit dem Aufbau neuer Armeen beginnen. Und er würde wieder dabeisein. In einer weit besseren Ausgangsposition als 1918.

Langsam marschierte er auf die Panzer zu. Aus seiner Reithose zog er ein blütenweißes Taschentuch und befestigte es an seiner Reitgerte. Mit ausgestrecktem Arm schwang er seine kleine Fahne hin und her. Sein Blick war geradeaus gerichtet, direkt auf die Panzer. Im sicheren Gefühl ihrer Unverletzbarkeit standen die wuchtigen T

34 in der Hecke, bewegungslos, drohend. Ihre riesigen Kanonen zielten auf die Stadt. Die Besatzung wartete auf den Befehl zum Angriff. Panzerkommandant Prostojew zündete sich in aller Ruhe eine Zigarette an und blickte durch den schmalen Sehschlitz auf die Straße vor ihm. Jetzt erblickte er den Überläufer. Schnell griff er nach seinem Glas und richtete es auf den Mann mit der Fahne.

"Das ist ja ein General!" murmelte er vor sich hin.

"Daß Schwein will sich ergeben", fluchte der Richtkanonier, "und seine Leute will er ihrem Schicksal überlassen."

Die Panzerbesatzungen wußten noch nicht, daß die Deutschen während der Nacht die Stadt geräumt hatten.

"Das kann er mit uns nicht machen", sagte Prostojew und verständigte die beiden Panzer links und rechts von sich. "Den erledigen wir!"

"Zum Direktschuß anvisieren", rief der Richtkanonier. "Geschossen wird erst, wenn ich es befehle", sagte Prostojew.

"Klar!" antwortete der Richtkanonier.

Der General hatte die kleine Korrektur am Geschützrohr sehr wohl bemerkt, machte sich aber deswegen keine großen Gedanken. Die würden doch nicht mit einer 12 cm Kanone auf einen einzelnen Mann schießen. Furchtlos ging er weiter. Mechanisch schwenkte er sein winziges Fähnlein und starrte gebannt auf das tiefschwarze Mündungsloch der Kanone.

Die Gerte mit dem weißen Zeichen seiner Unterwerfung bewegte sich unmerklich schneller, je näher er den Panzern kam. Bald würde es überstanden sein. Aber dann kamen ihm doch ganz plötzlich Zweifel an der Lauterkeit dieser Russen. Vielleicht saß an der Kanone einer dieser roten Untermenschen, die sich kaltlächelnd über die Genfer Konvention und internationales Kriegsrecht hinwegsetzten. Vielleicht war das auch nur einer, der Generale haßte. Blink wußte nicht, wie recht er mit dieser letzten Vermutung hatte.

Zu beiden Seiten der Rollbahn sah der General noch mehr Panzer, gut getarnt. Auch sie warteten auf das Zeichen zum Angriff. Die Stille rings um ihn war atemberaubend. Mutig ging er weiter.

Es hatte keinen Sinn, sich jetzt noch Gedanken zu machen. Seine Soldaten und Offiziere hatten gegen ihn entschieden. Ob zu Recht oder zu Unrecht würde die Geschichte erweisen. Er jedenfalls würde diesen Krieg überstehen und konnte dann in den Geschichtsbüchern nachlesen, wie die Militärhistoriker über den Fall des "Festen Platzes Chelm" urteilten.

Plötzlich heulten links und rechts der Rollbahn die Motoren auf, und er sah, wie sich die Panzer in Bewegung setzten. Nur die drei vor ihm rührten sich nicht von der Stelle. "Sie werden mich in Empfang nehmen wollen", sagte sich Blink und ging weiter.

Als er ungefähr zwanzig Meter vor dem mittleren Panzer stand, befahl Prostojew seinem Kanonier: "Jetzt!"

Psychoanalyse

Der Schuß traf ihn mitten ins Herz. Mit weit aufgerissenen Augen sank Karl Wahl von der Bank und dachte: "Jetzt hat's mich erwischt!" Langsam schloß er die Augen und machte sich bereit für die Reise ins Jenseits.

"Wer hat geschossen?" brüllte der Obergefreite Senftle, aber niemand antwortete. Seidl, aus dessen Gewehr der Schuß gekommen war, deutete mit dem Finger auf das Magazin, das neben der Waffe auf dem Tisch lag.

"Ich hab' das Magazin vorschriftsmäßig herausgenommen!" versicherte er mit vor Schreck zitternder Stimme.

"Dann war noch eine Patrone im Lauf!" dozierte unnötigerweise der Schütze Burkhart, denn das war zwischenzeitlich allen klargeworden. Nachdem dieses Problem mit der beim Militär üblichen Logik gelöst war, erinnerten sie sich des Verwundeten.

Der lag immer noch mit geschlossenen Augen auf dem Boden und wunderte sich, daß er, obwohl er schon längst tot zu sein glaubte, noch immer alle Gespräche mitbekam. Vorsichtig hob er die Lider und sah durch den schmalen Schlitz seine Kameraden, die ratlos um ihn herumstanden. Der Gruppenführer Senftle hatte sich als erster gefaßt. "Man muß sofort Hauptmann Obermaier verständigen!" befahl er, aber da er niemand namentlich damit beauftragte, passierte natürlich gar nichts. Keiner fühlte sich angesprochen, und freiwillig melden galt als unschicklich. Wie festgenagelt umstanden sie Karl Wahl.

"Los, Fendl, wird's bald; wie oft muß ich es noch sagen? Renn zur Kompanie und mach Meldung!" zischte Senftle.

"Und was soll ich sagen?" fragte Fendl, der keine Halbheiten duldete.

"Daß sich hier beim Gewehrreinigen ein Unfall ereignet hat. Die Sanitäter sollen den Toten abholen", präzisierte Senftle.

"Bin schon unterwegs!" sagte Fendl und rannte aus dem Haus. Er war froh, der makabren Situation entkommen zu können.

Aus Trauer um seinen eigenen Tod begannen sich Karl Wahls Sehschlitze mit Tränen zu füllen. Um die tiefe Trauer in den verzweifelten Gesichtern seiner Kameraden besser sehen zu können, schlug er seine Augen ganz auf. "Wie lange dauert das denn noch, bis man wirklich tot ist", dachte er und versuchte mit der linken Hand eine Faust zu machen. Dabei durchzuckte ein gehöriger Schmerz seine Brust, und er stöhnte auf.

"Jetzt hat er die Augen geöffnet und gestöhnt!" behauptete Seidl, der immer noch rätselte, wie es ausgerechnet ihm hatte passieren können, daß eine Patrone im Lauf geblieben war.

Sie beugten sich über den "toten" Kameraden und examinierten ihn von oben bis unten.

"Der blutet ja gar nicht!" stellte Burkhart erstaunt fest. Seine Hand näherte sich Wahls Waffenrock, um ihn aufzuknöpfen. "Du rührst nichts an!" befahl Senftle, und Burkhart fuhr erschrocken zurück. Auch das kleine Einschußloch war kaum zu sehen. In Burkharts Kopf regten sich gewisse Zweifel. Es lag wirklich keine Würde mehr im Tod. Sie lagen einfach so herum, die Toten, und alles, was die Lebenden berührte, war die Furcht, schon bald genauso dazuliegen, sinnlos und unbeweint. Welchen Wert konnte ein Leben haben, wenn an seinem Ende so ein Tod stand? Er hatte schon immer seine Zweifel daran gehabt, daß ein Krieg nur deswegen gerecht sein sollte, weil für ihn gestorben wurde. Oft hatten ihn diese Gedanken so deprimiert, daß er sich seinen eigenen Tod gewünscht hatte, nur unerwartet mußte er kommen, so wie hier beim Wahl.

"Soll ich ihm die Augen zudrücken?" fragte Seidl, der dem von ihm Getöteten gerne diesen letzten Freundschaftsdienst erwiesen hätte. Da ihm niemand widersprach, näherte er sich dem Gesicht Wahls mit gespreiztem Mittel- und Zeigefinger.

In Karl Wahls Kopf regten sich die ersten Zweifel an seinem Verscheiden, und in die Augen würd er sich auf keinen Fall greifen lassen. "Das läßt du besser bleiben!" hörte er sich sagen und bemerkte, wie seine Kameraden erschrocken zurückfuhren.

"Der lebt ja noch!" stellte Seidl erleichtert fest. Nur Senftle, ein geradliniger Mann mit einfacher, vom militärischen Drill gepräter Vorstellungswelt spürte ein schales Gefühl der Enttäuschung in sich hochklettern. "Nicht einmal richtig sterben können diese Idioten", sagte er zu sich und rannte wütend aus dem Haus. Dabei hätte er fast die beiden Sanitäter umgestoßen, die gerade ankamen.

"Wo liegt der Tote?" fragte der dickere von beiden.

"Hier liegt er", sagte Seidl, "aber er ist noch gar nicht richtig tot!"

"Na, dann schaun wir mal!" sagte der dünnere. Sie hoben ihn vorsichtig auf die Bahre und trugen ihn hinaus.

Im Lazarett zogen sie ihm die Feldbluse aus und stellten dabei fest, daß die Kugel das Soldbuch durchschlagen und ein wenig noch oben abgelenkt worden war. Ein winziges Loch zwischen Brustwarze

68

und Schlüsselbein war alles, was sie sehen konnten. Dann suchten sie auf dem Rückennach dem Austritt der Kugel, fanden aber nichts. Das Geschoß war im Körper steckengeblieben. Endlich kam der Truppenarzt.

Dr. Sirch diagnostizierte einen Steckschuß im oberen Brustraum und überwies den Verwundeten nach Kiew ins Lazarett.

Während der Schütze Seidl seine drei Tage Arrest wegen fahrlässigen Umgangs mit einer Schußwaffe abbrummte, lag Wahl in einem komfortablen Feldbett und wartete auf seine Operation. Aber die Ärzte vertrösteten ihn von einem Tag auf den anderen. Am vierten Tag wurde ihm endlich mitgeteilt, daß man nicht zu operieren brauche, weil sich die Kugel gut verkapselt habe. Da er aber in den nächsten Wochen nicht dienstfähig sein würde, habe man beschlossen, ihn in die Heimatgarnison zu überstellen. Wahl hatte nichts dagegen. Die routinemäßige Abwicklung des Papierkrams führte ganz automatisch dazu, daß seine Schußverletzung nur durch Feindeinwirkung vorstellbar war. So wurde ihm an Tag seiner Abreise das Verwundetenabzeichen an die leukoplastgeschützte Brust geheftet. Seidl bracht ihm noch seine Siebensachen und entschuldigte sich tausendmal für sein Versehen. Wahl wollte davon nichts hören, sondern bedankte sich seinerseits für den prachtvollen Heimatschuß. Sie schieden als Freunde.

Mit aufreizender Langsamkeit rollte der Zug durch die herbstliche Landschaft, so als wäre er bemüht, auf keinen Fall vor Kriegsende am Ziel anzukommen. Das monotone Rattern der Räder bohrte sich wie ein Korkenzieher in die Gemüter der Fahrgäste, die entweder in ihren Betten lagen oder mit leichteren Verwundungen in den Abteilen herumsaßen.

Die schwarze Erde der Ukraine ging über in die gelbgrüne Sumpflandschaft entlang der polnischen Grenze. Am vierten Tag hatten die Stationen wieder deutsche Namen, und rotgesichtige Ostpreußinnen sorgten für die Verpflegung.

In Dresden hielt der Zug zwei Stunden lang. Das Florenz des Nordens präsentierte sich im grauen Glanz einer stählernen Bahnhofshalle. Stahlhelmbewehrte Krieger mit den bissigen Gesichtern der Heimatfront stolzierten diensteifrig über die Perrons. Zwei Rotkreuzschwestern schoben einen Buffetwagen durch den quirligen Betrieb und priesen ihre Limonade, das Glas für zehn Pfennig an. Wahl erinnerte sich des Spruchs, daß in Sachsen die schönen Mädchen auf den Bäumen wachsen. Aber die beiden mußten aus einer baumlosen Gegend stammen, denn ihre mürrischen Gesichter sahen aus, als wäre der Krieg schon verloren.

Endlich setzte sich der Zug wieder in Bewegung und fuhr am anderen Morgen in München ein. Der Abtransport in den schon bereitstehenden Sankas erfolgte reibungslos. Nach dem Abendessen kroch Wahl in ein weiß überzogenes Bett im Schwabinger Krankenhaus und verbrachte eine herrliche Nacht ohne das Geschaukel im Eisenbahnwaggon.

Gleich am Vormittag wurde er geröngt. Die Kugel saß schön verkapselt über dem Herzen und hatte keinen großen Schaden angerichtet. Eine Operation schien tatsächlich nicht erforderlich. Also wurde seine Verlegung ins Heimatlazarett angeordnet.

Nach dem Mittagessen fuhr er mit der Tram zum Hauptbahnhof und bestieg den Schnellzug nach Lindau. Fahrplanmäßig stieg er in Kaufbeuren um und war gegen sechs Uhr zu Hause.

Seine Eltern saßen im Wohnzimmer. Der Vater las den "Völkischen Beobachter", und seine Mutter strickte.

"Ja, wo kommst denn du jetzt her?" fragt der Vater.

"Direkt aus Rußland!" sagte Karl stolz und zeigte mit der rechten Hand auf seinen linken Arm, der in einem schwarzen Dreieckstuch steckte, aus dem die linke Hand ein wenig wächsern herauslugte.

"Bist du verwundet?" fragte die Mutter besorgt.

"Ja, aber nicht am Arm. Die Kugel steckt da oben", sagte Karl und deutete an die Stelle oberhalb der Brusttasche.

"Um Gottes willen, da hättest du ja tot sein können!" entfuhr es der Mutter.

"Wie ihr seht, leb' ich noch!" lachte Wahl und setzte sich an den Tisch. Er war wieder zu Hause.

Drei Monate nach Beginn des Rußlandfeldzuges wurde das Hotel Lisl in Hohenschwangau in ein Lazarett umgewandelt. Die Generalität hatte also schon im September 41 damit gerechnet, daß dieser Krieg noch einige Zeit dauern und die Zahl der Opfer laufend zunehmen würde. In der Dependance des Hotels, wo früher das "Jägerstüberl" seine urwüchsige Gastlichkeit entfaltet hatte, befand sich jetzt die Isolierstation. Sie verfügte über zehn Kranken-, drei Schwestern- und drei Ärztezimmer sowie über eine kleine Bäderabteilung im Keller. Da weder nach dem Reichsseuchengesetz geführte Infektionskrankheiten, wie Cholera, Fleckfieber oder Pest, noch die einfacheren nach dem Landesseuchengesetz geführten ansteckenden Krankheiten, wie Typhus, Scharlach oder Angina, bisher eingeliefert worden waren, fehlte es dem Haus an Patienten. Nur die Personalzimmer waren voll belegt. Gleich hinter der ehemaligen Rezeption lag ein kleines Erkerzimmer, damals für den Portier, heute als Dienstzimmer für die beiden Ärzte bestimmt. Sie arbeiteten zwar im Haupthaus, hielten sich aber in ihrer Freizeit meist hier auf, um so dem stets nörgelnden Chefarzt zu entgehen. Stabsarzt Dr. Franz Früchtl saß in einem hellbraunen Ledersessel, die Hände über dem Bauch verschränkt. Ohne den weißen Mantel und das vor der Tasche baumelnde Stethoskop hätte ihn jeder für einen hinterfotzigen Viehhändler gehalten. Wegen dieses Mangels an äußerer Reputation war er Berufssoldat geworden. Unterarzt Dr. Gerhard Pleil hatte auf der marmornen Fensterbank Platz genommen und blätterte in einem Stoß Krankengeschichten. Als Dr. Früchtl für einen Augenblick seinen Gesundheitsschlaf unterbrach, um die Position seines eingeschlafenen Beines zu korrigieren, wandte sich Dr. Pleil an ihn: "Wie lange sollen wir eigentlich die beiden Drückeberger von Zimmer 8 mit ihren Hämorrhoiden noch dabehalten?"

"Die Fronst ist zur Zeit ziemlich ruhig, und wir können nicht damit rechnen, daß unsere Auslastung in nächster Zeit zunimmt", antwortete der Stabsarzt. "Also lassen wir sie noch ein paar Tage hier. Sie wissen ja, daß unser Oberbürokrat sonst vielleicht auf die Idee kommt, daß wir überflüssiges ärztliches Personal beherbergen." Mitleidsvoll musterte er seinen Kollegen und vervollständigte seinen Gedankengang: "Oder haben Sie vielleicht Lust, als Truppenarzt an die Front zu gehen?"

"Um Gottes willen, nein", wehrte Dr. Pleil ab, "aber es geht mir einfach gegen den Strich, daß sich diese Burschen hier herumdrücken, während andere für sie den Kopf hinhalten. Aber gut, geben wir ihnen noch ein paar Tage", sagte er schließlich und klappte seine Aktendeckel zu.

Um drei Uhr brachte die Ordonnanz Kaffee und Kuchen, und anschließend machten sich die beiden auf den Weg zur nachmittäglichen Visite. Oberstabsarzt Dr. Heinrich Lippert saß hinter seinem wuchtigen Schreibtisch, der einst dem Prinzregenten Luitpold bei seinen Aufenthalten in Hohenschwangau als Arbeitsplatz gedient hatte. Mit Wut im Bauch studierte er ein dienstliches Schreiben aus Augsburg, in dem ihm mitgeteilt wurde, daß sein Reservelazarett in den nächsten Tagen mit 112 Neuzugängen rechnen müsse. Nachdem er das

Schreiben dreimal durchgelesen und die Zahl 112 rot unterstrichen hatte, brüllte er durch die offene Tür seines Büros in das angrenzende Schreibzimmer: "Fräulein Rastädt, kommen Sie mal her!" Schnell verstaute die Gerufene ihren Lippenstift in der Schreibtischschublade, erhob sich elegant von ihrem Stuhl, strich ihren Rock glatt und schwänzelte dann hinüber in das Büro ihres Chefs.

"Guten Morgen, Herr Chefarzt!" grüßte sie mit einer devoten Verbeugung ihres markanten Hauptes.

Hermine Rastädt war eine Ostfriesin mit opalfarbener, sommersprossiger Haut und roten Haaren. Ihr Luxuskörper wurde von einem Gesicht verunstaltet, dessen unterer Teil eher dem eines Pferdes ähnelte. Wäre dieser steinzeitliche Unterkiefer nicht gewesen, hätte sie ohne große Anstrengung so manchen Schönheitswettbewerb gewinnen können. So aber hatte sie mit ihrem Aussehen nur bei jenen Männern Glück, deren eindeutige Absichten von bloß ästhetischen Überlegungen nicht getrübt wurden. Zum Glück verfügte sie über genügend praktische Intelligenz, sich ihres Mangels bewußt zu sein, ohne allzusehr darunter zu leiden. So war es ihr noch immer gelungen, den größtmöglichen Nutzen aus dem zu schlagen, was ihr Körper hergab. Ohne unter moralischen Skrupeln zu leiden, war sie von Bett zu Bett über Bremen, Hannover, Frankfurt und München bis hierher ins Voralpengebiet getingelt und hatte dabei dem Krieg manch schöne Seite abgewonnen.

Nur dort, wo es die Angebotslage zuließ, war sie wählerisch gewesen, ansonsten hatte sie sich immer mit dem abgefunden, was zur Verfügung stand und gewisse Annehmlichkeiten zu bieten hatte.

Nachdem sie sehr schnell herausgefunden hatte, daß ihr Chef, Dr. Lippert, ein verknöcherter Junggeselle war, hatte sie sich Dr. Früchtl auserkoren. Dieser feiste Spießer mit dem proletarischen Bauernkopf entsprach zwar keineswegs ihren romantischen Vorstellungen, aber er besaß wenigstens genug Anstand, ihr Verhältnis unter größtmöglicher Geheimhaltung ablaufen zu lassen. Seine mangelhafte Bettbegabung wurde von den Schönheiten der Landschaft und der totalen Verschonung vor Fliegeralarmen kompensiert. Ihr derzeitiger Glückszustand entsprach so weitgehend ihrer jungfräulichen Vernunft.

"Guten Morgen!" erwiderte der Chefarzt und schob seiner Sekretärin den soeben erhaltenen Brief unter die Nase. "Da, lesen Sie mal!" sagte er barsch und verfolgte aufmerksam das sich verändernde Minenspiel der Leserin.

"Nun, was sagen Sie dazu?" wollte er wissen, lange bevor Fräulein Rastädt zu Ende gelesen hatte.

"Hundertzwölf Neuzugänge", antwortete die Sekretärin, "das ist ganz schön happig!"

"Das ist ganz unmöglich!" protestierte Dr. Lippert. "Wie sollen wir das bewältigen? Wir haben doch insgesamt nur 140 Betten, und davon sind zur Zeit wie viele genau belegt?" Hilfesuchend schaute er auf seine Sekretärin und wurde nicht enttäuscht.

"Wir haben gcnau 48 stationäre Patienten im Haus."

"Na, sehen Sie! Da verbleiben noch ..."

"Zweiundneunzig, Herr Chefarzt!" meldete Fräulein Rastädt.

"Na also, das geht ja gar nicht. 112 Neuzugänge und bloß 92 Betten." Er trat ans Fenster und wirkte äußerst hilflos. "Wie sollen wir das denn machen?"

"Es fehlen ja nur knapp zwanzig Betten. Das müßte schon zu machen sein", antwortete die Sekretärin. Erstaunt drehte sich der Chefarzt um und rieb sich, in Anbetracht der sich abzeichnenden Lösung des Problems, die Hände.

"Die zwei Hämorrhoiden von Zimmer 8 könnten wir sofort entlassen."

"Das können doch Sie nicht so ohne weiteres entscheiden", begehrte Dr. Lippert auf.

"Ich nicht, aber Sie! Und Dr. Früchtl wird nichts dagegen haben!"

"Wie sollte er auch", brauste Dr. Lippert auf, schließlich bin immer noch ich der Chef hier."

"Eben", sagte die Rastädt kurz und bündig.

"Aber das reicht doch immer noch nicht!"

"Wir bräuchten immer noch 18 Betten!" rechnete die Sekretärin aus, die im Kopfrechnen ihrem Chef um Meilen voraus war.

"Na, da sehen Sie es. Jetzt sind Sie mit ihrem Latein am Ende."

Fräulein Rastädt konnte den Unterton von Schadenfreude nicht überhören. Aber da sie schon längst eine Lösung des Problems in ihrem Kopf hatte, nahm sie davon keine Kenntnis. Um ihn noch ein wenig zappeln zu lassen, fragte sie mit scheinheiliger Höflichkeit: "Wenn Sie gestatten, würde ich einen Vorschlag machen!"

"Nun reden Sie schon!" befahl er, sichtlich unruhig geworden.

"Wir können ganz leicht in die meisten Zimmer noch je ein Bett einschieben."

"Ganz unmöglich", protestierte er, "das würde gegen alle geltenden Bestimmungen verstoßen!"

"Wie Sie meinen, Herr Chefarzt", gab die Rastädt scheinbar nach, fügte aber noch schnell hinzu: "Ich habe bloß gedacht, daß wir Krieg hätten." "Natürlich haben wir Krieg", brauste der Oberstabsarzt auf, "das weiß ich auch. Aber auch im Krieg gelten gewisse Vorschriften." Wieder ging er zurück ans Fenster, legte sich so weit vor, daß seine Stirne die kalte Scheibe berührte, was dazu führte, daß er zu einem erstaunlichen Entschluß kam. "Vielleicht haben Sie recht", gab er zu. "Und in welche Zimmer könnten wir die Betten einschieben?" Fräulein Rastädt war klug genug, ihren Triumph nicht zu übertreiben. "Ich würde vorschlagen, daß Sie die beiden Assistenzärzte einschalten. Die wissen doch am besten, wo das medizinisch zu verantworten ist." "Obwohl das weniger ein medizinisches als vielmehr ein architektonisches Problem ist, werde ich Ihrem Rat folgen und die beiden Kollegen hinzuziehen. Sagen Sie den beiden Herren Bescheid. Und Sie kommen auch mit und halten alle getroffenen Entscheidungen schriftlich fest." "Jawohl, Herr Chefarzt!" stimmte Fräulein Rastädt zu und machte sich auf die Sache nach den beiden Assistenzärzten. Eine Stunde später begann der Rundgang. Es stellte sich sehr schnell heraus, daß in manchen Zimmern sogar zwei Betten mehr Platz hatten. Am Ende stand fest, daß die Gesamtkapazität mühelos auf 170 Betten erweitert werden konnte. "Fordern Sie sofort bei der Standortkommandatur 30 Betten und Spinde an", diktierte der Chefarzt, und die Sekretärin notierte. Zwei Tage später wurden Betten und Spinde geliefert und wie vorgesehen aufgestellt. Die leeren Laster standen noch im Hof, als die ersten Sankas anrollten. Die Verwundeten kamen aus Lazaretten knapp hinter der Front, die wegen der großen Geländegewinne der Russen vorsorglich geräumt worden waren. Das ganze Wochenende über trafen die Transporte ein, und am Dienstag war das Haus, mit Ausnahme von zehn Betten in der Isolierabteilung, bis unters Dach belegt. "Na, wie haben wir das hingekriegt?" fragte Dr. Lippert seine Sekretärin. Diese stöhnte unter dem plötzlichen Papierkram und war daher nicht bereit, irgend jemandem Lob zu spenden, schon gar nicht dem unfähigen Organisator, der sich mit vorgewölbter Brust vor ihrem Schreibtisch aufgebaut hatte.

"Ich sehe schon, Sie haben viel zu tun!" bemerkte er verständnisvoll. Da er sich aber um die ihm zustehende Anerkennung betrogen fühlte, zögerte er nicht, seiner Sekretärin eins auszuwischen. "Wenn Sie die Papiere geordnet haben, melden Sie sich bei der Oberschwester. Es läßt sich nicht vermeiden, daß Sie, wie alle anderen Schwestern auch, zum Nachtdienst eingeteilt werden."

Am darauffolgenden Montag meldete sich der Schütze Wahl in der Kaserne. Nach kurzer arztlicher Untersuchung wurde er zur 1. Kompanie überstellt, wo er vorläufig im Innendienst eingesetzt werden sollte. Den ganzen November über erledigte er einfachere Schreibarbeiten und machte für seinen Kompaniechef Botengänge und Besorgungen, bei denen ihm seine Ortskenntnisse zugute kamen. Am 2. Dezember fiel er erste Schnee, und Hauptfeldwebel Schnorr fand, daß es an der Zeit sei, den recht gesund wirkenden Schützen Wahl wieder auf seinen neuerlichen Einsatz in Rußland vorzubereiten. Also nahm dieser ab sofort wieder am Außendienst teil. Er robbte durch den frisch gefallenen Schnee, stand durchnäßt am Exerzierplatz herum, klopfte Gewehrgriffe, lud mit klammen Fingern sein Gewehr und feuerte mit mäßigem Erfolg auf die kaum sichtbaren Pappkameraden. Wie vorauszusehen war, ertrug seine verweichlichte Konstitution diese Roßkur nicht, und am fünften Tag bekam er Fieber, meldete sich im Krankenrevier und wurde dort sofort ins Bett gesteckt.

Da das Fieber nicht fallen wollte, wurde der Bataillonsarzt hinzugezogen. Der stellte eitrige Mandeln fest, verschrieb ein fiebersenkendes Medikament und verordnete dreimaliges Gurgeln.

Das Krankenrevier war voll mit Patienten, die unter ähnlichen Symptomen litten. Die Behandlung war in allen Fällen die gleiche, doch die Heilungserfolge waren trotzdem sehr unterschiedlich. Schütze Wahl gehörte zu denen, die sich angeblich gegen eine rasche Heilung stemmten. Sein Fieber wollte nicht sinken, und die Schwellungen und Rötungen im Gaumenbogen gingen nicht zurück. Da nunmehr die Gefahr einer septischen Thrombophlebitis mit möglichem Infarkt in der Lunge bestand, ordnete der vorsichtige Bataillonsarzt die Überstellung des Patienten ins Lazarett nach Hohenschwangau an.

Noch am Nachmittag wurde Wahl mit dem Sanka dorthin transportiert. Dr. Früchtl, der ihn gleich untersuchte, stellte eine fortgeschrittene Angina, mit Verdacht auf Diphterie, fest.

Der Schütze Karl Wahl wurde in die Isolierstation im "Jägerhaus" gebracht, wo er ein Einzelzimmer unterm Dach bezog.

Schwester Olga, eine pummelige Polin, brachte ihm ein Nachthemd, legte ihm einen feuchtwaren Halswickel an, stellte eine Tasse Lindenblütentee auf den Nachttisch, maß noch schnell die Temperatur und steckte ihm eine Aspirintablette in den Mund.

"Nix Abendessen!" sagte sie mit einem bedauernden Schulterzucken und verschwand.

Wahl schlief sofort ein. Der Transport und die Warterei hatten ihn sehr mitgenommen. Kurz vor Mitternacht weckte ihn die Nachtschwester. Sie stellte eine zweite Tasse Tee auf das Nachttischchen, schob ihm noch ein Aspirin in den Mund und verließ grußlos das Zimmer.

Im Halbdunkel, mit verschlafenen Augen, hatte Wahl eine sehr vorteilhafte Silhouette wahrgenommen, aber der dazugehörige Kopf dämpfte sofort seine aufkeimende Euphorie. Weder die polnische Olga, noch die roßköpfige Nachtschwester würden sein Blut in Wallung bringen, dessen war er sicher. Aber man konnte schließlich nicht alles haben. Wenigstens würde er an Weihnachten noch zu Hause sein.

Bei der morgendlichen Visite kamen die untersuchenden Ärzte zu einer einheitlichen Diagnose: zweifelsfrei Angina.

"Sie befinden sich hier in der Isolierstation", erklärte ihm Dr. Früchtl.

"Jeder Kontakt mit anderen Patienten ist verboten, ist das klar?"

"Jawohl, Herr Stabsarzt!" schnarrte Wahl.

"Wir werden zuerst dafür sorgen, daß Ihre Temperatur wiede rnormal wird", sagte Dr. Pleil und fügte hinzu, daß er im Hinblick auf die Schwellungen im Hals nur Suppen verordnen könne.

Wahl hatte nichts dagegen. Er verspürte sowieso keinen Hunger. Wie gerädert drehte er sich in seinem Bett und starrte entweder zur Decke oder durch das halbrunde Kniestockfenster hinaus in den schneebedeckten Wald. Mit großem Bedauern dachte er an seine armen Kameraden, die bei diesem Sauwetter weiterhin Dienst tun mußten. Er war mit seiner Lage recht zufrieden.

Wie jeden Mittwoch abend, klopfte Hermine Rastädt dreimal an die Türe von Dr. Früchtls Zimmer und trat ein, ohne eine Aufforderung abzuwarten. Elastische Jugendlichkeit kopierend, stemmte sich Dr. Früchtl aus seinem Sessel und ging auf sie zu. Elegant küßte er ihr die Hand und bot ihr den zweiten Sessel an. Rasch füllte er die bereitstehenden Gläser mit Eierlikör und prostete ihr zu. Hermine neigte mit dem Versuch eines zierlichen Lächelns ihr überdimensioniertes Haupt und kippte den Inhalt des Glases mit einem Ruck hinunter. Für den Stabsarzt war dies reine Barbarei, denn der edle Geschmack des von ihm eigenhändig angerührten Gebräus erschloß sich nur dann, wenn man in winzigen Schlückchen daran nippte. Ein Anflug deutlicher Mißbilligung huschte über sein Gesicht, während er artig Konversation machte, indem er sich nach ihrem Befinden erkundigte. Da sie genau wußte, daß sich sein Interesse an ihrem Wohlergehen ausschließlich auf den Körperteil zwischen den Beinen beschränkte, nickte sie nur kurz, und er grinste erleichtert. Da somit sein wöchentliches Vergnügen gesichert war, entschloß er sich, dem Objekt seiner Ausschweifung ein weiteres Geschenk zu machen: er bot ihr eine Zigarette an.

Hermine rauchte mit großem Genuß. Es verletzte sie keineswegs, daß er begann seine Schuhe und Socken auszuziehen. Schließlich wußten beide nur zu gut, welcher Anlaß sie einmal pro Woche zusammenführte. Obwohl er sie mehrmals aufmunternd ansah, rauchte sie in aufreizender Langsamkeit weiter. Er hatte sich schon seiner Hosen entledigt, als sie endlich ihren Glimmstengel im Aschenbecher ausdrückte. Während sie sich auszog, tänzelte sie vor ihm auf und ab, ihre Reize voll zur Geltung bringend. Daran bestand kein Zweifel, sie hatte einen vollendeten Körper. Unter großem Gestöhne schlüpfte er aus seiner langen Unterhose und warf sich aufs Bett. Ehe sie die letzten Hüllen fallen ließ, löschte sie das Licht. So verdeckte die Dunkleheit gnädig, was bei näherer Betrachtung zu erheblichen Lusteinbußen geführt hätte.

Gegen zwei Uhr verließ sie den laut schnarchenden Liebhaber und kehrte in ihr eigenes Zimmer zurück, das sie mit einer Kollegin teilte. Rasch zog sie sich aus und schlüpfte mit einem Seufzer der Erleichterung in ihr Bett.

Die Dreifachbelastung als Sekretärin, Nachtschwester und Mätresse ging langsam an die Grenze ihrer Belastbarkeit. Wenn sie Nachtdienst hatte, blieb der Vormittag dienstfrei, und nachmittags erledigte sie den angefallenen Schreibkram. Um zwanzig Uhr begann dann wieder der Nachtdienst, der ihr anfänglich sogar einigen Spaß bereitet hatte. Sie liebte den hautnahen Kontakt mit den dankbaren Männern, die meist gänzlich auf ihre hilfreichen Hände angewiesen waren. Aber schon nach kurzer Zeit hatten sich unangenehme Vertraulichkeiten eingeschlichen, die selbst ihr großzügiges Naturell überstrapazierten. Obwohl sie gewissen Zudringlichkeiten immer noch sehr wohlwollend gegenüberstand, gingen ihr bald die wilden Aktivitäten mancher Patienten doch zu weit. Ihr Zustand konnte noch so kritisch sein, zu einem raschen Griff unter ihren Rock waren diese räudigen Bastarde immer noch bereit.

An manchen Tagen genoß sie kleinere Dreistigkeiten, weil sie dieselben ihrer erotischen Ausstrahlung gutschrieb. Da wäre sie dann am liebsten zu jedem ins Bett gestiegen. Aber diese Momente wurden immer seltener. Dazu kam, daß sich Dr. Früchtl mehr und mehr gehenließ. Seine Qualitäten als Liebhaber waren nie sehr überzeugend gewesen. Aber was er an den letzten beiden Mittwochen geboten hatte, war direkt blamabel gewesen.

Nach vier Stunden unruhigem Schlaf wurde sie von ihrer Kollegin geweckt.

"Los, aufstehen, s' ist sechs Uhr!" zischte sie ihr ins Ohr und rüttelte sie an der Schulter. Mühsam setzte sich Hermine auf und gewann nur sehr langsam die Orientierung zurück. Heute war Donnerstag, und um sieben begann ihr Dienst im Büro.

Kurz vor sieben, es war noch stockdunkel, überquerte Hermine Rastädt den leicht verschneiten Hof zwischen "Jägerhaus" und Hotel. Fast wäre sie gegen die marmorne Brüstung gestoßen, die die Hotelterrasse begrenzte, so sehr war sie in Gedanken versunken. Ihre geistige Abwesenheit besserte sich augenblicklich, als sie ihr warmes, gut beleuchtetes Büro betrat. Mit geübter Zielstrebigkeit tauchte sie in die bereitliegenden Krankenblätter und versah diese mit den fortlaufenden Eintragungen. Gegen zehn Uhr kam Dr. Lippert, fragte, ob es etwas Neues gäbe, und verließ sie, als sie dies verneinte.

Um nicht ganz in der bürokratischen Routine zu versinken, unterbrach sie kurz vor Mittag ihre Arbeit und ging hinüber auf ihr Zimmer. Erleichtert ließ sie sich in den fragilen Korbsessel fallen, der vor der schlanken Fenstertüre stand. Weit schob sie ihre eleganten Beine in den Raum, legte den Kopf zurück und blies den Rauch der Zigarette, tief aus der Lunge kommend, zur Decke. Sie dachte an den armen Kerl im Zimmer unter ihr. Er war noch nicht zwanzig, und eine Panzergranate hatte ihm beide Beine zerfetzt. Nur noch Haut und Knochen, lag er mit fiebrigen Augen in seinem Bett und stöhnte. Wenn sie sich über ihn beugte, versanken seine glühenden Blicke in ihrem Dekolleté, und Hermine konnte sich vorstellen, was im Kopf dieses armen Krüppels vor sich ging. Sie erlaubte ihm dann hilflos wirkende Versuche von Zärtlichkeit, die aber immer damit endeten, daß er sich jammernd ins Bett zurückfallen ließ und in sein Kopfkissen hineinweinte.

Dann dachte sie an den Schützen Wahl über ihr, der mutterseelenallein in seinem Isolierzimmer lag und im einzigen Buch las, das sie für ihn hatte auftreiben können: Dantes "Göttliche Komödie". Über sechshundert Seiten, alles in Gedichtform, deutsch und italienisch. Ein ironisches Lächeln huschte über ihre Lippen, wenn sie daran dachte, daß der junge Mann sich mühsam durch diesen mittelalterlichen Stumpfsinn hindurchkämpfte. Dabei bemühte er sich, die wichtigen Stellen auswendig zu lernen. Wieviel Irrsinn so ein Krieg doch erzeugte.

Der vierte Tag seines Aufenthalts im Lazarett begann für Karl Wahl wie üblich mit dem Frühstück, das die wohlgenährte Polin mit freundlichem Lächeln auf einem großen Tablett vor ihn aufs Bett stellte.

"Gut schlafen?" fragte sie, und Wahl nickte ihr lächelnd zu.

"Danke, Olga", erwiderte er, "ich habe gut geee-schlafen."

"Ah, gut geschlafen?" wiederholte sie und freute sich wie ein kleines Kind an Weihnachten. Wahl wunderte sich ein wenig über die Lernfähigkeit dieser sogenannten Untermenschen, legte aber keinen Wert darauf, über seine pädagogischen Fähigkeiten nachzudenken. Er begann sein Brot zu streichen, und da die Polin bemerkte, daß er nicht beabsichtigte, sich weiter mit ihr zu befassen, verließ sie beleidigt das Zimmer.

Nach dem Frühstück kam sie wieder, steckte ihm wortlos das Thermometer unter den Arm und trug das Tablett hinaus. Zehn Minuten später erschien sie erneut, las die Temperatur ab, trug sie in die Tafel am Bett ein und verschwand lautlos, wie sie gekommen war.

Um elf Uhr war Visite. Die Doktoren Früchtl und Pleil bildeten ein geschicktes Team. Während ihm Dr. Früchtl in den Rachen sah und "gut, gut," murmelte, überprüfte Dr. Pleil die Tabelle und sagte: "38,5."

Dr. Früchtl nickte und verstreute Optimismus: "Wird schon besser!"

Mit wehenden weißen Mantelschößchen trotteten sie aus dem Zimmer.

Nun war Wahl sicher, daß er bis 12 Uhr seine Ruhe haben würde. Rasch holte er sein Buch aus dem Nachttisch, schlug die Seite auf, die er mit einem Zündholz eingemerkt hatte, und begann zu lesen:

> Weil nur auf Erdengut erpicht,
> Dein Geist noch nicht den höhern Flug gewonnen,
> Drum schöpfst du Finsternis aus wahrem Licht.

Immer wieder kehrte er zu den Versen des Fegefeuers zurück, weil sie am ehesten seiner Gemütslage entsprachen. Er wiederholte sie mehrmals, um ihren wahren Sinn zu ergründen, und fand immer neue Deutungen. Ein wirklich teuflisches Buch, das ihm da in die Hände gefallen war. "Liebt den, der Böses euch erweist!" Wie in Trance verschlag er die Verse, obwohl er ihren Sinn nur ganz selten deuten konnte, weil ihm der historische Hintergrund fehlte. Dann las er laut, und der Klang der Worte hüllte ihn ein bis Schwester Hermine durch die Türe trat.

Erschrocken schob er das Buch unte die Bettdecke und starrte verdutzt auf die Frau, die sich seinem Bett näherte.

Beine und Wespentaille, dachte er, und laut sagte er:

"Grüß Gott, Schwester Hermine! Ich dachte, Sie haben nur Nachtdienst?"

"Der Dienst wechselt bei uns alle vier Tage", erklärte die Schwester und stellte das Tablett mit Suppe, Hauptgang und Pudding aufs Bett. Dann half sie ihm, sich aufzusetzen. Schnell holte sie vom Nachbarbett ein zweites Kopfkissen und schob es ihm in den Rücken.

"Danke, Schwester, so geht's schon ganz gut!" sagte Wahl und lächelte mit gequälter Freundlichkeit in ein Gesicht, das weinig weiblichen Charme ausstrahlte. Sie schob das Tablett näher zu ihm heran, und dabei berührten sich ihre Hände. "Pardon!" murmelte Wahl, worauf sie ihn erstaunt ansah. "Sie brauchen sich doch deswegen nicht zu entschuldigen!" sagte sie kopfschüttelnd.

"Es sollte kein Annäherungsversuch sein", verteidigte sich Karl Wahl.

"Ich habe es auch nicht als solchen aufgefaßt", erwiderte Schwester Hermine, ging zum Waschbecken, holte ein Handtuch und band es ihm um den Hals. Wieder konnte Karl ihre eleganten Beine bewunder, eruierte einen wohlgeformten Hintern unter dem bauschigen Schwesternkleid und war erneut fasziniert von ihrer Wespentaille. Eine stramme Person, dachte er, wenn nur der Kopf nicht wäre.

"Guten Appetit", sagte sie und verließ rasch das Zimmer. Wie so oft hatte sie eine gewisse Enttäuschung in den Augen eines Mannes bemerkt, der sich kurz vorher noch über ihren prachtvollen Körper entzückt gezeigt hatte. Dabei war dieser Wahl anscheinend ein Intellektueller, der sich doch mehr nach den inneren Werten einer Frau richten sollte.

Während sie nachdenklich die Treppe hinunterging, war sie wieder einmal bereit, die ganze Männerbande zu verfluchen, die so wenig vom wahren Wert einer Frau wußte, ganz zu schweigen von der Liebe.

Nachdem sie ohne großen Appetit ihr Mittagessen verspeist hatte, stieg sie wieder hinauf zu dem einsamen Patienten im Dachgeschoß.

"Hat es Ihnen geschmeckt?" fragte sie aus purer Routine, und Wahl sagte: "Ja, ausgezeichnet. Ich glaub' mir geht's schon viel besser."

"Wir können jetzt auf die Halswickel verzichten", meinte sie und fügte ganz gewohnheismäßig hinzu, "haben Sie sonst noch einen Wunsch?" Karl Wahl war kein großer Philosoph, und von seinem Recht zu denken hatte er im letzen Jahr kaum Gebrauch gemacht, da das Militär fest entschlossen war, ihm den Willen dazu zu brechen. Er hatte sich angewöhnt, um die existentiellen Fragen der Nation einen großen Bogen zu machen, und längst begriffen, daß die ganzen Ideale dieses Staates nur dazu gemacht worden waren, um dafür zu sterben. Sein Ideal war er selber, und über das Sterben wollte er erst ab siebzig nachdenken. Vorläufig ging es darum, am Leben zu bleiben und es zu genießen. Er hatte das Thema eins aller Soldaten auch zu seinem eigenen gemacht: die Frauen! So drehte sich sein Denken im wesentlichen um den Umgang mit ihnen, was sich auch auf seinen Wortschatz ausgewirkt hatte. Auf die Frage von Schwester Hermine hatte er daher die passende Antwort längst parat.

"Natürlich hätte ich noch einen Wunsch", sagte er wie aus der Pistole geschossen, "aber den werden Sie mir ja doch nicht erfüllen."

Hermine Rastädt war nicht dumm. Auch ihr Wortschatz hatte sich dem Umgang mit zweideutigen Anspielungen angepaßt. Im Falle Wahl war sie wieder einmal bereit mitzuspielen. Also sagte sie: "Es käme auf einen Versuch an!"

Wahl war perplex. Diese Bereitwilligkeit nach so kurzer Bekanntschaft überraschte ihn. Mit offenem Mund starrte er auf die ganz nah vor ihm stehende Schwester. Sie kam ihm plötzlich schön vor. Erschrocken über ihre vorwitzige Schlagfertigkeit, hatte sie die Hand auf den Mund gelegt, so als wolle sie ihn zu Strafe für ewig verschließen. So sah er nur ihre zierliche Nase, freundliche, helle Augen und die von roten Haaren bedeckte, sommersprossige Stirne. Kein Zweifel, was er sah, war durchaus hübsch.

Selbst als sie die Hand vom Mund nahm und zu sprechen begann, wirkte ihr Unterkiefer nicht mehr häßlich. Karl war bereit, diesem Gesicht einen gewissen Charakter zuzugestehen.

"Damit wollen wir aber warten, bis Sie wieder zur Gänze hergestellt sind, nicht wahr!"

Obwohl sich Karl gesung genug fühlte, in engeren Körperkontakt mit Schwester Hermine zu treten, nickte er, begleitet von einem resignierenden Seufzer, worauf die Schwester das Tablett nahm und einen bühnenreifen Abgang vorführte.

Den ganzen Nachmittag verbrachte Wahl mit Dante und Vergil in der Vorhölle: Quali i fioretti dal notturno gelo ... Wie die Blumen in der eisigen Nacht. Zum erstenmal hatte er von der deutschen Seite auf die italienische hinübergelesen, und zu seinem Erstaunen fand er, daß sein Schulfranzösisch ausreichte, manche Passage zu verstehen. Mit großem Vergnügen las er von jetzt ab auf beiden Seiten und trug in sein Tagebuch alle Worte ein, die man auch im Alltag gebrauchen konnte. Und dann entschloß er sich, noch einmal ganz von vorne antufangenund diesmal alles in beiden Sprachen zu lesen.

"Die Hölle: Erster Gesang - Inferno: Canto primo."

Und wieder stieg Karl hinab in die Tiefen des Leidens und der Schrecken. Er überquerte den Paß und stieg hinunter ins Tal der hoffnungslosen Selbstsucht und der verblendenden Leidenschaft.

Per me si va nella città dolente,
Lasciate ogni speranza, voi ch'entrate.

Die beiden Zeilen übertrug er in sein Büchlein. Man würde sie zitieren können bei vielen Gesprächen.

Das Abendessen und anderntags das Frühstück wurde von der kleinen Polin serviert, die sich heftig bemühte,ihre Deutschkenntnisse zu verbessern. Wahl half ihr, wo er konnte, verzichtete aber sehr bald auf jegliche Grammatik, weil ihre geistige Beweglichkeit sich als sehr begrenzt erwies. Dafür entwickelte sie eine Art mütterliche Besorgtheit, die ihm ein wenig auf die Nerven ging.

Nachdem sie das Frühstückstablett abserviert hatte, fragte sie: "Kissen weg?" und meinte damit das zweite Kissen, das ihm während der Mahlzeiten ins Kreuz gestopft wurde.

"Danke, Kissen bleibt, ich lesen!" erklärte er und sie nickte. Beim Hinausgehen murmelte sie in gewohnter polnischer Frömmigkeit: "Grüß Gott, Wiedersehen." Ihre überwältigende Freundlichkeit bewirkte, daß Karl ihr schmunzelnd nachwinkte.

Dann vertiefte er sich wieder in seinen Wälzer. Wohlig streckt er sich in seinem Bett aus, las und übersetzte, wiederholte und deklamierte. Wieder traf er die Sünder aus Übermaß in der Sinnenlust und Sinnenliebe. Wieder hörte er von Semiramis und Kleopatra, von Tristan un Isolde und von der schönen Francesca da Polenta, die den häßlichen Laziotto Malatesta hatte heiraten müssen und dann in heißer Liebesleidenschaft den Bruder ihres Mannes, den schönen Paolo, umarmte.

Amor condusse noi ad una mort.

Punkt zwölf brachte Schwester Hermine das Mittagessen, und er freute sich, sie wiederzusehen. Während sie ihm das obligate Kissen unterschob, vertiefte sich Karl in ihr Dekolleté, das um zwei Knöpfe erweitert worden war. Was er sah, erregte ihn ungemein, und er mußte an sich halten, nicht hineinzutauchen in diese Vorhölle seiner Begierden.

"Sie machen heute einen sehr müden Eindruck!" frotzelte sie.

"Es gibt nichts, was so ermüdet, wie das Nichtstun!" dozierte er und versank in ihren leuchtenden Augen. Diese Frau hatte wirklich weit mehr Sehenswürdigkeiten als Schwächen.

Ganz plötzlich war ihm klar, daß er dies Frau besitzen wollte. Die erste Aufforderung, den Versuch zu wagen, war von ihr gekommen. Nun mußte er den zweiten Schritt tun. Mit gespielter Zaghaftigkeit ergriff er die Hand, die soeben das Tablett losließ, und drückte einen flüchtigen Kuß darauf. So als sei er erschrocken über seinen Mut, sagte er dann mit schmalzigem Vibrato:

"Danke, Schwester. Sie sind wirklich sehr aufmerksam!"

Obwohl ihr diese Geste sehr gut gefallen hatte, entzog sie ihm rasch ihre Hand und sagte:

"Jetzt essen Sie erst mal schön, dann reden wir weiter."

Sie wollte nichts überstürzen, keine hastige Affäre, an deren Ende wieder nur eine Enttäschung stand. Warum sollte es ihr nicht gelingen, hier in der Abgeschiedenheit dieser Isolierzelle eine echte Liebe aufkeimen zu lassen. Mit der Hand fuhr sie ihm zärtlich über seine ungekämmten, strubbeligen Haare, schenkte ihm ihr bestes Lächeln und ging. Karl blickte ihr nach, denn von hinten war sie eine Offenbarung. Er aß mit großem Appetit, schob das Tablett zum Bettende, legte sich zurück und wartete auf das neuerliche Erscheinen der Schwester.

Aber sie kam nicht. Statt dessen wuselte die Polin ins Zimmer, näherte sich rasch seinem Bett und nahm das Tablett auf.

"Essen gut?" fragte sie und Wahl bejahte. "Hals besser?" setzte sie die Konversation fort, doch Wahl, verärgert über das Ausbleiben von Hermine, schüttelte nur den Kopf. Die Polin zuckte mit der Schulter und verließ ihn. Karl sah ihr nach und stellte fest, daß sie weder von hinten von von vorne Besonderes zu bieten hatte.

Rasch holte er sein Buch hervor und ließ sich von Charon über den Höllenfluß setzen, wo das Geschrei des Jammervolkes in seinen Ohren dröhnte. Da hatte doch dieser Lanziotto Malatesta Frau und Bruder erstochen.

Und da sie sich nun wie ein Taubenpaar aus dem Schwarm der Verdammten lösten und herabwehten zum neugierigen Dante, wurden sie von dem gefragt, wie die Liebe in ihnen den zweifelhaften Wunsch der Zärtlichkeit verraten habe. Es war der Ruf der heißen Ungeduld, der die Liebe in ein edles Herz gesenkt hatte. Paolo konnte, trotz drohender Gefahr, dem Leib, den Liebreiz schmückte, nicht widerstehen.

Al tempo de' dolci sospiri
A che e come concedette amore
Che conosceste i dubiosi disiri?

Karl versank im Wohlklang dieser Worte, so traurig auch ihr Sinn war. Der zweifelhafte Wunsch nach Zärtlichkeit hatte auch ihn gefangengenommen. Zum Glück drohte ihm keine Gefahr, so nahm er an. Er sollte sich sehr getäuscht haben.

Das Abendessen brachte wieder Schwester Hermine.

"Wo waren Sie heute mittag?" fragte Karl ein wenig unbeherrscht.

"Sie haben mich doch nicht etwa vermißt?" fragte sie scheinheilig zurück.

"Doch!" gestand Karl und war durch den Anblick ihrer schlanken Gestalt auch schon wieder versöhnt. "Ich habe Sie sogar sehr vermißt!"

"Das freut mich zu hören", sagte sie und stellte das Tablett auf die beiden Oberschenkel, die sich durch die Wolldecke deutlich abzeichneten. Schnell holte sie das Rückenkissen, und wieder versank Karl in ihrem Ausschnitt. Fantastische Brüste, dachte er.

Wieder griff er nach ihrer Hand und drückte seine Lippen, diesmal etwas kräftiger, auf ihr Handteller. Sie ließ es geschehen.

"Sie haben schöne Hände", sagte er und schob den Ärmel ihres Kleides bis zum Ellenbogen zurück. Sanft folgten seine Lippen ihrem Unterarm. Lauter erogene Zonen, dachte er. Dann ließ er sie los und sah ihr in die Augen. Seine Bemühungen zeigten Wirkung. Ihre wasserhellen Pupillen hatten sich geweitet und mit einem hingebungsvollen Schleier getrübt. Immer wieder war Karl überrascht, mit welch geringem Aufwand diese weibliche Wesen in ihren Grundfesten erschüttert werden konnten. Er wußte, das Eis war gebrochen. Alles Weitere war ein Kinderspiel.

Ein bisher nicht gekanntes Glücksgefühl durchströmte Hermine. Hier lag ein Mann vor ihr, mit Feingefühl, Takt und Seele. Sie war ganz überwältigt von dem Gedanken, es könnte ihr gelingen, eine dauerhafte Beziehung aufzubauen. An Liebe wagte sie noch nicht zu denken. Es mußte alles ganz langsam gehen, auch in ihrem Kopf. Du mußt jetzt Ruhe bewahren, sagte sie sich, wünschte dem Patienten guten Appetit und zog sich zurück. Karl ahnte, was in diesem rothaarigen Kopf vor sich ging. Er hatte sie eingeseift, aber die Rasur mußte noch ein wenig warten. Auch er wollte keinen allzu raschen Sieg. Vierzig Minuten später holte Hermine das Geschirr ab. Sie schien aus ihrer vorherigen Trance erwacht zu sein. Ihre Augen strahlten wieder in reiner Klarheit.

"Hat es geschmeckt?" fragte sie, und Karl, der sich abgewöhnt hatte, über die Qualität von Mahlzeiten nachzudenken, bejahte.

"Sie schauen heute etwas müde drein", stellte er fest.

"Ich schlafe in letzter Zeit nicht sehr gut", seufzte sie.

"Haben Sie sich schon an einen Arzt gewandt?" wollte Karl wissen.

"Lassen Sie mich bloß mit denen zufrieden", wehrte Hermine ab.

"Vielleicht ist es nur die Kälte", überlegte sie. "Ich wache oft auf, weil mich friert." Dabei zitterte sie mit den Oberarmen und schüttelte den Kopf wie in einem Kälteschauer. Karl fand ihre Darbietung sehr graziös. Sie gefiel ihm immer besser, und ihr Blick war geschult für solche minimalen Zeichen von Zuneigung.

"Vielleicht könnte ich Ihnen von meinem Wärmeüberschuß ein wenig abgeben!" schäkerte er.

"Sie haben doch keinen Überschuß mehr", wandte sie ein, "Ihre Temperatur ist wieder ganz normal." Der Unterton des Bedauerns war nicht zu überhören. Also mußte er am Ball bleiben.

"Ich habe Fähigkeiten, die über das hinausgehen, was ein Thermometer feststellen kann", behauptete er und schmunzelte.

"Es kann sein, daß ich Sie beim Wort nehme!" sagte sie. "Hoffentlich enttäuschen Sie mich dann nicht."

Rasch verließ sie das Zimmer und Karl kehrte zu seinem Buch zurück. An diesem Nachmittag vertiefte er sich in den italienischen Text, und immer wieder deklamierte er laut Dantes kraftvolle Verse. Schwester Olga, die im Stockwerk unter ihm ein wenig zu schlafen versuchte, wurde immer wieder vom aufreizenden Singsang der Wahlschen Deklamationen aufgeweckt. Erbost stand sie nach einer Stunde auf, ging hinunter ins Stationszimmer und erklärte den beiden Bereitschaftsschwestern in gutem Deutsch: "Zimmer 32 spinnt!"

Da diese Tatsache von den beiden Schwestern nicht zur Kenntnis genommen wurde, hatte die Polin keine Gelegenheit, ihre akustischen Feststellungen zu erläutern. Erst als Zeugin sollte sie später dazu ausreichend Gehör finden.

Gegen drei Uhr brachte die Polin Karl Wahl eine Tasse Lindenblütentee.

"Was du singen?" fragte sie ihn, immer noch ungehalten über seine ruhestörenden Rezitationen.

"Ich nix singen", erklärte er und deutete auf das Buch, "italienisch!"

"Ah, du singen italienisch", sagte die Polin und freute sich, daß sie ihn endlich verstanden hatte. Karl ließ sie in diesem Glauben. Danach las er weiter, beschränkte sich aber auf den deutschen Text. Dabei stieß er auf eine Stelle, in der der Philosoph Boethius in seinen "Tröstungen" voll unerklärlicher Dummheit behauptete: "In allem Unglück ist das unglücklichste für den Leidenden, glücklich gewesen zu sein!" Karl schloß das Buch und legte sich zurück. Er versank in tiefes Nachdenken.

Es war abzusehen, daß er in diesem Krieg noch viel würde leiden müssen. Nach Boethius würden sich seine Leiden vergrößern, wenn er jetzt glücklich sein könnte. Mußte er folgerichtig nicht jeder Form von Glück ausweichen? Würde er das bißchen Glück, das er mit dieser Hermine haben konnte, später ganz furchtbar büßen müssen? Welch eine abstruse Philosophie, dachte er und verfiel in dumpfes Brüten, aus dem ihn schließlich die Ankunft des Abendessens erlöste.

Hermine genierte sich wegen der Zusammenstellung seiner Ration: Bismarckhering, Schwarzbrot und Pfefferminztee.

"Wie soll man damit gesund werden?" protestierte Karl.

Hermine, die eigentlich davon überzeugt war, daß ihn ihre Anwesenheit davon abhalten würde, in banale Überlegungen über die Menüwahl zu verfallen, strich ihm tröstend übers Haar und setzte sich auf die Bettkante.

"Es tut mir leid, daß ich meinem kleinen Liebling nichts Besseres anbieten kann", säuselte sie.

"Ist schon gut", sagte er, "Sie können ja nichts dafür."

Sie nahm seine Hand und legte sie tröstend an ihre Wange.

"Wie wär's mit einem winzigen Küßchen, als Trost, sozusagen!" schlug er vor, doch Hermine zierte sich ein wenig. Sie schwankte zwischen ihrem Vorsatz, behutsam vorzugehen, und dem Wunsch, endlich den entscheidenden Schritt zu wagen. Und da das Fleisch wie üblich schwächer war als alle Vernunft, beugte sie sich über ihn und küßte ihn fest auf den Mund. Weitere Zärtlichkeiten ließ sie nicht zu.

"Iß deinen Hering", sagte sie schon im vertrauten Du, "er wird dir schmecken, denn er stammt aus meiner Heimat." Obwohl Karl dieser Logik nicht ganz folgen konnte, stimmte er zu.

"Ja, dann muß er natürlich gut sein!" sagte er und begann zu essen. Während er ohne große Begeisterung seinen Hering hinunterwürgte, machte sich Schwester Hermine nützlich. Sie wischte Staub, wo sie welchen vermutete, sie reinigte das Waschbecken und polierte den darüber hängenden Spiegel.

Als Karl seine Mahlzeit beendet hatte, übernahm sie mit beiden Händen das Tablett und beugte sich dabei so weit vor, daß sich ihre Lippen erneut berühren konnten. An der Tür drehte sie sich nochmals um und sagte:

"Vielleicht komme ich heute nacht!" Karl wußte, daß dieses Vielleicht ein Ja war. Er hätte schreien können vor Glück.

Boethius hin, Boethius her, er wollte sich vollaufen lassen mit Glück. Karl verzichtete auf seine abendliche Lektüre. Er versuchte sich die ersten Verse des "Fegfeuers" ins Gedächtnis zu rufen:

Zur Fahrt durch bessre Fluten aufgezogen
Hat seine Segel meines Geistes Kahn,
Und läßt nun hinter sich so grimme Wogen.

War nicht das ganze Leben in so einem Krieg ein einziges Fegfeuer? ... dove l'umano spirito si purga? Er hatte erhebliche Zweifel, daß sein Geist auch nur die geringste Reinigung erfahren würde. Im Gegenteil, vieles von dem, was er bisher im Namen der Nation getan hatte, stellte sich hinterher als schuftiger Verrat an der Menschlichkeit heraus. Dieses nationale Purgatorium hatte seinen Charakter verdorben. Und wieder war er im Begriff, um den Schein eines höchst zweifelhaften Glücks einem gutgläubigen Menschen Schaden zuzufügen. Sein Gewissen hatte eben nichts mit zeitlosen Gesetzen zu tun, es paßte sich den gegebenen Umständen an. Cosi fan tutte!

Seine tiefgründige Gedankenarbeit hatte ihn ermüdet. Er war eingenickt. Doch ehe er in die Abgründe traumerfüllten Schlafes stürzte, weckte ihn das Zufallen des Türschlosses. Hermine war gekommen. Sie überzeugte sich, daß die Verdunkelung vorschriftsmäßig angebracht war, und schaltete dann das Licht an. Jedes Geräusch vermeidend, schlüpfte sie aus ihren Schuhen und näherte sich dem Bett.

"Willst du, daß ich zu dir komme?" flüsterte sie in sein Ohr.

Er zog sie an sich und küßte sie; zu sagen war jetzt nichts mehr.

Sie löste zunächst ihre weiße Haube, und als sie die Arme hob, sah

Karl die rotblonden Haare, schweißverklebt in der Achselhöhle, eingerahmt von einem weiß-blau-gestreiften Blusenärmel. Er liebte solche Details. Sie wirkten auf ihn erotischer als totale Nacktheit. Knopf für Knopf, in aufreizender Bedächtigkeit, öffnete Hermine die Bluse, streifte sie ab und hängte sie sorgfältig über die Stuhllehne. Dann stieg sie aus dem Rock und drehte sich verschämt gegen die Wand. Mit spitzen Fingern entledigte sie sich ihrer Unterwäsche und Strümpfe. Da sie sehr genau wußte, daß ihre makellose Rückseite ihre Trumpfkarte war, gestattete sie Karl einen längeren Blick auf das komplizierte Geflecht aus Haut und Muskeln, die weichen Konturen, die geschwungenen Flächen und die verführerischen Wölbungen. Es gab keinen Zweifel: diese Frau war perfekt gebaut.

Wie eine Spitzentänzerin näherte sie sich auf ihren eleganten Beinen dem Bett und flüsterte: "Darf ich?"

Stumm hob Karl die Bettdecke und ließ sie ein. Mit zittrigen Fingern suchte er den Schalter und löschte das Licht. Er hatte genug gesehen! Ihr tadelloser Körper stand stumm wie eine griechische Statue vor seinem inneren Auge. Wovor er Angst hatte, waren ihre Augen. Er wußte, daß es die Augen waren, die in den Momenten der Hingabe Ansprüche stellten. Ansprüche, denen er nicht genügen wollte. Mit leidenschaftlicher Verbissenheit fielen sie übereinander her.

Sie verbrachten eine kräftezehrende Nacht, und als Hermine gegen fünf Uhr aufbrach, ließ sie einen total erschöpften, ausgelaugten Haufen Elend zurück. Er hatte schon Frauen besessen, die ihn gehörig hergenommen hatten, aber diese war geradezu unersättlich. Ihm graute vor einer Wiederholung. Sollte das tatsächlich so weitergehen, würde er keine Chance haben, den Heldentod zu sterben. Man würde ihn eines Morgens mit geplatzten Blutgefäßen im Gehirn tot auffinden. Sie würden als Todesursache Überanstrengung konstatieren und degoutiert dreinblicken. Das wär's dann auch schon gewesen.

Das Frühstück brachte die Polin.

"Schwester Hermine krank", sagte sie entschuldigend.

"Was hat sie?" fragte Karl scheinheilig, obwohl er sich den Grund ihrer Unpäßlichkeit gut vorstellen konnte.

"Bauchweh", sagte die Polin und klopfte mit der Hand auf ihren Magen. Karl hätte den Grund des Unwohlseins zwei Etagen tiefer angesetzt, enthielt sich aber jeden Kommentars.

Unfähig zu lesen, lag er den ganzen Vormittag apathisch in seinem Bett und starrte Löcher in die Decke.

Das Mittagessen brachte wieder die Polin. Sie hatte es sehr eilig. "Viel Arbeit", jammerte sie, ehe sie hinauslief.

Nachmittags las Karl. Er deklamierte deutsch und italienisch und schrie sich dabei seinen Frust aus der Seele. Er war ein Gefangener. Topfit schwänzelte Hermine in sein Zimmer und stellte das Abendessen auf den Nachttisch. Dann setzte sie sich auf die Bettkante und schlug ihre eleganten Beine übereinander. Ihre gierigen Augen fielen über ihn her, seine Willfährigkeit fordernd. Er konnte diesen Blick nicht länger ertragen und schloß die Augen.

"Bist du immer noch geschwächt?" fragte sie mitleidig und benutzte dabei das Wort, das Karl aus der Bibel kannte. Ja, sie hatten sich auf eine alttestamentarische Weise geschwächt. Aber sein Stolz erlaubte ihm nicht, seine Erschöpfung zuzugeben. Er schüttelte den Kopf. Ebenfalls wortlos küßte sie ihn auf die Stirne, stopfte das Kissen hinter seinen Rücken und stellte das Tablett aufs Bett. Dann ging sie. Eine halbe Stunde später holte sie das Tablett wieder ab.

"Um neun Uhr komm' ich wieder", sagte sie vielversprechend.

Warum konnte er sich nicht krank melden?

Ihre Prophezeiung erfüllte sich pünktlich. Schlag neun betrag sie Karls Zimmer, schloß die Türe ab, prüfte den Vorhang und stellte sich dann vor den Spiegel über dem Waschbecken.

"Oh, du schamverwundete Seele, wo bist du, Beatrice?" dachte Karl, im Bett hockend, die Beine angezogen und das Kinn auf die Kniescheibe gestützt. Hermine ließ sich Zeit. Mit beiden Händen fuhr sie von hinten unter ihr rotes Haar und warf es in die Höhe. Dabei atmete sie tief ein, stieß die Luft dann durch die geöffneten Lippen heraus, ein wenig stöhnend, lechzend. Mit der Sentimalität einer läufigen Hündin bewegte sie ihren Hintern, bis plötzlich ihr Hecheln in ein pathetisches Tremolo überging und erstarb.

Mit norddeutscher Gewissenhaftigkeit zog sie sich aus, legte pedantisch Kleid, Haube, Schürze und das übrige auf den Stuhl.

Dieses weißhäutige Pandämonium aller Laster war so verdammt akkurat, so proper, hygienisch, fast aseptisch. Mit gerunzelter Stirn prüfte sie den verbogenen Verschluß ihres Büstenhalters, bog ihn zwischen den Zähnen gerade und legte den zusammengeklappten BH sorgfältig auf das Kleiderbündel. Dann war sie bereit.

Mit den lasziven Bewegungen einer orientalischen Tänzerin schlängelte sie sich durch den Raum. Ihr makelloser Körper wurde immer größer, immer phantastischer und stand zum Schluß riesig, bis zur Decke reichend, vor ihm. Sein Blick hüpfte vom Nabel zur Scham und wagte sich nicht höher. Sie löschte das Licht und warf sich auf ihn. Er stemmte sich gegen sie und rang nach Luft. Aber er entkam ihr nicht. Als sie kurz vor fünf von ihm ließ, fiel er erschöpft in einen komatösen Schlaf. Geschüttelt von heftigen Konvuslionen wehrte er sich immer noch gegen ihre Gier und warf dabei das Federbett zu Boden. Halb nackt phantasierte er durch Dantes Hölle, und Hermine war stets auf seinen Fersen.

Die Polin fand ihn abgedeckt, mit fiebriger Stirn und röchelndem Atem. Rasch deckte sie ihn zu und rüttelte ihn an den Schultern. Mit stierem Blick starrte er sie an und verlor das Bewußtsein.

Die herbeigeholten Ärzte fühlten den Puls, maßen die Temperatur, holten ihn mit Salmiak aus seinem Delirium und begutachteten seine Rachenhöhle. Dabei drang ein eigenartiges Gemisch aus deutschen und italienischen Ausdrücken aus seinem Mund, mit denen die Akademiker nichts anfangen konnten. Mit den Händen auf dem Rücken umstanden sie Karls Bett und beratschlagten. Die Diagnose fiel dementsprechend aus: Rückfall! Die Oberschwester bat um Anweisung.

"Machen Sie ihm einen heißen Brustwickel, und geben Sie alle zwei Stunden ein Aspirin. Wir sehen dann in der zweiten Visite nach ihm."

Dann gingen sie, die Schwester tat wie befohlen, und Karl fügte sich in sein Schicksal. In quälender Langsamkeit verstrich der Tag, und sein Zustand besserte sich zusehends. Das Mittagessen wies er zurück, aber das eigens für ihn zubereitete Abendessen verschlang er mit Heißhunger. Dann schlief er wieder ein.

Traumlos fiel er in ein schwarzes Loch, bis ihn ein kalter Luftzug aus dem Treppenhaus aufweckte. Dann fiel die Türe ins Schloß, und er spürte eine drohende Gefahr. Das grelle Licht der Deckenbeleuchtung blendete ihn, ehe es von Hermines Kopf abgedeckt wurde. Wieder stand sie vor ihm, und ihre riesige Figur wollte nicht aufhören zu wachsen. Dann beugte sie sich zu ihm herab, und jetzt war es ihr Unterkiefer, der ihrem Gesicht, von der feurigen Haarpracht eingerahmt, diabolische Züge verlieh. Aus ihren Augen zuckten Blitze. Dieses Weibsstück wollte ihn vernichten.

Vor seinen schweißverklebten Augen tanzte das gierige Grinsen unter den glühenden Haaren. Abwehrend schob Karl beide Händ vor sein Gesicht und stammelte:

"Bitte laß mich in Ruhe. Ich bin krank!"

"Was ist los?" giftete sie ihn an. "Du willst dich doch nur drücken!"

90

Sie versuchte ihm die Hände vom Gesicht zu reißen.

"Daß das Bewußtsein mir vor Schmerz zerfloß, erblickt ich neue Qualen!" flüchtete er sich in Dantes Worte. Aber sie riß weiter an seinen Händen, und er verfiel ins Italienische:

"Cerbero, fiera crudele e diversa ..." Sie starrte ihn an, ihre Hände fielen herab wie Steine, und ein schlimmer Verdacht durchzuckte ihren Sinn. "Was ist los?" stotterte sie. "Spinnst du?"

"Laß mich allein", jammerte Karl, "siehst du denn nicht, daß ich krank bin?" Und wieder durchzuckten Dantes Worte sein umnebeltes Hirn.

"Oh creature sciocche, quanta ignoranza ..." flehte er sie an, und immer mehr italienische Worte, jetzt ohne jeden Zusammenhang, verließen seinen Mund. Er hielt sie für beschwörende Formeln, die ihn vor dem Untergang retten könnten.

"Reg dich nicht so auf", beschwichtigte sie ihn, "ich tu' dir schon nichts." Aufstöhnend sank sein Kopf zurück ins naßgeschwitzte Kissen. Aus verquollenen Augen starrte er sie an, und nur langsam kehrte sein Geist zurück. Ihre Gestalt war zu normaler Größe zusammengeschrumpft. Das sommersprossige Gesicht mit den roten Haaren hatte alles Teuflische verloren. Nur in ihren Augen drohte ein forderndes Leuchten, das ihn erschreckte. Abwehrend hob er seine rechte Hand und streckte sie ihr entgegen.

"Ich bin schwer krank", sagte er, "das solltest du als Schwester doch merken. Bitte laß mich zufrieden."

Sie schob sich auf die Bettkante und versuchte ihn zu umarmen, ihn wie ein krankes Kind zu halten, aber Karl stieß sie zurück.

"Laß mich in Ruh!" stöhnte er. "Such dir einen anderen. Es gibt hier doch so viele, die's gerne mit dir treiben würden."

Erschreckt ließ sie ihn los und sprang hoch. Mit weit aufgerissenen Augen starrte sie auf das Monster, das mit ein paar Worten all ihre Bemühungen, Sehnsüchte, Erwartungen zerstörte. Wieder einmal waren ihre tiefsten Gefühle verletzt, ihre ehrlichen Absichten mißdeutet worden. Eine Welt brach in ihr zusammen; dann schlug sie zu! Links, rechts, links, rechts, mit aller Härte drosch sie auf ihn ein, bis ihr die Hände weh taten. Schwer atmend hielt sie inne, stand auf, strich ihren Rock glatt und zischte ihn an:

"Das wirst du mir büßen, du Mistkerl!"

Immer noch atemlos, mit gesenktem Kopf, stampfte sie hinaus. Karl zog die Decke über den Kopf und schämte sich. Er wußte, daß er unfair gewesen war, und die Tatsache, daß er diese Frau so tief verletzt hatte, schmerzte mehr als ihre Schläge. Sie konnte nichts dafür, daß er sich so verausgabt hatte. "Das war nicht fair", wiederholte er immer wieder, und er kam sich vor, wie ein Säufer, der einen Schnaps nach dem anderen in sich hineinkippte, bis er umfiel. Dafür konnte er sie nicht verantwortlich machen. Er würde sich bei ihr entschuldigen. Ja, das würde er tun.

Beruhigt über diesen Entschluß, seine Schuld einzugestehen und um Verzeihung zu bitten, legte er sich zurück und schloß die Augen. Er fühlte sich ganz prächtig bei dem Gedanken, sie nochmals an sich zu drücken und ihre Gnade zärtlich anzunehmen.

Doch das Schicksal hatte längst anders entschieden.

Zitternd am ganzen Körper lief Schwester Hermine in ihr Zimmer. Sie warf sich aufs Bett und weinte mit der Inbrust, die sie stets in ihre Gefühlsausbrüche zu legen pflegte. Wieder einmal waren ihre Hoffnungen aufs grausamste zerstört worden. Aber diesmal würde sie sich rächen, und zwar sofort.

Rasch erhob sie sich, trat ans Waschbecken und bespritzte ihr Gesicht mit eiskaltem Wasser. Langsam kehrte ihr Sinn für die Realitäten zurück. Die Muskeln um ihren schmerzverzerrten Mund begannen sich zu glätten, und in ihre Augen trat eine wilde Entschlossenheit. Mit gewandten Griffen ordnete sie ihr Bett und zog sich aus.

Anstelle der Schwesterntracht wählte sie einen dunkelblauen Rock und eine isabellfarbene Bluse. Die Königin Isabella htte ihre weiße Bluse vier Jahre ununterbrochen getragen, ehe sich das Weiß in diese zweideutige Farbe verwandelt hatte. Hermines Bluse war fast neu. Im Spiegel überprüfte sie ihre Erscheinung, warf den grünen Lodenumhang um die Schultern und verließ ihr Zimmer.

Sie wußte, daß die beiden Assistenzärzte ihre Abende im kleinen Nebenzimmer verbrachten. Also überquerte sie den leicht verschneiten Hof, betrat das Hotel, passierte ohne anzuhalten das leere Vestibül und betrat das Nebenzimmer.

Unbeeindruckt visitierte sie die gemütliche Zirbelholztäfelung und die behäbigen Bauernmöbel. Über den beiden Tischen hingen schmiedeeiserne Hängelampen mit Bleiverglasung, die das facettenartige Halbdunkel nur ungenügend erhellten. Gleich neben dem grünen Kachelofen saß Dr. Früchtl und las im "Völkischen Beobachter". Am anderen Tisch beugte sich Dr. Pleil tief über sein Buch.

"Darf ich mich zu Ihnen setzen?" fragte Hermine, während sie ihren

Umhang an die Garderobe hängte. Beide Herren nickten ein wenig abwesend. Sie waren über diese späte Störung alles andere als glücklich. Trotzdem verneinten sie Hermines Frage, ob sie störe. Dr. Pleil erhob sich sogar, holte aus dem eingebauten Wandschrank ein Glas und füllte es, ohne zu fragen, mit dunkelrotem Wein aus Südtirol. Sie prosteten sich zu.

"Ich war gerade noch bei dem rückfälligen Anginafall. Es sieht so aus, als würde er durchdrehen", begann Hermine, ohne sich ihre Aufregung anmerken zu lassen.

"Wie meinen Sie das?" hiterfragte Dr. Pleil.

"Er schwatzt dummes Zeug, phantasiert und brüllt in fremden Sprachen ohne jeden Sinn und Zusammenhang", erklärte die Schwester mit Nachdruck in der Stumme.

"Er hatte gestern noch hohes Fieber. Bei Rückfällen kann das schon zu Delirien führen. Aber das legt sich wieder", meinte Dr. Pleil.

"Der Mann hat immer einen ganz vernünftigen Eindruck auf mich gemacht", wandte Dr. Früchtl ein und faltete seine Zeitung zusammen.

"Das war bisher auch mein Eindruck!" bestätigte die Schwester, fuhr aber mit erhobener Stimme fort: "Aber heute abend versuchte er mich anzugreifen." Die beiden Ärzte sahen sich entsetzt an.

"Hat er Sie geschlagen?" wollte Dr. Pleil wissen.

"Er hat es zumindest versucht", bestätigte die Schwester. "Aber er war doch zu schwach, und es gelang mir, ihn ins Bett zurückzustoßen."

"Das macht der nicht noch einmal!" versicherte Dr. Früchtl.

"Wir werden uns den Kerl morgen früh ansehen", sagte Dr. Pleil und stand auf. "Sie müssen mich aber jetzt entschuldigen. Ich habe morgen Frühdienst". Er reichte Schwester Hermine die Hand, klopfte seinem Kollegen freundschaftlich auf die Schulter und ging.

Dr. Früchtl starrte unentschlossen auf seine Stiefelspitzen. Dann fragte er Hermine, warum sie sich in der letzten Zeit so rar gemacht habe. Sie schob Unpäßlichkeiten vor, versicherte aber sogleich, daß es ihr jetzt wieder gutgehe und sie schon lange keinen Eierlikör mehr getrunken habe. Dr. Früchtl verstand den Wink mit dem Zaunpfahl und nahm sie mit auf sein Zimmer. Lustlos gab sie sich hin und kehrte kurz nach Mitternacht in ihr Zimmer zurück.

Karl Wahl verbrachte eine ruhige Nacht und fühlte sich blendend, als ihm Schwester Olga das Frühstück brachte.

"Gut morgen, gut schlafen?" begrüßte sie ihn, und auf ihrem Mondgesicht strahlte ein freundliches Lächeln.

"Danke, Schwester Olga", erwiderte Karl, "gut geschlafen."
Da ihr Wortschatz eine weitere Unterhaltung nicht zuließ, ging sie und kam nach einer halben Stunde wieder. Wortlos nahm sie das Tablett und verließ rasch das Zimmer.

Karl zündete, was verboten war, eine Zigarette an, holte sein Buch hervor und suchte alle schönen Stellen heraus, die er in der Zwischenzeit auswendig gelernt hatte. Er freute sich über die zurückgekehrte Lebenskraft, deklamierte mit erhobener Stimme deutsch und italienisch und dachte überhaupt nicht mehr an Hermine.

Inzwischen war es neun Uhr geworden, und die beiden Ärzte waren samt der Oberschwester im Dachgeschoß des "Jägerhauses" angekommen. Verdutzt blieben sie im Vorraum stehen, denn aus dem Anginazimmer drangen wirre, unverständliche Worte durch die weißlackierte Türe. Nach kurzem Zögern traten sie ein, und Karl Wahl schob das Buch unter die Bettdecke. Er fühlte sich ertappt und wurde rot.

Dr. Früchtl studierte die Fieberkurve, nickte zufrieden mit dem Kopf und sagte dann ganz unvermittelt:

"Was war denn gestern abend los mit Ihnen?"

Karl überlegte, denn der Vorfall mit Hermine war in weite Ferne gerückt. Woher sollte der Doktor auch Bescheid wissen? Er entschloß sich, nichts zuzugeben. Darum sagte er nur ganz kurz: "Nichts!"

"Haben Sie nicht versucht, Schwester Hermine zu schlagen?" fragte Dr. Pleil und schaute Karl strafend an.

"Aus welchem Grund sollte ich sie schlagen?" fragte Wahl zurück.

"Das wollten wir ja gerade von Ihnen wissen!" bohrte Dr. Früchtl weiter. Aber er erhielt keine Antwort.

"Wenn Sie nicht mit uns reden wollen, auch gut", brummte Dr. Früchtl, "wir werden Sie dann eben zur Truppe zurücksenden."

Karl Wahl zuckte zusammen. Ihm war, als habe der Doktor soeben das Todesurteil über ihn verhängt. Er wollte ihn zurückschicken auf den eisigen Exerzierplatz, in die gefrorenen Weiten des Truppenübungsplatzes, in den sicheren Tod. Wahl stöhnte auf, was aber die drei Visitierenden nicht mehr wahrnahmen. Sie überquerten schon den Vorplatz und machten sich daran, die Stufen hinabzusteigen, als sie den Patienten brüllen hörten. Wieder war es ein unverständliches Gemisch großartiger Worte über Himmel und Hölle, über Leiden und Tod. Unwirsch schüttelte Dr. Früchtl den Kopf und sagte zu Dr. Pleil: "Anscheinend hat Schwester Hermine doch recht. Der Mann scheint einen Defekt im Kopf zu haben."

"Schon möglich", antwortete Dr. Pleil, "aber dafür sind wir nicht zuständig."

Und Karl Wahl schrie seinen ganzen Frust hinaus in die Kargheit seines Zimmers, das ihm bisher ein Gefühl der Sicherheit gegeben hatte. Das sollte nun alles vorbei sein. Warum nur, warum? Er deklamierte die ersten Verse des Vierten Gesangs, und seine italienischen Klagerufe hallten durch das Treppenhaus. Kopfschüttelnd schloß der diensttuende Sani die Flurtüre und konnte es sich nicht verkneifen, im Dienstzimmer der Schwestern darauf hinzuweisen, daß der Patient in der Isolierstation ein richtiger Spinner sei. Er erhielt keinen Widerspruch, denn in der Zwischenzeit hatte sich Hermines Propaganda überall durchgesetzt.

Und Karl Wahl las und rezitierte, laut und leise, deutsch und italienisch, scharf betonend und dann wieder in weinerlichem Singsang. Immer wieder, als sei ihm der Sinn nicht klar, begann er den 4. Gesang der Hölle von vorne, brach ab, wiederholte und las das Ganze von neuem. Es war, als wolle er sich seine ganze Verzweiflung von der Seele schreien. Erschöpft sank er zurück ins Kissen.

E caddi come corpo morto cade!

Stabsarzt Dr. Franz Früchtl saß in seinem gelben Ledersessel und dachte nach. Das eintönige Geklapper von Schwester Hermines Schreibmaschine schien ihn nicht zu stören. Er hatte die Augen geschlossen, und der einzige Beweis dafür, daß er nicht schlief, war der im Minutentakt vorgenommene Wechsel der übergeschlagenen Beine.

"Haben Sie die Entlassungspapiere für diesen Wahl aus der Isolierstation fertig?" fragte er unvermittelt die Schwester.

Diese hielt in ihrer Schreibarbeit inne, überlegte drei Sekunden und sagte dann: "Nein!"

"Und warum nicht, wenn ich fragen darf?" wollte Dr. Früchtl wissen.

"Weil der nicht entlassen gehört!" zischte sie zurück.

"Vielleicht würden Sie mir sagen, was Sie zu der Annahme bringt, der Patient sei nicht entlassungsfähig?" Wenn er dienstlich mit Schwester Hermine zu tun hatte, redere er sie mit "Sie" an und befleißigte sich einer gewählten Ausdrucksweise. Von beidem war Hermine keineswegs beeindruckt.

"Der Mann spinnt", behauptete sie, "der gehört in die Klapsmühle."

"Ich glaube nicht, daß wir genügend qualifiziert sind, eine derart schwerwiegende Entscheidung zu treffen", sagte der Arzt.

"Und warum nicht, wenn ich fragen darf?" bohrte die Schwester. "Sie wissen doch, was die heute mit den Geisteskranken machen, auch wenn diese noch so harmlos sind", deutete Dr. Früchtl vorsichtig an. "Der und harmlos?" stieß Hermine haßerfüllt aus. Dem Doktor wurde die Unterhaltung zu einseitig. Er wollte sich nicht zu einer überhasteten Entscheidung drängen lassen. "Um ihn in eine Anstalt einweisen zu können, bräuchten wir schon die Aussagen von mehreren Personen. Können Sie die erbringen?" "Nichts leichter als das", sagte Hermine, verließ hastig das Ärztezimmer und kehrte fünf Minuten später mit Schwester Olga und dem Sani vom Dienst zurück. Hermine hatte beide schon in aller Frühe zu ganz eindeutigen Aussagen vergattert.

Der Sanitätsgefreite Richard Schiebl gab zu Protokoll, daß der Anginapatient Karl Wahl deutliche Symptome einer fortgeschrittenen geistigen Verwirrung gezeigt habe. Der Patient sei stundenlang in einem schrecklichen Delirium gelegen, wo er nur noch unverständliche Laute von sich gegeben habe. In diesem Zustand sei er nicht ansprechbar gewesen.

Schwester Olga hatte zu dem auch im Polnischen geläufigen Ausdruck "Plemplem" noch die Wörter "Verrückt" und "Geisteskrank" gelernt. Dazu deutete sie eindringlich mit dem Zeigefinger an die Stirne, was ebenfalls in mehreren Sprachen verstanden wurde. Auch sie unterschrieb dann das Protokoll. Alle drei Aussagen dienten dem Stabsarzt Dr. Franz Früchtl als Unterlage für ein Gespräch beim Chef.

Oberstabsarzt Dr. Heinrich Lippert hörte sich den Bericht seines Kollegen an, wackelte ein paarmal mit dem Kopf, wobei er die Unterlippe über die Oberlippe schob, was auf größere Zweifel in seiner Beurteilung des Falles hindeutete. Am Ende siegte aber sein Phlegma. "Wenn Sie meinen, Herr Kollege, überstellen wir den Patienten einfach nach München. Die Spezialisten dort werden schon herausfinden, was mit dem Mann los ist." "Sie sind also einverstanden?" wollte Dr. Früchtl nochmals ganz eindeutig wissen, und als Dr. Lippert bejahte, verließ er erleichtert das Chefzimmer.

Im Ärztebüro wies er Schwester Hermine an, den Patienten Karl Wahl aus dem Lazarett zu entlassen und ins "Schwabinger Krankenhaus" zu überweisen. Verwundert bemerkte er das triumphierende Lächeln in Schwester Hermines Gesicht, enthielt sich aber jeden Kommentars. Irgend etwas mußte zwischen ihr und diesem

Soldaten vorgefallen sein. Anders war ihre Rachsucht nicht zu erklären. Sie wollte, daß er im Irrenhaus landete, obwohl jedermann wußte, wie die Psychiatrie heutzutage mit den Idioten umsprang. Er wusch seine Hände in Unschuld.

Als Karl Wahl abmarschbereit im Büro erschien, händigte ihm die Oberschwester ein großes, verschlossenes Kuvert aus. "Sie fahren am Montag mit dem Frühzug nach München. Hier ist Ihr Fahrausweis. Sie melden sich im "Schwabinger Krankenhaus". Wissen Sie, wo das ist?" Als Wahl bejahte, nickte sie ihm aufmunternd zu und wünschte ihm alles Gute. Karl bedankte sich für die gute Betreuung und ging. Er war froh, daß er Hermine nicht mehr zu Gesicht bekam. Er hatte auch keine Lust, sich von den Ärzten zu verabschieden. Vorsichtig verstaute er den Umschlag in seinem Brotbeutel, schlug den Mantelkragen hoch und stapfte durch den niedrigen Neuschnee frohgemut Richtung Füssen. Er schaffte die 5 km in einer knappen Stunde und traf pünktlich zum Mittagessen bei seiner Familie ein.

"Wir hätten dich gern besucht", begrüßte ihn die Mutter, "aber die haben uns nicht zu dir gelassen."

"Das glaub' ich gern. Ich war ja auf der Isolierstation."

"Wieso das denn?" fragte der medizinisch interessierte Vater.

"Angina ist ansteckend, haben sie gesagt!" erklärte Karl, und beide glaubten ihm. Dann setzten sie sich zu Tisch.

Die folgenden Tage verbrachte Karl fast ausschließlich in der Wohnung und las. Zwischendurch studierte er mit dem Vater den Frontverlauf auf einer großen Europakarte und erledigte seine Briefschulden. Am Montag früh stand er um sechs Uhr auf und saß Punkt sieben im Zug nach München. Kurz vor elf traf er dort ein. Im Bahnhofsrestaurant trank er ein Bier, spielte mit zwei Flakhelfern ein paar Runden Skat, bis deren Zug abfuhr, streunte ein wenig in der Bahnhofshalle herum und fuhr endlich gegen drei Uhr mit der Tram nach Schwabing. Er wollte auf keinen Fall zu früh dort eintreffen. Abgesehen davon, wußte er gar nicht, was er dort zu suchen hatte. Aber er war sicher, sie würden es ihm schon sagen. Es begann schon zu dunkeln, als er das mit zwei Granitsäulen bewehrte Portal durchschritt. Ein Schwall warmer Krankenhausluft schlug ihm entgegen. Wie bei den meisten Krankenhäusern, hatte man auch hier auf die Mitwirkung eines Innenarchitekten verzichtet. Fünf kantige Granitstufen führten geradewegs auf eine weißlackierte Pendeltüre zu.

Dahinter erstreckte sich ein graugefliester, länglicher Warteraum. Der fensterlose Gang wurde von zwei Glaskugeln nur dürftig erhellt. Vor einem kleinen Schalterfenster stand eine Gruppe Soldaten. Sie hatten ihre Papiere aufrufbereit in der Hand und den unvermeidlichen Wäschebeutel zwischen den Stiefelabsätzen. Ohne zu murren, abgestumpft durch tausendfache Übung, frei von jedem Zweifel am Sinn dieser immerwährenden Warterei, standen sie geduldig nebeneinander. Die Zeit, in der man sich anstellte, war mit Sicherheit einer der wenigen Augenblicke im Leben eines Soldaten, wo er nicht herumkommandiert, nicht traktiert oder schikaniert wurde. Apathisch starrte man riesige Löcher in die Luft, brütete stumpfsinnig vor sich hin oder durchlebte, was ganz selten vorkam, einige Minuten der Besinnung. Karl Wahl trainierte sein Gedächtnis. Kaum daß sich seine Lippen bewegten, memorierte er Dantes Verse. Die ersten vier Gesänge schaffte er mühelos, dann traten Lücken auf, wurden immer größer, und im dritten Ring des vierten Höllenkreises zog er erschöpft mit den Überresten des pompejanischen Heeres durch die libysche Wüste. Er begann von vorne. Jede Strophe zuerst deutsch, dann italienisch. Zwischendurch zündete er sich eine Zigarette an, rückte ganz langsam in Richtung Schalter voran und schob endlich, eine Stunde und 50 Minuten waren vergangen, einem etwas nervös wirkenden Sanitätsgefreiten seinen braunen Umschlag über die grüne Marmorplatte in die Hände. Der schlitzte das Kuvert mit einem schweren Brieföffner aus Chromstahl, verziert mit dem Bayerkreuz, auf, zog die Papiere heraus und überflog das Begleitschreiben.

Schließlich warf er den braunen Umschlag in den Papierkorb und steckte den ganzen Schriftverkehr in einen blauen Aktendeckel. Mit gewohnter Bedächtigkeit klebte er ein weißes Schildchen auf den Karton und schrieb mit großen Blockbuchstaben "Wahl" darauf. Dann überprüfte er seinen Bettenplan, zog eine gelbe Karteikarte aus einer Zigarrenkiste und überreichte sie Karl Wahl.

"Station III - Zimmer 14," las er vor, so als habe er es in seinem Dienstbereich ausschließlich mit Analphabeten zu tun.

"Geradeaus, Treppe hoch in den 3. Stock, zweiter Gang links", erläuterte er und blickte dabei dem Schützen Wahl in die Augen. Da er ein gewisses Verständnis wahrzunehmen glaubte, wurde er dienstlich: "Los, der nächste! Hier wird nicht geschlafen."

Wahl nahm seinen Wäschebeutel und stapfte los. Pro Etage zählte er 23 Stufen. Das machte eine Stockwerkshöhe von vier Metern. Welch eine Verschwendung, dachte er. Ein wenig außer Atem erreichte er eine Pendeltüre mit der Aufschrift: Station III - Neurologie. Wahl stutzte. Was sollte er in der Neurologie? Obwohl er bereit war, jede Form von Krankenhaus einem Aufenthalt in Rußlands eisigen Weiten vorzuziehen, traf ihn dieser medizinische Ausdruck, wie damals die Kugel, mitten ins Herz. Was sollte er hier? Welches Tal der Mühsal würde sich für ihn öffnen? Lasciata ogni speranza ... dachte er mit Schaudern.

Die fette, alte Matrone, die ihm aus dem Stationszimmer entgegenstürzte, war Schwester Amalie, eine im aufreibenden Dienst an geistesgestörten Patienten ergraute, verbiesterte, dem Nationalsozialismus und seinem Führer treu bis blind ergebene Fanatikerin. Sie unterstützte die laufenden Euthanasie-Programme aus vollem Herzen. Bereitwillig setzte sie ihre Unterschrift unter alle Protokolle, die ihr vorgelegt wurden. Um die Armee vor dem schädlichen Einfluß dieser hirnkranken Uniformträger zu schützen und die Ernährungslage von unnützen Essern zu befreien, schob sie den oft unschlüssigen Ärzten die Meldebögen zu und beseitige eventuelle Bedenken mit dem Hinweis auf ihre jahrelange praktische Erfahrung. Sie kontrollierte Wahls Karteikarte und befahl ihm zu warten. Kurz darauf erschien sie mit einem Nachthemd und einem Mundglas. Mißmutig trottete sie voraus zum Zimmer 14, stieß die Türe mit dem Fuß auf und deutete auf das mittlere Bett auf der linken Seite des Zimmers. "Das ist Ihr Bett und das dort Ihr Spind. Waschräume und Toiletten sind am Ende des Ganges. Sie dürfen die Station vorläufig nicht verlassen. Es wird ein paar Tage dauern, ehe Sie drankommen."

Dann war sie verschwunden, und Wahl sah sich um. Sechs Betten, drei zu jeder Seite, und wie es schien, waren vier belegt. Keiner der Anwesenden kümmerte sich um ihn. Sie dösten vor sich hin oder lagen auf dem Rücken und starrten interesselos zur Decke. Zwei hatten dicke Kopfverbände.

"Ich bin der Karl Wahl aus Füssen", stellte er sich vor, aber niemand nahm davon Notiz. "Auch recht!" dachte Karl und richtete sich ein. In ein paar Tagen würden sie sich um ihn kümmern. Dagegen hatte er gar nichts einzuwenden. Er hatte Zeit - viel Zeit.

Nach dem Abendessen zog er sein Nachthemd an und legte sich ins Bett. Sein Vater hatte ihm Knut Hamsuns "Kämpfende Kräfte" mitgegeben. Ohne große Begeisterung begann er zu lesen. Gegen acht Uhr heulten die Sirenen, und automatisch erlöschte das Licht. Der Alarm schien mit dem Krankenhaus nichts zu tun zu haben, denn niemand kümmerte sich um die Patienten. In der Ferne schlugen ein paar Bomben ein. Das Krankenhaus schien in jeder Beziehung taub zu zu sein. Wahl ging auf den Gang hinaus, aber alles war ruhig. Vielleicht hatten die hier gar keine Luftschutzkeller? Plötzliche Angst trieb ihm den Schweiß auf die Stirne, und der 16. Gesang fiel ihm ein:

"Halt du, wir sehn es am Gewande
Dir deutlich an, du bist hierherversetzt
aus unserm eignen schnöden Vaterlande."

Ein müdes Lächeln, voller Selbstmitleid, trat auf seine Lippen, und hilflos strich er über sein Nachthemd, auf italienisch wiederholend:

Essere alcun di nostra terra prava.

Ja, das schnöde Vaterland, was würde es jetzt wieder von ihm verlangen?

Vier Tage vergingen in tödlicher Langeweile. Hamsuns "Kämpfende Kräfte" erwiesen sich als arger Langweiler, und die Handlung war einförmig wie das tägliche Leben auf Segelfoß. Dann kam Schwester Amalie und befahl dem Schützen Wahl sich anzuziehen.

"Sie sind für 10 Uhr bei Dr. Altmann angemeldet. Zimmer 8 im Erdgeschoß. Sie warten vor der Türe, bis Sie gerufen werden", raunzte sie.

"Danke Schwester", sagte Wahl und sprang aus dem Bett. Endlich ging's los. Mit den Kameraden im Zimmer hatte er keine zehn Worte gewechselt. Langsam ging ihm die Atmosphäre dieses Krankenhauses auf den Wecker. Was hatte er hier zu suchen, unter all diesen Kopfschüssen, Epileptikern und sonstigen Hirngeschädigten? Er hatte bis heute keine Antwort erhalten.

Zehn vor zehn machte er sich auf den Weg, setzte sich vor Zimmer 8 auf den Stuhl und wartete. Nach der für militärische Gewohnheiten äußerst kurzen Wartezeit von 20 Minuten öffnete sich die Türe, und er wurde hereinbefohlen.

Dr. med., Dr. phil. Achim Altmann war ein kleiner, drahtiger Mittvierziger mit gelblichem Teint. Das sorgfältig ausrasierte Menjoubärtchen und die stark pomadisierten, rabenschwarzen Haare ließen auf einen eitlen Fatzke schließen, dessen Charakter unter dem zweifachen Doktor zu leiden hatte. Als er auf seinen Schreibtisch zustiefelte, bemerkte Wahl unter dem weißen Arztmantel ein Paar hochglänzende Reitstiefel mit silbernen Sporen, was darauf hindeutete, daß der Arzt Mitglied bei der Reiter-SA war. Wahl blieb vor dem Tisch stehen und bemerkte eine elegante Reitpeitsche mit silbernen Knauf. "Welch feiner Pinkel", dachte er und verkniff sich ein ironisches Lächeln. Dann durfte er sich setzen.

"Sie werden jetzt meine Fragen beantworten. Möglichst kurz und ohne Hemmungen", begann Dr. Altmann und stützte seine Ellenbogen auf die grüne Gummiplatte. Dabei legte er seine femininen, überaus weißen Fingerspitzen an die Schläfen, schloß die Augen und schien intensiv nachzudenken. Wahl befürchtete schon, der vielbeschäftigte Denker sei eingeschlafen, als dieser endlich mit müder Langsamkeit die Lider hochzog und ihn aus wässerigen Kalbsaugen, die auf eine Tendenz zum Basedow hinwiesen, anstarrte. So stellte er in monotonem Singsang seine Fragen, hörte sich die Antworten meist mit geschlossenen Augen an und prüfte ab und an seine Akten. Nachdem die Personalien abgehakt waren, begann eine ermüdenden Fragerei, deren Sinn dem Schützen Wahl trotz heftigen Nachdenkens nicht aufging.

"Sie waren gerade im Lazarett wegen Angina?"

"Jawohl, Herr Stabsarzt."

"Sie werden von jetzt ab meine Fragen nur noch mit Ja oder Nein beantworten. Verzichten Sie auf die Hinzufügung meines Dienstgrades, das spart uns Zeit. Ist das klar?"

"Ja!" sagte Wahl und bewies damit, daß er dem militärischen Drill noch nicht gänzlich unterworfen war.

"Hatten Sie früher schon unter schweren Krankheiten zu leiden?"

"Als Kleinkind hatte ich Keuchhusten, und danach war ich mehrere Jahre leicht rachitisch. Später kamen immer wieder Schwierigkeiten mit den Bronchien und mit der Lunge hinzu."

"Wie äußerten sich diese Schwierigkeiten?"

"Ich hatte schon zweimal Lungenentzündung, und im Winter öfters schwere Erkältungen mit Auswurf und starken Hustenanfällen."

"Trotzdem hat Sie das Militär für tauglich befunden!"

"Ja. Sie können jetzt nicht mehr so wählerisch sein."

"Ihre diesbezüglichen Kommentare sind überflüssig."

"Jawohl, Herr Stabsarzt", sagte Wahl ein wenig erschrocken.

"Gab es irgendwelche Fälle von Tbc in Ihrer Familie?"

"Nicht daß ich wüßte."

"Selbstmorde?"

"Nein, keine Selbstmorde."

"Geisteskrankheiten?"

"Natürlich nicht!" begehrte Wahl. Diese Frage war eine Zumutung.
"So natürlich ist das gar nicht", fuhr ihn der Arzt an. "Gerade in den engen Tälern des Voralpengebietes gibt es sehr viele Geisteskranke. Die werden in den Familien versteckt, weil man sich ihrer schämt. Eigentlich gehörten diese Irren ja in eine Anstalt, aber man will sich einfach die hohen Kosten sparen."

Wahl stierte stumm auf den eleganten Silberknauf der Reitpeitsche.
"Also keine Geisteskranken! Ich bin ausnahmsweise bereit, Ihnen dies zu glauben, obwohl ich schon hundertmal feststellen mußte, daß es dann doch einen Onkel Xaver oder eine Tante Resi gab, die ein bißchen gesponnen hatten. Aber eben nur ein bißchen."

Ein zynisches Lächeln begleitete diese Feststellung. Danach verfiel Dr. Altmann in tiefes Nachdenken, in das ein monotones Ticktack eines altmodischen Regulators dröhnte. Wahl mußte an den hirnzermarternden Wassertropfen in Karl Mays" Tal des silbernen Löwen" denken. Vielleicht war auch diese Uhr eine höhere Form der Gehirnwäsche? Wahl schüttelte den Kopf. Welchen Zweck sollte das haben?

"Sie waren in Rußland an der Front. Hatten Sie Angst?"
"Wovor?" fragte Wahl, da ihm die Frage zu allgemein gestellt war.
"Verwundet zu werden", ergänzte der Arzt.
"Es gibt ganz ausgezeichnete Heimatschüsse", sagte Wahl und dachte dabei an seinen Schultersteckschuß.
"Machen Sie keine Witze", fuhr ihn Dr. Altmann mit strafendem Blick an. Wahl senkte nun seinerseits den Blick, weil er eine gewissen Feindseligkeit aus den Augen seines Gegenübers nicht anders abwehren konnte.
"Hatten Sie Angst vor der russischen Gefangenschaft?"
"Davor haben alle Angst, bis auf die, die vor dem Sterben noch größere Angst haben."
"Dazu gehören Sie nicht?"
"Nein!"
"Sie haben also gar keine Angst?"
"Doch. Vor einem Bauchschuß hätt' ich Angst, und vor dem Blindwerden."
Dr. Altmann nickte verständnisvoll. Obwohl seine eigenen, schubweise auftretenden Depressionen nur noch zu unbequemen Kontaktstörungen führten, wußte er doch sehr genau, was Angst bedeuten konnte. Nach dem Medizinstudium hatte er sich noch der Psychologie zugewandt, um detaillierte Auskunft über seine Probleme

zu erhalten. Auch die anschließende psychoanalytische Ausbildung hatte jedoch keine endgültige Klärung gebracht. Im Gegenteil. Freuds Pansexualismus und Adlers Studien über den nervösen Charakter hatten ihn so sehr verunsichert, daß er froh war, als der Nationalsozialismus mit diesem jüdischen Spuk ein für allemal aufräumte. Er hatte seine ganze Bibliothek in Kisten verpackt und im hintersten Keller versteckt. Daraufhin waren seine Selbstmordphantasien verschwunden, hatten aber einer mimosenhaften Empfindsamkeit Platz gemacht. Der Umgang mit seiner männlich-strengen Mutter wurde immer schwieriger, aber es war ihm nicht gelungen, sich von ihr zu trennen. Also beugte er sich ihrer tyrannischen Herrschaft und bemühte sich außer Haus, im Dienste des Vaterlandes, sein charakterliches Defizit zu kompensieren.

Nun saß ihm wieder so ein armes Schwein gegenüber und er wurde gezwungen, eine einwandfreie Analyse zu konstruieren, die jeder Überprüfung standhielt. Wie immer würde er sein Bestes geben.

"Wie äußern sich Ihre Angstzustände?"

Da ihm der Soldat nicht antwortete, fragte er nach:

"Haben Sie Schweißausbrüche, krampfhaftes Zucken, Schreikrämpfe, Delirien?" Erleichtert ließ der Arzt seine Hände auf die Schreibtischplatte klatschen. Er hatte den Weg gefunden: Delirien! Darauf würde er ihn festnageln. Nun konnte er ihm nicht mehr entkommen.

"Mir ist's halt ein wenig flau im Magen!" hörte er den Patienten sagen.

Dr. Altmann wurde wütend. Warum wollte der Kerl partout nicht zugeben, daß er im Lazarett lautstark phantasiert hatte? Wollte ihm dieser heimtückische Prolet seine Analyse versauen?

"Und im Nahkampf? War Ihnen da auch nur flau im Magen?" brüllte er den verdutzt dreinblickenden Soldaten an.

"Ich war noch nie in einem Nahkampf", gab Wahl leicht erschrocken zu.

"Aha, also kein Nahkampf. Wie nah sind Sie denn jemals an einen russischen Soldaten herangekommen?"

"Ich hab' ein paar von ihnen die Hand gegeben", sagte Wahl.

"Sind Sie verrückt?" Der Arzt sprang von seinem Stuhl hoch und lief aufgeregt hinter seinem Schreibtisch hin und her.

"In unserer Kompanie waren mehrere Hiwis", sagte Wahl in der Hoffnung, damit den Doktor beruhigt zu haben.

"Hiwis sind doch gar keine Soldaten?" schrie dieser weiter.

Wahl wußte nicht, ob er widersprechen sollte, also schwieg er.

"Versuchen Sie ja nicht, sich über mich lustig zu machen."
Wahl sah, wie aus den Augenschlitzen des Arztes gefährliche Blitze zuckten.
"Das war nicht im Spaß gemeint. Für uns waren die Hiwis russische Soldaten. Sie hatten nur eine weiße Binde am Arm und arbeiteten für uns."
Dr. Altmann fühlte, daß er auf diesem Weg nicht weiterkam. Er mußte zurück zur Angst und dem damit zusammenhängenden Delirium.
"Sie hatten also keine echten Kampfhandlungen zu bestehen?"
"Nein, wir hatten es nur mit Partisanen zu tun. Und richtig gesehen habe ich von denen auch noch keinen."
"Woher haben Sie dann Ihre Verwundung am Arm?" fragte der Arzt.
Wahl zögerte. Sollte er hier die Wahrheit sagen? Dann würden sie ihm das Verwundetenabzeichen wieder abnehmen. Er entschloß sich zu lügen.
"Ein Partisan hat mich getroffen, aber wir haben sie nicht gesehen."
Dr. Altmann war sich bewußt, daß er zu wenig vom Kriegsgeschäft verstand, um auf diesem Weg weiterzukommen. Also beendete er für diesen Tag seine Befragung.
Wahl ging auf sein Zimmer und legte sich ins Bett. Er schob beide Hände unter den Hinterkopf und schloß die Augen. Angestrengt dachte er nach. Genaugenommen war er jetzt auch nicht viel schlauer als vor der Konsultation. Er wußte immer noch nicht, was die eigentlich von ihm wollten. Er öffnete die Augen und sah, daß es wieder zu schneien begonnen hatte. "In Rußland", dachte er, "ist es jetzt mit Sicherheit noch um zehn Grad kälter." Also sollten sie ihn ruhig weiter befragen. Der Aufenthalt in diesem gutgeheizten Krankenhaus war auf jeden Fall besser als die Rückkehr an die Front.
Wohlig wälzte er sich auf seiner Matratze. Nicht im entferntesten dachte er daran, daß er sich mit einem Bein schon in der Gaskammer befand. Als Soldat war man gewohnt, daß sich beim Militär die merkwürdigsten Dinge zutrugen. Dieses Katz-und-Maus-Spiel war sicher Bestandteil einer geheimnisvollen Aktion, bei der auch die Katze nicht so genau wußte, worum es eigentlich ging.
Nach dem Mittagessen setzte er sich ans Fenster und las. Hamsun beschrieb die versponnene Geschichte von Willatz Holmsen dem Dritten, Leutnant außer Dienst, mit dessen Großgrundbesitz es genial bergab ging. Die Fremdartigkeit der hier beschriebenen Welt faszinierte Wahl, und für ihn war dieser Teil Skandinaviens so exotisch

wie das China von Pearl S. Buck. Nach einer Stunde klappte er das Buch zu und wanderte im Haus herum. Im Vestibül saß ein uninteressierter Gefreiter hinter dem Anmeldeschalter. Versuchshalber ging Wahl an ihm vorüber, und siehe da, er kümmerte sich nicht um ihn. Frierend trottete Wahl die Parzival-Straße hinunter bis zum Kölner Platz und kehrte wieder um. Als er sich auf leisen Sohlen durch den Vorplatz schleichen wollte, sprach ihn der Wachhabende an: "Was machen Sie hier herinnen?"

"Ich bin in der dritten Station", sagte Wahl wahrheitsgemäß.

"Als Patient?" fragte der Gefreite und steckte den Kopf durchs Fenster. Wahl, nicht sicher, ob er noch krank sei, sagte: "Weiß ich nicht?" Der Gefreite stutzte, dann überzog ein verständnisvolles Lächeln sein Gesicht. "Is äh klar!" mokierte er sich und schloß das Fensterchen.

Derweil saß Dr. Altmann in seinem Büro und grübelte.

Dieser Karl Wahl war körperlich vollkommen gesund. Also bestand kein Grund, eine exogene Psychose anzunehmen. Er blätterte in seiner spärlichen Fachliteratur und vermißte seinen Freund schmerzlich. Wie sollte man wissenschaftlich arbeiten, wenn einem nicht einmal C.G. Jungs "Grundlagen der Analytischen Psychologie" zur Verfügung standen. Man konnte sich doch wirklich nicht alles aus seinen zehn Fingern saugen. Der Analytiker in Dr. Altmann war verunsichert. Sollte sich vielleicht als Folge der Angina eine Entzündung der weichen Hirnhäute eingestellt haben? Sehr unwahrscheinlich. Auch eine Enzephalitis lethargica, wie sie 1918-20 infolge einer Grippeepidemie zahlreich aufgetreten war, mußte er als wenig wahrscheinlich abhaken. Denkbar wäre aber ein seelisches Trauma infolge des Steckschusses in der Brust. Verärgert überlas er nochmals die Diagnose des Hohenschwangauer Lazaretts. Obwohl er dem psychiatrischen Können der dortigen Feld-, Wald- und Wiesendoktoren aufs tiefste mißtraute, mußte er doch zugeben, daß die aufgeführten Symptome auf ein Delirium mit Halluzinationen, Wahnideen und völliger Desorientierung schließen ließen. Aber er konnte doch nicht einfach deren Stellungnahme übernehmen. Da Dr. Altmann zweifellos zu den von Wilhelm Reich aufgestellten phallisch-narzistischen Charakteren gehörte, ließ seine krankhafte Arroganz einen Abstieg in solche provinziellen Niederungen nicht zu. Er war sicher, daß er eine hieb- und stichfeste Analyse zustande bringen würde. Gerade weil er ein überzeugter Anhänger der Euthanasie bei lebensunwürdigen Kreaturen war, zollte er dem von ihm geleisteten hippokratischen Eid insoweit Achtung, als er sich größter Gewissenhaftigkeit bei seinen Untersuchungen befleißigte. Aber die Tatsache, daß die Entscheidung über Leben und Tod seiner Patienten in seinen Händen lag, erzeugte in ihm immer eine euphorische Stimmung, die seiner narzißtischen Charakterneurose gefährliche Schübe zufügte. Auch im Fall des Schützen Karl Wahl gab es nur die Alternative: Entlassung wegen Geringfügigkeit oder Ausmerzung. Bei der großen Anzahl von Patienten und der Unterbesetzung mit Ärzten war an eine Therapie nicht zu denken. Das Urteil des behandelnden Arztes war ausschlaggebend. Er würde sich nicht drücken. Vielmehr würde er wie in hundert Fällen vorher seine Pflicht gegenüber dem deutschen Volk und seinem Führer tun. Niemand würde ihn daran hindern und - was viel wichtiger war - niemand würde ihn irgendwann zur Rechenschaft ziehen.

"Sind sie katholisch?" begann Dr. Altmann anderntags seine Befragung.

"Ja", sagte Wahl.

"Glauben Sie an Gott?" Und wieder bejahte Wahl, obwohl er sich gerade in letzter Zeit manchmal Gedanken über die Existenz eines höheren Wesens gemacht hatte. Wenn es dieses Wesen wirklich geben sollte, um die von ihm geschaffene Menschheit machte es sich herzlich wenig Gedanken. Aber diese Zweifel gingen nur ihn selbst etwas an.

"Haben Sie Angst vor der Hölle?"

"Nein", sagte Wahl im Brustton der Überzeugung.

"Warum nicht?" fragte Dr. Altmann, und seine Augen liefen über vor Scheinheiligkeit.

"Weil es nicht sicher ist, daß es sie tatsächlich gibt."

"Haben Sie Angst vor dem Teufel?"

Ohne zu zögern verneinte Wahl.

"Wissen Sie, was das Inferno ist?"

"Das italienische Wort für Hölle."

"Führen Sie Selbstgespräche?"

Wieder verneinte Wahl.

"Hier können Sie ruhig die Wahrheit sagen. Alles unterliegt der ärztlichen Schweigepflicht." Dr. Altmann hatte seinen Faden wiedergefunden. Er schloß die Akten und faßte nach:

"Reden Sie wirklich nicht manchmal mit sich selbst?"

Wahl überlegte.

"Höchst selten", sagte er schließlich.

"Wann zum Beispiel?"

"Wenn mich ein Problem sehr beschäftigt. Oder wenn ich über eine komplizierte Sache intensiv nachdenken muß. Dann kommt das schon vor."

"Tun Sie das laut oder leise?"

"Mit Sicherheit nicht laut", wandte Wahl ein, "da würden die Leute ja meinen, ich sei verrückt."

"Da können Sie schon recht haben", stimmte Dr. Altmann zu und überlegte. Der Mann machte einen ganz vernünftigen Eindruck. Er gab klare und einleuchtende Antworten. Gut, er hatte soeben gelogen, wie aus dem Lazarettbericht hervorging. Aber was besagte das schon im Zusammenhang mit einer Neurose? Er beschloß, die Sitzung für diesen Tag zu beenden und entließ Wahl.

Dieser stieg gemächlich in den dritten Stock hoch und legte sich wieder auf sein Bett. Da seine Überlegungen erfolglos blieben, vertiefte er sich in den Roman von Hamsun und brachte ihn nach einer knappen Stunde zum Abschluß. Den Nobelpreis würde der Mann nicht schaffen, dachte Wahl, ging in die Krankenhausbücherei und tauschte den Roman gegen ein Buch des Asienforschers Wilhelm Filchner ein: "Tschung - Kue - das Reich der Mitte." Er begann sofort zu lesen und mußte sich eingestehen, daß er von China rein gar nichts wußte. Die Geschichte dieses Riesenvolkes hatte im Europa Hitlers keine Spuren hinterlassen. Während er im Geiste mit Filchner durch Asiens Steppen ritt, lag er zufrieden in seinem Bett und starrte ab und an durchs Fenster, wo ein Vorhang weißer Flocken hing. In acht Tagen war Weihnachten. Vielleicht würde er bis dahin wieder zu Hause sein.

Anderntags hatte das Wetter umgeschlagen. Die Temperatur war auf 5 Grad über Null hochgeschnellt. Dunkle Wolken, von einem kräftigen Westwind angeschoben, trieben mit heftigem Schneeregen in Dachhöhe über den riesigen Krankenhauskomplex. Wahl lag auf dem Bett und las. Um 10 Uhr war er zur dritten Sitzung bestellt. Er war gespannt, was heute alles auf ihn zukommen würde.

Dr. Altmann saß aufrecht in seinem Stuhl. Er hatte eine dicke Mappe mit Testmaterial bei sich und begann sofort damit, Wahl in die Zange zu nehmen.

Mit Schreibblock und Stoppuhr bewaffnet, schob er Wahl nacheinander zehn Tafeln zu, auf denen in der Mitte geteilte, also kongruente Tintenkleckse abgebildet waren.

"Sehen Sie sich die Bilder genau an, und versuchen Sie, so schnell wie möglich eine Deutung des Dargestellten zu geben. Am besten wäre ein Begriff wie Haus, Maske, Vogel, Baum oder ähnliches. Also bitte keine Geschichten. Natürlich können Sie auch sagen, zwei tanzende Bären oder zwei Hunde, die sich mit dem Schwanz berühren. Haben Sie mich verstanden?"

"Ja", antwortete Wahl, der sich noch an die Aufforderung erinnerte: kein Jawohl und kein Herr Stabsarzt. Ihm gefiel dies sowieso besser. "Also fangen wir an. Tafel I. Was glauben Sie zu erkennen?" Wahl betrachtete interessiert die zweigeteilte Klecksgeopgraphie und sagte: "Sieht aus wie eine Fledermaus oder so eine afrikanische Maske." "Entscheiden Sie sich für eins von beiden", gebot der Arzt, und Wahl entschied sich für die Fledermaus. Dr. Altmann machte sich eine kurze Notiz auf seinem Block und schrieb die gestoppte Zeit daneben. So ging es weiter, und Wahl fand zunehmend Gefallen an der irrwitzigen Deuterei. Obwohl er manchmal versucht war, ausgefallene Erklärungen abzugeben, hielt er sich im Zaum, weil er schnell kapiert hatte, daß das freie Spiel mit triebhaften Phantasien eher schädlich sein würde. Rasch gab er seine Deutungen ab: Hund, Löwe, Blatt, dann nochmals Fledermaus, was ihm als Phantasielosigkeit angekreidet wurde. Als Wahl dann noch die beiden Polizisten und die Schirme erkannt hatte, hellte sich die Miene des Psychiaters richtiggehend auf. Nur war sich Wahl nicht im klaren, ob diese Befriedigung seiner guten Leistung zuzurechnen war, oder ob sich der Arzt nur darüber freute, daß er wieder einen Patienten mit seinen ganz billigen Tricks hinters Licht geführt hatte. Jedenfalls hatte Dr. Altmann für diesen Tag genug. Gnädig entließ er den Soldaten und bestellte ihn für den nächsten Tag erneut um zehn Uhr.

Im Zimmer angekommen, warf sich Wahl aufs Bett und sinnierte vor sich hin. Er wußte natürlich längst, daß er in einer Klinik für Geisteskranke war, nur wußte er nicht, warum. Sein ganzes Leben lang hatte er keine Schwierigkeiten damit gehabt, eine realitätsgerechte Einstellung zu seiner Umgebung herzustellen. Ohne großes Selbstmitleid hatte er sich untergeordnet, sich den größeren Zwängen gebeugt. Seine situationsbedingten Unzulänglichkeiten hatte er als Schicksal hingenommen und stets versucht, das Beste aus seiner Lage zu machen. So wollte er auch jetzt verfahren, doch leider wußte er nicht genau, aus welcher Ecke der Feind kam. Dieser Dr. Altmann war doch nur ein Werkzeug. Er machte das, was er für richtig hielt. Und da Wahl bisher überhaupt keinen Sinn in der ganzen Veranstaltung erkennen konnte, fühlte er sich ein wenig überfordert. Da er mit seinen Überlegungen nicht vorankam, suchte er Trost bei Wilhelm Filchner. Er überquerte mit ihm das Tsäin-ling-Gebirge bis nach Si-ning-fu. Beim Anblick der Großen Mauer und des Huang-ho-Flusses blieb er mit dem Forscher tief gerührt stehen und vergaß dabei seine eigenen Sorgen.

Das Mittagessen war reichlich. Die Niederschläge hatten aufgehört, dafür blies ein heftiger Wind um die Gebäude. Aber im Zimmer war es angenehm war, und Wahl genoß die Sicherheit seiner Unterkunft und die Aussicht auf geruhsame Weihnachten.

Dr. Altmann hatte eine unruhige Nacht verbracht. Er wohnte als Junggeselle immer noch bei seiner Mutter und mußte diese Annehmlichkeit mit geduldig ertragenen Schikanen bezahlen. Frau Professor Altmann hatte nach dem frühen Tod ihres Gemahls die Erziehung ihres einzigen Sohnes in ihre kräftigen Hände genommen. Mit Zuckerbrot und Peitsche hatte sie ihn zum Abitur und zum anschließenden Medizinstudium getrieben. Dabei hatte sie ihm den voraussehbaren Umgang mit dem anderen Geschlecht derart vermiest, daß er immer noch einen großen Bogen um jeden Rock schlug, der auch nur das geringste Interesse an ihm zeigte. Mit gesenktem Kopf saß er am Frühstückstisch und ließ die mütterliche Schelte wegen seiner späten Heimkunft über sich ergehen.

"Ich bin doch kein Kind mehr!" wollte er immer wieder einwenden, aber die alte Frau ließ ihn nicht zu Wort kommen. Sie akzeptierte keine Entschuldigung und stieß die wildesten Drohungen aus. Trotz seines psychologischen Studiums war er den Schlichen dieser Frau nicht gewachsen, und ihr Einfluß auf seinen labilen Charakter nahm von Jahr zu Jahr eher noch zu. Nur mit Mühe verdrückte er eine Semmel mit Hagebuttenmarmelade, trank seinen Ersatzkaffee und stand auf.

"Wo willst du jetzt schon wieder hin?" fuhr ihn seine Mutter an.

"Ich muß in die Klinik!" entschuldigte er sich.

"Dein Dienst beginnt doch erst um 9 Uhr", widersprach die Alte.

"Ich hab' heute einen sehr schwierigen Analysanden. Da muß ich mich schon ein wenig vorbereiten."

"Immer diese Ausreden", herrschte ihn die Mutter an. "Für mich hast du überhaupt keine Zeit mehr."

Der Sohn drückte ihr einen flüchtigen Kuß auf die Stirne und stürmte aus dem Haus. Mit der Tram fuhr er hinaus nach Schwabing und betrat kurz vor neun die Klinik.

Froh, seiner Mutter entronnen zu sein, setzte er sich hinter seinen Schreibtisch und fühlte sich sofort erheblich sicherer. Seiner Schublade entnahm er Wahls Papiere und begann sie zu sichten. Der gestrige Rorschach-Test war wirklich unergiebig gewesen. Dafür würde er ihm heute mit den Sympathietests des Ungarn Szondi zusetzen. Irgendwie mußte der Mann doch zu fassen sein. Er hatte sich in diesem Fall besonders bemüht, seine Affekte auszuklammern, und menschliches Mitleid hatte er sich schon lange abgewöhnt. Wenn es also mit der Analyse nicht vorankam, dann war auf keinen Fall er schuld. Die Verstocktheit des Patienten umgab ihn wie ein Panzer, aber er war sicher, daß er ihn knacken konnte.

Kaum hatte Wahl vor dem Schreibtisch Platz genommen, schob ihm der Arzt schon acht Fotos zu, auf denen ein wenig kränklich aussehende Männer abgebildet waren.

"Zeigen Sie mir die beiden, die Ihnen am sympathischsten sind", forderte er Wahl auf und observierte mit scharfem Blick dessen Miene. Der ließ sich Zeit. Er überflog mit großer Gelassenheit die Physiognomien der wirklich armseligen Kreaturen und stellte dann, zu Dr. Altmanns Bedauern, fest: "Von denen ist mir keiner sympathisch."

"Schauen Sie nochmals genau hin. Vielleicht können Sie sich doch für einen entscheiden", lockte der Arzt, und Wahl spürte plötzlich die Falle. Er sollte ganz sicher hereingelegt werden. Also blieb er bei seiner Ablehnung.

Dr. Altmann bedeckte die Bilder daraufhin mit einem Aktendeckel und bot Wahl eine Zigarette an. Beide rauchten eine Weile schweigend vor sich hin. Dann begann der Arzt mit einschmeichelnder Stimme: "In Hohenschwangau sind doch die Königsschlösser!"

"Ja, Hohenschwangau und Neuschwanstein", erläuterte Wahl.

"Welches ist das schönere?" fragte Dr. Altmann und schmunzelte, weil er sicher war, daß er seinen Patienten damit vor eine schwierige Entscheidung gestellt hatte. Wahl fand den Mann plötzlich gar nicht mehr so unsympathisch, und wenn er auf Szondis Bildchen dabeigewesen wäre, hätte er ihn sicher herausgesucht.

"Das ist reine Geschmackssache", sagte Wahl schließlich, was dazu führte, daß Dr. Altmann mit ein paar kunstsinnigen Bemerkungen brillierte. Dabei machte er einen wißbegierigen Eindruck, was bei Medizinern in Fragen der Kunst sehr selten anzutreffen war. Fast gleichzeitig drückten sie ihre Zigaretten aus und kehrten zu ihrer Aufgabe zurück.

"Versuchen wir es andersherum", schlug der Analytiker vor und schob Wahl die Fotos wieder unter die Augen. "Welche zwei sind Ihnen am unsympathischsten?"

Die Antwort fiel dem Soldaten leicht, weil er sich schon bei der ersten Begutachtung davon überzeugt hatte, daß zwei der acht Personen von vornherein ausschieden. Ohne lange zu zögern, sagte er daher: "Diese beiden schauen aus wie richtige Verbrecher."

"Das sind sie auch!" erwiderte der Arzt und machte sich eine kurze Notiz in seinem Block. Dann legte er die Fotos zurück in die Schublade. "Wir kommen jetzt zu einem Farbentest", erklärte er und legte dem Patienten die Lüscher-Farbtafeln vor.

Wahl konnte sich einer spöttischen Bemerkung über die Farbe Grau nicht enthalten, was ihm sofort einen strengen Tadel einbrachte. Seine Vorliebe für Blau schien der Arzt zu teilen. Besonders wichtig schien ihm dabei die Reihenfolge zu sein, in der Wahl seine Lieblingsfarben aufreihte. Kurz vor Mittag trennten sich Arzt und Versuchsperson in weitgehender Übereinstimmung.

Beinahe hätte Dr. Altmann vergessen, daß er nicht dazu da war, den Patienten angenehme Nachmittage zu gestalten. Verärgert über seine offensichtliche Gutmütigkeit nahm er sich vor, von jetzt ab keine Rücksicht mehr auf die Jugend des Soldaten zu nehmen. Dem Mann gelang es zwar vorzüglich, seine Harmlosigkeit vorzutäuschen, aber sein Verhalten in Hohenschwangau deutete doch ganz klar darauf hin, daß er seelisch sehr stark gestört war. Er würde ihn schon noch überführen. Trotzdem machte sich eine leichte Depression bemerkbar. Nach dem Mittagessen streunte er ziellos durch seine Abteilung, überprüfte hier einen Verband, sprach dort ein paar tröstende Worte oder empfahl einen kalten Wickel. Ohne ersichtlichen Grund verabreichte er wahllos blaue, grüne und rote Tabletten und legte sich gegen vier erschöpft im Ärztezimmer auf die Couch. Er hatte starke Schmerzen im Hinterkopf. Mühselig erhob er sich, schenkte sich ein Glas Mineralwasser ein, warf sich ein paar Psychopharmaka in den Rachen und legte sich wieder hin. Auch das Abendessen nahm er im Kasino ein und fuhr erst gegen acht Uhr zu seiner Mutter.

Diese erwartete ihn schon ungeduldig. Sie zwang ihn, im Salon Platz zu nehmen und ihr zuzuhören. Überschwenglich erzählte sie ihrem Sohn von den großartigen Erfolgen an den Fronten. Immer wieder flocht sie bedauernde Bemerkungen darüber ein, daß ihr Einziger keine Meriten an der Front erwerben könne. Wenigstens das Eiserne Kreuz könnte er schon haben. Statt dessen plagte er sich mit den Verrückten herum und würde am Schluß selbst noch in der Klapsmühle oder - was noch schlimmer wäre - in einer unstandesgemäßen Ehe enden. Dr. Altmann wartete, bis der Mutter für einen kurzen Augenblick die Luft ausging, erhob sich rasch und lief auf sein Zimmer. Dort sperrte er sich ein und ließ die alte Dame eine viertel Stunde lange an das Türblatt hämmern. Endlich schienen ihr die Kräfte zu versagen und er hatte seine Ruhe. Wie häufig in den letzten Tagen schlief er schlecht, verzichtete auf sein Frühstück und schlich gegen neun in die Klinik.

Er würde heute den Wartegg-Test ausprobieren und danach in freier Assoziation in der guten alten Freudschen Manier analysieren. Wahl stand pünktlich um zehn Uhr vor Dr. Altmanns Tür, wurde hereingebeten und mußte sofort mit dem Zeichnen beginnen. In zweimal vier weißen Feldern waren Punkte, Linien und Kurvenfragmente vorhanden, und seine Aufgabe war es, daraus kleine Bilder zu komponieren. Während der Doktor seine Zeitung las, skizzierte Wahl munter drauflos.

Bei der anschließenden Begutachtung wunderte sich Dr. Altmann, daß der Analysand hauptsächlich technische Dinge, wie Autos, Häuser, Eisenbahnen und griechische Tempel, skizziert hatte.

"Warum haben Sie hier ein Haus gemalt?" fragte er den Soldaten.

"Malen kann man nur mit Farbstiften", bemerkte Wahl, ohne auf die eigentliche Frage einzugehen.

"Werden Sie nicht pingelig. Zeichnen oder malen, was ist hier der Unterschied?" wollte Dr. Altmann wissen.

"Na, eben die Verwendung von Farben!"

Dr. Altmann spürte die Anzeichen beginnender Depressionen in seinem Kopf. Rasch verschloß er die Zeichnungen in seiner Schublade und trat hinter Wahls Stuhl. Jetzt würde er ihn fertigmachen.

"Wie heißt Ihre Mutter?" fragte er ganz unvermittelt.

"Maria Sophie Wahl."

"Wie war Ihr Verhältnis zu Ihrer Mutter?"

"Ganz normal." Welche Antwort hatte der Doktor denn erwartet.

"Was soll das heißen?"

"Sie war meine Mutter, und ich war ihr Sohn."

"Haben Sie Ihre Mutter gefürchtet?"

"Nein, dazu gab es keinen Grund." Das war die reine Wahrheit.

112

"Dann haben Sie Ihren Vater gefürchtet?"

"Nein, auch nicht. Der war kaum zu Hause."

Wo war der denn den ganzen Tag?"

"Tagsüber bei der Arbeit und abends im Wirtshaus."

"Haben Sie ihn geliebt?"

"Er hat sich zu wenig um mich gekümmert. Jedenfalls hat er mich nie geschlagen", sagte Wahl, und auch das entsprach voll und ganz der Wahrheit. Dr. Altmann sah den Soldaten erstaunt an.

"Hätte er den Grund dazu gehabt?" fragte er.

"Na klar!" nickte Wahl und dachte an die vielen Streiche, die er als Junge verbrochen hatte. Er lachte still in sich hinein. Die Kopfschmerzen des Therapeuten nahmen stetig zu.

"Dann wurden Sie nie bestraft?"

"Doch, von meiner Mutter."

"Dann haben Sie Ihre Mutter gehaßt?"

"Nein!" sagte Wahl und wollte sich nach dem Arzt umdrehen.

"Sie schauen gefälligst geradeaus", schnauzte er ihn an. "Und warum haben Sie Ihre Mutter nicht gehaßt, wo Sie doch von ihr geschlagen wurden?"

"Weil sie es nie ohne Grund getan hat."

"Sie wollen damit sagen, daß Ihre Mutter immer gerecht war?"

"Na ja, immer nicht. Manchmal wären ein paar gute Worte besser gewesen. Aber sie war ja keine Pädagogin."

Für Dr. Altmann war klar, daß der Soldat seine Mutter in Wirklichkeit haßte. Aber er würde das natürlich nie zugeben, da sie ihn ja vor dem Vater in Schutz genommen hatte. Denn der stets abwesende Vater war sicher auf seinen Sohn eifersüchtig gewesen, der ständig um die Mutter herumschwänzelte und sie in Gedanken dem Vater ausspannen wollte.

"Waren Sie eifersüchtig auf Ihren Vater?"

"Wieso eifersüchtig?"

"Weil er mit Ihrer Mutter ins Bett ging!"

"Das war doch sein gutes Recht!"

"Dann waren Sie jedenfalls neidisch!" insistierte der Doktor.

"Auch das nicht", sagte Wahl, und da ihm die blöde Fragerei langsam zu unanständig wurde, fügte er hinzu: "Wie kommen Sie überhaupt dazu, mir solche Fragen zu stellen?"

Darauf hatte Dr. Altmann gewartet. Hiermit schloß sich seine psychoanalytische Theorie. Diese Art von Renitenz paßte genau zu dem

Mangel an sinnlichem Erleben, der in dem Jungen durch die ständige Abwesenheit des Vaters entstanden war. Dazu kam die vorödipale Untreue der Mutter, die der Auslöser für die Paranoia der hypochondrischen Art wurde. Lange Jahre schlief diese Neurose in dem Jungen, ehe die Erlebnisse des Krieges, die Angina und die damit verbundene Isolierung sie zum Ausbrechen brachte. Eigentlich wußte er genug. Aber eine ungekannte Lust an der so erfolgreichen Befragung spornte ihn an weiterzufahren.

"Sind Sie feige?" fragte er und stiefelte dabei hinter Wahls Stuhl hin und her.

"Ich bin kein Held", wand sich der Soldat.

"Sie sind also ein Drückeberger?" bohrte Dr. Altmann weiter, und der Soldat fühlte sich in die Ecke gedrängt. Da er bei seiner ersten Bockigkeit nicht in die Schranken gewiesen worden war, begehrte er erneut auf.

"Wenn ich einer wäre, dann wären Sie auch einer!" stieß er hervor.

"Würden Sie mich töten, wenn Sie könnten?" fragte der Arzt, für Wahl ohne jeden Zusammenhang, denn die Vorwürfe der Drückebergerei und der Feigheit reichten wohl kaum aus, einen Menschen umzubringen.

"Dazu besteht kein Anlaß."

Dr. Altmann wußte, daß das gelogen war, denn jeder Analysand versuchte seine wahren Gefühle zu verdrängen, indem er das Gegenteil von dem äußerte, was in seinem Unterbewußtsein tatsächlich vorging. Im Stechschritt stolzierte der Arzt zur Vorderseite des Stuhles und sah dem Soldaten fest in die Augen. Sein Kopfweh hatte nachgelassen.

"Sie dürfen das, was hier und heute besprochen wurde, keinesfalls nach außen tragen. Würden Sie das tun, müßte man Sie als einen behandlungsbedürftigen Irren in eine geschlossene Anstalt sperren, aus der Sie wahrscheinlich nie wieder herauskämen. Ist das klar?"

"Jawohl, Herr Stabsarzt", sagte der Soldat, sprang auf und salutierte. Dies schien großen Eindruck auf den Stabsarzt zu machen. Zufrieden wanderten seine Blicke über die sportliche Figur des jungen Mannes. Er wußte, daß er für homosexuelle Gefühle äußerst anfällig war. Die Tatsache, daß er hier einem gut gewachsenen jungen Mann, der ihm vollkommen ausgeliefert war, gegenüberstand, verwirrte ihn gewaltig. Mit barscher Stimme jagte er ihn aus seinem Büro.

Total verunsichert stieg Wahl die drei Stockwerke hoch. Im Gang vor seinem Zimmer waren ein paar Soldaten damit beschäftigt, einen Christbaum zu schmücken. Das erinnerte ihn daran, daß in drei Tagen Heiliger Abend war. Einerseits war er froh, nicht im kalten Rußland zu sein, andererseits hätte er gerne das Fest mit seinen Eltern verbracht. Aber er glaubte nicht daran, daß sie ihn hier so schnell entlassen würden. Was ihn am meisten beunruhigte, war das eigenartige Verhalten des Arztes. Seine geringe Menschenkenntnis erlaubte Wahl nicht, zu einem sicheren Urteil zu kommen. Manchmal glaubte er, echte Sympathie erkennen zu können, dann wieder streifte ihn der eiskalte Wind unerklärlichen Hasses. Väterliche Milde verschwand urplötzlich und machte einem feindlichen Willen zu verletzen Platz. Die wässerigen Kalbsaugen des Arztes konnten einen weichen Glanz voll echten Mitleids abstrahlen, um im nächsten Augenblick wie das sezierende Messer des Operateurs in sein Opfer hineinzufahren. Dieser Mann war für Wahl ein einziges großes Rätsel.

Dr. Altmann saß zurückgelehnt in seinem Sessel und schlug mit der Reitpeitsche auf seine Oberschenkel. Er brauchte manchmal diese Art von Kasteiung, um seine Gedanken zu ordnen. Erleichtert war er nach einigen Minuten die Peitsche in die Ecke, holte aus seiner Schublade den Schreibblock und begann zu notieren; mit großen, eckigen Buchstaben markierte seine Hand, ohne zu zittern, das Todesurteil über seinen Patienten.

DIAGNOSE:

"Endogene Psychose als Folge eines frühkindlichen Traumas, hervorgerufen durch die Vernachlässigung durch den Vater. Übermäßige Mutterbindung im Zusammenhang mit einer chronischen Schwäche des pleuralen Bereichs führt zu einer pathologischen Herabsetzung der normalen Reaktionsfähigkeit. Aufgrund dieser ungünstigen Ausgangssituation verursachte eine Angina mit anschließender Lungenentzündung erhebliche psychische Störungen, die im fortgeschrittenen Stadium zu Desorientierung und Delirien führten.

Da der Patient jedem Analyseversuch beharrlich ausweicht, erscheint eine Therapie aussichtslos. In diesem Zustand kann ein weiteres Verbleiben bei der Truppe nicht verantwortet werden."

Erleichtert legte Dr. Altmann seinen Füller beiseite und ließ sich in den Sessel zurückfallen. Er war sicher, gute Arbeit geleistet zu haben.

Auch die armen Schweine, die Plato nicht in der Ursprache gelesen hatten, wußten, daß es zwei Arten von Wahnsinn gab: den höheren, mit einem Zug ins Geniale, und den niederen, von dem die stumpfsinnigen Kreaturen befallen wurden, die man früher still-schweigend neben sich geduldet und einfach als Strafe Gottes betrachtet hatte. Die Paranoiker, die jetzt an der Regierung waren und das Volk in den Heldentod trieben, duldeten auf ihrem Spezialgebiet keine Konkurrenz. Also mußten die vom niederen Wahn Befallenen, rücksichtslos beseitigt werden. In Zeiten, wo ein ganzes Volk hungerte, war es einleuchtend, daß man sich dieser geistig toten, leeren Menschenhüllen als unnütze Esser entledigte. Darüber gab es keine Diskussion. Niemand bezweifelte die Logik, die dieser Entscheidung zugrunde lag.

Bestritten wurde nur noch die wissenschaftliche Begründung, die elegantere Definition und die fundiertere Diagnose. Die Anhänger von Freud und Jung, Adler und den anderen Juden versteckten ihre Lehrbücher im Keller und erfanden eigene Sprachregelungen. Die Grundsatzfrage, wer dem "schönen Tod" übergeben werden solle, wer für die beschleunigte Verwesung vorgesehen sei, wurde gar nicht mehr im Detail begründet, sondern gleich schubweise erledigt.

In den Krankenhäusern des Militärs wurde der Schein gewahrt. Die Entscheidung über Leben und Tod wurde einem justizförmigen Verfahren in jedem Einzelfall unterworfen. So konnte Dr. Altmann allein nicht entscheiden, ob der Patient Karl Wahl den Gnadentod zu erleiden hatte oder ob seine geringfügige Psychoneurose nicht doch eine Verwendung bei der Truppe zuließ.

Professor Dr. Renklein war ein Anhänger der Jungschen Archetypenlehre. Er war durch nichts davon abzubringen, daß die höheren Militärs eine ganz spezifische Gefahr für die Menschheit darstellten. Wenn es nach ihm gegangen wäre, hätte er sie alle in einer Anstalt untergebracht. Aber so weit reichte seine Macht nicht. Dafür konnte er entscheiden, wie mit den unteren Dienstgraden zu verfahren sei. Da die meisten von ihnen sowieso auf den Schlachtfeldern Europas einem gnadenlosen Tod ausgeliefert waren, war die von ihm praktizierte Euthanasie eine weit humanere Form der Lebensverkürzung. Wenn man schon Millionen gesunde, junge Männer zum sinnlosen Sterben schickte, wäre es absolut unsinnig, ein paar hunderttausend Idioten mit allen Methoden der modernen Medizin am Leben zu erhalten. Darüber gab es auch für ihn keine Diskussion. Aber - er wehrte sich dagegen, daß unerfahrene Unterärzte oder debile Stabsärzte über seinen Kopf hinweg Todesurteile ausfertigten. Also bestand er darauf, daß sein Sachverstand in jedem Einzelfall gehört wurde und seine Unterschrift unter jeder Diagnose zu stehen hatte. Aus diesem Grunde brachte Dr. Altmann zwei Tage vor Heiligabend seinen Befund zu seinem Vorgesetzten.

"Guten Morgen, Herr Chefarzt", schnarrte er und schob mit zittriger Hand seine Akte auf den Schreibtisch seines Chefs. So sicher er sich seiner Sache im Fall Wahl in der Abgeschlossenheit seines Büros gewesen war, so unsicher war er jetzt.

Mit eiskalter Routine überflog Professor Dr. Renklein die Krankengeschichte aus Hohenschwangau, den Bericht seines Kollegen Altmann über die angewandten Methoden und die abschließende Analyse.

Da man kurz vor dem Weihnachtsfest stand, befand sich der Professor in einer gehobenen Weihestimmung, die dazu führte, daß er darauf bestand, den Patienten Wahl selbst zu sprechen. Die Sitzung wurde für 14 Uhr desselben Tages angesetzt. Dr. Altmann wurde mit vorgeladen.

Punkt zwei wurde der Schütze Karl Wahl ins Chefzimmer gebeten. Professor Dr. Renklein und Dr. Altmann saßen gemeinsam hinter dem riesigen Schreibtisch des Klinikleiters und musterten den eintretenden Patienten. Wahl stand stramm und machte Meldung.

"Nehmen Sie Platz!" befahl der Professor, deutete mit einer müden Handbewegung auf den Stuhl, der sehr verlassen vor dem riesigen Möbel stand, und begann mit der Befragung.

Die beiden Herren hatten vorher vereinbart, daß Dr. Renklein die Fragen stellen und Dr. Altmann nur eingreifen würde, wenn Abweichungen von dessen Analyse bemerkbar würden.

"Sie haben also Ihren Vater gehaßt?"

"Nein, Herr Professor."

"Aber Sie sagten doch, daß er sich nicht um Sie gekümmert habe."

"Deswegen haßt man doch keinen."

"Haben Sie Ihre Mutter geliebt?"

"Ich mag sie immer noch, sie lebt ja noch."

"Also lieben tun Sie sie nicht?"

"Da müßten Sie mir schon zuerst erklären, was Sie unter Liebe verstehen."

"Wie meinen Sie das?" fragte der Professor ein wenig verdutzt.

"Das Wort Liebe ist sehr vieldeutig. Man liebt seinen Hund, ein Buch, sein Vaterland, seine Freundin, seinen Beruf und auch seine Familie. Das kann doch nicht alles das gleiche Gefühl sein!"

"Da haben Sie recht", bestätigte der Professor. Der Mann begann ihm zu gefallen. Bisher waren alle Antworten klar und eindeutig. Er wandte seinen Blick zu Dr. Altmann, aber für den bestand kein Grund sich einzuschalten. Also fuhr der Professor fort.

"Wo haben Sie sich die Angina geholt?"

"Beim stundenlangen Herumstehen auf dem Schießplatz."

"War die Sache besonders schmerzhaft?"

"Eigentlich nicht. Die üblichen Schluckbeschwerden und Fieber."

"Man hat Sie dort in die Isolierstation gesteckt?"

"Jawohl, Herr Professor."

"Womit haben Sie sich den ganzen Tag beschäftigt?"

"Ich hab' gelesen."

"Und was haben Sie gelesen?"

"Dantes Göttliche Komödie."

"Sagen Sie das bitte noch einmal!" bat der Professor äußerst höflich.

"Dantes Göttliche Komödie auf deutsch und italienisch."

"Wie sind Sie denn auf solch eine Lektüre gekommen?"

"Es war das einzige Buch, das sie noch hatten."

"Und das haben Sie ganz gelesen?"

"Ganz bin ich damit nicht fertig geworden. Das Italienische hat mich furchtbar aufgehalten. Aber ich habe eine ganze Menge Wörter gelernt."

"Haben Sie da auch laut gelesen?" wollte jetzt Dr. Altmann wissen.

"Wenn ich Gedichte lerne, behalte ich sie besser, wenn ich sie mir ein paarmal laut vorlese."

Die beiden Doktores schauten sich verwundert an. Hier schien sich eine fatale Lösung des Problems aufzutun.

"Wie oft haben Sie sich die einzelnen Verse denn vorgelesen?"

"Manche bis zu zwanzigmal. Die Übersetzung war auch nicht gerade leicht verständlich."

"Und immer laut?" stieß Dr. Altmann hervor.

"Meistens", sagte Wahl, "besonders das Italienische."

"Können Sie uns das noch einmal vormachen?"

"Klar!" sagte Wahl. "Welche Stelle wollen Sie hören?"

"Die bekannte Stelle vom Hölleneingang", verlangte der Professor.

"Deutsch oder italienisch?"

"Deutsch natürlich!" sagte Dr. Altmann, der die Katzlmacher haßte.

"Dritter Gesang!" rekapitulierte der Soldat und begann nach kurzer Überlegung:

"Durch mich geht's ein zur Stadt der Qualen,
durch mich geht's ein zum wehevollen Schlund,
durch mich geht's ein zu der Verdammnis Talen.
Gerechtigkeit war der Bewegungsgrund
des der mich schuf; mich gründend tat er offen
Allmacht, Allweisheit, erste Liebe kund.
Nicht ward vor mir Geschaffnes angetroffen
als Ewiges; und ewig dauer ich.
Ihr, die ihr eingeht, laßt hier jedes Hoffen."

"Bravo!" erkannte der Professor begeistert und sah auf seinen konsternierten Kollegen.

"Und die Idioten haben das nicht hinterfragt?" stammelte Dr. Altmann. Dabei übersah er vollkommen, daß auch er sich ganz auf deren Diagnose verlassen hatte und nicht bereit gewesen war, der Sache auf den Grund zu gehen.

"Schicken uns den Mann einfach hierher", stammelte er.

"Unglaublich", bestätigte der Professor, "wirklich unglaublich."

Er war aufgesprungen und rannte wie ein wildes Tier hinter seinem Schreibtisch hin und her. Plötzlich blieb er stehen und begann laut zu lachen, bis ihn ein Hustenanfall stoppte. Ermattet ließ er sich in seinen Sessel fallen. Dr. Altmann wollte die unangenehme Situation beenden und wandte sich an den Soldaten.

"Bitte deklamieren Sie die letzte Strophe noch auf italienisch."

Diesmal wollte er ganz sichergehen.

Karl Wahl stand auf, überlegte ein wenig und sprach so laut, wie er es auch im Lazarett getan hatte:

"Dinanzi a me non fuor cose create
se non etterne, e io etterna duro.
Lasciate ogni speranza, voi ch'entrate."

Dann setzte er sich wieder, und der Professor mußte sich beherrschen, um nicht erneut in Applaus auszubrechen.

Erleichtert fuhr er sich mit dem Handrücken über die Stirne. Dann wandte er sich mit einem degradierenden Blick an seinen Kollegen.

"Besonders sorgfältig haben Sie auch nicht gerade recherchiert", sagte er vorwurfsvoll, und Dr. Altmann senkte den Kopf.

"Diese Papiere hier werden wir besser vernichten", schlug der Professor vor. Dr. Altmann rührte sich nicht. Aus den Augenwinkeln warf er einen drohenden Blick auf den Soldaten. Dieser Mistkerl hatte ihn in einer Weise blamiert, die er nicht hinnehmen würde.

Wieder wandte sich der Professor an Karl Wahl.

"Ich werde sofort Ihr Entlassungspapiere ausfertigen lassen, dann können Sie gleich morgen früh zu Ihrer Familie heimfahren."

Schnell raffte er die Papiere auf seinem Schreibtisch zusammen, stand auf und sagte: "Sie können jetzt gehen."

Der Soldat ließ sich dies nicht zweimal sagen. Er sprang hoch, salutierte und marschierte zur Türe. Kurz davor hielt ihn der Professor nochmals zurück.

"Sie sollten das Buch zu Ende lesen", empfahl er und schmunzelte. Damit löste sich die Spannung auch in Wahl, und ein breites Grinsen überströmte sein Gesicht.

Dr. Altmann kam dies einer Kampfansage gleich. Schon als Kind war für ihn die tiefste Demütigung, ausgelacht zu werden. Es bedurfte seiner ganzen inneren Anstrengung, sich nicht vor Wut auf dem Boden zu wälzen, wie er es im Vorschulalter häufig getan hatte; wofür ihn dann die gestrenge Mutter mit größter Brutalität bestraft hatte. So stampfte er nur ein paarmal heftig mit seinen sporenbewehrten Stiefeln auf, ehe er aus dem Büro eilte.

Auf dem Gang rannte er dem Soldaten nach, hielt ihn am Arm fest und brüllte ihn an: "Sie kommen in einer Stunde zu mir ins Büro!"

Karl Wahl nickte verdutzt und schaute dem davonwieselnden Arzt nach. Die Rockschöße seines weißen Mantels standen waagrecht in der Luft.

Da es nicht mehr lohnte, in den dritten Stock hochzusteigen, trödelte Karl Wahl vor der Schreibstube auf und ab, bis er hineingerufen wurde.

"Hier sind Ihre Entlassungspapiere. Unterscheiben Sie da unten", sagte der Diensthabende und deutete mit dem Zeigefinger auf die unterstrichene Stelle. Während der Soldat dem Befehl nachkam, sagte der Obergefreite: "Da hat wieder einmal einer den Kopf aus der Schlinge gezogen." Und nach kurzer Pause: "Gratulation!"

"Das ist der Urlaubsschein. Der Professor hat Ihnen zwei Wochen, also bis über Neujahr, genehmigt."

"Danke!" sagte der Soldat.

"Und hier haben Sie auch noch die Fahrkarte nach Füssen!"

Der Diensthabende schob alle Papiere in ein dickes braunes Kuvert und händigte es dem Soldaten aus. Dieser salutierte und ging.

Inzwischen war es Zeit, zum letzten Mal Dr. Altmann aufzusuchen.

Mit einem ungutem Gefühl im Magen klopfte er an, wartete, bis das gebrüllte "Herein" ertönte, und trat ein. Mit einem heftigen Ruck schloß er die Türe hinter sich, marschierte bis zum Schreibtisch und stand davor stramm.

Dr. Altmann musterte ihn von oben bis unten, bat ihn nicht, sich zu setzen, stierte ihn weiter an und preßte schließlich, wie immer, wenn er intensiv nachdachte, seine Finger an die Schläfen.

Die Aussicht auf wissenschaftlichen Gewinn in der analytischen Arbeit hatte er längst aufgegeben. Als Ziel seiner Bemühungen stand für ihn die Ausmerzung dieser defekten Menschenhülsen im Vordergrund. Und er war nach wie vor felsenfest davon überzeugt, daß dieser Karl Wahl unter einer unheilbaren, endogenen Psychose litt. Er war nicht bereit seine präzise formulierte Diagnose, die ihm absolut schlüssig erschien, einfach in den Papierkorb zu werfen. Nur weil der Mann in theatralischem Pathos ein paar Strophen aus Dantes "Göttlicher Komödie" zitieren konnte, war er noch lange nicht geheilt. Einen Dr. Dr. Altmann lachte man nicht aus.

"Stieren Sie mich nicht so blöd an!" brüllte er plötzlich los, sprang auf und hieb mit seiner Reitpeitsche auf die Schreibtischplatte. "Ich werde Sie schon noch überführen. Sie entkommen mir nicht."

Der Soldat verfolgte ratlos das wütende Gehämmere des Tobenden. "Ich weiß gar nicht, was ich Ihnen getan habe?" sagte er schließlich.

"Das fehlte noch, daß Sie mir was antun wollten. Mir genügt vollauf, daß Sie mich vor dem Professor lächerlich gemacht haben."

Dr. Altmanns Kinn zitterte, und die Augäpfel begannen wild zu rollen.

"Soll ich Ihnen ein Glas Wasser bringen?" fragte der Soldat beunruhigt.

"Ich brauche kein Wasser", brüllte Dr. Altmann, kam hinter seinem Schreibtisch hervor und baute sich mit gespreizten Beinen vor Wahl auf.

"Woher nehmen Sie die Frechheit, meine ärztliche Kompetenz anzuzweifeln?"

"Hab' ich gar nicht getan", verteidigte sich der Soldat.

"Haben Sie doch." Dr. Altmanns Stimme überschlug sich. "Da unterm Arm haben Sie Ihre Entlassungspapiere, obwohl wir doch beide wissen, daß Sie krank sind."

Der Soldat sah plötzlich eine Möglichkeit, noch ein paar Wochen in der angenehmen Wärme des Krankenhauses zu verbringen. Der Professor wußte ja schließlich, daß ihm nichts fehlte.

"Wenn Sie meinen, dann lege ich mich halt wieder ins Bett", sagte er.

"Das würde Ihnen so passen", zischte Dr. Altmann ihn an. "Mit Drückebergern Ihres Schlages machen wir ganz kurzen Prozeß."

"Dann lassen Sie mich doch ganz einfach gehen", schlug der Soldat vor.

"Ich werde Sie schon dahin bringen, wo Sie hingehören."

"Und wo soll das Ihrer Meinung nach sein?" wollte Wahl wissen.

"Ins Irrenhaus natürlich, und die werden schon die richtige Behandlung für Sie haben."

Dr. Altmanns Augen flackerten gefährlich.

Schlagartig wurde dem Soldaten die Situation klar. Dieser Dr. Altmann war selbst krank. Wenn er sich noch länger dessen Wahnidee aussetzte, würde es für ihn gefährlich werden. Nach guter soldatischer Tradition entschloß er sich zum Angriff überzugehen. Lieber würde er an der Front fallen, als sich der tödlichen Spritze in einem Irrenhaus auszusetzen.

"Gottlob haben Sie nichts mehr zu entscheiden", fuhr es Wahl heraus. "Ich habe hier meine Entlassungspapiere, und die kann mir keiner mehr wegnehmen." Er wedelte mit den Papieren vor Dr. Altmanns Nase herum, bis dieser versuchte, sie ihm zu entreißen.

"Geben Sie sofort die Papiere her. Sie müssen noch von mir unterschrieben werden", behauptete der Stabsarzt und ging auf Wahl los. Dieser setzte sich jedoch energisch zur Wehr.

"Was fällt Ihnen ein?" brüllte der Arzt. "Sie widersetzen sich meinen Anordnungen. Sind Sie wahnsinnig geworden?"

"Es schaut eher so aus, als seien Sie nicht mehr ganz richtig im Kopf."

Das hätte Karl Wahl nicht sagen sollen. Dr. Altmann wurde blaß, hämmerte mit den Fäusten auf den erschrockenen Soldaten ein und brüllte unablässig:

"Sie geben mir jetzt sofort die Papiere!"

Der Soldat bedeckte mit beiden Armen seinen Kopf und zog sich langsam zur Türe zurück. Da Dr. Altmann erkannte, daß er den Mann nicht würde aufhalten können, wechselte er seine Taktik und probierte es im Guten. "Seien Sie ein braver Junge", säuselte er, "ohne meine Unterschrift sind die Papiere für Sie gänzlich wertlos."

Karl Wahl wußte es besser. Er hatte die Unterschrift des Professors, und die genügte ihm. Stumm preßte er den Umschlag an sich. Langsam schlich sich der Arzt an ihn heran. Haßerfüllt blickte er dem zur Abwehr Entschlossenen ins Gesicht. Dann sprang er ihn an. Mit beiden Händen griff er nach dessen Hals und versuchte ihn zu würgen. Der Soldat, sportlich trainiert, tauchte unter ihm weg und rannte Schutz suchend hinter den Schreibtisch. Als der Arzt merkte, daß er so nicht zum Ziel kam, begann er erneut zu brüllen. Seine Stimme überschlug sich.

Die beiden Sanitätsgefreiten Hausner und Wildgruber hatten soeben ihren Dienst in der Ambulanz beendet und befanden sich auf dem

Weg zur Schreibstube, als sie an Dr. Altmanns Büro vorbeikamen.

"Wer brüllt denn da so?" fragte Hausner.

"Weiß ich nicht. Aber da scheint einer durchzudrehen", sagte Wildgruber.

"Ob der Doktor Hilfe braucht?"

"Schaun wir halt mal nach!" schlug Wildgruber vor und öffnete die Türe. Er sah zuerst den Soldaten hinter dem Schreibtisch und dann den Arzt, der wütend mit den Beinen aufstampfte und dabei brüllte: "Geben Sie endlich die Papiere heraus."

"Können wir Ihnen helfen?" fragte Hausner.

Entsetzt drehte sich der Arzt um. Was er jetzt am allerwenigsten brauchen konnte, waren Zeugen.

Wie ein Panther sprang er auf Wildgruber zu und schubste ihn zur Türe. Sanitätsgefreiter Wildgruber, einsachtzig groß und neunzig Kilo schwer, war im Umgang mit Irren ausgebildet. Rasch erfaßte er das linke Handgelenk des Arztes und drehte den ganzen Arm mit einem Ruck auf den Rücken. Mit der anderen Hand ergriff er den Nacken des Arztes und drückte ihn nach unten. Da verlor Dr. Altmann den Halt und stürzte zu Boden. Wildgruber ließ ihn sofort aus. Der Arzt drehte sich auf den Rücken, streckte Arme und Beine weit von sich und brüllte unverständliches Zeug.

"Hast du ihn so weit gebracht?" fragte Hausner den erstaunten Soldaten. Der schüttelte nur den Kopf.

"Hol rasch den Professor!" befahl Wildgruber, und Hausner lief davon. Mitleidig beugte sich Wildgruber über den Tobenden, aber der spie ihm nur ins Gesicht und brüllte weiter.

Dann kam der Professor. Erschrocken musterte er die Szene und sagte dann ungerührt: "Bringt ihn weg!" Ohne den Soldaten zu beachten, verließ er den Raum.

Wahl stieg in den dritten Stock hoch, stopfte seine Sachen in den Wäschebeutel und fuhr mit der Tram in die Stadt. Am Bahnhof sangen sie Weihnachtslieder und sammelten fürs Winterhilfswerk. Wahl spendete zwei Mark.

Die Türken vor Wien

Drei Tage und drei Nächte saß Berl in ratternden Waggons. Am Tag las er oder unterhielt sich mit den anderen Soldaten, die sich wie er auf die Heimat freuten und deren volle Herzen die Münder zum Überlaufen brachten. Wenn ihnen der Stoff ausging, holte Berl seinen Tolstoj hervor und las, bis ihm das Gerüttle eine bleierne Müdigkeit in die Augen drückte. Dann döste er vor sich hin, und die Städte flogen an ihm vorbei, ohne daß er sie wahrnahm: Lemberg, Krakau, Oppeln, Breslau. Hier stieg er um und vertrat sich ein wenig die Füße. Von der Stadt sah er nichts, und er hatte auch kein Verlangen danach. Weiter ging's über Liegnitz, Dresden, das er sich gerne angesehen hätte, nach Chemnitz, Plauen, Hof, Weiden, Regensburg, Landshut und endlich nach München.

Die Stadt war in der Nacht zuvor bombardiert worden, und da auch der Hauptbahnhof getroffen worden war, blieb der Zug in Pasing stehen. Berl setzte seine Fahrt mit der Straßenbahn fort. In München hatte er studiert, in dieser Stadt hatte er dreißig Monate lang gelebt und sich wohl gefühlt. Hier war er wie zu Hause, und daher fand er die Stadt immer noch schön - wie eine frühere Geliebte, die man lange nicht mehr gesehen hatte. Überall gab es Trümmer und Ruinen, aber das warme Licht des Spätsommers vergoldete die vertrauten Häuser entlang der Landsberger Straße. Zufrieden drückte er die Stirn gegen die arg verdreckte Scheibe der Trambahn. Jetzt flogen die Fassaden an seinen Augen vorüber wie ein schlechtes Gebiß: Zahn - Lücke - zwei Zähne - Stummel - Lücke und wieder ein Zahn. Die Stadt gab zu, daß sie verletzt war, geschunden, aber sie lebte, und er lebte auch.

Am Hauptbahnhof stieg er aus. Der Brandgeruch zerstörter Häuser legte sich schwer auf den Asphalt. Die Halle war zerbombt, die Züge waren zerstört. Die Trümmer der zusammengestürzten Fassade lagen weit verstreut auf dem Platz. Aber unverzagt wurde aufgeräumt. Es war Freitag abend, und man hoffte, übers Wochenende von weiteren Angriffen verschont zu bleiben.

Langsam schlenderte Berl durch die Trümmer. Er wußte genau, wo er hinwollte: in die Senefelderstraße, zu dem Haus mit der roten Lampe über der schweren Jugendstiltüre. Er kannte dieses Haus von früher, war oft dort gewesen. Und genau wie beim erstenmal plagte ihn das schlechte Gewissen. Immer wieder fragte er sich, warum eigentlich, und nie konnte er eine befriedigende Antwort finden. Es gab doch wirklich keinen Mangel an netten Mädchen, die auch ohne Bezahlung mit ihm ins Bett gehen würden. Aber sie brachten eben nicht diesen unwiderstehlichen Reiz unzüchtiger Bilder in sein verunsichertes Gehirn. Ihnen fehlte die fiebrige Lockung des obszönen Wortes, der geilen Gesten und des tausendfach sündigeren Tuns. Wie Flaubert gesagt hatte: Madame Bovary - c'est moi, hätte er von sich behaupten können: Das Puff bin ich. Denn in seinen Gedanken und Träumen war er immer an die Grenzen der Wollust gegangen, und das in Wirklichkeit zu erleben, war eben nur in solchen Häusern und mit Huren möglich.

Obwohl er das alles ganz genau wußte, war er doch nicht fähig, das Zittern in seinen Händen zu unterbinden. Sein Puls beschleunigte beunruhigend, und seine Gedanken wirbelten durcheinander. Vor dem Hotel Rheinischer Hof mußte er innehalten.

Es gibt Gedanken, die hochsteigen wie die Kohlensäure in einer Sprudelflasche und das ganze Gehirn vernebeln. Und Berl wußte, daß man niemals vor solchen Gedanken sicher war, nicht einmal in den Rauchschwaden einer zerbombten Stadt. Diese Gedanken kommen aus den Urtiefen unserer Triebwelt und stellen uns hinein in ein urweltliches Paradies, zwischen brünstige Stiere und blökende Schafe, zwischen geile Affen und selbstmörderische Lemminge. Die ersten Dinge des Menschen und seine letzten, wer bestimmt hier die Reihenfolge? Der heilige Thomas von Aquin? Sigmund Freud? Die alleinseligmachende Kirche oder das Bordell?

Wahrscheinlich wären Berl all diese Gedanken gar nicht gekommen, wenn nicht das schlechte Gewissen und die zittrigen Hände gewesen wären. Einen echten seelischen Konflikt gab es nicht für ihn. Seine Devise war: alles zu seiner Zeit. Am Sonntag vormittag würde er in die Kirche gehen, jetzt aber war Freitag abend und er war fest entschlossen, sein Leben zu feiern. Lässig grüßte er zwei Offiziere, die anscheinend aus demselben Etablissement kamen, zu dem es ihn hinzog. Kurz blieb er vor der Türe der Verheißung stehen und dachte, hier müßte drüberstehen: Kommt zu mir, die ihr mühselig und beladen seid. Aber kaum hatte er diesen blasphemischen Gedanken zu Ende gedacht, wußte er auch schon, daß die Anhänger der Bergpredigt, die diesen Ausspruch zwar stets auf den Lippen, aber niemals im Herzen hatten, eher an Dante dachten: Laßt alle Hoffnung fahren. Hoffnungsvoll trat er ein und sah sich im schwach beleuchteten Foyer um.

"Können Sie nicht grüßen?" bellte ihn jemand von hinten an.
Automatisch riß Berl seine Hand an die Mütze und drehte sich um.
"Du Arschloch, du Armleuchter, du Rindvieh, mich so zu erschrecken!"
"Wo du ihn schon halb drin hattest!" sagte Bleicher und lachte.
"Mach das nie wieder!" warnte ihn Berl.
"Solche Zufälle gibt's nicht zweimal. Wo kommst du denn her?"
"Direkt aus Rußland."
"Urlaub?" fragte Bleicher, der mit Berl zusammen die Ingenieurschule besucht hatte.
"Ich muß auf einen Lehrgang!"
"Du wirst doch nicht Offizier werden wollen?"
"Genau das", sagte Berl stolz.
"Na ja, das wird das Kriegsende erheblich beschleunigen!"
"Du meist wohl den Endsieg!"
"Ich möchte Dir ungern widersprechen. Aber jetzt muß ich gehen. Ich hab' eine Verabredung in Täbels Guter Stube. Kommst Du nachher auch hin?"
"Ja, natürlich!"
"Dann bis gleich, und mach's gut!"
"Wichtig ist, daß es die Nutte gut macht."
Nachdem Bleicher das Haus verlassen hatte, begann Berl sich umzusehen. Da standen sie also, die käuflichen Menschen, der Abschaum der Menschheit, die gefühlskalten Luder und die geilen Oberhuren, und in gewisser Weise gefielen sie ihm alle. Die kleine Dicke mit dem sanften Gesicht im roten Morgenrock mit Pelzbesatz, die große Blondine im Organzanegligé mit den riesigen Brüsten, die zierliche Rothaarige mit dem hochgeschlitzten Rock und der durchsichtigen Bluse.
Außer Berl stand noch ein älterer Zivilist in dem geräumigen Vestibül mit dem zweiläufigen Treppenhaus, und ein Soldat verhandelte anscheinend über die allgemeinen Geschäftsbedingungen. Ein schwerer Duft von billigem Parfum überlagerte den Verkaufsraum willigen Fleisches. Das zittrige Gefühl in den Beinen ließ langsam nach, und Berl ging in die engere Wahl: die Blonde oder die Rothaarige? Knapp vor der Blonden blieb er stehen und sah ihre großen schwarzen Kuhaugen, die aufgeworfenen, ein wenig spröden, fast rissigen Lippen, die Brüste, dick und fest, so schien es wenigstens, und die stämmigen Beine unter dem durchsichtigen Negligé. Er nickte ihr zu, und sie ging voraus.
Im Zimmer streckte sie die Hand aus und sagte: "Zähn Marki!"

Bedächtig zog Berl einen Zehnmarkschein aus seiner Jackentasche und fragte: "Woher bist du?"

"Aus Polen!" Ohne ihn anzusehen, zog sie sich aus, legte ihre paar Sachen bedächtig auf einen Stuhl und sich selbst dann mit gespreizten Beinen aufs Sofa.

"Nun komm schon!" fauchte sie und begann ihre Brüste zu massieren. Langsam zog Berl sich aus, ohne seine Blicke von der Frau zu wenden. Das waren die Augenblicke, die er am meisten genoß. Diesen Anblick hingestreckter Laszivität, der Wollende und die Willige, und es bedurfte keiner Worte.

Als er das Haus verließ, fühlte er sich in einer ganz eigenartigen Weise schuldig. Das Eingeständnis der eigenen Unzulänglichkeit hatte ihm nie Schwierigkeiten bereitet. Aber nach Möglichkeit war er ihr aus dem Weg gegangen. Nur wenn man gerade aus einem Puff kam, mußte man notgedrungenermaßen zugeben, daß man bei der Bekämpfung der eigenen Schwächen kläglich versagt hatte. Doch sollte man auf all diese kleinen Annehmlichkeiten des Lebens verzichten, nur weil irgendein obskurser Asket behauptet hatte, der Weg ins Himmelreich erfordere den Verzicht?

In Gedanken versunken, ging er die Prielmayerstraße hinauf Richtung Stachus. Zu seiner Linken stand unversehrt das riesige Justizgebäude. Wieder schien es ihm so, als ob bei dieser Art von Einschüchterungsarchitektur das Gefühl für das Recht und das richtige Maß ganz erheblich zu kurz gekommen sei. Auf der ganzen Welt hatte sich die Justiz solch gigantische Paläste errichten lassen, wahrscheinlich nur um mit äußerer Größe die innere Kleinlichkeit und Paragraphenreiterei besser zudecken zu können. Einzig die Tauben kümmerten sich einen Dreck um diese Machtprotzerei und schissen sie voll.

Ein paar Passanten schlichen an ihm vorbei, schäbig bekleidet, mit eingezogenem Kopf, und es schien ihm, als hätten sie alle ein schlechtes Gewissen. Schließlich stand man doch die meiste Zeit mit einem Bein in diesem Gebäude: Schwarzmarkt, Drückebergerei, auch sie war strafbar, Landesverrat und was es noch so alles gab. Auch das zweite Bein stand auf unsicherem Grund und diese unnatürliche Grätsche war weder eine turnerische Höchstleistung noch ein rein geistiges Phänomen, sondern das Ergebnis einer überaus weisen Staatsführung. Dieser totale Krieg hatte eine Reihe von Gesetzen hervorgebracht, die niemand mehr verstand und daher auch nicht einhalten konnte. So lebte man also mit gespreizten Beinen -

honi soit qui mal y pense! - mit eingezogenem Kopf in den Tag hinein. Da schienen Berl selbst die Hunde vernünftiger, denn die behielten die Nase oben und zogen höchstens den Schwanz ein, wenn's gefährlich wurde. Ein Hund weiß, wie nötig in gefährlichen Augenblicken gerade der Kopf ist. Aber im Krieg sind die Männer wie die Kinder: angeberisch und mutig. Und die Frauen? Von ihnen kann man nicht verlangen, daß sie irgend etwas einziehen, schon gar nicht etwas, was sie gar nicht haben. Sie blieben die Opferlämmer. Letzten Endes würden sie die ganze Rechnung bezahlen müssen: für die vielen Gefallenen, die Verkrüppelten, Weggefährten des Leides rund um sie herum. Eine gefährliche Last auf ihren empfindlichen Körpern. Vielleicht aber waren gerade sie die Stärkeren?

Gleich hinterm Stachus befand sich das Stammcafé aus seiner Studienzeit: Täbels Gute Stube. Bleicher war schon da und mit ihm zwei Studentinnen der Kunstakademie. Berl bestellte sich eine Limonade und betrachtete mit großer Zurückhaltung die beiden Mädchen. Er spielte gerne den Schüchternen, denn aus Erfahrung wußte er, daß intelligentere Frauen zurückhaltende Männer bevorzugen. Das Gespräch plätscherte mühsam dahin. Als Berl sagte, daß er am selben Abend noch nach Füssen fahren würde, verabschiedeten sich die beiden Mädchen, was ihm nun plötzlich leid tat.

"Wäre bei denen was gegangen?" fragte er erstaunt.

"Kann sein, kann nicht sein!" konstatierte Bleicher ein wenig vage.

"Na ja, hilft alles nichts; ich muß mich morgen früh in der Kaserne melden."

Bleicher, der bei der Organisation Todt einen gut bezahlten Posten hatte, bezahlte alles und begleitete Berl noch bis zum Bahnhof. Um halb sechs ging der Zug. Berl kaufte sich eine Zeitung und verabschiedete sich dann von Bleicher.

Sämtliche Waggons waren übersetzt, und Berl stand bis Biessenhofen im Gang. Dort stieg er um und bekam nun auch einen Sitzplatz. Mit viel Mühe las er seine Zeitung, denn die Beleuchtung war schlecht und die Federung äußerst unzureichend. Gegen halb neun kam er in Füssen an, und fünf Minuten später stand er in der riesigen Küche seiner Großmutter. Die ganze Familie saß um den Tisch, und während die älteren strickten, spielten die jüngeren "Mensch-ärgere-dich-nicht!" Die unerwartete Ankunft des Helden aus Rußland, der noch keinen Schuß gehört hatte, wurde bejubelt, und ein paar aufgewärmte Krautspatzen krönten den Willkomm.

Die Kemptener Straße war wie ausgestorben, als Berl am anderen Morgen zur Kaserne radelte. Dem Wachposten zeigte er seinen Marschbefehl und schob das Rad die paar Meter bis zum Bataillonsgebäude.

Nach einer telefonischen Rückfrage bei der Kaserne in Kempten stellte sich heraus, daß der Unteroffizierslehrgang erst in etwa 10 Tagen beginnen sollte. Da sich die diensthabenden Unteroffiziere nicht einigen konnten, wo sie den Hereingeschneiten unterbringen sollten, verfielen sie auf die Idee, ihn einfach in Urlaub zu schicken. "Wohin sollen wir Ihren Urlaubsschein ausstellen?" fragte ihn der Mann an der Schreibmaschine.

Da Berl wußte, daß er während des ganzen Lehrgangs in Kempten jederzeit nach Füssen kommen konnte, überlegte er kurz, welche Stadt er gerne besuchen wollte.

"Nach Wien bitte, Herr Unteroffizier."

"Wohnt Ihre Familie dort?"

"Nein, meine Braut!" log Berl und war ganz erstaunt, daß man ihm diese Ausrede gutgläubig abnahm.

Zehn Minuten später war er mit seinem Urlaubsschein und einer Rückfahrkarte nach Wien auf dem Heimweg.

Während er lustig vor sich hin pfeifend in die Pedale trat, überlegte er sich, wie er seiner Mutter und vor allem seiner Großmutter erklären sollte, daß er so kurz nach seiner Heimkehr aus dem Krieg schon wieder wegfahren wollte.

"Sie haben mich als Kurier eingeteilt. Ich muß morgen in aller Frühe nach Wien."

"Also nicht an die Front?" fragte seine Tante, die alles ganz genau wissen mußte.

"Nein, noch ist die Front tausend Kilometer östlich von Wien."

"Na, dann ist`s ja gut!" meinte sie, und die übrigen nickten erleichtert.

Ausnahmsweise verbrachte er so den Abend bei seiner Familie und erzählte ein wenig von Rußland. Da sie ihm nicht glauben wollten, daß er des Nachts öfters Wölfe hatte heulen hören, spielte er den Beleidigten und stellte seinen Bericht ein. Die weiblichen Familienmitglieder kehrten stricknadelklappernd zu ihren häuslichen Problemen zurück. Nur sein jüngerer Bruder nervte ihn mit gezielten Fragen nach Frontverlauf und geographischen Details. Sie nahmen in der Realschule gerade Rußland durch, und auf keinen Fall wollte er sich eine Unterweisung aus erster Hand entgehen lassen. Am meisten überraschte den zehnjährigen Bruder die Tatsache, daß hinter der Front noch Russen wohnten, die mit den Deutschen ganz gut auskamen.

"Ich glaube, du bindest mir da einen Bären auf!" meinte er immer wieder.

"Das nächste Mal fährst du einfach mit, dann wirst du schon sehen, daß es stimmt!"

Gegen zehn Uhr gingen alle ins Bett, und um 6 Uhr 30 fuhr Berl mit dem Zug über München nach Wien. Es war schon dunkel, als er im Westbahnhof aus dem Zug stieg, und ein wenig kreuzlahm trottete er hinter einer Gruppe Soldaten her, die von einem Bahnpolizisten zum Soldatenheim in der Hütteldorfer Straße geleitet wurden. In Erwartung der kommenden Ereignisse schlief Berl schnell ein.

Nach dem Frühstück deponierte er seinen Wäschebeutel bei der Heimleitung und machte sich auf den Weg. Die Mariahilfer Straße war in ein diesiges Licht gehüllt. Der Tag würde schön werden. In einer Buchhandlung kaufte sich Berl einen Stadtführer mit einem Übersichtsplan 1:25.000. Am Ring angekommen, erhoben sich zu seiner Linken die großen Museen und in ihrer Mitte das Denkmal der Kaiserin Maria Theresia. Langsam umrundete er den schweren Marmorsockel, auf dem Kaspar von Zumbusch das ganze adelige Gesindel versammelt hatte: die Feldherrn Daun, Laudon, Traun und Klevenhüller zu Pferde, wie sich's gehört. Dazwischen die Infanteristen zu Fuß, aber nicht weniger adelig: Fürst Kaunitz, Fürst Liechtenstein, Graf Haugwitz und der kaiserliche Leibarzt, Dr. van Swieten. Über dieser wichtigtuerischen Versammlung thronte die Kaiserin: dick und behäbig, jedoch nicht ohne eine gewisse Würde. Ganz automatisch und ohne Scheu vor dem hohen Stand der Dame begann Berls inneres Auge das majestätische Frauenzimmer auszuziehen. Genüßlich zündete er sich eine Zigarette an, und während er den Rauch durch beide Nasenlöcher in die lauwarme Morgenluft drückte, vertiefte er sich in die gewichtige Anatomie der Spätvierzigerin: ein riesiger Busen von 16 säugenden Kindern verunstaltet, darunter ein dicker, runzeliger Bauch. Das schwammige Fleisch der gewaltigen Schenkel quoll kraftlos über den Sesselrand. Schnell zog er sie wieder an und konzentrierte sich auf das hübsche Gesicht und die sanfte Rundung der Schultern. Auch die Arme waren ebenmäßig und von straffer Schönheit. Wie war sie wohl in Wirklichkeit gewesen, ohne die ästhetischen Zutaten des Herrn von Zumbusch? Wie hatte sie sich gefühlt, als der große Fritz in Schlesien einfiel? Sie sei gerne geritten und bei 16 Kindern zweifellos auch gern geritten worden, sagt man. Was so eine Frau alles durchgemacht hat. 5 Jungen und 11 Mädchen, davon sollen vier in ihren Wiegen erfroren sein, weil man die Schlösser damals nicht richtig heizen konnte. Wie viele zigtausend Menschen mußten für ihre dynastischen Vorstellungen ins Gras beißen? Es hatte nicht viel Sinn, über all das nachzudenken, denn die Menschheit hatte ja nichts aus all dem gelernt.

Ohne großes Wohlwollen betrachtete Berl die gewaltigen Museumsbauten, die Hasenauer und Semper eher protzig als stilvoll vor die Hofstallungen des Fischer von Erlach aufgetürmt hatten. Da die Kunsthistorischen Sammlungen geschlossen waren, ging Berl zurück zum Ring, überquerte die breite Straße und betrat das äußere Burgtor, das schon 1934 in ein Heldenmal verwandelt worden war. Im Ruhmesraum lag "die mächtige Figur eines Soldaten in voller Ausrüstung, der seinen steinernen Todesschlaf schläft, gebettet!" So jedenfalls stand es im Kleinen Führer für Einheimische und Fremde, und der Fremde wendete sich mit Grauen. Sie würden dieses Denkmal noch gut gebrauchen können, mit neuen, erweiterten Namenstafeln, für all die Toten, die in diesem Krieg noch fallen würden. Warum hatten sich diese Arschlöcher 1938 nicht der Schweiz angeschlossen? Jetzt könnten sie den großdeutschen Heldentod sterben. Ganz sicher würde man auch hier in den Schulen die Briefe von Helden verlesen.

Während er nachdenklich auf die elegante Fassade der alten Hofburg zuging, überholte ihn ein Offizier in der schwarzen Uniform der Panzersoldaten. Als dieser sich ihm zuwandte und nach dem Weg zum Stephansdom fragte, bemerkte Berl das Ritterkreuz an seinem Hals. Mit großer Hochachtung in der Stimme erklärte ihm Berl anhand der Karte den Weg und wunderte sich anschließend, daß auch er dem Heldenmythos Tribut leistete. Es liefen doch wirklich mehr als genug Idioten herum, die bereit waren, für dieses Stück Blech ihr Leben aufs Spiel zu setzen. Je länger der Krieg dauerte, um so mehr Helden gab es, und auch die Orden wurden immer zahlreicher und pompöser: Ritterkreuz mit Eichenlaub, mit Schwerten, mit Brillanten und mit allen drei auf einmal. Ganze Eichenwälder hätte man abholzen müssen, um all die Auszeichnungen zu schmücken, aber diese Orden waren schließlich nur aus Blech und welkten nicht. Berl war nicht versessen auf Orden, denn er war nicht bereit, in irgendeiner Situation den Helden zu spielen. Natürlich mußte man dabeisein, denn sie ließen einen ja nicht heraus aus diesem Schlamassel, und da war es besser, Hammer zu sein als Amboß. Er war kein schwerer Vorschlaghammer, und unter seinen Schlägen ging auch kein Amboß entzwei. Sein Schwert hieß auch nicht Balmung. Aber hier stand wieder ein ganz Großer: der unvermeidliche Prinz Eugen.

War dieser Mann ein Held gewesen oder ein vom Glück begünstigter Scharlatan? Aus verletzter Eitelkeit, weil ihn Frankreichs König nicht haben wollte, verdingte er sich bei den Österreichern. Dieser kleine, häßliche Zwerg mit der großen Nase, le petit abbé, der die Frauen nicht mochte. Mißtrauisch betrachtete Berl den stolzen Reiter, dessen Pferd eine elegante Levade geschickt ausbalancierte. Wie konnte so einer ein Held werden? Dieser Türkenbesieger, der nie eine Frau besiegt hatte. Angewidert drehte sich Berl ab und überquerte rasch den inneren Hof. Er hatte plötzlich genug von den heroischen Zeugnissen einer großen Vergangenheit, die nur ein paar Mächtigen genutzt, dem kleinen Mann aber so viel Not und Leid bereitet hatte.

Auf dem Kohlmarkt erspähte er das erste Mädchen, nach dem es lohnte sich umzudrehen. Sie war blond, der Rock sehr kurz und die Beine leicht geschwungen. Knabenhaft, sehr sportlich, tänzelte sie an ihm vorüber, ohne ihn eines Blickes zu würdigen. "Ziege", maulte er ihr nach, und von hinten war sie schon nicht mehr so anziehend: keine Taille. Wo waren sie, die hübschen Wienerinnen?

Am Graben widmete er sich wieder der Kunst und betrachtete eingehend die bizarre Konstruktion der Pestsäule. Auch der liebe Gott hatte es nicht immer gut gemeint mit seinen Schäfchen.

Am Leopoldsbrunnen vorbei, kam er endlich zum Stephansplatz, und der riesige Dom ragte majestätisch in den blaßblauen Himmel. Welch ein Wahnsinn: ein solches Riesenwerk ausschließlich zu Ehren Gottes. Diese Leute schienen tatsächlich nicht die geringsten Zweifel an seiner Existenz gehabt zu haben. Was für fanatische Spinner mußten diese Menschen damals gewesen sein. Voller Erwartung betrat er das riesige Kirchenschiff.

Der Modergeruch muffiger Kälte, überlagert von abgestandenem Weihrauch, schlug ihm entgegen und brachte ihn zum Frösteln. Andächtig, leicht gebeugt, schritt er hinein in das mystische Halbdunkel. Neidlos erkannte er die grandiose Leistung dieser mittelalterlichen Steinmetze an. Obwohl er beileibe kein wirklich religiöser

Mensch war, erkannte er besonders in solchen Kulträumen, daß die Schönheit kein unabhängiger Wert an sich war, sondern immer nur die Ausstrahlung der jeweils dargestellten Wahrheit. Und die Existenz Gottes war eben solch eine unumstößliche Wahrheit, die den Menschen herausriß aus der Dumpfheit seiner fragwürdigen Existenz und hinaufführte in die Lichterwelt himmlischer Paradiese. In der kleinen Halle des Nordturms blickte ihn der geplagte Schmerzensmann, den sie hier den Zahnwehherrgott nannten, ein wenig wehleidig und sehr gelangweilt an. Als Berl sich schmunzelnd umwandte, sah er sie.

In einem dünnen Organzakleid, das sicher schon bessere Zeiten gesehen hatte und das ihre fülligen Formen mehr zeigte, als verhüllte, stand sie mit gefalteten Händen und leicht vorgeneigtem Kopf, in inbrünstigem Gebet versunken, vor der Dienstbotenmadonna. Berl näherte sich bedächtig, zog einen flachen Halbkreis um sie und blieb unter Pilgrams grandioser Kanzel stehen. Der kalte Stein über ihm hatte plötzlich alle Faszination verloren angesichts dieses fleischgewordenen Wunderwerks sinnlichster Wollust. Bedenkenlos verließ er die hehre Gedankenwelt geometrischer Akkorde und architektonischer Harmonien und versank augenblicklich in der wohligen Wärme belebter Ästhetik. Obwohl sich sein geschultes Auge eher an grazilen Kindfrauen begeistern konnte, war er immer wieder in den Abgründen seiner Seele getroffen, wenn ein zwar etwas überdimensioniertes, aber gut proportioniertes Denkmal weiblicher Sinnlichkeit ihn optisch zu überwältigen drohte.

Der Übergang von den Schenkeln zur Hüfte und die weiche Einbuchtung der Taille ließen ihn an die Hinterteile schwerer brabanter Kaltblutpferde denken, die sein Großvater mit liebevollem Stolz vor seinen Bierwagen gespannt hatte. Sofort fiel ihm auch wieder die längst vergessen geglaubte kavalleristische Terminologie ein, und in veterinärmäßiger Präzision stellte er eine gewisse kuhhessige Hinterhand fest. Aufgrund der schlanken Fesseln sprach der untere Teil für eine bestechende Bewegungsergiebigkeit, die einen nicht unerheblichen warmblütigen Einschlag vermuten ließ. Mit großer Erregung betrachtete er ihr Profil, das plötzlich eine gewisse Ähnlichkeit mit dem der dicken Kaiserin aufwies.

Langsam hob sie ihren Kopf und blickte vorsichtig um sich, so als habe sie seine musternden Blicke gespürt. Nur den Bruchteil einer Sekunde trafen sich ihre Augen, dann senkte sie wieder den Kopf, und an dem karpfenartigen Auf und Zu ihrer Lippen erkannte er, daß sie ihr Gebet fortgesetzt hatte.

Zwei Minuten später schlug sie das Kreuz, drehte sich um und ging an ihm vorbei zum Ausgang. Sie würdigte ihn keines Blickes, aber der Saum ihres Kleides berührte sein linkes Hosenbein. Er war elektrisiert.

Als ihre Silhouette in der gleißenden Öffnung des Domportals auftauchte, bestätigte die wiegende Rhythmik ihres Untergestells seine Vermutung, daß in dieser barocken Gestalt eine virtuose Beweglichkeit verborgen war, die ein unerhört sinnliches Vergnügen versprach. Berl verlor jegliches Interesse an Architektur und folgte ihr ins Freie.

Nachdem sich seine Augen wieder an das strahlende Tageslicht gewöhnt hatten, sah er sie ganz gemächlich in Richtung Rotenturmstraße davonschlendern. Mit leicht beschleunigtem Schritt folgte er ihr, und das Klappern ihrer Sandalen entzückte sein Ohr. Genau vor Gutenbergs Denkmal hatte er sie eingeholt.

"Verzeihen Sie bitte, wo ist hier das Griechenbeisl?" fragte er scheinheilig.

Sie drehte sich ihm zu und sah ihm voll in die Augen.

Er hatte sich nie sehr für die Augen einer Frau interessiert. Sie spielten eine untergeordnete Rolle bei der Aufzählung der Kriterien, die eine Frau für ihn begehrenswert machten. Der schmachtende Blick mancher Mädchen machte ihn verlegen. Die Augenfarbe war absolute Nebensache. aber das hier war was anderes.

Hellblau und durchsichtig wie ein Gebirgssee, hätte Ganghofer sicher gesagt. Man war versucht, weiter hineinzusehen, auf den Grund, aber da war kein Grund, es ging nicht weiter, es war, als ob die Tiefe dieses Sees aus einer hellblauen Glasplatte bestünde und dahinter nichts als hellblaue Glasplatten, ohne Ende. Verlegen wandte sie ihren Blick in die Richtung, in die ihr ausgestreckter Arm deutete.

"Gleich hier runter, am Fleischmarkt rechts zur griechisch-orientalischen Kirche. Davor ist dann schon das Griechenbeisl. Sie können's gar nicht verfehlen."

Mit großer Genugtuung vernahm er ihren warmen Singsang, und an der rechten Hand bemerkte er den doppelten Ring. Blitzartig folgerte sein Gehirn: Kriegerwitwe! Damit war alles klar, die Marschrichtung war gegeben, wer sollte ihn jetzt noch aufhalten? Schnell sah er auf seine Armbanduhr.

"Fünf vor elf", konstatierte er, "wie wär's mit einem kleinen Frühschoppen?"

"Im Griechenbeisl?" fragte sie erstaunt.

"Warum nicht?"

"Weil dort nur die Großkopferten was kriegen."

"Wüßten Sie was Besseres?"

"Wo denken's hin, ich kann doch schlecht in meinem Viertel mit am fremden Mann in a Lokal gehn!"

"Es muß ja nicht hier sein. Mit Ihnen geh' ich überall hin!" Er lachte sie an.

"Auf der anderen Donauseite, beim Urania, gibt's a nettes Lokal."

"Sie würden mir ein großes Vergnügen bereiten, wenn ich Sie einladen dürfte."

"Gut, einverstanden, gehn mer!"

Berl ließ sie an sich vorbei, um an ihre linke Seite zu kommen. Wie ein Matador in einer "pase natural" streifte sein linker Handrücken ihr fabelhaftes Hinterteil, und sie wich ihm nicht aus. In vollendeter Natürlichkeit, ohne jede Verrenkung, glitt sie an ihm vorüber, wobei sie ihm nochmals prüfend in die Augen sah. Anscheinend war sie zufriedengestellt, denn während er seine Position zu ihrer Linken bezog, huschte ein feines Lächeln über ihre dünnen Lippen. Genau, die Lippen waren etwas dünn geraten, die Oberlippe war fast nur ein Strich, aber es fehlte auch jegliches Make-up. Gleichwohl hätten ihn diese Lippen warnen sollen. Aber er war schon zu sehr verstrickt, fest entschlossen, sie zu erobern. Die Kugel war noch im Lauf, aber der Abzug war schon gelöst, es gab kein Zurück mehr. Als sie die Schwedenbrücke überquerten, wußte er bereits, daß sie aus Graz stammte, daß der Mann im vorigen November am Kuban gefallen war, daß er Kellner gewesen und immer spät nach Hause gekommen war und sie sehr vernachlässigt habe. 1941 war er eingezogen worden, zur Feldartillerie, und jetzt war sie Witwe, mit 23 Jahren schon Witwe. Sie brauchte nicht zu arbeiten, meinte sie, da die Mutter ihres Mannes, bei der sie auch wohne, pflegebedürftig sei. Ob er sich das vorstellen könne; immer diese kranke Frau um sich herum. Manchmal komme sie schier um vor Langeweile. Seit Krieg sei, wäre auch in der Stadt nichts mehr los: kein Heuriger mehr, kein Tanz, kein Standkonzert, kein gar nix!

Das Lokal lag in der Glockengasse und war ganz leer. Ein alter Mann lehnte an der Theke und döste vor sich hin. Es war der Kellner.

Berl führte die junge Frau an einen kleinen Tisch in der Ecke und stellte sich vor. "Ich heiße Poldi", sagte sie und setzte sich. Sie bestellte beim Kellner zwei Gespritzte, und tatsächlich schien auch noch ein Spritzer Wein in das lauwarme Mineralwasser geraten zu sein. Das Gespräch war recht angenehm.

Poldi erzählte von Graz, von ihrer Jugend in der sonnenwarmen Steiermark, und wenn sie sich nach Wien verirrte, klang die Langeweile durch. Berl ließ sie reden und überlegte sich, wie er die Sache weiter vorantreiben sollte. Das Mädchen schien unkompliziert, und verheiratet war sie auch schon gewesen, das ersparte eine ganze Menge Überzeugungsarbeit. Die Frage war nur: schon heute oder erst morgen?

Im Laufe des Gespräches stellte sich heraus, daß die Schwiegermutter versorgt und sie daher ganz ungebunden war. Also trank man aus und fuhr zum Kahlenberg. Dort bekamen sie zwei Semmeln mit Leberstreichwurst und wieder einen Gespritzten.

Sie saßen im Freien, und die Sonne brannte schonungslos auf sie herab. Sonnenschirme gab es nicht. Nach dem Essen verzogen sie sich rasch in den schattigen Wald und legten sich ins Gras.

Sie küßte saumäßig. Krampfhaft biß sie auf ihre kleinen Zähne, damit er nur ja nicht ihre Zunge berührte. Das möge sie nicht, versicherte sie. Ihre Gespräche wurden dünner, und nach einer längeren Pause drängte er zum Heimweg. Er habe ja noch kein Zimmer, erklärte er ihr, und da dürfe er nicht zu spät dran sein, sonst bekäme er sicher keines mehr.

Wenn er brav sei, könne er in ihrem Wohnzimmer auf dem Sofa schlafen.

Das war ein Angebot, das man nicht ablehnen konnte.

Am späten Nachmittag waren sie wieder in der Stadt. Poldi wohnte hinter der Dominikanerkirche, in der Barbaragasse, in einem alten, schmalen Mietshaus im Stil der neunziger Jahre mit einem zweiflügeligen, massiven Eichentor. Von der Durchfahrt führte ein enges Treppenhaus mit ausgetretenen Steinstufen nach oben. Durch einen langen, gekachelten Gang gelangten sie zu einer Glastüre, auf deren Porzellanschild "Wondracek" stand.

"Da wohnt meine Schwiegermutter", flüsterte sie.

Zehn Meter weiter kam die nächste Glastüre, und da stand "Wondracek jr.".

Das war ihre Wohnung. Leise sperrte sie auf. Der Gang setzte sich fort und Berl schüttelte den Kopf über diese unverständliche Vergeudung von Wohnraum. Zwei grau lackierte Türen führten zu den

Zimmern, und sie betraten durch die zweite einen kleinen Wohnraum. Ein kurzer Rundblick genügte, um die genormte Bürgerlichkeit aufnehmen zu können: 1 Sofa, 1 runder Tisch mit Glasplatte und Häkeldecke, 2 Polstersessel mit geschnitzten Armlehnen, 1 Vitrine, 1 Blumentisch ohne Blumen, 1 emaillierter Ofen und 1Schranknähmaschine. Über dem Sofa hing eine Gebirgslandschaft in Öl, links und rechts von der Vitrine zierten zwei Armleuchter mit imitierten Kerzenlampen die schon etwas schäbige Jugendstiltapete. An den beiden sehr hohen Fenstern hingen verwaschene Wolkengardinen und davor rote Plüschvorhänge, die Poldi sofort zuzog. Niemand aus der Nachbarschaft sollte sehen können, daß sie Besuch hatte. Dann öffnete sie die Vitrine, stellte zwei Gläser auf den Tisch und schenkte aus einer Flasche Slibowitz ein.

"Willkommen in meinem Reich!" sagte sie mit einer großartigen Handbewegung. Sie stießen an, und während Berl vorsichtig nippte, warf sie den Kopf in den Nacken und trank mit einem Schluck aus. Mit dem Handrücken wischte sie ihren Mund ab und ließ sich aufs Sofa fallen. Berl setzte sich zu ihr und streichelte sanft ihren Oberschenkel. Sie ließ sich das anstandslos befallen und erzählte ihm mit gedämpfter Stimme von den Schwierigkeiten, die sie mit ihrer Schwiegermutter wegen gelegentlicher Herrenbesuche hatte.

"Man kann sich doch mit 23 noch nicht einmauern lassen", sagte sie und Berl nickte zustimmend. Seine Streicheleinheiten wurden gefühlvoller. "Hast du noch Hunger?" fragte sie. Berl verneinte. "Ich auch nicht", sagte sie, wobei ihr Handteller vorwurfsvoll auf ihren Bauch klopfte. "Ich bin eh schon zu dick!" gestand sie und blickte Berl herausfordern an, so als erwarte sie seinen entschiedenen Protest.

"Ich finde nicht, daß du zu dick bist", entgegnete er und nach einer kleinen Pause fügte er hinzu: "Ich mag Frauen, die gut gewachsen sind." Fast hätte er gesagt: "Durchwachsen!

Beifällig nickte sie mit dem Kopf und räkelte sich tiefer in ihr Sofa. Leicht öffnete sie ihre Schenkel, und Berls Hand glitt unter ihren Rock. "Du hast versprochen brav zu sein", wehrte sie ihn ab, und er sagte: "Ich hab' zwar nichts versprochen, aber dein Wunsch ist mir Befehl!" Er zog seine Hand zurück und begann sie zu küssen. Da sie aber immer noch nicht bereit war, ihre Zähne auseinander zu nehmen, erlahmten seine Bemühungen. Aufseufzend ließ er sich in seine Sofaecke zurückfallen.

Nun schien ihr Ehrgeiz geweckt. Mit dem vollen Gewicht ihres mas-

siven Körpers warf sie sich auf ihn, und während sie seinen Kopf in beiden Händen festhielt, drückte sie in wildem Stakkato ihre dünnen Lippen auf seinen Mund. Kurz und hektisch wie ein Maschinengewehr mit Ladehemmung, dachte er. Ein paarmal versuchte er ihrem wilden Treiben Einhalt zu gebieten, aber sie agierte wie im Rausch, nur war Berl nicht klar, welche Art von Verzückung zu solch konvulsiven Reaktionen führen konnte. Erschöpft hielt sie nach einigen Minuten inne und sah ihn verwundert an. Was erwartete sie von ihm? "Ich geh' jetzt schlafen!" sagte sie und stand auf. "Ich bin todmüde!" Sie streifte die Sandalen von den Füßen, ließ sie achtlos liegen und verschwand durch die kleine Verbindungstüre in ihrem Schlafzimmer. Kurz darauf kam sie zurück und warf eine Wolldecke und ein Kopfkissen ziemlich lieblos auf das Sofa. "Das ist für dich!" murmelte sie und verschwand wieder in ihrem Zimmer, ohne die Türe zu schließen. Das war für Berl eine offensichtliche Aufforderung ihr zu folgen. Vorsichtig betrat er das kleine Schlafzimmer. Zwei stabile Betten mit geschwungenen Kopfteilen, ein dreiteiliger Kleiderschrank, eine Waschkommode mit Waschschüssel und Henkelkrug sowie zwei barocke Nachtkastl mit Marmorplatte nahm er flüchtig wahr, während Poldi sich auszog. Das war der Vorteil bei den verheirateten Frauen, die kannten keine falsche Scham.
Interessiert schaute Berl ihr zu. Das Kleid wurde vorsichtig über einen Bügel gehängt und im Schrank verstaut. Dann zog sie den Unterrock über den Kopf und stopfte ihn in eine Schublade der Kommode. Das Öffnen des Büstenhalters bereitete ihr einige Schwierigkeiten, aber schließlich hatte sie es geschafft und aufatmend warf sie ihn aufs zweite Bett. Sie hatte schöne Brüste, die sich ohne den bisherigen Halt kaum senkten. Unter dem Kopfkissen holte sie ein langes Nachthemd aus aufgerauhter Baumwolle mit kleinen blauen Blumen hervor und schlüpfte hinein. Gleichzeitig entledigte sie sich dabei ihres Höschens. Eine gewisse Scham vor den letzten Dingen war also doch noch festzustellen.
Auf den Zehenspitzen kam sie auf ihn zu, drückte ihm einen ihrer gefühllosen Küsse auf den Mund und sprang ins Bett.
Sie war also eine von den Damen, die sich unter gar keinen Umständen schon am ersten Tag hingaben, dachte Berl. Nun gut. Sie lief ihm ja nicht davon.
Resigniert verließ er ihr Zimmer und schloß die Türe. In der Vitrine bemerkte er ein einziges zerzaustes Büchlein, und da es erst acht Uhr

war, nahm er es heraus und begann zu lesen: "Kara Mustafa vor Wien." Diese abgegriffene Broschüre hatte es ihm angetan, weil auf dem Titelblatt eine schwülstige Radierung den Großwesir zeigte, wie er in Kissen versunken unter einem herrlichen Zelt saß und auf seine vor ihm kriechenden Untertanen hinabsah. Das erinnerte ein wenig an Karl May, und er glaubte, daß genau das die richtige Lektüre für einen abgewiesenen Liebhaber sein müßte. Er zog sich aus, kroch unter seine Wolldecke und begann eine Geschichte zu lesen, die seine Einstellung zum Krieg ganz erheblich beeinflußte. Nur noch Tolstois "Krieg und Frieden" sollte später dazu beitragen, daß sein Patriotismus endgültig bei Null anlangte.

Diese Türken also, die eh schon ein riesiges Reich beherrschten, hatten schon lange ein Auge auf die prächtige Stadt Wien geworfen. Ungarn gehörte ihnen schon, und der Beglerbegi von Ofen, Wesir Ibrahim Pascha, früher hatte er noch auf gut ungarisch Koca Arnaut geheißen, redete dem Sultan Ahmed III. ein, daß es Zeit sei, sich neuen Zielen zuzuwenden. Die Stadt Wien sei gerade jetzt ganz leicht einzunehmen, weil ihr Verteidiger, Feldmarschall Graf Starhemberg, erst vor kurzem gegen die Schweden eine ganz lausige Figur abgegeben habe.

Der Sultan, ganz gierig auf reiche Beute, vor allem auf neue, junge Frauen für seinen Harem, in dem sich schon mehr als hundert Gemahlinnen um seine Gunst stritten, sandte daraufhin seinen Großwesir Kara Mustafa mit einem großen Heer vor die Stadt, um sie zu belagern und einzunehmen.

Berl legte das Büchlein weg, zündete sich eine Zigarette an und überlegte. Natürlich hatte man das schon in "Geschichte" gelernt. Die Eroberung von Städten war mit Jahreszahlen verbunden gewesen, aber nie mit den Schicksalen von Tausenden von Familien. Man hatte sie alle auswendig heruntergeschnurrt, die punischen, die germanischen, die römischen, die griechischen, die persischen, die schlesischen, die zehn-, zwanzig- und dreißigjährigen Kriege, und man hatte sich nichts dabei gedacht. Auch der 1. Weltkrieg war schon Geschichte gewesen, obwohl der Großvater noch dabeigewesen war und manchmal davon geredet hatte. Und jetzt gab es schon wieder einen Krieg, und diesmal war er selbst betroffen. Er hatte sie gesehen, die zerstörten Städte und die trauernden Menschen, er hatte mit ihnen gezittert und manchmal auch geweint. Jetzt war alles ganz anders, aber die Hilflosigkeit war die gleiche geblieben. Obwohl er alles wußte über die Sinnlosigkeit dieser Kriege, mußte er den Krieg hinnehmen, wie er war, und sein ohnmächtiger Zorn über die Hirnrissigkeit von ein paar machtbesessenen Wahnsinnigen verpuffte wie der Rauch seiner Zigarette. Verbittert las er weiter.

Obwohl die türkische Artillerie sehr schwach war, hatte der Hosenscheißer Starhemberg die Stadt schon verloren gegeben, als gerade noch rechtzeitig der Polenkönig Sobieski mit den Hermanen von Litauen zu Hilfe kam und den Großwesir mit seinen blutrünstigen Eroberern vertrieb.

So viel hatte Berl über diesen fernen Krieg auch schon in der Schule gehört, aber nun ging Kara Mustafa ins Detail, und das war es, was er hören wollte. Der Krieg begann also mit dem Ausstecken der großherrlichen Roßschweife gegen Ungarn und der gnadenlosen Vernichtung aller Städte und Dörfer auf dem Weg zum ersehnten Ziel. Ob sich dieser Koca Arnaut alias Ibrahim Pascha wirklich vorgestellt hatte, welches Ausmaß an Blut und Tränen er mit seinem leichtsinnigen Vorschlag über Tausende von unschuldigen Menschen bringen würde? Warum mußte dieser Sultan Ahmed III. sein riesiges Reich unbedingt noch um Wien erweitern? Was ging in den Köpfen solcher Ungeheuer vor sich?

Während sich Berl noch eine Zigarette anzündete, schweiften seine Gedanken ab und landeten bei Hitler. Warum mußte der auch noch Rußland überfallen, wo er doch aus der Geschichte hätte gelernt haben müssen, daß ein so riesiges Land nicht zu erobern war. Warum stellte er nicht wenigstens jetzt die Kampfhandlungen ein und bat um Frieden? Auch wenn die materiellen Bedingungen noch so hart sein würden, Millionen von Menschenleben würden geschont werden. Aber das ganze Grübeln führte zu nichts, es war besser weiterzulesen.

Nach unendlichen Greueltaten war man also am Dienstag, den 13. Juli 1683, in Schwechat angekommen, besichtigte die Festung und überlegte, wo man die Laufgräben anlegen wollte. Die beherzten Streiter des Islams überraschten sogleich die unvorsichtigen Verteidiger und erschlugen an die achthundert Ungläubige, die sie verachtungsvoll Giauren nannten.

Als bedingungsloser Anhänger Karl Mays wußte Berl, daß die Levantiner und Araber im Umgang mit Zahlen eine gewisse Großzügigkeit an den Tag zu legen pflegten. Er strich also eine Null ab und gab sich mit achtzig Erschlagenen zufrieden. Selbst diese Zahl war noch ganz unverständlich, denn die Bewacher der Stadt wußten doch, daß ein Angriff bevorstand. Warum dann dieser Leichtsinn? Dem Großwesir wurden sogleich 150 Köpfe und fünfzig Gefangene vorgeführt. Was hatten sie mit den anderen sechshundert Köpfen gemacht? Seine Zweifel an den Zahlen waren also durchaus berechtigt gewesen.

Im Angesicht der Festung wurde dann die Zeltburg des Großwesirs errichtet, und nachdem er eine Stunde geruht hatte, erteilte er seine Befehle. Während er dies tat, wurden immer wieder Gefangene vorgeführt, die auf der Stelle geköpft wurden. Nachdem alles auf das sorgfältigste eingeteilt war, wurden drei mittlere und vier große Ehrengewänder an die Könige von Siebenbürgen, Ungarn und der Kukuruzzen sowie an die ungarischen Magnaten Zrinyi, Rakoczy, Batthyanyi und Draskovich verteilt. Für ein paar lumpige Seidengewänder hatten diese Herren Tausende ihrer Untertanen herbeigeschleppt und ließen sie für die geplante Erweiterung des Harems verbluten.

Erschöpft schloß Berl das Büchlein und drehte das Licht aus. Länger als eine Stunde wälzte er sich von einer Seite auf die andere, ehe er endlich einschlief. In dieser Nacht irrten kopflose türkische Heere durch seine Träume.

Am anderen Tag wurde er von Poldi geweckt. Er hatte nicht gehört, wie sie leise durch den kleinen Salon in ihre Küche geschlichen war. Jedenfalls war der Kaffee schon fertig, und in der Küche war der Tisch gedeckt. Ziemlich lieblos standen zwei irdene Töpfchen auf dem Wachstuch, und in einem emaillierten Blechkorb lagen zwei Scheiben Schwarzbrot. Auf einem kleinen Teller verlor sich eine winzige Portion Apfelgelee. Berl war nicht verwöhnt. Der Kaffee war wenigstens heiß, und er dachte: "Hauptsache etwas warmes im Bauch!" Ob sie das auch dachte? Mit Sicherheit nicht so, wie er mit solchen Zweideutigkeiten umzugehen bereit war.

Sie war nicht gesprächig, und er respektierte ihr Schweigen. Nachdem sie alles abgeräumt hatte, sah sie ihn fragend an.

"Ich möchte mir gerne die Stadt ein wenig anschauen. Kommst du mit?"

"Nein, tut mir leid. Ich muß mi um mei Schwiegermutter kümmern und die Wohnung in Ordnung bringen. Des verstehst schon?"

"Ja, natürlich. Aber vielleicht nachmittags?"

"Da scho eher!"

"Also gut, ich bin um zwei Uhr wieder da und hol dich ab!"

Sie war einverstanden und schob ihn ohne großes Abschiedszeremoniell aus der Wohnung. Berl ging hinunter auf die Straße und orientierte sich in seinem Stadtplan. Zuerst wollte er in den Stadtpark, dann die Ringstraßen mit den vielen Palais besichtigen, anschließend zur Karlskirche, zur Staatsoper, zum Parlament und zum Burgtheater. Dann über den Schottenring hinunter an die Donau, wo er etwas essen wollte, bevor er zu Poldi zurückkehrte.

Befriedigt über seinen Plan, setzte er sich in Bewegung, und da er an allem etwas auszusetzen hatte, wußte er, daß seine Affäre mit Poldi bis jetzt nicht sehr gut gelaufen war. Und er hatte das ungute Gefühl, daß es auch weiterhin Komplikationen geben würde. Mißmutig verließ er den Stadtpark, in dem ihm die dandyhafte Figur des Walzerkönigs und vor allem die kitschige Jugendstilumrahmung aus weißem Marmor besonders mißfallen hatte. Die beiden gigantischen Säulen mit dem Leben des Heiligen Karl Borromäus gehörten seiner Meinung nach eher ins Form Romanum als vor diese Barockkirche. Die Staatsoper war mit Sandsäcken verpflastert, und im Parlament mit seiner pompösen griechischen Fassade hatten die Nazis ihr Gauhaus untergebracht. Allein das Mädchen aus weißem Marmor, das zu Füßen der Pallas Athene saß, gefiel ihm ohne Einschränkung; es hatte wunderschöne Brüste und herrliche Schultern.

Gegen Mittag folgte er dem Schottenring und kehrte in der Neutorgasse in ein kleines Beisl ein. Auf Marken bekam er dort ein vorzügliches Lüngerl mit Salzkartoffeln und ein Glas Dünnbier. Über den Franz-Josephs-Kai kehrte er zu Poldis Haus zurück, wo er kurz vor zwei eintraf.

Sie stand schon unten im Torbogen und sah ihn vorwurfsvoll an.
"Es ist noch nicht ganz zwei!" sagte er entschuldigend. "Wartest schon lang?"
"Na, i bin grad runter", sagte sie und schob ihn zurück aufs Trottoir.
"Wohin gehn wir?" fragte er sie.
"Wohin d' willst!" sagte sie ein wenig schnippisch, wie ihm schien.
"Ich möchte gern zum Oberen Belvedere!" schlug er vor.
"Gut, dann fahr mehr zerst zum Schwarzenberg Platz, und dann gehn mer durch den Park zum Schloß, einverstanden?"
Berl hatte nichts dagegen, da sie sich sicher besser auskannte als er. Zielsicher führte sie ihn zum Stubenring, und dort bestiegen sie die Straßenbahn. Sie war fast leer, und so setzten sie sich beide nebeneinander, und Berl hatte genügend Zeit sie anzusehen.
Sie schien ein wenig verändert. Sie trug einen geblümten Leinen-

rock und eine gelbe Baumwollbluse. Das Haar hatte sie hochgesteckt, was ihrem Gesicht mit den dünnen Lippen eine gefährliche Härte verlieh. Vorsichtig suchte er ihre Hand, die sie sofort heftig zu drücken begann. Er wurde nicht schlau aus ihr. Was wollte sie nun eigentlich? Unter seinem Handrücken fühlte er ihren muskulösen Schenkel. Traumverloren sah sie durch die staubigen Scheiben auf die vorbeihuschenden Häuser. Woran dachte sie?

Am Schwarzenberger Platz stiegen sie aus und betraten Hand in Hand den Park.

"Wir haben uns heute noch gar nicht geküßt", bemerkte Berl, nur um etwas zu sagen.

"Muß das sein?" fragte sie.

"Hast du etwas gegens Küssen?" fragte er zurück.

"Hier im Freien, vor all den Leuten mag i nicht."

"Wo sind denn Leute?"

"Die werden schon noch kommen!" behauptete sie und ließ seine Hand los. Von nun an spazierten sie in einem Meter Entfernung durch die etwas verwahrlosten Rabatten. Im Kaskadenbrunnen floß kein Wasser, und ein Großteil der Fenster war vernagelt. Das herrliche Gebäude, das sich der Prinz Eugen vom genialen Architekten Hildebrandt hatte erbauen lassen, wurde aus Geldern bezahlt, die der Kaiser dem Sieger über die Türken geschenkt hatte. Bei Belgrad hatte er den Sultan das Fürchten gelehrt und Wien für alle Zeiten vor den Türken bewahrt. Bald würden die Russen kommen, dachte Berl, und die Frage war, ob die recht viel übriglassen würden von all diesen protzigen Bauwerken einer ihrer Meinung nach durch und durch verkommenen Gesellschaft.

Berl erzählte Poldi von seiner nächtlichen Lektüre, aber sie zeigte wenig Interesse und gähnte ein paarmal so provozierend, daß er seine geschichtlichen Exkursionen abbrach. Worüber sollte er mit dieser Frau reden?

Im oberen Park setzten sie sich auf eine Bank und starrten weltverloren in die riesige Wasserfläche.

Sie beschlossen zu Fuß nach Hause zu gehen. In der Kärntner Straße waren die schönen Geschäfte wie ausgeraubt, und da es nichts mehr zu sehen gab, gelangten sie sehr rasch zum Domplatz, wo sie sich zum erstenmal begegnet waren. In der Schönlaterngasse kannte Poldi ein kleines Lokal, in dem es angeblich eine eßbare Goulaschsuppe gab. Dort kehrten sie ein. Ohne großen Appetit verzehrten beide die lauwarme Suppe und das Stück altbackenes Brot, das dazu gereicht worden war. Berl bezahlte, und ohne daß sie ein Wort gesprochen hatten, verließen sie das Restaurant. Gegen halb acht Uhr betraten sie Poldis Wohnung. Sie ließ ihn einen Augenblick allein, da sie noch kurz bei ihrer Schwiegermutter vorbeischauen wollte. Berl setzte sich aufs Sofa und überlegte, ob er nicht am besten ganz leise verschwinden sollte. Aber wo sollte er jetzt so schnell noch hin? Ins Soldatenheim? Nein, da war's doch hier noch besser, und morgen konnte er immer noch entscheiden. Im übrigen wollte er es trotz allem noch einmal bei der Poldi versuchen. Eine Witwe konnte doch keine uneinnehmbare Festung sein.

Als Poldi zurückkam, brachte sie zwei Flaschen Bier und zwei Äpfel mit. Nachdem sie die Sachen auf dem Tisch abgestellt hatte, setzte sie sich zu Berl aufs Sofa und schlang ihre Arme um seinen Hals.

"Warst nicht sehr gesprächig heut!" seufzte sie.

"Wir kennen uns einfach zuwenig. Ich weiß nicht, was dich interessiert!"

"Oh, fast alles, außer de Türken!"

"Ja, die Türken. Ich hab' gestern noch des Bücherl da gelesen; drum bin ich draufkommen", erklärte er ihr.

"Des hat meim Mann ghört! Er hat immer wieder darin gelesen!"

"Hab' ich mir schon denkt."

Da sie ihn immer noch umarmte, dachte er, daß sie vielleicht ein wenig Liebe haben möchte, und seine freie Hand glitt unter ihren Rock. Ihre Schenkel waren fest geschlossen, und es schien, als ob sie den Druck noch verstärkte. Jedenfalls war kein Durchkommen, und küssen ließ sie sich auch nicht. Da löste er ihre Hände von seinem Nacken und sagte:

"Wir sollten ins Kino gehen, magst?"

"Ja, warum nicht. Da vorn läuft "Die Stimme des Herzens" mit der Marianne Hoppe. Den Film wollt i so schon anschauen."

"Also gut, gehn mer!"

Sie erhielten tatsächlich noch Plätze in der dritten Reihe, und der sentimentale Schmarren, der auf der Leinwand ablief, war nicht dazu angetan, die Schmerzen in seinem Genick zu lindern. Aber Poldi schien großen Gefallen an dem Rührstück zu finden. Aufgeregt kniff sie ihn von Zeit zu Zeit in den Arm und flüsterte ihm ins Ohr, ohne daß er etwas verstehen konnte. Endlich war der Film zu Ende. Er schien in Poldi einen großen Wunsch nach Zärtlichkeit erweckt zu haben, und eng aneinandergeschmiegt gingen sie nach Hause.

"Hast noch Durst?" fragte sie und öffnete eine Flasche Bier, die sie sogleich an die Lippen setzte.

Wie am Bau, dachte Berl, war aber nicht weiter schockiert, sondern trank anschließend ebenfalls aus der Flasche. Das Bier schmeckte fad. Wortlos ging Poldi in ihr Zimmer, und durch die offenstehende Tür sah er, daß sie sich auszog. Schnell schlüpfte auch er aus seinen Sachen und betrat nackt ihr Zimmer. Sie legte gerade den Büstenhalter ab und wollte ihr Nachthemd unter dem Kopfkissen hervorziehen, als er von hinten ihre Taille umfing und sie zu sich heranzog. Sie drehte sich um und schaute ihn erstaunt an. "Ich bin müde. Laß mich schlafen", stöhnte sie.

"Darf ich mich ein bißerl zu dir legen?" fragte er.

"Von mir aus, wenn'd brav bist!"

Schnell schlüpfte sie ins Bett, und Berl folgte ihr. Steif lag er an ihrer Seite und berührte nur mit seinem Arm ihren Körper, denn sie hatte die Arme fest unter ihrer Brust verschränkt.

Berl stützte sich auf seine Ellenbogen und sah ihr ins Gesicht. Sie hatte die Augen geschlossen, und ihre aufeinandergepreßten Lippen bildeten einen Strich schroffer Ablehnung.

"Was ist mit dir? Hast du was gegen die Liebe?" fragte er sie, und sein Zeigefinger fuhr zärtlich über ihren Mund.

"Was redst von Liebe?" fragte sie erstaunt. "Willst du sagen, daß du mich liebst?"

"Auf jeden Fall hab' ich dich gern!" schränkte er ein.

"Aha, der Herr macht scho ein Rückzieher."

"Glaubst du an die Liebe auf den ersten Blick?"

"Jetzt scho lang nimmer", stellte sie lakonisch fest und setzte sich auf.

"Ich auch nicht. Drum muß man doch mit dem Gernhaben anfangen, net wahr?"

"Mit dem Gernhaben schon, aber nicht mit dem Ins-Bett-Gehen."

"Wir sind ja schon drin", lachte er und streichelte ihren Rücken.

"Aber mehr gibt's heut nicht." Sie schob die Bettdecke zurück und streckte sich lang aus. "Streicheln darfst mich noch a bißerl."

Berl setzte sich auf, und sein Blick glitt in andächtigem Erstaunen über die gleißende Pracht ihres mächtigen Körpers, der in marmorner Erstarrung auf dem blau-weiß-karierten Barchent vor ihm lag. Welch ein makelloser Körper, dachte Berl, und mit sanften Fingerspitzen strich er über das vibrierende Weiß ihrer Schenkel. Er konnte sich nicht satt sehen, und während seine Finger höherglitten zur festen

Doppelkugel ihrer Brüste, überlegte er, ob sie eher Rembrandts Susanne oder der rothaarigen Tochter des Leukippos von Rubens glich. Genaugenommen war sie beides - ein großartiges Meisterwerk der Natur. Da er nicht glauben konnte, daß eine nackte Frau nicht auch bereit sein sollte sich hinzugeben, schob er sich vorsichtig auf sie. Ruhig lag er auf ihr, nahm ihren Kopf in beide Hände und bedeckte ihr Gesicht mit hingehauchten Küssen. Ohne das geringste Anzeichen von Erregung ließ sie alles über sich ergehen, aber als er versuchte, mit seinen Knien ihre Schenkel auseinanderzudrücken, schob sie ihn zur Seite. "Laß mich jetzt in Ruh, ich muß schlafen!" Ein wenig beschämt verdrückte sich Berl und verschwand in seinem Zimmer. So wie er war, kroch er unter seine Decke und begann zu lesen.

Freitag, den 6. August 1683: In der Festung Wien kosten am 21. Tag der Belagerung hundert Dirhem Brot schon 15 Aspern und eine halbe Okka Fleisch schon zwanzig Aspern. Auch war der Anführer der Kampfmannschaft General Serényis durch einen Pfeilschuß getötet worden. Ein Dirhem waren 310 Gramm, und 120 Aspern waren ein Piaster, oder ein Silberling gewesen.

Die Kaufleute hatten also sofort ihre Preise erhöht. Ob es wohl in diesem Krieg auch Kriegsgewinnler gäbe, dachte Berl und las weiter.

Nach dem Ratschlag Allahs, des Allerhabenen, ging anfangs alles gut. Man machte viele Gefangene, die dem Wesir vorgeführt und dann sogleich enthauptet wurden. Da die Genfer Konvention noch unbekannt war, hatte der Großwesir keine Skrupel. Nach den fünf täglichen Gebeten spielten große Janitscharenkapellen ihren Nöbet, was in etwa unserem Zapfenstreich entsprach, und dann hielt der Wesir den Diwan, ruhte ein wenig aus und widmete sich dann der Obsorge der Knechte Allahs.

Berl zündete sich eine Zigarette an und überlegte, worin wohl diese Obsorge bestanden haben möge. Wieder seidene Kleider, doch wohl nicht für die Mannschaften. Geld? Ja, auch Geld wurde bezahlt, und erstaunlicherweise zeugte eine solche Gabe von besonderem Großmut, denn irgendein arabisches Sprichwort sagt: "Wer Geld hergibt, der gibt vom Herzblut."

Nicht alle Gefangenen wurden sofort geköpft, sondern nur die, die nichts aussagten. Diejenigen aber, die davon berichteten, daß in der Stadt alles drunter und drüber ginge, wurden reich belohnt und dem Heere eingeordnet. Ob es wohl damals Dummköpfe gegeben hatte, die diese Chance nicht genutzt hatten?

Der Ring um die Stadt mußte aber auch einige Lücken gehabt haben, denn christliche Fuhrleute trieben nachts durch den türkischen Belagerungsring Vieh in die Stadt. Wenn man sie dabei erwischte, wurden sie nicht geköpft wie die tapferen Soldaten, sondern sie bekamen 100 - 300 Stockhiebe, je nach der Anzahl Rinder. Berl bezweifelte zwar, daß man 300 Stockhiebe überleben könnte, war aber trotzdem über das Strafmaß sehr erstaunt, denn jede Kuh, die in die Stadt kam, verlängerte den Widerstand der Belagerten doch erheblich, während ein toter Gefangener niemandem etwas nutzte. Die Weisheit Allahs, des Allerhabenen, hatte den Wesir nur sehr begrenzt erreicht. Berl löschte das Licht und schlief schnell ein.

Berls dritter Tag in Wien begann damit, daß Poldi in ihrem langen Nachthemd vor seinem Bett auftauchte. Er stellte sich schlafend. Leise kniete sie vor dem Sofa nieder und schaute ihn an. Neugierig öffnete er sein linkes Auge einen kleinen Spalt und sah, daß sie weinte. Er richtete sich auf.

"Warum weinst du?" fragte er erstaunt.

Sie zuckte nur die Schultern, und große Tränen rannen über ihr bleiches Gesicht. Ihre blonden Haare hingen in Zotteln an ihr herunter. Sie machte einen so hilflosen und trostbedürftigen Eindruck, daß Berl seine Wolldecke anhob und Poldi bedeutete, sie solle sich neben ihn legen, was sie auch sofort tat. Er legte seinen rechten Arm um ihre Schulter und drückte sie fest an sich. Als sie merkte, daß er sie nicht bedrängen wollte, hielt sie still und umschlang nun ihrerseits seinen nackten Körper. Berl spürte, daß sie zitterte.

Sie hatten einige Minuten so gelegen, als sie sich von ihm löste und sich umdrehte. Ihr runder Hintern lag prall an seinen dünnen Schenkeln. Er wagte es nicht, ihre Brüste zu berühren. So umschlang er sie an der Taille und legte seinen Kopf an ihre Schultern. Nach einer Weile begann Poldi zu reden. Zuerst stockend und von gelegentlichem Schluchzen unterbrochen, dann hastiger, sprudelnd, und ihr wienerischer Singsang verwandelte sich in die beschwörerische Anklage einer zutiefst verletzten Frau.

Berl hörte ihr fasziniert zu und hatte bald das Gefühl, daß sie seine Anwesenheit gar nicht mehr wahrnahm. Er kam sich vor wie im Beichtstuhl, nur das im Kanon 909 vorgeschriebene feste Gitter fehlte, dafür hielt er den vibrierenden Körper dieser Frau in seinen Armen, und gerade diese Nähe war es, die ihm die Berechtigung gab, sie anzuhören. Ungehindert ließ er sie reden, obwohl er zwischendurch versucht war, Fragen zu stellen. Aber ihm kam es ja gar nicht auf die volle Wahrheit an. Ihre Geschichte war so bizarr, daß er sie erst zur Gänze hören wollte. Wenn ihm dann danach zumute sein würde, könnte er immer noch nachhaken.

Mit zwölf war sie schon gut entwickelt gewesen, und so war es wohl unvermeidlich, daß sich der eigene Vater an sie heranmachte und mehrere Jahre lang fast täglich über sie herfiel. Als sie fünfzehn war, hatte die Mutter genug und verletzte ihn mit einem Küchenmesser so schwer zwischen den Beinen, daß er nicht mehr fähig war, sie weiterhin zu vergewaltigen. Nun verfiel er dem Suff und begann zu schlagen. Vor allem die Kinder waren mit blauen Flecken übersät und auch die Mutter hatte stets ein verschwollenes Gesicht. Das Martyrium dauerte noch bis 38. Nach dem Einmarsch der Deutschen zeigte ihn eine Nachbarin an, und er verschwand in irgendeinem Gefängnis. Sie hatten nie mehr was von ihm gehört, aber auch nicht nach ihm gefragt. Ein Jahr später starb die Mutter. Poldi war damals achtzehn, hilflos und verängstigt. Da lernte sie den Kellner Franz Wondracek kennen. Er war ein Homosexueller, und da er sich von den Nazis verfolgt fühlte, glaubte er, es wäre gut, zur Tarnung zu heiraten.

"Und er hat Dich nie angerührt?" fragte Berl ein wenig ungläubig.

"Was denkst, i hab' dir doch gsagt, daß er andersrum war."

Eine Weile schwiegen beide. Dann begann sie weiterzureden. Ihre Ehe, die gar keine Ehe war, brachte wenig Abwechslung. Ein paarmal waren sie zusammen ausgegangen, aber Franz schien sich mit ihr zu schämen. Nachts arbeitete er freiwillig länger, damit sie schon im Bett lag und schlief, wenn er heimkam. Dann wurde er eingezogen, und sechs Monate später war sie Witwe. Er sei zu neugierig gewesen für diesen Krieg. Er habe überall seine Nase hineinstecken müssen. Ein paar Tage sei sie richtig traurig gewesen, denn eigentlich sei er sehr gut zu ihr gewesen. Nur eben kein richtiger Mann.

"Hättest denn gwollt, daß er mit dir schlaft?"

"Ja, mir warn ja schließlich verheiratet."

"Aber er hat dich doch auch nicht richtig geliebt."

"Auf seine Art vielleicht schon."

Vorsichtig begann Berl sie zu liebkosen, aber sie packte mit festem Griff seine Hände und drückte sie gegen ihren Leib.

"I will jetzt nicht. Am hellichten Tag schon gar nicht. Vielleicht heut nacht." Abrupt löste sie sich aus seiner Umarmung und stand auf.

"Was mach mer heut?" fragte sie.

"Gehn mer in den Prater."

"Wenn d' meinst."

Schweigsam zogen sie sich an, jeder in seinem Zimmer, und verließen kurz darauf die Wohnung. Berl hatte das Gefühl, daß ihn aus
einem Spalt der Türe Wondracek sen. ein paar kritische Augen musterten. Aber vielleicht hatte er sich das auch nur eingebildet. Es war
elf Uhr, und die Sonne brannte schon ganz schön heiß auf das Pfla-
ster. Sie suchten die Schattenseiten auf und spazierten relativ vergn-
nugt zur Donau hinunter. Beide schienen Poldis Vergangenheit verdrängt zu haben. Die Sonne schien, und das Leben war kurz. Einen
Moment kam Berl der fürchterliche Verdacht, daß sie sich vielleicht
verpflichtet fühlte, sich an allen Männern, die sie begehrten, für das
zu rächen, was ihr Vater ihr angetan hatte. Sollte sie eines jener kleinen, rachsüchtigen Weiblein sein, von denen Nietzsche gemeint hatte,
daß sie ihr Schicksal selbst über den Haufen rennen würden? Güte
am Weib sei schon eine Form der Entartung, hatte er weiter spekuliert, aber Berl schüttelte nur den Kopf. Schließlich war dieser Nietzsche ja auch narrisch geworden, also mußte nicht alles stimmen,
was der zusammenphilosophiert hatte.

Beim Urania überquerten sie die Aspernbrücke, und am Ende der
Praterstraße sahen sie schon das Riesenrad. Außer ein paar Spa-
ziergängern war der ganze Park wie ausgestorben, und auch das
Riesenrad war außer Betrieb.

Ziemlich ziellos liefen sie im 1. Rondeau des Volkspraters hin und
her. Gegen Mittag erstanden sie zwei Fischsemmeln und setzten sich
in der Nähe des Ziehrer-Denkmals auf eine Bank, die von einer
großen Kastanie mit einem wohltuenden Schatten versehen wurde.
Wortlos stopften sie den sauren Hering in sich hinein. Berl verfiel
wieder in dieses vergebliche Grübeln, das ihn immer dann bedrück-
te, wenn er sich in einer verfahrenen Situation befand. Er hatte überhaupt keine Lust, in dieser kurzen Pause, die ihm der Krieg gönnte, den Seelendoktor zu spielen. Er verstand, daß diese Frau Probleme mit ihrem Innenleben hatte. Aber da auch diese verkorkste
Welt noch so viele Gelegenheiten zur Freude und zum momenta-
nen Glück hat, schien es ihm ein Akt großer Dummheit, unbedingt
leiden zu müssen. Er hatte das absolute Gespür für Recht und
Unrecht, aber er hatte immer Schwierigkeiten mit dem Bösen. Wenn
er stets unter dem Bösen litte, das jetzt in so ungeheurem Maße über
die Menschheit ausgegossen wurde, wäre das ganze Leben eine ein-

zige Beschwernis und seine Reaktion darauf eine große Dummheit. Die einzige Frage, die sich ihm jetzt stellte, war die, ob es sich noch lohnte, seine Zeit mit dieser Frau zu vertun. Als Preis für sein geduldiges Ausharren bei diesem angeknacksten Seelchen verlangte er doch nichts Unmögliches. Warum wollte sie sich ihm nicht hingeben? Vielleicht wäre eine, alles Vergangene vergessende, bedingungslose Hingabe der Schlüssel zu ihrem Problem. Aber wie sollte er ihr dies klarmachen?

"Bist scho müd?" fragte sie ihn ganz unvermittelt.

"Nein, geh mer wieder a bißerl!"

Langsam schlenderten sie die Hauptallee hinunter bis zur Jesuiten-Wiese und legten sich dort unter einer Ulme ins Gras. Berl erzählte ihr ein paar Geschichten aus seiner Studentenzeit und spürte, daß sie sich innerlich ein wenig öffnete. Nur jetzt nicht zu schnell vorgehen. In größeren Abständen streichelte er ihren Arm und kitzelte sie mit einem Grashalm an der Nase. Sie zählte ihre Leibspeisen auf und freute sich jedesmal, wenn er ihr zustimmte.

"Mir läuft schon das Wasser im Mund zusammen"; wehrte er sie ab. Aber sie machte ungeniert weiter, und er hatte das Gefühl, daß diese Frau eine fantastische Köchin hätte sein können. Detailliert zählte sie die Zutaten auf und auch die Art, wie man die einzelnen Gerichte am besten servierte.

So verging die Zeit, und als die Sonne so tief stand, daß sie unter dem schützenden Blätterdach des Baumes hindurchleuchtete, standen sie auf und gingen zurück. Im Volksprater erstanden sie noch eine Portion Kartoffelsalat und eine Semmel und aßen sie gemeinsam auf. Dann gingen sie zurück zu ihrem Haus, und Berl fragte sich unentwegt, ob sie in dieser Nacht ihren Widerstand aufgeben würde. Als sie in die Barbaragasse einbogen, fiel das Mondlicht in fahlem Blaugelb auf die verwahrlosten Fassaden und gab dem ganzen Ambiente einen theatralischen Anstrich mit spitzwegscher Melancholie. Poldi löste sich von ihm und beeilte sich, mit drei, vier schnellen Schritten einen respektierlichen Abstand zu gewinnen, da sie stets damit rechnete, von irgendeinem neugierigen Nachbarn in Herrenbegleitung angetroffen zu werden, was sich ihrer Meinung nach nicht schickte. Zwanzig Meter von ihrer Toreinfahrt entfernt, blieb sie unvermittelt stehen. Aus dem Schatten des Türrahmens löste sich eine dunkle Gestalt und rannte in der entgegengesetzten Richtung davon. Erschrocken griff sich Poldi an den Mund, so als wolle sie sich daran hindern, einen Überraschungsschrei auszustoßen.

"Was ist los?" fragte Berl, trat ganz nah an sie heran und schloß sie in seine Arme. Sie zitterte am ganzen Körper.

"Wer war das?" fragte Berl, obwohl er wußte, daß er auf diese Frage keine Antwort bekommen würde. Es war zu dunkel gewesen, um jemanden zu erkennen.

Poldi blieb stocksteif stehen und atmete schwer. Berl drückte sie an sich. Endlich kam sie wieder zu sich und schob ihn zur Seite.

"Bin ich jetzt erschrocken!" sagte sie und ging weiter.

"War das einer aus eurem Haus?" fragte Berl.

"Im Moment hab' ich glaubt, ich kenn' den!" wich sie aus.

Mit zittriger Hand schloß sie das Tor auf und ging hinein. Berl drückte hinter sich die Türe ins Schloß und folgte ihr. Bedächtig stiegen sie das enge Treppenhaus hoch. Am ersten Podest blieb Poldi stehen und wartete, bis er sie eingeholt hatte.

"Ich bin immer noch ganz durcheinander!" gestand sie und faßte ihn am Oberarm. Berl legte seine Hände auf ihre ausladenden Hüften, spürte das feste Fleisch unter dem dünnen Stoff und versuchte sie zu küssen.

"Bist narrisch - wenn jemand kommt!"

Langsam setzte sie sich wieder in Bewegung. Der Davoneilende mußte ihr einen gewaltigen Schrecken eingejagt haben. Berl überlegte, ob sie nicht doch jemanden erkannt haben konnte. Vielleicht einen früheren Anbeter?

Aber das war ihre Sache. Wenn sie nicht darüber sprechen wollte, auch gut. Er würde nicht weiter in sie dringen. Hauptsache, sie beruhigte sich wieder.

Nachdem sie die Wohnung betreten hatten, zog Poldi die Vorhänge zu und schaltete das Licht an. Dann ging sie zu ihrer Schwiegermutter und holte wiederum zwei Flaschen Bier und zwei Äpfel. Sie setzten sich an den Küchentisch und tranken mit großem Genuß das Bier aus. Die beiden Äpfel wollten sie sich für später aufheben. Dann gingen sie in das Wohnzimmer und setzten sich auf das Sofa. Langsam baute sich eine elektrisierende Spannung zwischen ihnen auf, und Berl wartete angespannt darauf, daß es endlich zum Kurzschluß kommen würde. Aber Poldi blieb eiskalt. Berl begann eine seichte Konversation, und Poldi gab gequälte Antworten. Mehrmals versuchte er sie zu küssen, aber sie wehrte ihn standhaft ab.

"Laß dir doch a bißerl Zeit", sagte sie immer wieder. Dann aß sie ihren Apfel. Berl beobachtete sie mit zitternder Ungeduld. Ihre kräftigen Zähne gruben sich erbarmungslos in den schon etwas runzeligen Apfel. Mit genußvollem Schmatzen aß sie ihn auf mitsamt allen Kernen und dem kompletten Gehäuse. Nur den Stiel warf sie unachtsam auf den Boden. Dann lehnte sie sich befriedigt zurück und frottierte ihren kugeligen Bauch. Ein Bild satter Zufriedenheit, wie er es auch in den Münchner Biergärten häufig beobachtet hatte. "Magst a Zigarettn?" fragte er sie und hielt ihr die offene Schachtel unter die Nase. Sie aber schüttelte nur ihren Kopf. Berl zündete sich einen Glimmstengel an und blies den Rauch genußvoll an die hohe Zimmerdecke. "Hast du eigentlich gar keine Laster?" fragte er sie. "Kann i mir net leisten", erwiderte sie kopfschüttelnd. "Ich glaub', du möchtest schon gern ein bißerl unmoralisch sein, aber du traust dich nicht." "Du wirst lachen, aber i weiß gar net, was moralisch und unmoralisch sein soll. Das war der Pfarrer am Sonntag von der Moral sagt, gilt net amal für ihn. Kein Mensch hält sich dran. Warum also ausgerechnet i?" "Dann laß uns doch ein wenig unmoralisch sein", schmeichelte Berl und nahm ihren Kopf in seine Hände. "Das könnt dir so passen." Unwirsch stieß sie ihn von sich und eine längere Pause mit feindseliger Angespanntheit legte sich zwischen die beiden. "Du hast mir versprochen, daß du heut nacht nett zu mir bist." "Versprochen hab i gar nix, und Nacht ist a no net." Aus lauter Verzweiflung aß nun auch Berl seinen Apfel auf. Eine Unterhaltung kam nicht mehr zustande. Schließlich stand Poldi zornig auf und ging in ihr Zimmer. Berl sah ihr zu, wie sie sich auszog, und bemerkte zu seinem großen Erstaunen, daß sie ohne ihr Nachthemd ins Bett schlüpfte. Er beschloß, sie ein wenig warten zu lassen, und zündete sich in aller Ruhe eine Zigarette an. Dann begann er sich auszuziehen. Als er schmächtig und vor Erregung zitternd vor ihrem mächtigen Bettkasten aus braunem Nußbaumholz stand, sah er nur ihren Kopf mit den wasserhellen Augen und dem dünnen Mund. Fast war er versucht, wieder umzukehren, aber er wußte ja von der Existenz eines wunderschönen Körpers. Vorsichtig hob er die Bettdecke an und stieg zu ihr ins Bett. Gehorsam rückte sie ein wenig zur Seite und machte ihm Platz. Eine wohlige Wärme umfing ihn, und er schloß seine Augen. Langsam schob er sich auf sie. Und dann geschah es. Mit wilder Entschlossenheit umschlangen ihre sehnigen Arme seinen schmächtigen Körper und preßten ihn so fest an sich, daß er nach Atem ringen mußte. Ihre Fingerkuppen mit den abgekauten Nägeln krallten sich in seinen Rücken und zogen fischgrätartige Striemen auf seine frühjahrsblasse Haut. Gleichzeitig begann ihr Becken in hektischen Stößen mit der regelmäßigen Wucht eines Preßlufthammers unter ihm zu stampfen. Von der eruptiven Gewalt ihrer lieblosen Geilheit wie paralysiert, glitten seine Hände hinunter zu ihren Schenkeln, quelles cuisses betroinies, um sich ein wenig Luft zu verschaffen. Verzweifelt suchte er ihren Mund, den sie ihm aber mit ruckartigen Bewegungen ihres Kopfes verweigerte. Ihre Zuckungen wurden schneller, sie begann zu stöhnen und zu seufzen, und zwar in einer Lautstärke, daß Berl befürchtete, sie würde das ganze Haus aufwecken.

Wie in einem Schraubstock lag er wehrlos auf ihr. Er öffnete die Augen und sah ihr verkrampftes Gesicht und den Anflug von Haß, der aus der Wasserfläche ihrer Augen aufstieg. Schnell schloß er seine Augen wieder und bat den lieben Gott, er möge ihm die Kraft geben, diese Maschine zu bändigen.

Außer einem stechenden Schmerz in den Schläfen konnte er keine Reaktion seines Körpers auf die unter ihm hechelnde Naturgewalt wahrnehmen. Ihr Gestöhne wurde noch eindringlicher, bis es ganz plötzlich gurgelnd erstarb. Erschöpft stellte sie ihre wahnsinnigen Bemühungen ein und ließ ihn los. Vorsichtig löste er sich von ihr und wollte ihr Gesicht streicheln.

Angewidert stieß sie ihn von sich und drückte ihn aus dem Bett. "Du bist also a so a Schlappschwanz wie all die anderen!" preßte sie heraus. Wut und Verzweiflung klangen aus ihrer Stimme, und ihn erfaßte ein unsägliches Mitleid, als sie zu schluchzen begann.

Zögernd stand er vom Boden auf und näherte sich dem Bett. Er wollte sie beruhigen, aber sie schlug ihm so heftig auf die zu Zärtlichkeiten ansetzende Hand, daß er aufschrie. "Bist du wahnsinnig? Ich will dir doch nicht weh tun."

Sie drehte sich mit einem gewaltigen Ruck zur Wand und schrie hysterisch: "Hau ab, du Schlappschwanz." Und dann begann sie hemmungslos zu weinen. Da sie anscheinend seine Tröstungen nicht haben wollte, verließ Berl das Zimmer und legte sich auf sein Sofa.

"Am Freitag, den 3. September, starb der Beglerbegi von Jenö am Schlagfuß", las Berl, "er hinterließ eine empfindliche Lücke, weil er ein vollkommener und unvergleichlicher Mann von großer Weisheit war.

Am 4. September wurde dem Hassan Efendi die Provinz Temeschwar mit der Würde eines Pascha angetragen. Der aber lehnte ab, weil ihm die Provinz zu schäbig war. Darüber geriet der Großwesir in gewaltigen Grimm, packte ihn wütend am Bart und zeigte seine Geschicklichkeit im Austeilen von Ohrfeigen."

Berl mußte lachen. Er stellte sich die Szene bildlich vor und übersetzte sie auf heutige Verhältnisse: Generalfeldmarschall von Mannstein ohrfeigt den General Beck, weil der das Ritterkreuz mit Eichenlaub abgelehnt hatte. Er hatte die Brillanten erwartet.

Poldi schluchzte noch immer. Berl legte sein Buch weg und löschte das Licht. Das war wieder so ein Augenblick, wo man sich seines Lebens schämte. Welchen Sinn hatte denn dieses Leben, wenn man sich mit solch einem Elend konfrontiert sah und nicht helfen konnte. Natürlich hätte er gewußt, was zu tun wäre, aber diese Poldi wollte sich ja gar nicht helfen lassen. Sie wollte es auf ihre Weise machen, aber weil sie dabei ständig an ihre Kindheit denken mußte, konnte es nicht gelingen.

Es hatte also keinen Sinn, sich zu verteidigen oder sie zu tadeln. Jede Form von Zurechtweisung war sinnlos, weil sie wahrscheinlich gar nicht verstand, worum es in Wahrheit ging. Die Heilung solcher Wunden war ein furchtbar langwieriger Prozeß, und so viel Zeit hatte er nicht. Sein Entschluß stand fest. Morgen in aller Frühe würde er dieses Haus verlassen, um eine Erfahrung reicher. Oder machten einen solche Ereignisse etwa ärmer?

Arm oder reich, was sollte diese Philosophiererei? Er würde abhauen, und die Poldi sollte sehen, wie sie sich von ihrer Vergangenheit befreien konnte.

Er brauchte sehr lange, bis er einschlief.

Um 6 Uhr stand er auf, zog sich leise an und legte einen Zettel mit Namen und Feldpostnummer auf den Tisch und verließ grußlos die Wohnung. Von der Straße aus sah er hinauf zum Fenster im 1. Stock, wo er ihr Schlafzimmer wußte. Und tatsächlich stand sie in ihrem geblümten Nachthemd zwischen den Wolkengardinen und winkte ihm zu. Er winkte verlegen zurück und eilte wie ein geschlagener Hund davon.

Er hatte noch zwei Tage Urlaub, aber die Lust an dieser Stadt war ihm vergangen. In flottem Tempo marschierte er zum Westbahnhof und erfuhr, daß um 9 Uhr ein Zug nach München abginge.

In der Bahnhofswirtschaft trank er noch einen Ersatzkaffee und kaufte sich eine Zeitung. Als er sie in seine Wäschebeutel steckte, bemerk-

te er, daß er aus Versehen auch das Büchlein über die Belagerung Wiens eingepackt hatte. Er würde es Poldi zurückschicken.
Mit halbstündiger Verspätung fuhr der Zug ab und war kurz nach 22 Uhr in München. Berl übernachtete im Soldatenheim in der Luisenstraße und fuhr am nächsten Tag frühzeitig nach Füssen. Zum Mittagessen war er zu Hause, und nach dem Essen erwarteten alle seinen Bericht. Er beschrieb Wien als eine große, schöne Stadt mit herrlichen Gebäuden. Von den Menschen dort konnte er nichts berichten. Er hatte keine angetroffen.
Am letzten Tag seines Urlaubs regnete es in Strömen, und Berl verbrachte den ganzen Tag in seinem Zimmer. Er las und las, und je weiter er mit seiner Lektüre kam, um so entschlossener war er, diesen Krieg unter allen Umständen zu überleben. Mit jeder Seite wurde ihm die Sinnlosigkeit dieses Völkermordens deutlicher. Eine tiefe Abneigung gegen alle hohen Politiker und Militärs setzte sich in ihm fest, und ein früher nie gekannter Haß auf alles, was mit Vaterland, Ruhm und Ehre, Mut und Aufopferung zusammenhing, rumorte in seinem Kopf. Und er las:
"Möge der allmächtige Herr des Himmels allzeit die elenden Anschläge der Glaubensfeinde vereiteln, die unwiderstehliche Kraft der Streitmacht des Islam aber ständig mehren, die Pläne der Sachwalter des Glaubens und des Reiches in die rechte Richtung lenken und den trefflichen Maßnahmen der Wesire des Sultans glücklichen Erfolg bescheren."
Ein ähnliches Gebet hatte Berl vor einigen Tagen in der Kirche gehört. Der liebe Gott mußte wirklich gehörig überfordert sein, wenn er von allen Seiten um Beistand angefleht wurde. Die Frage war nur, warum er diesen Massenmord überhaupt zuließ. Bekanntlich machte sich auch der strafbar, der eine Straftat nicht verhindert. Warum sollte das ausgerechnet für den lieben Gott nicht gelten? Nicht alle Gefangenen wurden sofort geköpft, las er weiter, man sparte sie manchmal auf, wenn sehr viele anfielen, um sie dann zu köpfen, wenn tagelang keine eingebracht wurden. Berl mußte zugeben, daß dies eine vernünftige Maßnahme war, denn der tagelange Verzicht auf das grandiose Schauspiel der eleganten Handhabung des Henkerbeils hätte beim Sultan sicher zu Entzugserscheinungen geführt.
Das türkische Heer wurde von armenischen Bäckereien mit Brot beliefert. Da die ausgehungerten Wiener sehr gut bezahlten, wurde so manche Ladung Brot heimlich in die Stadt verkauft. Auch hier setzte es Stockhiebe, wenn sich die Armenier erwischen ließen.

Am 10. September näherte sich das Polenheer und eine gewaltige Reichsarmee. Die furchtlosen Streiter des Islam mußten die ganze Nacht wach bleiben, wie die Sterne am Himmel, bis der Morgen graute. Dann griffen die gottlosen Giauren wie die wildgewordenen Schweine an. Die furchtlosen Helden des Glaubens traten ihnen wie ausgehungerte Wölfe gegenüber. Als sie aber alle, die tapferen Ägypter, die Janitscharen, die arnautische Leibwache in den roten Jacken und die todesmutigen Damaszener ihr Leben gelassen hatten, forderte der Großwesir die Agas und die Pagen auf, mit ihm zusammen in sinnloser Waghalsigkeit zugrunde zu gehen. Aber siehe da, aus Sorge um die heilige Fahne beschwor Osman Aga den Großwesir und seine hohen Offiziere zu fliehen. "Ihr seid die Seele des Heeres und ihr dürft euch nicht hinopfern, sonst ist alles verloren." Die Flucht ging so überstürzt vonstatten, daß man sogar den Privatschatz des Großwesirs zurücklassen mußte.

Verärgert legte Berl das Buch zur Seite. Es war doch immer wieder das gleiche: Widerstand bis zum Letzten. Es war zum Kotzen. Der heldenhafte Widerstand ging immer nur bis zum Vorletzten. Die großen Patrioten und Heerführer hatten sich immer einen ehrenhaften Abgang bewilligt. Paulus in Stalingrad, Hindenburg und Ludendorff im 1. Weltkrieg, der Kaiser sowieso, Napoleon, Friedrich der Große, Hannibal und wie sie alle hießen. Berl war gespannt, wie sich Hitler aus der Affäre ziehen würde. Ob sie ihn auch nach St. Helena verschiffen würden?

Etwas früher war schon der Beglerbegi von Ofen rechtzeitig abgerückt. Der Kriegstreiber hatte die Niederlage kommen sehen und sich rechtzeitig verdrückt. Der Großwesir ließ ihn aber einfangen und köpfen. Möge Allahs Barmherzigkeit ihm in reichem Maße zuteil werden. Er hat's nötig.

Sultan Ahmed III., der sich schon so auf seine neuen, hellhäutigen Gespielinnen gefreut hatte, mußte anhören, wie die Berichte von der belagerten Stadt immer schlechter und niederschmetternder wurden. Zum Schluß stand Kara Mustafa persönlich vor ihm und gestand seine Niederlage ein. Ausreden wurden nicht zugelassen. Er wurde abgeführt, und im Beisein des Oberstkämmerers Ahmed Aga und des Pfortenmarschalls Mehmed Aga wurden ihm die heilige Fahne und der Schlüssel zur heiligen Kaaba abgenommen. Eigenhändig hob er seinen Vollbart hoch und sagte: Legt mir die Schlinge richtig an. Die Henker zogen so lange an, bis er seinen Geist aufgegeben hatte. Um ganz sicherzugehen, häuteten sie den Kopf ab und verscharrten den Leichnam augenblicklich.

Berl bedauerte, daß nicht berichtet wurde, was sie mit der Kopfhaut getan hatten. Ob sie der Sultan an seinem Gürtel getragen hatte, wie der Indianer den Skalp?

Die großen Erfolge der Türken in der damaligen Zeit waren mit Sicherheit darauf zurückzuführen, daß die erfolglosen Heerführer über die Klinge springen mußten. Berl fragte sich, ob dieser Krieg nicht schon längst gewonnen wäre, wenn unsere Generäle mit ihrem Kopf für Erfolg oder Niederlage haften müßten. So wurden sie einfach abgelöst und in den Ruhestand versetzt, wo sie in ihren Landhäusern den Fortgang des Krieges auf großen Landkarten mit zweifarbigen Stecknadeln absteckten. Vielleicht wäre der eine oder andere ähnlich dem Beglerbegi von Ofen auf den Gedanken gekommen, mitsamt seinen Truppen das Weite zu suchen? Und was wäre, wenn sie alle miteinander, angesichts der ungeheuren Unterlegenheit, mit ihren Soldaten nach Hause gingen? Natürlich würde der Hitler mit den Füßen auf den Boden stampfen oder sogar in seinen Perserteppich beißen, wie manchmal behauptet wurde, aber Millionen von tapferen Soldaten auf beiden Seiten würden überleben.

Berl schloß ein paar Sekunden die Augen und atmete tief durch. Dieser Gedanke war so einfach, so genial und so idiotisch zugleich. Er las weiter: "Auch König Imre Tököly sah, daß die Niederlage nicht mehr aufzuhalten war. Warum sollte er also seine tapferen Ungarn für den Türken opfern? So sprach er zu Hüseyin Pascha, seinem Feldherrn: 'Ich kann mich diesem Christenheer nicht stellen, denn meine Leute sind ihre Glaubensgenossen und würden im Falle eines Kampfes zu ihnen überlaufen, sich ihnen anschließen und gegen euch kämpfen. Ihr wärt dann viel zu schwach an Zahl. Aber wenn ihr glaubt, daß ihr es mit ihnen aufnehmen könnt, dann nehmt es eben mit ihnen auf, aber ohne uns!' Mit diesen Worten nahm er seine Truppen und trat den Rückzug an. Da es sich in diesem Fall um eine Frage der Religion handelte, ließ ihn Hüysein Pascha ziehen." Man sieht, es geht also. Alles nur eine Frage der Auslegung. Erschöpft schloß Berl das Büchlein.

Am nächsten Morgen radelte er in die Kaserne und meldete sich beim Bataillonsstab. Es wurde ihm bedeutet, daß er sich am folgenden Tag nach Kempten in Marsch zu setzen habe. Er solle sich dort bei Leutnant Schwarz vom Ausbildungsbataillon zum Unteroffizierslehrgang melden.

Der Schreibstubenheini händigte ihm den Marschbefehl und die Fahrkarte für den Postbus aus und schickte ihn nach Hause.

Da er Ausgang bis zum Wecken hatte, verabschiedete er sich nach dem Abendessen von seiner Familie und begann seinen Streifzug durch die Füssener Lokale.

Gegen neun Uhr landete er wieder im Café Augusta und zu seiner Überraschung entdeckte er das Mädchen aus Vils, das er im April hatte verführen wollen. Seine Versuche waren aber damals an der jahreszeitlich bedingten, wollenen Unterhose gescheitert. Vielleicht war sie jetzt, Anfang August, etwas günstiger ausgestattet. Sie saß bei zwei anderen Mädchen an einem runden Tisch neben der Garderobe. Noch hatte sie ihn nicht bemerkt. Deshalb ging er, nachdem er bestellt hatte, ganz nahe an ihrem Tisch vorbei, und als sie aufsah, lachte er sie an: "Grüß dich, Helga, bist auch wieder da?" Er blieb stehen.

"Ja, der Peter. Ich hab' denkt, du bist in Rußland."

"Grad frisch zurück, wie du siehst." Er machte mit dem Kopf ein Zeichen, und sie verstand augenblicklich. Kaum war er draußen auf dem Gang, kam sie auch schon nach.

"Ich freu' mich, dich zu sehen", sagte er galant.

"Ich mich auch", antwortete sie.

"Bleibst noch lang?"

"Kommt drauf an."

"Worauf?"

"Ob du heut noch was vorhast."

"Mit dir immer."

"Ich muß noch zahlen."

"Ich auch. Also in 10 Minuten."

"Prima!" lachte sie und verschwand in der Toilette.

Berl kehrte ins Lokal zurück, trank seine Limonade aus, bezahlte und ging. Auf der Straße lehnte er sich an den Gartenzaun und wartete. Zwei Minuten später war sie schon da. So als kenne sie ihn schon eine Ewigkeit, hängte sie sich bei ihm ein und folgte ihm, ohne zu fragen, wohin. Berl liebte solche Mädchen.

Die Sonne war gerade untergegangen, und eine milde, blaßblaue Dunkelheit kroch in die Stadt. Sie überquerten die Kemptener Straße und spazierten die Morisse hoch. Da es noch nicht dunkel genug war, für das, was Berl vorhatte, stiegen sie auf den Kobel und überquerten die Morisse auf dem kleinen Holzsteig, der zum Baumgarten führte. Die Nacht war schneller hereingebrochen als erwartet, und so hatten sie plötzlich Mühe, sich in der Dunkelheit zurechtzufinden. In der Nähe des Wasserreservoirs stand - etwas abseits vom Weg - eine breite Bank, die Berl von früheren Besuchen kannte. Dort setzten sie sich nieder. "Rauchst du?" fragte er.

"Manchmal!" Berl streckte ihr die Schachtel hin, und sie fischte eine Zigarette heraus. Als er ihr Feuer gab, erstrahlte ihr Gesicht in einem kräftigen Orange, genau wie auf den Bildern von Georges de la Tour. Sie waren durch den raschen Hochstieg ein wenig außer Atem geraten, und schweigend rauchten sie vor sich hin. Die Gluten ihrer Zigaretten tanzten wie Glühwürmchen vor ihren Gesichtern. Berl dachte an Wien und an Poldis tragische Verklemmtheit. Heute würde alles einfacher und angenehmer ablaufen, dessen war er sicher. Da begann das Mädchen zu reden. Nach jedem Satz zog sie ein wenig an ihrer Zigarette und blies den Rauch, ohne zu inhalieren, in die Dunkelheit. Ihre linke Hand hielt seine rechte fest umspannt. Ihr Tiroler Dialekt klang plötzlich sehr fremdländisch.

Vor acht Monaten waren sie aus Bozen umgesiedelt worden, aufgrund irgendeines Abkommens zwischen Mussolini und Hitler. Ihre Familie wohnte in einem der neugebauten Häuser in Reutte. Sie arbeitete in Vils in der Zementfabrik. Eine sehr staubige und schwere Arbeit. Am Wochenende fuhr sie meistens zu ihrer Familie nach Reutte. Aber nun hatte der Vater seit einem Vierteljahr eine Freundin, und es gab dauernd Streit. Deshalb wollte sie lieber nicht mehr nach Hause fahren. Aber in Vils gefiel es ihr auch nicht. Die Ansässigen beschimpften sie als Jenische und wollten keinen Kontakt mit ihr haben. Auch die jungen Burschen nicht, sofern sie noch da waren, denn die meisten waren ja beim Militär. Hier in Füssen sei wenigstens eine Kaserne und man könne schon eher jemanden kennenlernen, meinte sie abschließend.

Berl drückte seine Zigarette mit der Stiefelspitze aus, befreite seine rechte Hand und legte sie auf ihren Schenkel. Mit der linken Hand fuhr er vorsichtig in ihren Blusenausschnitt. Sie hatte nichts darunter an. Nun packte sie seinen Kopf und begann, ihn heftig zu küssen. Er spürte, wie sich ihre Beine öffneten, und seine tastende Hand fand auch unter ihrem Rock nicht das geringste Kleidungsstück. Bereit sein ist alles, dachte er.

Fünf vor zwölf stiefelte er, ein wenig schwach in den Knien, aber frohgemut, am Posten vorbei durch den breiten Torbogen in seine

Kaserne. Hinter dem Schlagbaum standen zwei Zivilisten und der Schreibstubengefreite Siebel von seiner Kompanie.

"Das ist der Berl!" sagte er und deutete auf ihn.

"Na, endlich!" maulte der eine, während ihn der andere am Oberarm packte und befahl: "Sie kommen mit uns."

Gleich hinter dem Torgebäude lag die Schreibstube des Bataillons, und dorthin brachten sie den verdutzten Berl, der immer noch keine Ahnung hatte, was die beiden von ihm wollten.

Der Offizier vom Dienst, ein verschlafen dreinblickender Oberleutnant, führte die drei Störenfriede in das Vorzimmer des Bataillonskommandanten, schaltete das Licht ein, wies auf das spärliche Mobiliar und sagte:

"Eine Schreibmaschine ist auch da, wie Sie sehen!" Dann zog er die Türe hinter sich ins Schloß.

"Ihr Soldbuch!" schnauzte der größere der beiden Männer Berl an und riß es ihm ungeduldig aus der Hand, als dieser es, immer noch ganz fassungslos, aus seiner Brusttasche nestelte.

"Sie waren letzte Woche in Wien?" fragte der kleinere, während der andere die Einträge im Soldbuch prüfte.

"Ja", sagte Berl, absolut unmilitärisch. "Was soll die Fragerei?"

"Das werden Sie noch früh genug erfahren!" stellte der größere sarkastisch fest.

"Was haben Sie dort gemacht?"

"Ich hatte Urlaub."

"Bei wem haben Sie dort gewohnt?"

"Die erste Nacht im Soldatenheim", stotterte Berl und überlegte, ob er die Wahrheit sagen sollte. Seine Knie wurden immer zittriger, und eine unbequeme Hitze sammelte sich in seinem Kopf.

"Na weiter", drängte der kleinere, "Sie waren doch nicht nur einen Tag in Wien, oder?"

"Dann hab' ich bei einer Bekannten übernachtet."

"Name, Adresse!" bohrte jetzt der größere. Die beiden schienen sich ganz regelmäßig abzuwechseln, damit keiner zuviel arbeiten mußte.

"Leopoldine Wondracek, Wien I. Bezirk, Barbaragasse 12."

Die beiden schauten sich an, der größere nickte, und der kleinere fuhr fort:

"Woher kannten Sie Frau Wondracek?"

"Ich hab' sie nach dem Weg gefragt."

"Und dann hat sie Sie gleich mitgenommen zu sich nach Hause?"

"Na ja, Sie wissen ja, wie so was geht. Da gibt ein Wort das andere, dann trinkt man ein Bier zusammen und so weiter."

"Ein bißerl genauer, wenn ich bitten darf!" sagte der größere der Männer, der eine gewisse Vorliebe für erotische Details erkennen ließ.

"Ich hab' sie zu einem Glas Bier eingeladen, dann hat sie mich ein wenig im Zentrum herumgeführt, und dabei hab' ich ihr erzählt, daß ich noch kein Quartier habe", berichtete Berl wahrheitsgemäß. Ihm erschien die ganze Fragerei immer noch reichlich dubios, und insgeheim verfluchte er seinen Drang, unbedingt irgendeine Weibsperson aufreißen zu müssen. Meist gab es doch nur Ärger mit ihnen, und das bißchen Vergnügen war bald wieder vergessen.

"Und da hat sie Ihnen angeboten, zu ihr zu kommen."

"Genau!" sagte Berl und betonte die erste Silbe aufreizend stark.

"Und dann haben Sie gleich bei ihr geschlafen?" wollte der größere wissen.

"Bei ihr schon, aber nicht mit ihr!" erläuterte Berl.

"Was soll das nun wieder heißen?" fragte der Kleine ein wenig begriffsstutzig.

"Genau wie ich es gesagt habe. Sie hat in ihrem Schlafzimmer geschlafen und ich im Wohnzimmer."

"Wie viele Nächte haben Sie bei der Dame zugebracht?"

"Da muß ich nachrechnen", sagte Berl und nahm seine Finger zu Hilfe. "Dienstag, Mittwoch, Donnerstag, also drei! Am Freitag früh bin ich wieder heimgefahren."

Der Große nahm sein Notizbüchlein heraus und überprüfte seine Eintragungen.

"Vielleicht sind Sie aber auch erst gegen Abend abgereist."

"Nein, nein, ich war doch am Abend schon in München und hab im Soldatenheim in der Luisenstraße übernachtet. Das können Sie nachprüfen."

"Das werden wir auch tun, verlassen Sie sich drauf", sagte der Kleine.

"Und Sie haben also nichts mit der Frau gehabt!" bohrte der Große und befeuchtete seine Lippen im Vorgriff auf ein intimes Geständnis.

"Ich hab's natürlich versucht, aber es hat nicht hinghaut. Drum bin ich ja auch zwei Tage früher abgereist." Die beiden Kriminalbeamten schauten sich an, und dann hatte der Kleine eine Idee.

"Ziehen Sie mal Ihre Uniformjacke aus und machen Sie den Oberkörper frei!"

"Was soll das denn?" fragte Berl und wurde rot, weil er wußte, daß sein Rücken mit Sicherheit noch die Spuren der verkorksten Nacht mit Poldi zeigen würde.

"Ja, was hammer denn da?" fragte der Große. "Wo stammt denn das her?"

"Ich hab' doch gesagt, ich hätt's versucht."

"Und die Wondracek wollte nicht?"

"Doch, die hat schon wollen, aber es hat einfach nicht geklappt."

"Dann haben Sie sie erwürgt!" platzte der Kleine dazwischen und schaute Berl mit drohendem Ausdruck im Gesicht an. Er schien sich seiner Sache absolut sicher. Nur Berl wußte nicht, wovon der Mann sprach. Erstaunt starrte er ihn an.

"Ich weiß gar nicht, wovon Sie reden!" stotterte er, obwohl er weit hinten in seinem Kopf eine grausame Vermutung hatte, die ihm das Herz zupreßte.

"Geben Sie's doch zu. Sie haben am Freitag, den 8.8.1943, eine gewisse Poldi Wondracek in ihrer Wohnung in Wien ermordet."

"Warum sollte ich denn das getan haben?" fragte der Beschuldigte aufgeregt.

"Das haben Sie doch eben selbst zugegeben: weil die Frau nicht wollte!"

"Sie verdrehen mir die Worte. Ich hab' gesagt, sie hat schon gwollt, es hat bloß nicht geklappt."

"Was hat nicht geklappt?" wollte der Große wissen, dessen Gier nach Einzelheiten noch lange nicht gestillt war.

"Sie war wie eine Furie. Drum hat sie mir ja auch den ganzen Rücken zerkratzt."

"Ja, und was hat denn dann nicht geklappt?" insistierte der Große.

"Es ist uns beiden nicht gekommen."

"Und warum nicht?"

"Sie hat vorher aufgehört und mich weggedrückt."

"Und dann haben Sie sie aus Wut erwürgt!" beharrte der Kleine.

"Nein, nein, ich hab' ihr nichts getan", stöhnte Berl.

"Warum haben Sie das Buch mitgenommen?" fragte der Kleine ganz unvermittelt, denn er schien eingesehen zu haben, daß man so nicht weiterkam.

"Weil ich es noch nicht ausgelesen hatte."

"Hat die Wondracek Ihnen das erlaubt?"

"Ich hab' sie gar nicht gefragt."

"Weil sie gar nicht mehr reden konnte. Weil sie schon tot war."

"Nein, sie war nicht tot. Sie hat mir vom Fenster aus noch zugewinkt, als ich ging!"

"Wer's glaubt, wird selig", sagte der Große. "Sie sind vorläufig festgenommen!" schloß er die Vernehmung.

Sie sperrten Berl in die Arrestzelle des Bataillons und fuhren in die Stadt zurück, wo sie im Hotel Sonne Quartier bezogen hatten.

"Was meinst du, war er's?" fragte der Kleine auf dem Weg zu den Zimmern.

"Na klar war er's."

"Es hätt auch nicht viel Sinn gehabt, diese Tatsachen zu leugnen."

"Mir ist die Sache zu einfach. Aber wir werden ja sehen, was dabei noch herauskommt."

Berl verbrachte eine unruhige Nacht. Wie in einem Dia-Vortrag sah er Poldi's grandiosen Körper an der weißgekalkten Zellendecke, reglos, marmorblaß und ungeheuer wollüstig. Nur ihr Gesicht konnte er nicht sehen, so als ob sie tatsächlich nicht mehr existieren würde. "Scheißweiber", fluchte er immer wieder vor sich hin und wälzte sich herum. Die Wahrheit mußte doch gefunden werden. Als sich ein fahles Licht durch das winzige Fenster drängte, schlief er ein.

Pünktlich um sieben Uhr trafen sich die beiden Kriminalpolizisten am anderen Morgen im Frühstückszimmer.

"Ich hab' mir das nochmals durch den Kopf gehen lassen", begrüßte der kleinere seinen Kollegen, und beide nahmen am Tisch Platz.

"Du meinst also, er war's?" fragte dieser und steckte die Serviette hinter den Hemdkragen.

"Ja und nein!" So unsicher, wie die Antwort war, so zittrig war die Hand des Polizeibeamten, als er den Kaffee einschenkte. "Leider konnte uns die Wiener nur eine ungefähre Todeszeit angeben: Freitag 12 Uhr plus/minus 12 Stunden."

"Das heißt doch, er könnte es auch noch gewesen sein, wenn er, wie er angibt, schon am Freitag früh abgefahren wäre."

"Na ja, das können wir ja in München ganz leicht herausbekommen."

"Warum ist denn die Todeszeit nicht genauer festzustellen?"

"Die Schwiegermutter hat die Leiche erst am Montag morgen gefunden."

Langsam schlürften die beiden ihren Kaffee, strichen sich die Marmelade dick auf die frischen Brötchen und stierten nachdenklich auf die karierte Tischdecke, so als könnten sie auf ihr die Lösung ihres Problems entdecken.

Als sie dann in ihrem DKW zur Kaserne fuhren, entwickelten sie die Strategie des weiteren Vorgehens.

"Du gehst die sanfte Tour und ich die harte!" sagte der Große.

"Wie gewöhnlich!" stimmte der Kleine zu, obwohl er manchmal auch gerne den Harten gespielt hätte, aber den nahm ihm wohl keiner ab, und blamieren wollte er sich auch nicht. Ohne großen Optimismus kletterten sie aus dem Wagen und ließen sich fünf Minuten später den Häftling vorführen.

"Wollen Sie nun ein Geständnis ablegen?" fragte der Kleine mit sanfter Stimme.

"Ich hab' doch schon alles gestanden!" sagte Berl.

"Alles, bis auf den Mord!" brüllte der Große und schlug mit der Faust auf den Tisch. "Wir können auch andere Seiten aufziehen."

Berl war beeindruckt. Er wußte, daß in den deutschen Gefängnissen in diesen harten Zeiten geprügelt und gefoltert wurde. Die Frage war nur, ob er diesem Druck so lange standhalten würde, bis die in Wien herausgefunden hätten, daß er die Frau gar nicht umgebracht hatte. Mit Schaudern dachte er an die Möglichkeit, daß die Wiener gar nicht nach einem anderen Täter suchten, wo sie doch ihn jetzt hatten. Auch davon hatte er schon gelesen, daß sie Unschuldige gehängt und zwei Jahre später den richtigen Täter gefunden hatten.

"Ich kann doch nichts gestehen, was ich nicht getan habe!" stotterte er.

"Ich würde mir das an Ihrer Stelle gut überlegen", schlug der Kleine vor. "Wenn Sie die Tat zugeben, könnten wir mildernde Umstände geltend machen und auf Totschlag im Affekt plädieren. Das würde Sie vielleicht fünf Jahre hinter Gitter bringen. Mir wäre das lieber als ein Winter in Rußland mit der Aussicht auf den Heldentod!"

Obwohl sich Berls Hang zu dieser Art von Argumentation in Grenzen hielt, mußte er doch zugeben, daß die Überlebenschancen im Gefängnis weit größer waren als an der Front. Auch war eine ungeheizte Zelle immer noch trockener als ein notdürftiger Unterstand an der Hauptkampflinie. Aber nach dem Krieg würde der Makel eines Totschlägers über ihm schweben. Und was würde seine Großmutter dann sagen?

Dieser letzte Gedanke erschreckte ihn zutiefst. Nein, so etwas konnte er dieser Frau nicht antun. Er mußte bei seiner Aussage bleiben.

"Ich kann Ihnen nicht helfen, ich war's nicht!" sagte er trotzig.

"Wie Sie wollen, wir können auch anders", erwiderte der Große und brüllte ihn an:

"Aufstehen!"

Zögernd stand Berl auf, und noch bevor er sich gänzlich aufgerichtet hatte, krachten schon die beiden Fäuste des Großen in seine Magengrube. Berl krümmte sich, verschränkte beide Arme vor seinem Bauch und schaute den Schläger ungläubig an. "Das dürfen Sie doch gar nicht!" stöhnte er.

"Du Scheißkerl willst mir sagen, was ich darf und was nicht?" Patsch, patsch, knallten zwei Ohrfeigen an Berls Wangen und ließen seinen Kopf rot anschwellen.

"Davon kannst du jede Menge haben!" versprach der Große, schon wieder sprungbereit, aber der Kleine drängte sich zwischen die beiden und säuselte:

"Wir wollen Ihnen doch gar nicht weh tun. Aber Sie werden doch einsehen, daß wir unsere Pflicht tun müssen. Wir müssen den Mörder dieser Frau finden, und alles deutet darauf hin, daß Sie es gewesen sind!"

"Ich war es aber nicht, das kann ich beschwören."

"Wenn du wüßtest, wie viele Meineide wir beide schon mit anhören mußten, würdest du staunen. Ein Geständnis ist doch wirklich viel einfacher für uns alle!"

Und wieder begann Berl zu überlegen, aber die Gestalt seiner Großmutter wurde immer riesiger, die gigantischen Figuren von Ramses II. in Abus Simbel schrumpften zur Bedeutungslosigkeit im Vergleich mit der ruhigen Würde dieser Frau, die ihn großgezogen und der er alles zu verdanken hatte. Die Nachricht, daß er jemanden umgebracht habe, würde sie mehr erstaunen als die Mitteilung, daß Jesus Christus mitsamt seinen zwölf Aposteln aus der katholischen Kirche ausgetreten sei. Nein, um dieser Frau willen mußte er standhaft bleiben.

"Tut mir leid. Ihr könnt mich so lange schlagen, wie ihr wollt, es gibt kein falsches Geständnis." Trotzig schob er die Unterlippe vor und schaute dem großen Schläger tapfer in die Augen. Er würde seine Mißhandlungen mit Verachtung strafen. Er würde keinen Laut von sich geben, kein Wehklagen und schon gar keine Bitte um Nachsicht. Er sah den Zorn in den Augen des Mannes aufsteigen, spürte dessen mit Kaffeedunst vermischten Atem, er sah, wie sich die Fäuste ballten, und zog schon den Kopf ein. Da klopfte es an der Türe. Unwirsch wandte sich der Kleine um und rief: "Herein!"

"Verzeihen Sie, wenn ich stören muß", entschuldigte sich der Schreibstubengefreite des Bataillons, "aber vielleicht ist es wichtig."

"Was soll wichtig sein?" fragte der Große ärgerlich, denn er ließ sich nicht gerne aus seiner Bereitschaft, alle Härte des Gesetzes anzuwenden, herausdrängen. "Ein Brief für den Gefreiten Berl aus Wien!"

"Woher?" fragte der Kleine ungläubig.

"Aus Wien!" bestätigte der Gefreite und drehte den Brief um: "Absender P. Wondracek, Barbaragasse 12."

Geben Sie schon her!" sagte der Große und drehte immer noch ganz konsterniert den Brief in seiner Hand. Umständlich holte er ein Taschenmesser aus seiner Hosentasche, ließ die Klinge vorspringen und schob sie in den Umschlag.

Während das Messer vorsichtig an der Papierkante entlangglitt, fragte er sich, was wohl in diesem Brief stehen konnte. Dann las er vor: "Wien, den 8.8.43 - lieber Peter!

Kurz nachdem Du fort warst, hab' ich entdeckt, daß Du das Lieblingsbuch von meinem Mann mitgenommen hast ..."

Der Große unterbrach seine Lektüre und schaute zur Decke. Er überlegte. "Kurz nachdem Du fort warst", stand da, ganz eindeutig!

Berl überlegte ebenfalls. Vor ihm tauchte der große Chippendale-Bücherschrank mit den beiden Glastüren auf, der wie unnütz in der Ecke stand und nur ein einziges schlampiges Buch beherbergt hatte: "Die Türken vor Wien!" Er mußte nun noch verlassener aussehen, dieser wirklich beeindruckende Schrank. Ja, er hatte das Buch mitgenommen, aus Versehen, er würde es umgehend zurückschicken.

Der Große hatte sich wieder gefangen und las weiter:

"Ich hab' Dich angelogen. Er ist nicht gefallen, sondern sitzt hier im Gefängnis. Wenn er nun wieder herauskommt, ist sicher seine erste Frage: Wo ist das Buch? Schick es mir also bitte zurück, wenn DU es ausgelesen hast.

Es tut mir leid, daß ich Dir den Urlaub in Wien so verdorben hab', aber ich kann nicht aus meiner Haut. Vielleicht kommst Du wieder mal nach Wien, dann mußt du Dich bei mir melden. Versprich mir das. Viele liebe Grüße und Bussi, Poldi!"

"Dann war der Schatten am Donnerstag abend ihr Mann!" überlegte Berl laut.

"Welcher Schatten?" fragte der Kleine.

"Wie wir am Donnerstag heimgekommen sind, haben wir einen Schatten aus der Haustüre schleichen und davonrennen sehen. Die Poldi war echt erschrocken, hat aber gesagt, sie habe den Mann nicht erkannt. Ich bin jetzt sicher, das war ihr Mann."

"Und warum haben Sie uns das nicht gleich gesagt?" fragte der Große, der eine Möglichkeit sah, die Schuld an den Mißhandlungen auf den Verdächtigen zu schieben.

"Sie haben mich ja gar nicht zu Wort kommen lassen", entschuldigte sich Berl.

Dann trat ein paar Augenblicke Ruhe ein, und alle drei überlegten. Den beiden Kriminalbeamten war klargeworden, daß Berl als Täter nicht mehr in Frage kam. Aller Voraussicht nach, war der Ehemann der Täter, aber das sollten die Wiener selbst herausfinden. Das war nicht mehr ihr Problem. Und irgendwie waren sie erleichtert, daß sich der Fall auf so einfache Weise zugunsten ihres Häftlings aufgelöst hatte.

Berl war ebenfalls erleichtert. Und wie immer, wenn dieses Gefühl in ihm aufstieg, waren alle guten Vorsätze vergessen, und die "Scheißweiber", die er vor zehn Minuten noch für sein ganzes Elend haftbar gemacht hatte, verwandelten sich in begehrenswerte Geschöpfe, die hoffentlich in Kempten in großer Anzahl auf ihn warteten. Da zur gleichen Zeit auch der imposante Schatten seiner Großmutter auf Normalmaß zusammenschrumpfte, begann in seinem Hirn ein Überlegungsmechanismus, der ihn stark beunruhigte.

Während er als freier Mann aus der Arrestzelle heraustrat in das gleißende Licht der warmen Augustsonne, begannen die grauen Zellen in seinem Kopf abzuwägen, ob ein längerer Aufenthalt in einem Gefängnis nicht am Ende doch eine größere Überlebenschance geboten hätte als seine wiedergewonnene relative Freiheit.

Der Jurist

Da das Reichskriegsgericht in jenen letzten Monaten des vierten Kriegsjahres unter einem Berg von Akten zu ersticken drohte, wurde in der Kaiserhofstraße ein Gebäude beschlagnahmt und mit eilig eingezogenen, Amtsrichtern und Staatsanwälten, die aus den Provinzen des Reiches abgezogen wurden, vollgestopft.

So kam auch Amtsrichter Dr. Paul Bergmeier aus Neu-Ulm nach Berlin und bezog im zweiten Stock jenes Hauses ein winziges Büro, zusammen mit einer weiblichen Schreibkraft, die aus Itzehoe stammte, dort in einer Notariatskanzlei gearbeitet hatte und nun ebenfalls dienstverpflichtet worden war.

Wenn der neue Kriegsgerichtsrat aus seinem Bürofenster hinunter blickte auf den Wilhelmsplatz, dann sah er links die riesige Front der Neuen Reichskanzlei, die mit ihrer kasernenartigen, wenig gegliederten Fassade fast die ganze Voss-Straße zudeckte und rechts davon das schöne Borsig-Palais, an das Hitlers Leibarchitekt Speer einen recht passablen Anbau angefügt hatte. Diese spürbare Nähe zu den Wurzeln der Macht bereitete Dr. Bergmeier ein gewisses Unbehagen, denn er wußte sehr genau, daß in unmittelbarer Umgebung des Tyrannen die direkten Zugänge zum Gipfel des Erfolges lagen. Es war ihm aber auch klar, daß die abschüssigen Böden im Zentrum der Macht viel Takt erforderten, was T. Accetto schon im 17. Jahrhundert in Della dissimulaziona onesta aufs treffslichste erläutert hatte.

Mit Grauen dachte er daran, was aus ihm werden könnte, wenn auch die Führer dieses Staates Niccolo Machiavellis Anweisungen zum Regieren befolgten. Er wollte schlau sein wie ein Fuchs, um die Schlingen zu erkennen, und er hatte sich fest vorgenommen, ein Löwe zu werden, wenn es darum ginge, die Wölfe zu schrecken.

So war er also mit den besten Vorsätzen gewappnet eingezogen in den innersten Kreis der dritten Gewalt und entschlossen, seinen Weg nach oben unbeirrt zu gehen.

Die erfreulichen Seiten des Lebens wollte er dabei keineswegs vernachlässigen, und als guter Lateiner, der er immer war, hatte er auch gleich den entsprechenden Spruch parat. "Nitimur in vetitim semper, cupimusque negata", sagte er laut vor sich hin, wobei ihm seine Neigung zum Verbotenen noch nie moralische Kopfschmerzen bereitet hatte. Obwohl seit über acht Jahren verheiratet, war er keiner Gelegenheit zum Seitensprung ausgewichen, und als er die ihm gegenübersitzende Justizsekretärin i.A. mit sichtlichem Wohlgefallen betrachtete, war er sofort bereit, seinen sonst äußerst ausgeprägten Willen, der vielgelästerten Schwäche des Fleisches zu beugen. Während er sich ohne großen Enthusiasmus dem Änderungsentwurf für eine Verordnung zur Aburteilung straffälliger Hilfswilliger zuwandte, riß er im Geiste seiner holsteinischen Schreibkraft Stück für Stück die Kleider vom Leibe, bis sie vor ihm saß, in ihrer rosig schimmernden vollschlanken Nacktheit. Die Anstrengung dieser Hirnarbeit trocknete seinen Mund aus wie nach einem tagelangen Wüstenmarsch, und als er aufstand und zum Waschbecken ging, streifte er ihren nackten Oberarm.

Während Richter Bergmeier noch am Waschbecken stand und mit kurzen, heftigen Schlucken seine Kehle befeuchtete, stand Ute Johansen auf, strich ihren etwas zu kurz geratenen blauen Gabardinerock glatt, stopfte ihre ein wenig verrutschte Bluse zurecht und ging dann zielsicher auf den großen Aktenschrank zu, der rechts neben dem Becken stand. Durch die Enge des Raumes war sie gezwungen, sich seitwärts an dem immer noch trinkenden Mann vorbeizuschlängeln, wobei sie nun ihrerseits nicht vermeiden konnte, mit ihrem Oberarm seine Hand zu berühren. Sie lächelte ihn an, als wolle sie sich entschuldigen, wandte sich aber dann rasch ihren Akten zu und wartete, bis er sich wieder gesetzt hatte, bevor sie selbst an ihren Platz zurückkehrte.

Während Bergmeier so tat, als sei er tief in seine Verordnungen versunken, überlegte er fieberhaft, wie er den ersten Schritt vom dienstlichen Gespräch zu einer etwas privateren Unterhaltung beginnen sollte, ohne sich gleich zu Anfang eine Blöße zu geben, die ihn notfalls daran hindern konnte, sich ohne Schwierigkeiten auf die gebotene Reserviertheit zurückzuziehen.

"Haben Sie sich schon einigermaßen eingelebt in Berlin?" fragte er ganz plötzlich.

"Fräulein Johansen schaute erschrocken auf, tat ein wenig verdutzt, was Bergmeier ziemlich geschauspielert vorkam, und schüttelte dann den Kopf.

"Nein, die Stadt macht mir Angst! Ich traue mich abends nicht aus dem Haus", sagte sie, was ganz überzeugend klang und gleichzeitig Bergmeier ein fabelhaftes Stichwort gab. Ohne lange zu zögern, sagte er: "Wenn Sie wollen, können wir ja gemeinsam einen kleinen Stadtbummel wagen?"

"Ich weiß nicht, ob sich das schickt?" entgegnete sie zweifelnd.
"Aber warum denn nicht. Hier kennt uns doch keiner. Die Stadt ist so riesengroß, und im übrigen tun wir ja nichts Unrechtes", versuchte er sie zu überzeugen. Etwas schnippisch zuckte sie mit den Schultern und sah ihm dabei mit ihren wasserblauen Augen mitten ins Gesicht. Er liebte es eigentlich nicht, wenn Damen ihn so unverhohlen anschauten, aber da um ihren Mund ein wirklich entwaffnendes Lächeln strahlte, zog er den Ansatz von Groll sofort wieder zurück und fragte: "Wie wär's gleich heute abend? Ich könnte noch Karten für das Konzert von Peter Kreuder bekommen!"
"Oh, das wäre natürlich phantastisch!" sprühte sie vor Begeisterung.
"Wo darf ich Sie denn abholen?" fragte er galant.
"Ich komme gerne direkt zum Theater des Volkes, da spielt er doch!"
"Kommt gar nicht in Frage!", wiegelte er ab, "wo Sie sich doch abends nicht allein auf die Straße trauen. Ich hole Sie ab, basta!"
"Also gut, ich wohne Grunerstr. 8, gleich beim Alexanderplatz."
"Sehr gut, ich erlaube mir, Sie um 7 Uhr abzuholen, dann werden wir pünktlich dort sein. Einverstanden?"
Sie war einverstanden und begleitete ihr Ja mit einem überaus freundlichen Lächeln, was wiederum ihn zu den schönsten Hoffnungen berechtigte. Genießet den Krieg, der Friede wird grausam werden, hatte ihm erst gestern ein aufgeweckter Chefsekretär geraten, der nach einer Armamputation in dieser Dienststelle gelandet war. Auch Richter Bergmeier war gewillt, sein Leben auf kurzfristigere Ziele einzustellen, zum einen, weil er Horaz glaubte, der aus der Summe seines Lebens geschrieben hatte: Vitae summa brevis spem nos vetat inchoare longam, und zum zweiten, weil er überzeugt war, daß diese Stadt für ihn eine gewaltige Falle war, aus der es kein Entrinnen gab. Wie lange würde sein Leben noch dauern?"
Angewidert von seinem grüblerischen Rückfall in eine pessimistische Denkweise, die er sich geschworen hatte abzustellen, seit er am Anhalter Bahnhof aus dem Zug gestiegen war, verschloß er seine Akten in seiner Tischschublade und ging nach Hause. Er wohnte in einem vierstöckigen Mietshaus Ecke Simeon-Alexandrinen-Straße zu Untermiete bei einem pensionierten Schullehrer, der ihn, déformation professionelle, mit Hilfe großer Atlanten über den jeweiligen Frontverlauf unterrichtete und über die geologischen Besonderheiten der betroffenen Gegenden belehrte.
Eigentlich war Richter Bergmeier an die Einhaltung seiner Dienst-

zeiten gebunden, aber der jahrelange schludrige Umgang mit Amtsstunden konnte nicht von heute auf morgen aus einem omnipotenten Landrichter einen dienstbeflissenen Ministerialbeamten machen. Diese Nachlässigkeit und Ute Johansen sollten schuld sein, daß sein Leben einen weitaus dramatischeren Verlauf nahm, als ihm lieb sein konnte. Da er das nicht voraussehen konnte und im übrigen fest entschlossen war, die Gunst der Stunde zu nutzen, eilte er, die Melodie von den trügerischen Frauenherzen vor sich hin pfeifend, seinem möblierten Zimmer entgegen.

Fräulein Johansen benutzte ihrerseits den großzügigen Umgang ihres Chefs mit der vorgeschriebenen Arbeitszeit und begann mit der Maniküre ihrer Fingernägel, die sie in der Hektik der letzten Wochen, hervorgerufen durch ihren Umzug von Itzehoe nach Berlin, sträflich vernachlässigt hatte.

Da sie auch mit ihrem letzten Vorgesetzten, dem überaus korrekten Notar, ein kleines Techtelmechtel hatte, das sich allerdings darauf beschränkte, daß er ihr manchmal ins Décolleté griff, war sie höchstens darüber ein wenig überrascht, daß sie gleich in der ersten Berliner Woche mit dem neuen Chef in intimeren Kontakt kam. Ohne Horaz zu kennen, hatte sie dieselbe Einstellung zum Leben, nur war sie weit davon entfernt, ihr Seelenleben mit lateinischen Sprüchen zu untermauern.

Pünktlich zu Büroschluß verließ Ute Johansen das Amt und war wenig später in ihrem Zimmer, wo sie sich sorgfältig umkleidete, während sie zwischendurch eine Dose Ölsardinen leerte. Lange vor 7 Uhr war sie fertig und spähte ungeduldig durch den Vorhang auf die Straße. Auch Dr. Bergmeier war zu früh dran und hielt sich deshalb in der Dirksenstraße verborgen. Nervös trat er von einem Fuß auf den anderen und schaute ständig auf seine goldene Sprungdeckeluhr. Drei Minuten vor sieben machte er sich auf die letzten 50 Meter und Punkt sieben läutete er.

Ute mußte schon im Treppenhaus gestanden haben, denn kaum war der letzte Ton verklungen, öffnete sich die Haustüre, und sie trat heraus. Freudig erregt streckte sie ihm ihre Hand entgegen, die er mit beiden Händen ergriff. Tief beugte er sich hinunter und deutete einen Handkuß an. "Sie sehen besonders hübsch aus!" sagte er und hakte sie unter.

Am Alexanderplatz bestiegen sie die S-Bahn und fuhren bis Bahnhof Friedrichstraße. Am Reichstagsufer überquerten sie die Spree und dann ging's noch ein paar Schritte den Schiffsbauerdamm hinunter, und schon waren sie am Theater des Volkes angelangt, wo in großen Plakaten Peter Kreuder angekündigt wurde. Bergmeier hatte die ganze Strecke über dafür gesorgt, daß sich Fräulein Johansen nicht langweilte. Obwohl er von Haus aus einer jener Paragraphenfuchser war, die seit Hunderten von Jahren die deutsche Justiz so unausstehlich gemacht hatten, konnte er doch ganz amüsant sein, wenn er sich wirklich losgelöst fühlte von dem schweren Amt, das ihn in Neu-Ulm ständig umgeben hatte. Hier in Berlin jedenfalls wollte er ganz streng zwischen Dienst und Freizeit unterscheiden. Das Konzert war höchst erfreulich, obwohl Bergmeier sich gar nichts aus Schlagern machte, aber Fräulein Johansen wurde immer euphorischer und bald drückte sie ihm vor Entzücken die Hände, dann wieder legte sie ihren Kopf an seine Schulter und ließ sich von den sanften Akkorden einlullen. Als Herr Kreuder mit eingeübtem Pathos zum Abschied noch einmal Servus sagte, liefen ihr die Tränen über die Wangen, und Bergmeier wischte sie mit seinem blütenweißen Taschentuch ab. Nachher ärgerte er sich über diese unnötige Galanterie, denn ihre Wimperntusche würde seinen erbärmlichen Wäschereikenntnissen große Mühe bereiten.

Da Fräulein Johansen es ablehnte, nach dem herrlichen Abend noch in irgendeine Kneipe zu gehen, schlenderten sie die Spree entlang, und da ausnahmsweise auch keine Bomben fielen, genossen sie den Heimweg durch die grauenhafte Ruinenlandschaft wie ein heiteres Schweben in paradiesischen Gefilden.

Mit Erstaunen stellte Bergmeier fest, daß er neben den eingeübten juristischen Gesetzmäßigkeiten auch über genügend Phantasie verfügte, eine junge Frau mit läppischem Schnickschnack zu unterhalten. Leider gelang es ihm nicht, sich selbst so weit ernst zu nehmen, daß er in Balzac'scher Ergriffenheit das zarte Spiel des Geistes wahrnahm, das die Gleichmäßigkeit des Gefühls angeblich abtönt, wie die Facetten die Monotonie eines Edelsteins beleben. Nein, so weit war er nicht zu gehen bereit, mit Liebe wollte er nichts zu tun haben. Dieses ganze Geschwafel war nur dazu da, die Kleine ins Bett zu bekommen, nicht mehr - aber auch nicht weniger.

Der winzige Park vor dem Schloß Monbijou war mit ein paar Bänken bestückt, und mit geübtem Blick entdeckte Bergmeier eine, die so aussah, als könnte sie die Last zweier Ruhesuchender tragen, und bereitwillig folgte ihm Ute Johansen, vom Kreuderschen Schmäh weich geknetet. Bergmeier hielt sich nicht lange mit Vorreden auf, sondern kam gleich zur Sache, und sie erwiderte seine wilden Küsse mit der leicht abwehrenden Routine einer, häufigen Verführungen ausgesetzten Sekretärin.

Erst als Bergmeier versuchte, die ganze Länge ihrer strammen Schenkel zu ertasten, blockierte sie seine Hand mit entschlossenem Zugriff und flüsterte ihm lachend ins Ohr: "So schnell schießen die Preußen nicht, Herr Doktor!"

"Entschuldigen Sie bitte meine Ungeduld, ich wollte Sie nicht beleidigen!" Mit Bedauern stellte er fest, daß seine Fähigkeit Konversation zu machen in kritischen Situationen doch sehr zu wünschen übrig ließ. Etwas pikiert strich er seine Haare aus der Stirn und stand mit einem Ruck vor ihr stramm: "Ich bedaure wirklich außerordentlich, daß ich mich so gehenließ, Fräulein Johansen!"

Im schwachen Licht des Neumondes sah sie, daß er ihr beide Hände entgegenstreckte. Aufatmend ergriff sie diese und zog sich zu ihm empor.

"Sie brauchen sich nicht zu entschuldigen, Herr Doktor. Es war sehr schön, aber in diesen Dingen bin ich noch furchtbar altmodisch", bemerkte sie mit einem bedauernden Unterton, der ihm sofort seine ganze Sicherheit zurückgab. Mit beiden Händen ergriff er ganz zart ihren Kopf und drückte seine Lippen behutsam auf ihre Stirne.

Wortlos setzten sie ihren Weg fort, und als er sie an ihrer Haustüre verabschiedete, war er sicher, daß er ein gutes Stück vorangekommen war. Er würde ihrer holsteinischen Rückständigkeit schon auf die Sprünge helfen, andererseits wollte er sich den Genuß der nuancierten Raffinesse einer feingesponnenen Eroberungstaktik nicht allzusehr verkürzen.

Während in seinem Gehirn in Zeitlupe faszinierende Bilder wollüstiger, zukünftiger Ereignisse abliefen, eilte er auf kürzestem Weg nach Hause.

Am nächsten Tag betrat Dr. Bergmeier mit der gewohnten viertelstündigen Verspätung, die er als Akademiker und unabhängiger Richter für sich ganz selbstverständlich in Anspruch nahm, sein Büro.

Äußerst knapp, aber mit angemessener Freundlichkeit begrüßte er Fräulein Johansen, entnahm seiner Schublade ein Bündel Akten und verabschiedete sich schon wieder:

"Wenn jemand nach mir fragen sollte, ich bin bei einer Lagebesprechung des II. Senats im kleinen Sitzungssaal. Keine Ahnung, wie lange das dauern wird!" Sprach's und war verschwunden, ohne zu erkennen zu geben, daß er sich an den gestrigen Abend noch erinnerte. Ute Johansen hatte sich für das Wiedersehen nach der leidenschaftlichen Küsserei des Vorabends schon eine taktische Variante überlegt und war nun tief enttäuscht, daß sie keine der eingeübten Redewendungen an den Mann bringen konnte. Gelangweilt vertiefte sie sich in ihre Akten und begann die Protokolle der vergangenen Tage abzuschreiben.

Als Dr. Bergmeier den kleinen Sitzungssaal betrat, waren schon einige Herren anwesend, die er alle der Reihe nach mit Handschlag begrüßte. Er hatte sich vorgenommen, sie alle für sich zu gewinnen, was für eine gezielte Karriere immer wichtig war. Nur wem es gelang, gehässige Quertreibereien der Kollegen von vornherein auszuschalten, der konnte sich, dem Kampf um die gehobene Position zuwenden.

Punkt acht Uhr dreißig betrat Senatspräsident von Achtern den Saal und bat die strammstehenden Herren Platz zu nehmen. Bedächtig zündete er sich eine überlange Brasil an, öffnete mit übertriebener Pedanterie seinen Aktendeckel und begann vorzutragen.

In den ersten Minuten folgten die Herren Kriegsgerichtsräte seinen Ausführungen mit großer Aufmerksamkeit, als sie aber bemerkten, daß der übliche Routinekram zur Disposition stand, wich die anfänglich gezeigte Interessiertheit der Gleichgültigkeit.

Lediglich Bergmeier, für einen Anfänger verständlich, verfolgte auch weiterhin die mit herausfordernder Monotonie vorgetragenen Vorschläge zur Vereinfachung des Beweisverfahrens bei Standgerichten. Auf Wunsch des Führers solle das Passus gestrichen werden, der bisher verlangte, daß Todesurteile nur auf einstimmigen Beschluß des Gerichtes ausgesprochen werden dürfen.

Da Herr von Achtern eine kleine Pause einlegte und fragend in die Runde blickte, sagte Bergmeier:

"Sie werden verzeihen, wenn ich als Neuling in dieser erlauchten Runde eine Frage an Sie richte?", wobei er in devoter, leicht vorgeneigter Haltung in Richtung des Vorgesetzten blickte, ohne ihn freilich direkt anzusehen.

"Bitte gerne, Herr Kollege!" antwortete Herr von Achtern liebenswürdig.

Etwas verstört blickten die übrigen Herren auf Bergmeier, denn es war nicht üblich, während des Vortrags Fragen zu stellen. Mit mitleidigem Lächeln konstatierten die meisten von ihnen die Unerfahrenheit des neuen Kollegen, während ein paar andere diese unschickliche Unterbrechung ihres Dämmerzustandes mit gereiztem Gemurmel bedachten.

"Ich würde gerne wissen, Herr Präsident, wie und in welcher Form die Wünsche des Führers dieser Dienststelle nahegelegt werden!" Herr von Achtern blickte ein wenig konsterniert auf den Fragesteller. War der Mann wirklich so dumm, daß er die innerdienstlichen Feinheiten in einer absolutistischen Entscheidungsstruktur nicht kannte, oder hatte man sich hier einen aufsässigen Liberalen eingehandelt, der bewußt darauf aus war, Stunk zu machen. "Ich verstehe Ihre Frage nicht ganz!" antwortete von Achtern mit einem leicht drohenden Unterton, da er hoffte, daß Bergmeier schlau genug sein würde, seine Frage zurückzuziehen, wenn er erkennen konnte, daß es dem Präsidenten nicht sonderlich gefiel, dieses heikle Problem zu erörtern.

Bergmeier erfaßte sofort, daß er sich hier einen Fauxpas geleistet hatte, aber er wollte nicht den Eindruck erwecken, daß ihn eine geringfügige Veränderung der Tonlage schon dazu bringen konnte, einen Rückzieher zu machen. Man mußte sich irgendwie zur Geltung bringen, und er konnte ja später immer noch klein beigeben. Also fragte er nochmals, diesmal mit etwas erhobener Stimme, jedes Wort deutlich aussprechend:

"Sie haben vorgetragen, Herr Präsident, es sei der Wunsch des Führers, die Einstimmigkeit bei Standgerichten zu streichen. Es ist mir nun nicht ganz klar, wie und in welcher Form dem Reichskriegsgericht dieser Wunsch des Führers bekanntgemacht wurde. Gibt es hier schriftliche Weisungen der Reichskanzlei oder des Justizministeriums und wenn nicht, in welcher Form sichert sich das Reichskriegsgericht ab, wenn später jemand feststellen sollte, daß zuviel und zu überstürzt erschossen wird?"

Einen Moment lang herrschte eisiges Schweigen im Raum, und Bergmeier suchte vergeblich ein zustimmendes Kopfnicken bei seinen Kollegen festzustellen. Niemand rührte sich, alle starrten vor sich hin, und von Achtern blies dicke Rauchwolken an die Decke. Bergmeier hatte den Eindruck, daß dessen Kopf vor lauter Nachdenken zu dampfen begann, und er konnte sich ein leicht sarkastisches Lächeln nicht verkneifen.

"Ihre Frage ist durchaus berechtigt", kam es gequält über von Achterns Lippen, während er mit prüfendem Blick die Reihe der vor ihm sitzenden Männer abtastete. "Wie Sie vielleicht wissen, hegt der Führer ein nicht abzubauendes Mißtrauen gegen die gesamte Justiz. Andererseits wissen die Bürokraten der Reichskanzlei nur zu genau, daß ein Staat ohne Gerichte nicht auskommen kann!" Beifällig trommelten die Herren mit den Knöcheln ihrer Fäuste auf die polierte Tischplatte, bis Herr von Achtern mit einem anerkennenden Räuspern die Ovationen unterbrach.

"Obergruppenführer Schaub, wie Sie wissen werden, Chef der persönlichen Adjudantur des Führers, hat über die Reichskanzlei eine amtliche Aktennotiz ans Justizministerium weitergeleitet, in der die Fachstellen, das sind in diesem Falle wir und das Oberkommando der Wehrmacht, zur Stellungnahme aufgefordert werden. Selbstverständlich erwartet man von uns eine zustimmende Begutachtung. Da sich nach Meinung des OKW's die Aufrechterhaltung der Disziplin an den Fronten in zunehmendem Maße schwieriger gestaltet, ist das OKW in seiner Stellungnahme der Auffassung, daß die Gerichtsherren, im Regelfall die Regimentskommandeure, bei Feigheit vor dem Feind sofort handeln müssen und dazu kein Rechtsgutachten irgendeines Juristen benötigen, sondern bis hinunter zum Kompanieführer immer dann, wenn Gefahr im Verzug ist, das heißt, wenn die Truppe in Auflösung gerät und in wilder Flucht die Hauptkampflinie zu verlassen beginnt, ein oder mehrere Exempel statuiert werden können. Wenn dabei einfache Warnschüsse keine Wirkung zeigen sollten, dann müsse eben auch gezielt geschossen werden, und dabei sei die Exekution aus kürzester Entfernung immer noch am wirkungsvollsten. Nach Auffassung des OKW's sei dies in der Praxis schon so gehandhabt worden, es wäre aber durchaus zu begrüßen, wenn diese Verfahrensweise durch einen von höchster Stelle erlassene Führerweisung legalisiert würde. Ich glaube, daß wir uns dem militärischen Aspekt der Sache nicht verschließen können. Aber wenn wir schon die militärische Notwendigkeit solcher Maßnahmen anerkennen, dann sollten wir nicht zögern, unsere juristischen Bedenken hintanzustellen. Oder ist jemand unter Ihnen anderer Meinung?" Fragend blickte sich Herr von Achtern um, und da er nicht gewohnt war, in einer Führersache Widerspruch zu erhalten, wollte er schon in seiner Ausführung fortfahren, als ihn Dr. Bergmeier daran hinderte.

"Wenn man bedenkt, daß ein Großteil unserer Kompanieführer junge, unerfahrene Leutnants sind, die in der Hektik der Schlacht mit Sicherheit kaum noch den erforderlichen Überblick haben dürften, wenn man weiter überlegt, daß man dann diesen Jünglingen in Ausnahmesituationen das Recht gibt, Todesurteile zu fällen und anschließend gleich selbst die Exekution durchzuführen, dann hat das mit anständiger Kriegsführung kaum noch etwas zu tun, mit Justiz aber auf gar keinen Fall mehr."

Während alle anderen stumpf vor sich hin sahen, hob Kriegsgerichtsrat von Trepkow, ein pommerscher Krautjunker, der wegen besonders schneidiger Urteile vom Oberkriegsgericht Leipzig nach Berlin überstellt wurde, die Hand zum Zeichen, daß er eine Bemerkung zu machen habe.

Nachdem ihm Herr von Achtern das Wort erteilt hatte, begann von Trepkow in salbungsvollem Ton, mit dem nicht zu überhörenden Dialekt seiner pommerschen Heimat, zu referieren:

"Werter Kollege Bergmeier, es scheint Ihnen in der Beschaulichkeit Ihrer Ulmer Amtsstube entgangen zu sein, daß es sich in der gegenwärtig behandelten Angelegenheit nicht um irgendeine Rechtsfrage in Ihrer Württemberger Heimat, sondern um einen Kampf auf Leben und Tod des deutschen Volkes gegen eine bolschewistischen Feind handelt, der sich um unsere Rechtsbegriffe nicht kümmern wird, wenn er einmal seinen Fuß auf unser Gebiet setzen sollte, was der Führer mit Gottes Hilfe verhindern möge!"

Beifallheischend blickte von Trepkow um sich, wurde aber durch das beharrliche Schweigen seiner Zuhörer sichtlich verunsichert. Nervös kaute er an seinem gut gepflegten Schnurrbart und blickte schließlich hilfesuchend zu Herrn von Achtern, der aber keine Anstalten machte, ihm zur Seite zu stehen. Daher war es allen angenehm, daß Dr. Bergmeier, ohne ums Wort zu bitten, die äußerst peinlich gewordene Stille unterbrach.

"Werter Herr von Trepkow! Wie Sie bemerken, vermeide ich die Bezeichnung Kollege ganz bewußt, weil nämlich Ihr Plädoyer zwar fast aufs Wort dem Leitartikel der heutigen Ausgabe des "Völkischen Beobachters" entsprach, aber in keiner Weise unseren juristischen Gepflogenheiten."

Von Trepkow versuchte Bergmeier zu unterbrechen, indem er mehrmals: "Ich muß schon bitten!" stammelte. Bergmeier ließ sich aber nicht beirren:

"Ich habe Sie auch aussprechen lassen, Herr von Trepkow, also lassen Sie mich fortfahren. Sie haben drei gravierende Fehler gemacht, die ausreichen dürften, Ihre martialische Suada insgesamt ad absurdum zu führen. Erstens: Meine beschauliche Amtsstube steht in Neu-Ulm, so daß seit 1811 meine Heimat zu Bayern gehört. Für pommersche Verhältnisse mag das ein unbedeutender Unterschied sein, für einen bayerischen Schwaben trennt hier die Donau aber Welten. Zweitens: Es geht in diesem Krieg nicht um Sein oder Nichtsein des deutschen Volkes, sondern bestenfalls um die Existenz des Dritten Reiches. Und schließlich drittens: Ich bin sicher, daß die historischen Erfahrungen des Führers ausreichen, um ihm die Einsicht zu vermitteln, daß dort, wo sich moderne Kriegsführung mit christlicher Moral paarte, der liebe Gott noch niemals mit uns war. Ich bin daher weiterhin der Meinung, daß gerade in Zeiten, wo alle bisherigen Ordnungsprinzipien ins Schwimmen kommen, die Justiz die verdammte Pflicht und Schuldigkeit hat, auf peinlich genaue Einhaltung der Grundgesetze der Menschlichkeit zu achten. Ich bin daher nicht bereit, einem unerfahrenen Kompanieführer oder einem hitzigen Bataillonskommandeur das Recht zuzugestehen, nach eigenem und alleinigem Ermessen über Leben und Tod seiner Untergebenen zu entscheiden!"

Bergmeier war über diesen letzten Satz selbst wohl am meisten erschrocken, aber nun, da er heraus war, wollte er auch zu ihm stehen, Karriere hin - Karriere her. Er konnte nicht plötzlich alles verleugnen, was bis zum heutigen Tag Richtschnur seines richterlichen Lebens gewesen war. Ein wenig mulmig war ihm trotzdem, als er den eisigen Ton vernahm, in dem Senatspräsident von Achtern zur Antwort ansetzte.

"Wir wollen in diesen Sitzungen grundsätzlich vermeiden, aufeinander loszugehen, und persönliche Gehässigkeiten sollten tunlichst ganz vermieden werden. Kehren wir also zur Hauptsache zurück. Wenn ich Sie richtig verstanden habe, Herr Kollege Bergmeier, so wünschen Sie, daß Todesurteile auch in Ausnahmesituationen nur nach einem ordentlichen Verfahren eines Standgerichts gesprochen und vollstreckt werden dürfen. Ist das so richtig?"

Von Achtern blickte durchaus wohlwollend auf Bergmeier, und schön während der mit ruhiger Sachlichkeit vorgetragenen Äußerungen des Präsidenten war dieser zu der Überzeugung gelangt, daß er mit seiner Meinung gar nicht so weit von der offiziösen Auffassung des Vorsitzenden abwich.

"Jawohl, Herr Präsident, das ist meine Meinung. Das geltende Recht darf nicht in militärischem Aktionismus untergehen."

Von Achtern nickte Bergmeier zu und fragte dann die übrigen Herren: "Wünscht sonst noch jemand hierzu Stellung zu nehmen?"

Herr von Trepkow sprang wütend auf und begann, mit sich zeitweise überschlagender Stimme, auf von Achtern und Bergmeier einzuschreien.

"So einfach geht das nicht! Hier werden die absonderlichsten Äußerungen getan, und Sie wollen so mir nichts, dir nichts zur Tagesordnung übergehen. Wie können Sie es wagen, Herr Bergmeier, sich in einer vielleicht kriegsentscheidenden Frage über den ausdrücklichen Wunsch des Führers hinwegzusetzen! Welche Vorstellung haben Sie von den Vorgängen an der Front? Die Zeiten der Weimarer Republik sind endgültig vorbei, wo liberale oder jüdische Richter sich allen möglichen juristischen Tricks gebeugt haben und die Verbrecher am deutschen Volk frei herumlaufen ließen. Während Zigtausende von tapferen Soldaten ihr Leben für Volk und Vaterland freiwillig einsetzen, wollen Sie Feiglingen und Vaterlandsverrätern die Möglichkeit einräumen, sich durch Entschuldigungen und faulen Ausreden aus der Verantwortung zu stehlen. Vielleicht sollen andere Feiglinge noch als Zeugen vernommen werden, um dann, mangels ordnungsgemäßer Spurensicherung und der Unzulänglichkeit der Rekonstruktion des Tatvorgangs, freizusprechen. Ich verwahre mich mit aller Entschiedenheit gegen eine derartige Vereinfachung des Problems. Der Hinweis auf die Grundrechte ist einfach lächerlich, wenn Sie genauso gut wie ich wissen, daß in Kriegszeiten alle Grundrechte außer Kraft gesetzt sind. Im Krieg gilt das Faustrecht, das wissen Sie genau, und es wäre vermessen und für die kämpfende Truppe tödlich, mit überkommenen Verfahrensweisen den Gang der Gerechtigkeit aufzuhalten. Wenn von den anderen Herren keiner etwas zu dieser Problematik äußern will, dann bitte ich um Abstimmung!"

Von Trepkow wischte sich den Schweiß von der Stirne und ließ sich auf seinen Stuhl fallen. Er war sichtlich erschöpft und kreideweiß geworden. Mit zittrigen Händen öffnete und schloß er den vor ihm liegenden Aktendeckel und wartete auf die Replik des Vorsitzenden. Von Achtern ließ sich Zeit. Umständlich nahm er seine Brille aus dem Etui, setzte sie gelassen auf und begann dann seinerseits in seinen Akten zu blättern. Zwischendurch machte er sich kurze Notizen, um dann schließlich mit leiser Stimme vorzutragen.

"Meine Herren Kollegen! Wir wissen alle, daß in Kriegszeiten die Rechtslage häufig eine nicht ganz zu vermeidende Schräglage einzunehmen beginnt. Das war schon im Polenkrieg feststellbar, und

die Probleme wurden seither nicht kleiner. Der Glaube an die Unbesiegbarkeit des Führers ist besonders bei den jungen Soldaten immer noch ungebrochen. Bei den älteren Kämpfern aber, die nun im vierten Jahr an vielen Fronten dem Würgegriff der feindlichen Übermacht ausgesetzt sind, beginnt sich eine Art menschlicher Urangst einzunisten, die durch das apokalyptische Ausmaß dieser menschenverachtenden Vernichtungswelle hervorgerufen wurde."
Von Achtern machte eine kleine Pause, um seinen Worten Gelegenheit zu geben, in den Gehirnen Wirkung zu zeigen. Während er Herrn von Trepkow eingehend musterte, fuhr er fort: "Die Amerikaner stehen in Paris, und die Russen haben die Grenzen Polens überschritten. Der Glaube an den Endsieg beginnt von Tag zu Tag schwächer zu werden. Weit davon entfernt, einem allgemeinen Defätismus das Wort zu reden, kann ich mir vorstellen, daß in den Gehirnen vieler Soldaten der Wunsch entsteht, den blindgläubigen Opfermut gegen den hellwachen Willen zu überleben auszutauschen. Wie oft wurde das Versprechen für Entsatz zu sorgen, gebrochen, wie oft wurden Tausende von tapferen Kämpfern dem sicheren Tode ausgeliefert, obwohl viele mutige Generäle kniefällig darum gebeten hatten, verlorene Positionen aufzugeben, solange ganze Armeen noch zu retten waren. Ich brauche Ihnen das alles nicht näher zu erläutern. Wenn Sie es wünschen, Herr von Trepkow, kann ich Ihnen die entsprechenden Frontberichte vorlegen lassen." Erneut machte von Achtern eine Pause, bevor er weitersprach: "Wir alle wissen, daß gerade in solch kritischen Situationen einzelne Heeresabschnitte unterschiedliche Absatzbewegungen vornehmen und daß es an den Nahtstellen zu Konfusionen kommen kann. Auch ist die Befehlslage nicht immer eindeutig und die Wucht des gegnerischen Angriffs an den einzelnen Teilabschnitten unterschiedlich, und es ist sehr häufig vorgekommen, daß Bataillonskommandeure gefallen waren und darum Kompanieführer von sich aus entscheiden mußten, ob man zurückgehen oder in Gefangenschaft geraten sollte. Wir haben bei früheren Standgerichten immer wieder die Erfahrung gemacht, daß nicht alle Soldaten, die davonliefen, Feiglinge waren. Sie haben sich durch ihre Flucht nur der Gefangenschaft entzogen und standen dann neuformierten Kompanien wieder als erfahrene Kämpfer zur Verfügung. Ich habe Hunderte von solchen Versprengten vor der Erschießung bewahrt."
Bergmeier betrachtete den Redner mit größter Aufmerksamkeit.

"Wenn ich mich nicht irre", sagte von Achtern, war es Clemenceau, übrigens auch aus der Sicht des damaligen deutschen Generalstabes ein ausgezeichneter Militär, der gesagt hat, daß der Krieg eine viel zu ernste Sache sei, als daß man sie allein den Generälen anvertrauen dürfte. Daraus schließe ich, daß sich die guten Soldaten durchaus ihrer Schwächen bewußt sind. Wir sollten uns also davor hüten, einem Einbruch der Exekutive in die dritte Gewalt zuzustimmen, auch wenn es so aussieht, als ob in der grausamen Wirklichkeit der Schlacht der Zweck die Mittel heiligte, oder anders gesagt, als ob die Montesquieu'sche Vernunft den Erfordernissen der Kriegsführung weichen müsse. Wir sind in erster Linie Juristen und Richter, und es wäre nicht gut, wenn wir den Ast absägten, auf dem wir zwar nicht mehr sehr bequem, aber immer noch sitzen."

Während er kurz hintereinander ein paar tiefe Züge aus seiner Zigarre saugte und den Rauch gegen die Decke blies, schaute er den vor ihm sitzenden Kollegen forschend in die Augen.

"Ich würde daher vorschlagen, daß wir den Entwurf grundsätzlich ablehnen, aber einer Verordnung zustimmen, die einen Offizier straffrei stellt, der aus der besonderen Situation heraus zu einer sofortigen Exekution schreitet. Auf eine nachträgliche sorgfältige Untersuchung eines derartigen Vorgangs dürfte aber unter keinen Umständen verzichtet werden. Wer mit diesem Vorschlag einverstanden ist, wird um ein Handzeichen gebeten!"

Während der Großteil der anwesenden Richter ohne langes Nachdenken die Hand hob, dauerte bei ein paar Vorsichtigen die Entscheidungsphase einige Sekunden. Schließlich waren alle Hände oben, bis auf die des Herrn von Trepkow, der in sich versunken vor sich hin starrte. "Gegenstimme?" fragte von Achtern. Als von Trepkow darauf nicht reagierte, erkundigte er sich sofort, ob sich der Herr Kollege der Stimme enthalten wolle. Verstört blickte dieser auf, sah kurz nach links und dann nach rechts und nickte schließlich müde mit dem Kopf.

"Ich danke Ihnen, meine Herren, die Sitzung ist damit geschlossen." Ohne sich weiter um seine Kollegen zu kümmern, stürmte Dr. Bergmeier in sein Büro zurück, denn er hatte plötzlich eine unbändige Lust, Fräulein Johansen wiederzusehen. Als er das Zimmer betrat, stand sie am Fenster und goß ihre Blumen. Ihre hellblonden Haare leuchteten in der Mittagssonne, die weichen Formen ihres Körpers vermittelten ihm das Urbild verführerischer Weiblichkeit. Von der

Willendorffer Venus bis zu der von Milo war alles in dieser Frau vereinigt, und er würde sie besitzen, dessen war sich Bergmeier sicher. Langsam schlich er sich an sie heran. Mit leichtem Druck legte er seine Hände auf ihre Hüften und drückte seine Schenkel an ihren strammen Hintern. Ohne ihr Zeit zu irgendeiner abwehrenden Geste zu lassen, flüsterte er ihr ins Ohr: "Wir gehen heute abend ins Kino. Ich hole Sie um 19 Uhr 30 ab. Einverstanden?" Sie drehte sich vorsichtig um und sah ihm forschend in die Augen. Man müßte zum Bösen nein sagen, überlegte sie, nein sagen, schon bevor man es erkennt. Nur so kann man das Böse vermeiden, hatte ihre Mutter immer behauptet. Aber sie war eine sehr bigotte Frau gewesen, und in dem kleinen Dorf an der Küste, wo ihre Mutter aufgewachsen war, gab es das Böse nur in einer Form: im Schnaps. Das Böse, das sie selbst kannte, war der Krieg und die verbotene Liebe. Aber die Blumen der Liebe hatten herrliche Farben und einen berauschenden Duft, obwohl der Moder des Krieges sein schauriges Aroma täglich weiter verbreitete. Die ganze Stadt war schon erfüllt von dem widerlichen Gestank der Zerstörung. Warum sollte sie nein sagen zu ein paar Stunden flüchtigen Glücks. War das Leben nicht viel zu kurz und von allen Seiten so grausam bedroht? Hatte nicht jeder Mensch ein Recht auf einen eingebildeten Hauch von Glück. Sie war fest entschlossen, diese Frage so lange zu bejahen, bis ihr irgend jemand bewies, daß sie den falschen Weg einschlug. "Ich freue mich!" sagte sie also zufrieden lächelnd.

Vier Stunden später saßen sie in einem kleinen Kino in der Oranienstraße, Nähe Moritzplatz, und verfolgten mit unterschiedlicher Aufmerksamkeit einen Schmachtfetzen mit Benjamino Gigli und Paul Hörbiger mit dem anspruchsvollen Titel: Lache, Bajazzo. Während Fräulein Johansen hingerissen dem dramatischen Ende der ziemlich durchsichtigen Geschichte entgegenbebte, ließ Dr. Bergmeier nochmals die Ereignisse des Vormittags im Geiste abrollen, indem er gleichzeitig ohne große Zielstrebigkeit an seiner Begleiterin herumfummelte. Im großen und ganzen war er mit dem Verlauf der Debatte einverstanden, konnte sich aber keinen Reim auf die unvernünftige Sturheit von Trepkows machen. Während er mit geübten Fingern schon den dritten Knopf an Utes Bluse öffnete, kam er zu dem Ergebnis, daß von Trepkow so starke Rückendeckung aus der Reichskanzlei erwarten dürfte, daß er es wagen konnte, sich so offensichtlich mit dem Senatspräsidenten anzulegen.

Bergmeiers Hand glitt behutsam unter dem stramm sitzenden Büstenhalter, ohne irgendeinen Widerstand zu spüren; im Gegenteil, das Mädchen beugte seinen Oberkörper leicht nach vorne, um ihm so den Zugriff zu erleichtern. Indem er mit dem Daumen und den drei äußeren Fingern ihre gut entwickelte Brust drückte, massierte er mit dem Zeigefinger zärtlich, aber ohne große Erregung den winzigen Warzenhügel, der zunehmend an Umfang und Konsistenz gewann. Dabei versuchte er immer noch herauszufinden, was der wirkliche Grund für Trepkows Aggressivität sein mochte und warum sich von Achtern traute, einem Führerwunsch so provozierend zu widersprechen. Erst als Fräulein Johansens Tränen seinen Handrücken netzten, zog er seine Hand zurück und fragte erschrocken: "Bist du mir böse?" Sie schüttelte heftig ihren Kopf, verschloß ihm mit dem Zeigefinger den Mund und begleitete ihre Tränen nun auch noch mit einem mitleiderregenden Schluchzen. Da er der Handlung des Films nicht gefolgt war, konnte er sich diese Tränen beim besten Willen nicht erklären.

Nach dem Ende des Films gingen Bergmeier und Ute gemählich durch die zerbombten Straßen der Innenstadt. An der Ecke Jerusalemer-Leipziger Straße überraschte sie ein Fliegeralarm, und sie mußten für eine gute Stunde einen Luftschutzkeller aufsuchen. Seinen Arm um ihre Schulter gelegt, saßen sie eng aneinandergeschmiegt auf einer niederen Holzbank, während das dumpfe Wumsen der Einschläge die Eisenträger unter der Kellerdecke ächzen ließ. Zweimal fiel der Strom kurz aus, und jedesmal küßte Bergmeier das Mädchen mit hungriger Leidenschaft. Wahrscheinlich war sie zu sehr verängstigt, als daß sie sich in solchen Augenblicken seinem Verlangen vorbehaltlos hätte hingeben können. Mit trockenen, kaum geöffneten Lippen und übergroßer Reserviertheit erwiderte sie seine Zärtlichkeiten, und so verlor er bald jede Lust, sich weiter um Ute zu kümmern. Er zog seinen Arm zurück und setzte sich steif von ihr ab, daß nicht einmal mehr ihre Kleidung sich berührte. Als der Alarm beendet war, kehrten sie auf die Straße zurück, und als Ute versuchte, sich bei ihm einzuhängen, ließ er seinen Arm wie einen toten Stock herabhängen, so daß sie bald darauf ihre Hand wieder zurückzog.

So stapften sie schweigend durch das nächtliche Zentrum des sterbenden Reiches, und anstatt sich gegenseitig mit liebenden Gesten zu verwöhnen, ärgerten sich beide über ihre Sturheit und waren trotzdem nicht in der Lage, aus ihrer Haut zu schlüpfen.

Erst am Molken Markt hatte sich Bergmeier so weit beruhigt, daß er Utes Arm ergriff und sie versöhnlich an sich drückte. Auch das Mädchen hatte die Unsinnigkeit kleinlichen Trotzes eingesehen, blieb stehen und bot ihm ihren Mund dar. Aber in Bergmeier kam wieder der alte Taktiker zum Durchbruch, und so wollte er um keinen Preis mit einem einfachen Kuß den vorausgegangenen Ärger hinwegwischen. "Wann und wie geküßt wird, bestimme immer noch ich", dachte er, nahm den Kopf des Mädchens in beide Hände und drückte ihr einen keuschen Kuß auf die Stirne. Dann brachte er Ute schweigend bis zur Haustür, wo er sich mit einem flüchtigen Kuß, diesmal auf den Mund, verabschiedete.

Zur gleichen Zeit saß Kriegsgerichtsrat von Trepkow zum Abendessen in einer luxuriösen Fabrikantenvilla an der Königsallee im Grunewald. Jeden Donnerstag trafen sich in diesem prächtigen Jugendstilbau, den ein millionenschwerer jüdischer Kaufhausbesitzer, gegen eine Ausreiseerlaubnis für sich und seine Familie, an die Ehefrau des SS-Standartenführers Kersten abgetreten hatte, als ihm 1937 der Boden zu heiß unter den Füßen wurde. Neben einigen hohen Chargen des Reichssicherheitshauptamtes saßen auch diejenigen Vertrauensleute und Zuträger aus den verschiedenen Dienststellen und Ministerien, die zum Rapport gebeten worden waren. Nach einem opulenten Mahl, das den vorgeladenen Spitzeln die Zunge lösen sollte, wurden höchst geheime Angelegenheiten besprochen und die Marschroute für die geplanten Aktionen festgelegt.

Die Geheime Staatspolizei ließ sich da keineswegs lumpen, und so gab es an diesem Donnerstag im Mai 44, wo die meisten Menschen in Berlin schon schrecklich hungerten, als Entrée geräucherten Lachs, aus Norwegen eingeflogen. Danach folgte eine Bisque d'ecrevisse aus frischen Krebsen, die am Vortag noch vergnügt in einem Bach in der Hohen Tatra herumgeschwommen waren. Den Hauptgang bildete ein Bistecca alla fiorentina, ganz köstlich auf dem Holzkohlengrill gebacken, was den Sturmbannführer Heinrich, der über deprimierende Erfahrungen mit den italienischen Waffenbrüdern verfügte, dazu veranlaßte, über die kriegsmüden Condottieri zu referieren. Wenn die degenerierten Italiener so tapfer kämpfen würden, wie sie kochen könnten, hätte man ihnen den Balkan allein überlassen können. Auch die vorzüglich gratinierten Savoyer Kartoffeln konnten ihn nicht besänftigen, und erst das Sorbet aus bestem Sherry, den ein U-Boot vor einer Woche direkt aus Jerez de la Frontera mitgebracht hatte, verbesserte seine Stimmung so weit, daß er von seinem italienischen Lieblingsthema abließ. Nachdem der Kaffee eingeschenkt, Zigarren und amerikanische Zigaretten verteilt waren, kam man zur Sache.

Standartenführer Kersten bat zuerst Oberstleutnant Spielbach vom Generalstab um den Lagebericht. Danach berichtete Sonderführer Dr. Hillmann-Bottdorf über die Schwierigkeiten in den Konzentrationslagern. Schließlich kam von Trepkow an die Reihe, erzählte im Detail von den Vorfällen der gestrigen Sitzung und beschwerte sich über die unglaubliche Frechheit, mit der sich sowohl der Senatspräsident als auch Dr. Bergmeier gegen den ausdrücklichen Wunsch des Führers hinsichtlich der Standgerichte gestellt hatten.

"Das erinnert doch sehr an den Fall Dohnány vom April, nicht wahr?" sagte Sturmbannführer Heinrich.

Standartenführer Kersten nickte zustimmend mit dem Kopf, aber Sonderführer Hillmann-Bottdorf war anderer Meinung.

"Der Dohnány war doch ein echter Konspirateur, was man von Senatspräsident von Achtern nicht unbedingt behaupten kann", sagte er selbstsicher und fuhr fort: "Diese Juristen-Heinis kleben einfach zu stark an überkommenen Rechtsbegriffen und haben immer noch nicht begriffen, wo's langgeht."

"Alle, die uns jetzt nicht voll und ganz unterstützen, sind unsere Todfeinde", warf Abteilungsleiter Rathge vom Reichssicherheitshauptamt ein und fügte schnell hinzu: "Die Verräterclique wird von Tag zu Tag größer und unverschämter. Es wird Zeit, daß wir diesen Sumpf austrocknen!"

Kersten wiegte zweifelnd seinen Kopf und gab zu bedenken: "Wegen irgendeiner unbedachten Äußerung in einer Senatssitzung kann man noch keine Köpfe rollen lassen. Dazu bräuchten wir schon handfeste Beweise."

"Beweise, Beweise, wozu brauchen wir Beweise? Wenn keine da sind, dann machen wir uns eben die Beweise!" stellte dienstbeflissen Abteilungsleiter Friedrich von der Gestapo fest und sah triumphierend in die Runde.

"Kann man den beiden Schweinehunden nicht irgendeine Dummheit anhängen? Weibergeschichten, Alkohol, Goldschiebereien oder sonstwas?" fragte Heinrich dazwischen, worauf ihm Friedrich sofort zustimmte: "Irgendein Laster hat jeder!" Er blätterte in seinen Akten. "Den von Achtern könnten wir wegen Nepotismus packen!"

"Wegen was bitte?" fragte Rathge, ohne sich seiner Unwissenheit zu schämen. Er hatte seine Position durch bedingungslosen Kadavergehorsam erbuckelt, und das war am Ende allemal wirkungsvoller als akademische Grade, die in den höchsten Stellen sowieso nur geringen Wert hatten.

"Sie meinen seinen Neffen, wie heißt er doch gleich?" Fragend blickte Kersten in die Runde.

"Von Kleibern!" antwortete Friedrich.

"Ach ja, der von Kleibern", wiederholte Kersten mit süffisantem Lächeln, "den hat er doch im Justizministerium untergebracht, ohne daß der Schnösel auch nur eine Stunde an der Front war!"

"Ganz richtig!" konstatierte Heinrich. "Damit könnten wir ihn sicher arg in die Zange nehmen, aber ob das für eine Abschiebung reicht, möchte ich fast bezweifeln. Das ganze Juristenpack hält zusammen wie Pech und Schwefel, und so eine Sache geht nicht ohne das Justizministerium!"

"Ich wäre da nicht so sicher!" unterbrach ihn Friedrich und sagte mit hämischem Grinsen: "Wir haben schon ganz andere Dinger geschaukelt!"

Von Trepkow war der ganzen Quatscherei müde geworden und fragte: "Können wir uns nicht auf ein gewisses Vorgehen einigen?"

Abteilungsleiter Rathge vom RSHA wollte noch gerne weiterdiskutieren, wurde aber von Friedrich unterbrochen, der dem Kollegium vorschlug, daß er Dr. Bergmeier übernehmen werde. Er habe schließlich den längsten Arm und werde sowohl dessen Neu-Ulmer Vergangenheit überprüfen lassen als auch hier in Berlin ein wenig herumstochern. Die Herren könnten sich auf ihn verlassen, er werde schon was finden.

Für die Erledigung des Senatspräsidenten von Achtern wurden von Trepkow, zuständig für den Bereich Reichskriegsgericht, und Sturmbannführer Heinrich für die Erforschung des Umfeldes angesetzt. Es wurde vereinbart, daß Standartenführer Kersten die Anlaufstelle für sämtliche verwendbaren Informationen sein solle, und daß man sich nächste Woche zur gleichen Zeit am gleichen Ort wieder treffen werde.

Gegen 23 Uhr verließen die Herren getrennt die Villa und fuhren mit ihren Dienstautos nach Hause oder gingen wie von Trepkow zu Fuß, weil ihr Rang sie nicht dazu berechtigte, einen Wagen gestellt zu bekommen.

Trepkow genoß die milde Nachtluft und das Rauschen der Bäume entlang der Königsallee. Seine Gedanken kreisten um von Achtern und Bergmeier, und er überlegte sich, alle Argumente, über die er verfügte, sorgsam abwägend, wer von beiden gefährlicher sei. Da von Achtern den weitaus höheren Rang einnahm, war er mit Sicherheit einflußreicher und konnte daher auch viel mehr Schaden anrichten. Dr. Bergmeier hingegen war vielleicht der Klügere und möglicherweise auch der Gerissenere. Am besten, man ließ beide abservieren. In dieser entscheiden Phase des Krieges mußte der Führer auf allen Positionen von vollkommen integren Personen umgeben sein. Man konnte sich keine Schwachstellen erlauben.

Als er in der Ferne schon die Türme der Kaiser-Wilhelm-Kirche vor dem graublauen Nachthimmel aufragen sah, dröhnte die Sirenen, und schnell flüchtete er in einen Luftschutzkeller in der Bleibtreu Straße. Gestapo-Friedrich war noch schnell zu seiner Dienststelle in der Hildebrand Straße gefahren und hatte dort eine Notiz hinterlassen, die besagte, daß alle erfaßbaren Unterlagen über einen Dr. Paul Bergmeier aus Neu-Ulm, z.Z. Kriegsgerichtsrat am Reichskriegsgericht, umgehend zu beschaffen und ihm persönlich vorzulegen seien.

Sturmbannführer Heinrich ließ sich wie immer nach solchen Sitzungen in ein Nachtlokal für die Prominenz nach Schöneberg fahren. Seit einigen Wochen plagten ihn echte Zweifel am Endsieg, und obwohl er sich äußerlich nichts anmerken ließ, konnte er nachts nicht mehr schlafen. So ließ er sich lieber vollaufen und legte sich anschließend mit voluminösen Weibern ins Bett.

Zwei Tage nach der Geheimbesprechung in der Grunewald-Villa bat Standartenführer Kersten um eine Unterredung bei Senatspräsident von Achtern. Dieser ließ den einflußreichen SS-Führer auch sofort zu sich bitten. Die beiden Herren nahmen in dem kleinen Besprechungsraum Platz, der neben dem wesentlich größeren Büro des Präsidenten für vertrauliche Gespräche abhörsicher eingerichtet worden war. Nachdem von Achtern Cognac eingeschenkt hatte und die Zigarren brannten, begann Kersten:

"Verzeihen Sie mir, Herr Senatspräsident, wenn ich Ihre kostbare Arbeitszeit in Anspruch nehme, aber ich glaube, es wird Sie interessieren, was ich Ihnen zu berichten habe." Er kippte seinen Cognac auf einen Schluck hinunter, paffte genüßlich an seiner Zigarre und fuhr fort:

"Wir hatten wieder mal so eine ominöse Besprechung ..."

"Wann?" unterbrach ihn von Achtern sichtlich aufgeregt.

"Vorgestern, und es kamen wieder ein paar äußerst lästige Probleme zur Sprache. Unter anderem auch die Sache mit den Standgerichten. Wie es aussieht, nehmen Ihnen ein paar Scharfmacher übel, daß Sie diesem Schwaben, aus Ulm glaube ich, nicht sofort energisch widersprochen haben."

"Der Mann hatte wirklich gar nicht so unrecht!" warf von Achtern ein. "Darum geht es doch überhaupt nicht. Sie sind nun schon so lange hier in Berlin und wissen immer noch nicht, daß der Führer immer recht hat. Ich begreife nicht ganz, wie Sie dem ausdrücklichen Wunsch des Führers Ihre überkommene Rechtsordnung entgegenhalten können."

"Moment mal. Ich bin Ihnen wirklich sehr dankbar, daß Sie mich über Dinge auf dem laufenden halten, die mir sonst verborgen blieben. Sie haben mir in der Vergangenheit schon öfter bewiesen, daß Sie ein echter Freund sind."

"Also das mit der Freundschaft würde ich schnell wieder vergessen. Sie müssen wissen, daß in unmittelbarer Nähe der Macht Freundschaft nicht gedeihen kann. Aber ich gebe zu, daß ich Ihnen gerne geholfen habe, wo immer ich konnte. Wo kämen wir hin, wenn wir niemanden mehr hätten, dem man wenigstens ein wenig vertrauen kann."

Von Achtern schenkte nach, und Kersten warf einen Blick in sein Notizbuch. "Ein gewisser von Trepkow ist sehr schlecht auf Sie zu sprechen, und er wurde offiziell damit beauftragt, Material gegen Sie zu beschaffen."

"Unerhört! Ausgerechnet dieser Krautjunker!" seufzte von Achtern.

"Natürlich soll auch dieser Bergmeier zur Seite geräumt werden. Ich weiß nicht, wie weit die Herren gehen werden, aber mir schwant nichts Gutes."

"Vielleicht sollte ich meinerseits zum Angriff übergehen?"

"Da müßten Sie schon verdammt gute Karten haben!"

"Notfalls muß eben dieser Bergmeier über die Klinge springen!"

"Das wäre eine Möglichkeit", pflichtete Kersten bei und erhob sich. "Jedenfalls danke ich Ihnen sehr für die Information. Ich bringe Sie noch zur Türe.

Als Kersten das Gebäude verließ, dachte er, daß es immer gut sei, bei der Justiz Freunde zu haben.

Den ganzen Freitag saß Dr. Bergmeier in seinem Büro und brütete vor sich hin. Ab und an ließ er seine Blicke wohlgefällig auf Fräulein Johansen gleiten, die hinter ihrer Schreibmaschine saß und verstohlen zu ihm hinübersah.

"Kriege", dachte Bergmeier, "sind die übelste Perversion des menschlichen Geistes." Die großen Macher an der Spitze der Staaten hatten sicher keine Ahnung, wieviel Sadismus und Masochismus sie in ihren Völkern freisetzten. Immer dann, wenn der Größenwahn einzelner die Grenzen ihrer verwirrten Gehirne erreichte, mußten Millionen friedfertiger Menschen ins Gras beißen. Er war froh, daß er hier in einem warmen Büro sitzen konnte, obwohl ihm die nächtlichen Luftangriffe sehr zusetzten. Manchmal wünschte er sich zurück ins friedliche Neu-Ulm, wenn er aber dann an seine Frau dachte und sie mit Fräulein Johansen verglich, stieg seine Bereitschaft, den Luftkrieg zu ertragen, ins Übermenschliche.

"Was machen Sie eigentlich übers Wochenende?" fragte er ganz unvermittelt.

"Wenn's schön ist, guck' ich mir die Stadt an. Man glaubt gar nicht, wie viel davon noch übriggeblieben ist!"

"Und wenn schlechtes Wetter ist, was machen Sie dann?" unterbrach er sie.

"Dann bleib' ich zu Hause und erledige die kleinen Dinge, die eine Frau so zu tun hat: Wäsche waschen, Knöpfe annähen, ein wenig kochen und was eben so anfällt", erwiderte sie und schenkte ihm ein etwas verschämtes Lächeln.

"Wie wär's denn mit einem kleinen Ausflug ins Grüne?" fragte er, und der Hintergedanke, sich ihr ungehindert nähern zu können, war ihm deutlich ins Gesicht geschrieben. Aber Fräulein Johansen hatte keine Angst mehr vor ihm.

"Fein", sagte sie nur und sah ihm herausfordernd in die Augen.

"Wenn Sie gestatten, werde ich Sie morgen um 10 Uhr abholen. Oder ist das zu früh?"

"Nein", widersprach sie, "wenn's schön ist, könnten wir schon um 9 Uhr losziehen, dann haben wir mehr vom Tage!"

Er war einverstanden, und da der Samstag ein herrlicher Tag wurde, holte er sie um 9 Uhr ab.

Hinter einem Pfeiler des ausgebombten Hauses Grunerstraße 7 saß ein kleiner, dicklicher Mann mit Nickelbrille und Schlägermütze. Er musterte sorgfältig die Haustüre des gegenüberliegenden Anwesens mit der Nummer 8.

Als Punkt 9 Uhr Dr. Bergmeier eintraf und die schon wartende junge Dame begrüßte, zog Lüdecke, von Trepkow's Spitzel, schnell seinen Kopf ein. Er hatte den Auftrag erhalten, den Kriegsgerichtsrat Dr. Bergmeier rund um die Uhr zu beschatten und alle Kontakte unverzüglich Herrn von Trepkow zu melden.

Lüdecke tat das mit großer Begeisterung, denn außer Geld wurden ihm zusätzliche Verpflegung und eine zweite Raucherkarte versprochen.

Auf Sichtweite folgte er den beiden bis zum Bahnhof Alexander-Platz und bestieg mit ihnen den Zug in Richtung Köpenick. Dort verließ das Paar den Zug und wanderte durch den Wald am Großen Müggelsee entlang zur Krummen Lake.

"Ich dachte immer, es würde "Krumme Lanke" heißen", sagte Ute Johansen.

"Meines Wissens nach ist die Krumme Lanke irgendwo in Zehlendorf!" behauptete Bergmeier, ohne allerdings ganz sicher zu sein, aber er hatte es sich zur Gewohnheit gemacht, einfach etwas zu behaupten, wenn die Angelegenheit sowieso bedeutungslos war. Hier ging es nicht um juristische Fakten, und im Endeffekt war es ja wirklich egal, ob die Krumme Lanke nun in Zehlendorf oder in Pankow lag. Fröhlich beschwingt und munter plaudernd erreichten die beiden gegen Mittag den kleinen See und legten sich unter einer großen Platane ins sonnenwarme Gras. Dr. Bergmeier hatte in einem Brotbeutel, den er noch aus seiner Freiwilligenzeit herübergerettet hatte, eine Wolldecke und seine Badehose mitgebracht. Fräulein Johansen zog mit feierlichem Gesicht aus ihrer großen Strohtasche zwei belegte Brote hervor, legte sie zwischen ihre ausgestreckten Beine, um sie sorgfältig aus dem Pergamentpapier zu wickeln.

"Sie haben doch sicher auch schon ein wenig Appetit!" sagte sie und reichte ihm eins der Brote.

"Das kann ich doch gar nicht annehmen!" erwiderte er ohne große Überzeugungskraft, und da sie ihre ausgestreckte Hand nicht zurückzog, sondern ihn einladend anlächelte, griff er schließlich zu, und beide ließen sich die Käsestullen schmecken.

Dem Spitzel Lüdecke, der sie aus vierzig Metern Entfernung - hinter einem Holderbusch sitzend - beobachtete, knurrte der Magen, und er fluchte leise vor sich hin. Aber er konnte jetzt seinen Platz unmöglich verlassen, denn wie die Sache aussah, konnte es vielleicht schon hier zu einem berichtenswerten Ereignis kommen.

Die Junisonne brannte mit solcher Kraft auf die beiden hernieder, daß zuerst Fräulein Johansen hinter einem dicken Baum in ihren Badeanzug schlüpfte und gleich darauf auch Bergmeier seine Knickerbocker mit der Badehose vertauschte.

So lagen sie nun friedlich nebeneinander und vergaßen die Stadt und den Krieg.

Bergmeier schloß die Augen und träumte vor sich hin. Stets hatte er auch als Richter die gerichtsnotorische Dummheit bezaubernder Frauen in einem fast religiösen Sinne gewürdigt. Für ihn waren sie durch die Bank Geschöpfe einer erniedrigten und ausgebeuteten Welt, die man trösten mußte. Unwillkürlich legte er seinen Arm um die Schultern der jungen Frau, die in lässiger Anmut neben ihm lag. Sie drehte ihren Kopf zu ihm, und weil dabei ihre Lippen und die niedliche Nasenspitze seinen Oberarm berührten, kroch ein wohliger Schauer über seinen Rücken. Von der Tiefenwirkung animalischer Wärme überzeugt, zog er sie fester an sich und küßte sie auf die Schläfe. Er hatte viel Zeit, denn hier im Freien wollte er sowieso nicht allzuweit gehen. Schließlich hatte er vorsorglich ein Zimmer im Waldgasthof am Gosener Kanal reservieren lassen, und so begann er eine unverfängliche Konversation über Gott und die Welt.

Fräulein Johansen hatte die ganze Nacht über spekuliert, wie sich wohl der kommende Samstag gestalten würde. Sie wußte, daß die leichthin gewährten Gefälligkeiten den Genuß erheblich beeinträchtigten. Sie kämpfte den uralten Streit um die Existenz des Bösen und litt darunter, daß ihr von Jahr zu Jahr unklarer wurde, warum die Liebe immer vom Bösen bedroht sein und sie ihr eigenes Leben zur Marter verkommen lassen sollte, nur weil der holsteinische Christenmensch dazu verdammt war, unter dem Bösen zu leiden, um in irgendeinen Himmel zu kommen. Mit der ganzen Inbrunst ihrer gequälten Seele wäre sie eine Anhängerin des Horus geworden, des genialen Knaben der Isis, der sich in seinem Himmel Engel erdachte, die sich von den unterlassenen Sünden auf Erden ernährten. So zwang Horus die Christenmenschen zur Sünde, wollten sie sich den Weg zu Gott freikämpfen. Denn nur solange auf Erden noch Sünden unterlassen wurden, fanden die Engel ihre Nahrung und gewannen stets von neuem die Kraft, die himmelwärts fliegenden Seelen zurückzuschlagen. Dieser Horus wäre ihr Gott gewesen, wenn sie ihn gekannt hätte.

So aber hatte sie vorsichtshalber ihre Zahnbürste eingepackt, denn Böses hin und Sünde her, wußte sie von ihrem Itzehoer Notar, daß im letzten Moment des Tuns die klare Absicht nicht mehr definierbar war, und zwischen fahrlässig und grob fahrlässig stand die alles verzeihende Gnade Gottes.

Immer wenn die Sonne ihren Körper bis zur Grenze des Erträglichen aufgeheizt hatte, rannten sie in den See und bespritzten sich wie kleine Kinder, bis zu den Knien im prickelnd kalten Wasser stehend. Auf ihre Decke zurückgekehrt, trockneten sie sich gegenseitig ab, wobei ihre Berührungen einen immer größeren Vertrautheitsgrad erreichten. Herr Lüdecke notierte mehr als ein Dutzend Küsse von unterschiedlicher Dauer! Dazu erfand er eine Anzahl von obszönen Berührungen, weil er sich davon eine zweite Raucherkarte versprach.

Als die Sonne hinter den Wipfeln der Bäume untertauchte, waren ihre Körper so aufgeladen von elektrisierender Sinnlichkeit, daß Fräulein Johansen sich nicht gewundert hätte, wenn Bergmeier plötzlich über sie hergefallen würde, und sie hätte gar nicht mehr die Kraft gehabt, ihn zurückzuweisen.

Bergmeier war von diesem Spannungszustand überrascht worden wie ein Schuljunge von der ersten Liebe. Er drehte sich auf den Bauch und wartete, bis sich wenigstens das äußere Erscheinungsbild wieder begradigt hatte. Dabei dachte er an das eiskalte Wasser des Sees, und als seine frierende Seele eine richtige Gänsehaut über seine Oberarme jagte, richtete er sich wieder auf, küßte Fräulein Johansen auf die Schulter, "Ach ich hab' sie ja nur ..." summend, und sagte dann: "Wollen wir gehen?"

"Ja", erwiderte sie, "es beginnt kühl zu werden."

Sie zogen sich an, packten ihre Sachen ein und wanderten quer durch den Stadtforst zum Gosener Kanal, wo sie nach kurzer Suche den versteckten Gasthof erreichten. Nachdem die Formalitäten mit dem Wirt erledigt waren, nahmen beide Platz in der winzigen Gaststube und fielen wie ausgehungert über den fettarmen Bohneneintopf her. Dazu tranken sie Dünnbier und sahen sich immer wieder glückstrahlend in die Augen, so als seien sie im Paradies angekommen.

Derweil zündete sich der Spitzel Lüdecke, hinter dem Gartenzaun verborgen, eine Zigarette an, um sein Hungergefühl zu überdecken. Endlich standen die beiden auf, und zu seiner großen Erleichterung tauchten ihre Silhouetten im aufleuchtenden Giebelfenster wieder auf. Nun war er sicher, daß die beiden hier die Nacht verbringen würden. Er sah noch zu, wie sich Dr. Bergmeier seines Jacketts entledigte und Fräulein Johansen half, den Reißverschluß des Kleides zu öffnen. Bevor sie sich jedoch vollständig auszog, bemerkte sie das offenstehende Fenster. Erschrocken eilte sie darauf zu und schloß die Läden.

Lüdecke drückte ein wenig enttäuscht seine Zigarette aus und ging zurück zur Gosener Landstraße. Er war schon fast am Großen Müggelsee angelangt, als ihn endlich ein Lastkraftwagen, der Gemüse in die Stadt brachte, mitnahm.

In seiner Wohnung schrieb er einen ausführlichen Bericht, steckte ihn in einen Umschlag und adressierte ihn an Herrn von Trepkow. Gleich morgen früh würde er ihn im Reichskriegsgericht abgeben.

Ute Johansen und Dr. Bergmeier kehrten am Sonntag abend sonnengebräunt und wie es schien überaus glücklich in die Stadt zurück.

Da Bergmeier nicht ganz sicher war, ob er ihrer besitzergreifenden Hingabefreude noch eine ganze Nacht lang entsprechen konnte, bedankte er sich artig für das herrliche Wochenende, deutete galant einen devoten Handkuß an und verschwand mit seinem Brotbeutel unterm Arm auffallend schnell um die nächste Hausecke.

Fräulein Johansen stand noch einige Augenblicke verdutzt vor ihrer Haustüre, ehe sie eintrat und zu ihrem Zimmer ging. Sie hatte sich sehr gewünscht, er würde noch eine Nacht bei ihr bleiben. Sie gehörte zu den Frauen, die in der Liebe immer noch auf Wunder warteten, und da die vergangene Nacht zwar ganz erfreulich verlaufen war, wenn auch ohne die große Leidenschaft, wie sie sie aus Filmen und Romanen kannte, hatte sie den ganzen Rückweg davon geträumt, daß er ihr verfallen könnte.

Traurig warf sie sich aufs Bett und begann ein wenig zu weinen. Sie war aber nicht gewillt, das große Wehklagen anzustimmen, denn noch war ja nicht aller Tage Abend, und außer ein paar wohldosierten Tränen gab es ja immer noch die Hoffnung.

Dr. Bergmeier stand derweil schon unter seiner Dusche und befreite sich symbolisch von seinen Sünden, denn obwohl dies nicht der erste Seitensprung war, hatte er immer noch gewisse Reuegefühle, die aber nichts mit Moral zu tun hatten. Sie bezogen sich ausschließlich auf seine konsequente Einstellung zum Beamtenstand und in seinem Falle natürlich besonders auf den untadeligen Ruf der ganzen Richterschaft. Er hatte seine kleine Amouren immer so angelegt, daß sie seiner Reputation keinen Schaden zufügen konnten. Obwohl die Weltuntergangsstimmung hier in Berlin eine etwas schludrigere Anwendung der Begriffe Ehre und Treue durchaus zuzulassen schien, wollte er es dennoch vermeiden, wegen einer Bettgeschichte Schwierigkeiten zu bekommen.

Als er dann im Bett lag, konnte er stundenlang nicht einschlafen, weil die Bilder, die vor seinem geistigen Auge abliefen, alle farblos waren. Selbst Ute Johansen stand bewegungslos vor ihm, mit einem harten Bleistift flüchtig skizziert, und gab ihm kein Zeichen von Zuneigung. Das hellblaue Kleid mit den blaßrosa Blumen war einem hellgrauen Umhang gewichen, der ihre weichen Konturen vollkommen verdeckte. So sehr er sich auch bemühte, er konnte keine Farben in seine inneren Bilder zaubern, und so schlief er gegen 3 Uhr endlich ein und war am anderen Morgen wie gemartert. Ohne Frühstück schlappte er ins Büro.

Gegen 10 Uhr erhielt Kriegsgerichtsrat von Trepkow durch einen Amtsboten einen Umschlag mit der Aufschrift "Persönlich" ausgehändigt. Begierig riß er ihn auf und las mit großem Vergnügen den Bericht, den Lüdecke, mit vielen Uhrzeiten und Details garniert, überaus interessiert verfaßt hatte.

Alles, was nun zu tun war, rollte in routinemäßiger Systematik ab. Von Trepkow rief Standartenführer Kersten an, und sie vereinbarten, die unvermeidbaren konspirativen Spielereien beachtend, ein Treffen in einem kleinen Café in der Gerlachstraße, gleich hinter der Georgenkirche.

Während er dort auf Kersten wartete und seinen dünnen Ersatzkaffee trank, überlegte er sich die Konsequenzen seines Tuns. Auf der einen Seite versuchte er sich im inneren Zirkel der Macht beliebt zu machen, indem er stets bemüht war, seine absolute Loyalität zum Führer und seinen Paladinen unter Beweis zu stellen, andererseits hatte er unter seinen adeligen Bekannten viele geheime Gegner Hitlers, die er, wann immer er konnte, mit kleinen Hinweisen versorgte. Obwohl er gerade bei letzterer Tätigkeit besonders umsichtig vorging, hatte er stets ein ungutes Gefühl, nicht weil er diesen größenwahnsinnigen Obergefreiten hinterging, sondern weil er immer befürchten mußte, daß seine Zweigleisigkeit irgendwie bekannt würde. Es wurde sehr schnell erschossen in diesen Tagen, und zur Legalisierung dieses Tatbestandes hatte er selbst in der letzten Woche beigetragen.

"Tag, von Trepkow! Was gibt es so Eiliges?" unterbrach Kersten von Trepkows Nachdenklichkeit und setzte sich zu ihm.

Wortlos schob von Trepkow den Umschlag über den Tisch und wartete, bis Kersten seine Lektüre beendet hatte. Dann fragte er: "Nun, was halten Sie davon?"

"Das reicht vollkommen aus, den Kerl abzuschieben. Wir werden ihm Gelegenheit geben, den heldenhaften Widerstand des deutschen Soldaten aus nächster Nähe zu verfolgen. Sie haben gute Arbeit geleistet, von Trepkow, ich werde das an höchster Stelle melden." Während Kersten aufstand, klopfte er von Trepkow anerkennend auf die Schulter, setzte seine Mütze zurecht und verschwand so unauffällig, wie er gekommen war. Von Trepkow fühlte noch immer die leichte Röte, die ihm wegen des Lobes in den Kopf gestiegen war. Nachdem er gezahlt hatte, eilte er erleichtert durch die stark belebte Innenstadt zum Büro des Sicherheitsdienstes. Dort ließ er sich nach Vorlage eines Befehls von Sturmbannführer Heinrich, gegen Unterschrift, dreihundert Mark und 3 Raucherkarten aushändigen. Es gehörte zu seinen Prinzipien, daß er seine Mitarbeiter gut behandelte. Spitzel Lüdecke bedankte sich überschwenglich und versicherte katzbuckelnd seine Bereitschaft zur Übernahme weiterer delikater Aufträge.

Punkt neun Uhr betrat Dr. Bergmeier sein Büro, und die zauberhafte Erscheinung des blumengießenden Wesens, das gestern noch in seinen Armen gelegen hatte, zerstreute augenblicklich seine Niedergeschlagenheit.

"Guten Morgen, Ute!" sagte er mit einem zärtlichen Unterton.

"Guten Morgen, Herr Doktor!" hauchte Fräulein Johansen, stellte die Gießkanne aufs Fensterbrett und nahm hinter ihrer Schreibmaschine Platz.

"Aber, aber, weißt du nicht mehr, was gestern war?" fragte er scheinheilig.

"Doch, aber ich möchte Sie bitten, im Büro beim Sie zu bleiben."

Einen Moment überlegte Dr. Bergmeier, ob er diesen Vorschlag annehmen sollte. Sein juristischer Verstand reagierte sofort und sagte ihm, daß diese Verhaltensweise eine Menge einleuchtender Vorteile aufwies. Also stimmte er zu.

Wenn er sich nun nicht sofort in seine Akten vertieft hätte, hätte er ein eigenartiges Schauspiel erlebt. Das gerade noch freundlich lächelnde Gesicht von Ute Johansen verzerrte sich langsam, und aus ihren hellblauen Augen sprühte blanker Haß. Ihre Hände begannen zu zittern, und während sich ihr Oberkörper steif aufrichtete, öffneten sich ihre Lippen zu einem lautlosen Schrei.

Wann würde sich endlich ein Mann zu ihr bekennen? Wie lange mußte sie noch warten, bis man sie wirklich liebte? Warum wurde sie von allen Männern nur ausgenützt, gebraucht und dann weggeworfen? Ihre zittrigen Hände ballten sich zu kleinen, weißknochigen Fäusten, während sich ihre Rückenmuskeln entkrampften. Langsam stand sie auf und näherte sich Bergmeiers Schreibtisch. Einen Augenblick blieb sie unschlüssig vor ihm stehen, dann begann sie auf ihn einzuschlagen. In blinder Wut und mit aller Kraft drosch sie auf ihn ein, auf sein Gesicht und auf die schützenden Hände. Wortlos versuchte sie ihn am Hals zu fassen und zu drosseln. Erst jetzt gelang es ihm, sie von sich zu schieben und aufzustehen. "Was soll das bedeuten?" stammelte er, vollkommen fassungslos. Sie ließ ihre Arme sinken und stand bebend vor ihm. Langsam rannen ihr die Tränen übers Gesicht, und sie senkte den Kopf.

"Sie gehen jetzt besser nach Hause und legen sich ins Bett", sagte er in väterlichem Ton. Er holte ihren Mantel aus der Garderobe, half ihr hinein und schob sie behutsam auf den Gang hinaus. Ohne sich umzudrehen, ging sie davon.

Bergmeier saß noch eine Zeitlang wie betäubt auf seinem Stuhl, als das Telefon läutete. "Bergmeier!" meldete er sich.

"Von Achtern. Ich möchte Sie bitten, in mein Büro zu kommen, Herr Kollege!"

"Sofort, Herr Präsident", stammelte Bergmeier und legte auf. "Was wird der von mir wollen", fragte er sich und trottete mißmutig durch den kahlen Gang.

"Ich habe Ihnen eine unerfreuliche Mitteilung zu machen, Herr Kollege. Setzen Sie sich!" Mit der einen Hand deutete von Achtern auf den Sessel vor seinem Schreibtisch, mit der anderen schob er einen Briefumschlag über den Tisch zu Bergmeier.

"Das Ministerium hat Ihre Versetzung zu einer in Aufstellung begriffenen Einheit verfügt. Ich bedaure Ihren Weggang sehr und wünsche Ihnen alles Gute."

Von Achtern stand auf und reichte Bergmeier die Hand. Grußlos verließ der das Büro.

Auf dem langen, kahlen Gang blieb Dr. Bergmeier stehen und versuchte mit kurzen, zaghaften Atemzügen möglichst wenig Aktenstaub in seine Lungen zu saugen. Er glaubte, damit verhindern zu können, daß die tödlichen Viren der amtlich verordneten Heimtücke von ihm Besitz ergriffen und den letzten Rest von Anständigkeit in ihm zerstörten. Am Fenster vor dem Treppenhaus verharrte er einen Augenblick und schaute hinunter auf das triste Geviert des gepflasterten Hofes. Die ganze Welt war ein einziges Gefängnis. Wenn er aber an das dachte, was ihn in drei Wochen erwartete, wurde ihm grausam bewußt, wie sehr er sich an die Geborgenheit dieses Gefängnisses gewöhnt hatte. Billionen Augenblicke der Gefangenschaft garantierten ein langes Leben, zumindest einen weit hinausgeschobenen Tod. An der Front wurde wesentlich schneller gestorben, und es war noch gar nicht sicher, daß man dort freier leben konnte. Dieser Ortswechsel war auf jeden Fall ein schlechtes Geschäft. Warum war er nicht in Neu-Ulm geblieben?

Mit weichen Knien und schweren Füßen tappte er hinunter zu seinem Büro und ließ sich ermattet in seinen Sessel fallen.

Sein juristisch getrimmter Verstand war unfähig, die Schmerzen zu vertreiben, die sich in seinem Gehirn breitmachten. Verzweifelt preßte er beide Hände an die Schläfen, aber es stellte sich keine Erleichterung ein. Wirre Ideen überschwemmten seine Gedankenwelt, und immer mehr kristallisierte sich ein Wort heraus: Rache.

Aber Rache an wem? Wer hatte seine Versetzung an die Front veranlaßt? Wer hatte genügend Einfluß, so eine Entscheidung durchzusetzen? Wie in einem Karussell sausten die Gesichter seiner Kollegen an ihm vorüber, und als der verwirrende Kreislauf plötzlich zum Stehen kam, stand riesengroß und grinsend vor ihm: das Gesicht von Trepkows. Hinter dieser degenerierten Fassade nationalistischer Borniertheit war der Urheber seines Mißgeschicks zu suchen. Während er selbst eine juristisch einwandfreie These vorgebracht hatte, verblödete sich dieser pommersche Krautjunker nicht, dümmliche Allgemeinplätze zum höheren Lob des Führers von sich zu geben. Da er sich damit offensichtlich gegen die Meinung des Präsidenten von Achtern gestellt hatte, mußte er über eine phantastische Rückendeckung verfügen. Andernfalls wäre ein solches Verhalten einem beabsichtigten Selbstmord gleichgekommen. Aber wie konnte man sich an einem derart abgesicherten Mann rächen?

Innerhalb der juristischen Hierarchie gab es niemand, an den er sich um Hilfe hätte wenden können. Er mußte allein handeln, und nach reiflicher Überlegung war er sich darüber klar, daß auch er die Bahnen des Rechts würde verlassen müssen. Er hatte noch drei Wochen Zeit, sich etwas Passendes auszudenken.

Die nächsten Tage schlich er wortlos durch das muffige Labyrinth seines juristischen Kosmos - auf der Suche nach der Lösung seines Problems. Wie ein Schlafwandler irrte er durch die Vorzimmer der allerhöchsten Jurisprudenz, um sich, nach kurzer, hilflos wirkender Vorstellung, immer wieder hinter paragraphenverhüllten Gemeinplätzen versteckend, in kopfschüttelndes Erstaunen hinterlassende Luft aufzulösen. Von der Vorstellung besessen, irgendwann seine Hände um von Trepkows Hals legen zu können, umkreiste er dessen Büro, belauerte dessen Sekretärin, eine bissige Brillenschlange mit spindeldürrem Körper, notierte sich pedantisch alle Observationen und verfiel mehr und mehr in depressive Zustände, aus denen ihn auch der Anblick von Ute Johansen nicht mehr befreien konnte.

Seit dem Tag, an dem sie Hand an ihn gelegt hatte, weil er damit einverstanden gewesen war, im dienstlichen Umgang das vertrauliche Du zu meiden, hatte er sie nicht mehr berührt. Ihr frühlingshaftes Friesengesicht wurde von spätsommerlichen Schatten verdunkelt, und anstelle des verschmitzten Lächelns trat zunehmend gehässige Ablehnung in ihre Mundwinkel. Die räumliche Enge des Büros verstärkte das Gefühl sich ständig umlauernder Abneigung so sehr, daß Dr. Bergmeier immer häufiger unterwegs war. Stundenlang stand er im kleinen Foyer vor dem Büro des Präsidenten und las in seinen Akten. Wann immer er die Gestalt seines vermeintlichen Feindes auftauchen sah, verdrückte er sich in irgendeine Fenster- oder Türnische und hielt den Aktendeckel vors Gesicht. Schon zum dritten Mal konnte er dabei feststellen, daß sich von Trepkow ins Kellergeschoß begab, wo er hinter der stählernen Archivtür verschwand und nach unterschiedlicher Verweildauer wieder auftauchte. Jedesmal trug er danach anderes Aktenmaterial bei sich, und auf seinem Gesicht lag ein so zufriedener Ausdruck abgefeimter Hinterhältigkeit, daß sich Dr. Bergmeier vornahm, diesem Archiv auch einen Besuch abzustatten.

Zu Dienstbeginn wurde die Stahltüre vom Hausmeister aufgeschlossen und blieb während der Dienststunden allen Beamten zugänglich. Punkt siebzehn Uhr verschloß der pflichtbewußte Mann mit großer Sorgfalt die Türe und kehrte in sein Dienstzimmer im Erdgeschoß zurück. Den Schlüssel verwahrte er in einem kleinen Glaskästchen, das in Augenhöhe rechts neben seinem Portiersfenster hing. Dr. Bergmeier versäumte nicht, alle diese Details sorgsam in seinem Büchlein zu vermerken, ehe er an einem Donnerstag morgen beschloß, endlich ins Archiv vorzustoßen.

Vorsichtshalber hatte er sich einen dünnen Akt unter den Arm geklemmt, denn er wußte nicht, ob er im Archiv womöglich nach seinen Wünschen gefragt würde. Für diesen Fall hatte er sich eine Antwort zurechtgelegt, die einleuchtend und unverfänglich war.

Lautlos drehte sich die schwere Türe in den Angeln. Ein dumpfer, modriger Aktengeruch schlug ihm entgegen.

Vor ihm lagen Hunderte von Regalmetern, zusammengesetzt aus Tausenden von menschlichen Schicksalen, Demütigungen und obrigkeitlicher Selbstherrlichkeit, die mit Recht so wenig zu tun hatten wie sein undurchdringliches Rachegelüst mit Vernunft und Logik.

Hätte er aus all diesen Verfahren, Klagen und Urteilen eine auf einen Nenner komprimierte Quintessenz ziehen können, dann wäre vielleicht die gleiche alttestamentarische Erkenntnis herausgekommen, daß zwar der Herr und Gott die Rache für sich in Anspruch genommen, sich aber noch nie jemand ernsthaft daran gehalten hat. Er würde diesen von Trepkow vernichten.

Bedächtig schritt er durch die engen Gänge, ohne einen Blick auf die Nummern und Buchstaben zu werfen, die es ermöglichten, daß man noch nach zig Jahren nachlesen konnte, wie die Justiz mit ihren Opfern umgesprungen war. Welch ein gewaltiger Fundus an Paragraphen und Kommentaren, an Gutachten und Lügen tat sich vor ihm auf. Ihn schwindelte ein wenig beim Gedanken, daß nach vollbrachter Tat sein Fall, eingequetscht in zwei blaue Kartonseiten und zusammengebunden mit billigem Bindfaden, späteren Generationen berichten würde von einem Verfahren gegen einen Richter, der im Jahre 1944 das Recht in seine Hand genommen und dabei ein Verbrechen begangen hatte. Ein akademisch vorgebildeter Michael Kohlhaas sozusagen, ein beamteter Desperado, der seine Versetzung an die Front nicht verwinden konnte.

Am Ende der Regalreihen angelangt, bemerkte er eine schmale Tür, deren hölzernes Türblatt mit grau gestrichenem Eisenblech beschlagen war. Mit ungelenken gotischen Buchstaben war "Zutritt verboten" angeschrieben worden, aber man schien es mit dieser Einschränkung nicht allzu genau zu nehmen, denn im Schloß steckte der Schlüssel, und Dr. Bergmeier, geistig schon längst vom Pfad der Legalität abgewichen, machte sich ohne Zögern daran, die Türe zu öffnen. Vorsichtig tastete er sich durch die dicke Mauerleibung und fand einen Schalter, der eine spinnwebenbedeckte, vergitterte Lampe dazu brachte, ein fahles Licht abzugeben. Der Raum schien erheblich kleiner zu sein, war von einer dicken Schicht Staub bedeckt, was darauf schließen ließ, daß sich die übrigen Kunden des Archivs an das Verbot hielten. Ein ekelhafter Verwesungsgeruch legte sich in seine Nase und hinderte ihn am weiteren Vordringen. Auch hier standen dicht an dicht die Regale, und die Jahreszahlen 33, 34 und 35 deuteten an, daß hier die Spuren der nationalsozialistischen Machtübernahme vergraben lagen. Der eisige Atem tausendfacher Morde strich über seinen Rücken und zwang ihm zum Rückzug. Erleichtert schloß er die Türe und ging hinaus zum Treppenhaus. Als er langsam die Stufen hochächzte, kam ihm zum Bewußtsein, daß er den Raum gefunden hatte, in dem von Trepkow untergebracht werden konnte, wenn er ihn erst vom Leben zum Tod befördert hatte. Seine Hand, die sich zittrig am Handlauf emporzog, verkrampfte sich derart, daß er stehenbleiben mußte, um sich zu entspannen. Erschöpft erreichte er sein Büro und ließ sich in seinen Sessel fallen. Unter dem Schutz ihrer weißblonden Wimpern musterte ihn Fräulein Johansen und fand, daß er von Tag zu Tag mehr herunterkam. Natürlich wußte sie von seiner Versetzung an die Front, aber sie konnte sich nicht vorstellen, daß dies ausreichte, einen Mann so von der Rolle zu kippen. Da mußte doch mehr dahinterstecken. Sie nahm sich vor, ihn im Auge zu behalten.

Schon drei Tage später folgte sie ihm auf leisen Sohlen hinunter in die Gewölbe des Archivs und bemerkte mit Erstaunen, daß er ganz zielstrebig auf die verbotene Türe zustrebte und sie aufschloß. Sie hörte das leise Klicken des Lichtschalters und sah nur wieder endlose Aktenständer und Spinnweben. Dr. Bergmeier blieb inmitten dieser Trostlosigkeit stehen und drehte seinen Kopf mehrmals in alle Richtungen. Dann knipste er das Licht aus und trat seinen Rückweg an.

Ute Johansen huschte schnell ins Treppenhaus zurück und hastete die Stufen hoch. Ein wenig außer Atem setzte sie sich in ihren Stuhl und begann die vor ihr liegenden Akten zu lochen. Mit tiefen, regelmäßigen Atemzügen versuchte sie ihre Respiration zu beruhigen. Die ganze Aufregung war aber umsonst, denn Dr. Bergmeier kehrte vorerst nicht in sein Büro zurück, sondern stattete der Polizeiwache des Justizministeriums einen Besuch ab.

Er legte dem Wachhabenden einen von ihm selbst unterschriebenen Anforderungsschein vor und bekam daraufhin anstandslos ein Paar Handschellen ausgehändigt. Kurz darauf erschien er wieder in seinem Büro.

Utes wachsamem Blick entging nicht, daß er zwei glitzernde Ringe in seiner Schreibtischschublade verschwinden ließ. Als er zu einem nachmittäglichen Termin das Büro verließ, öffnete sie sofort die Schublade und stellte fest, daß es sich um Handschellen handelte. Wozu sollten die gut sein?

Anderntags trug Bergmeier die Handschellen hinunter ins Archiv und versteckte sie in einem Geheimabteil, das er wieder sorgfältig verschloß. Dann überflog er im Büro die von seiner Sekretärin getippten Vorlagen, und sein Rotstifte verwandelte sie in ein wüstes Schlachtfeld.

"Ich war bisher immer der Ansicht, daß die Norddeutschen die deutsche Sprache besser beherrschten als wir im Süden. Das ist aber offensichtlich nicht der Fall, oder liegt es vielleicht nur daran, daß Sie Ihre Sorgfaltspflicht grob fahrlässig mißachten? Ich muß Sie ersuchen, Fräulein Johansen, diese Vorlagen umgehend neu zu schreiben und die von mir angebrachten Korrekturen zu beachten."

Mit hochrotem Kopf und zittrigen Händen übernahm Ute Johansen die geschändeten Papiere und setzte sich auf ihren Stuhl. Sollte sie ihm antworten? Sollte sie ihn fragen, wo die Tage der gemeinsamen Fröhlichkeit geblieben seien? Hatte es Sinn, ihn daran zu erinnern, daß er sie, die Abhängige, zur Unzucht verleitet hatte? Das dazugehörige juristische Vokabular zuckte durch ihr Gehirn, und am Ende aller Reflektionen stand die Erkenntnis, daß er am längeren Hebel sitzen würde. Sie hatte keine Zeugen, und wenn Aussage gegen Aussage stand, hatte er mit Sicherheit die besseren Karten. Ihre Hilflosigkeit machte sie schier wahnsinnig.

Was half ihr jetzt die Erkenntnis, daß sie in dieser apokalyptischen Untergangsstimmung im untergehenden Berlin noch ein paar schöne Tage hatte erleben dürfen. Wie oft hatte sie sich dies in den letzten Tagen eingeredet, aber immer wieder hatten sie die Tränen in ihren Augen davon überzeugt, daß ihre Seele mit dieser Ausrede nicht zufrieden war. Sie hatte sich ganz einfach weggeworfen, und er hatte sie schamlos ausgenutzt. War es ein Trost für sie, daß er jetzt an die Front versetzt worden war? Ganz sicher nicht. Denn jetzt würde er sich in die Schar der anständigen Soldaten einreihen und deren Angst vor dem Tod in gnadenlose Paragraphen umwandeln. Wie viele Standgerichtsurteile würde er dann fällen, und wie viele verzweifelte junge Burschen würden unter den von ihm befohlenen Salven hingemetzelt? Die Blutspritzer der Gemordeten tanzten auf den vor ihr liegenden Papieren, und eine eiserne Hand umklammerte ihr Herz. Ihr Atem stockte, und fast wäre sie vom Stuhl gekippt, hätte sie sich nicht mit beiden Händen in letzter Sekunde am Tisch festhalten können.

Dr. Bergmeier bemerkte nichts von alledem. Seelenruhig blätterte er in seinen Akten, war aber mit seinen Gedanken bei Herrn von Trepkow. Er würde ihn ins Archiv locken, ihn niederschlagen und dann ins hintere Versteck schleppen. Dort würde er ihn mit den Handschellen an ein Regal ketten, ihm das vorlaute Maul verkleben und ihn verhungern lassen. Genau das würde er tun. Befriedigt nickte er mit dem Kopf, doch dann kamen ihm Bedenken. Verhungern würde sicher vier Wochen dauern. Es war nicht ganz auszuschließen, daß in einer solch langen Zeitspanne jemand den Mann finden und retten würde. Ein schaler Geschmack legte sich auf Bergmeiers Gaumen, und der schluckte mehrmals mit zuckendem Adamsapfel. Schnell holte er die Flasche Mineralwasser aus seinem Schrank und schenkte sich ein Glas ein. Da kam ihm die Erkenntnis: von Trepkow würde in spätestens acht Tagen verdurstet sein. Ein dankbares Leuchten trat in seine Augen, und wieder einmal war er mit der Funktionstüchtigkeit seines Gehirns sehr zufrieden.

Derweil spannte Fräulein Johansen Bogen um Bogen in die Maschine, und ihre Gedanken kreisten immer wieder um ihre Rache an Dr. Bergmeier. Wann immer ihre Gedankenkette an den entscheidenden Punkt kam, hielt sie inne, legte ihre Hände in den Schoß und starrte verzweifelt an die Decke.

Zwei Tage später wurde sie Zeuge eines Gesprächs, das ihr Chef kurz nach 17.00 Uhr mit dem Hausmeister bei der Übergabe des Archivschlüssels hielt.

"War Herr von Trepkow heute schon hier?" hatte Dr. Bergmeier gefragt, und der Hausmeister hatte verneint.

"Aber er kommt doch sonst jeden Tag um diese Zeit ins Archiv!"

"Das schon", meinte der Gefragte, "aber gestern hatte er zu Dr. Greubel gesagt, er müsse für drei Tage zum Reichskriegsgericht nach Leipzig."

"So, drei Tage?" hatte Dr. Bergmeier gemurmelt und war sichtlich enttäuscht davongeeilt.

Ute Johansen begann zu überlegen. Hatte es Dr. Bergmeier etwa auf den Baron abgesehen? War der vielleicht schuld an seiner Versetzung? Wenn ja, wollte er ihn dann tatsächlich im hinteren Archiv verschwinden lassen? Wie lange? Sie wurde blaß. Plötzlich war ihr klar, daß er den Tod des Barons in Kauf nehmen würde. Dr. Bergmeier ein Mörder? Kalter Schweiß trat auf ihre Stirne, und wie in Trance rannte sie zurück ins Büro. Minutenlang stand sie am Fenster und starrte hinaus in das trostlose Viereck der Gebäude. Dazu brauchte er also die Handschellen.

Und sie, was tat sie, die Untat zu rächen, die er ihr angetan hatte? Sie war blöd genug, weiter hinter der Maschine zu sitzen und stumpfsinnige Gesetzestexte voll grausamer Hintersinnigkeit auf die Unschuld des weißen Papiers zu hämmern. Wer würde sie rächen? Natürlich niemand!

So würde also dieser Verbrecher straflos ausgehen, und er würde wie ein Held an die Front reisen, mit dem befriedigenden Gefühl im Bauch, seinen Widersacher beseitigt zu haben.

Die ganze Nacht wälzte sie sich im Bett und beneidete den Mann um die phantastische Möglichkeit, sich auf so klassische Art zu rächen. Wenn sie nur imstande wäre, etwas Ähnliches zu planen und durchzuführen. Mit dem Gesicht zu dunklen Decke, beide Arme eng angelegt, spannte sich ihr Körper in einem krampfartigen Zustand. Langsam krochen die Schmerzen von den Waden hoch und explodierten im Gehirn. Mit einem Ruck setzte sie sich auf und wußte in dieser Sekunde, daß sie ihm zuvorkommen würde. Dann schlief sie ein.

Am anderen Morgen wartete sie, bis Bergmeier aus dem Archiv zurückkam und sich zur wöchentlichen Lagebesprechung aufmachte. Kaum hatte er das Büro verlassen, stieg sie in den Keller hinunter, holte sich den Schlüssel beim Hausmeister, drang in das muffige Aktenlager, durchquerte es schnellen Schrittes und schloß ohne Zögern die Blechtüre auf. Mühelos fand sie die Handschellen, die Dr. Bergmeier gleich im ersten Aktenstoß verborgen hatte, spürte die Härte des Metalls und fühlte die Entschiedenheit ihres Zweckes. Dann überlegte sie, wie sie den Mann vorher kampfunfähig machen könnte. Unschlüssig strich sie durch das schwach erleuchtete Gewölbe in der Hoffnung, auf einen brauchbaren Gegenstand zu treffen, was aber nicht der Fall war. So verließ sie den Ort des vorsehbaren Verbrechens mit dem festen Vorsatz, eine entsprechende Waffe zu beschaffen. Sie mußte lautlos sein, leicht anwendbar und absolut sicher. Nachmittags nahm sie sich frei.

Sie durchstreifte unzählige Geschäfte, bis sie endlich fand, was sie für brauchbar hielt: einen Zimmermannshammer mit langem Stahlstiel, Gummigriff und wuchtigem Kopf. Er paßte genau in ihre Aktentasche und war bei entsprechender Wucht eine tödliche Waffe. Lautlos und schnell.

In ihrem Zimmer angekommen, stopfte sie ein Kissen in ihre gelben Sommerhut, steckte ihn auf einen Besenstiel und lehnte diesen an die Wand. Dann umfaßte sie mit ihren schlanken Finger den genoppten

Gummigriff und ging auf den imaginären Kopf zu. Wie eine Tennisspielerin beim Aufschlag holte sie aus und schlug prompt daneben. Dabei spürte sie keine psychische Sperre. Es war einfach die ungewohnte Art der Bewegung. Beim drittenmal traf sie den Hut voll und auch mit der nötigen Wucht. Sie übte mit Unterbrechungen bis Mitternacht. Dann war sie sicher, nicht zu versagen. Befriedigt verstaute sie den Hammer in ihrer Aktentasche und legte sich zu Bett. Am andern Morgen ging sie frohgemut ins Büro. Dr. Bergmeier war entgegen seiner Gewohnheit schon kurz vor acht angekommen. Ungeduldig erwartete er seine Sekretärin und begann sofort, ihr zu diktieren. Kurz vor zehn deutete er an, daß es für heute genug sei, und verließ das Büro. Ute Johansen wußte, daß es ihn, wie jeden Tag, zum Ort seines geplanten Verbrechens zog. Sie gewährte ihm den erforderlichen Vorsprung, ehe sie ihre Tasche unter den Arm klemmte und ihm folgte.

Als sie die Archivtür öffnete, sah sie ihn gerade im zweiten Raum verschwinden. Schnell folgte sie ihm. Vor der Tür stellte sie die Aktentasche auf den Boden, entnahm ihr den Hammer und betrat das Gewölbe, den Hammer hinter ihrem Rücken versteckend.

Dr. Bergmeier hörte sie nicht kommen. Er hatte die Handschellen aus ihrem Versteck genommen und ließ sie spielerisch durch die Finger gleiten. Fräulein Johansen sah nicht, daß er lächelte, denn sie holte ohne zu zögern aus und traf ihn voll am Hinterkopf. Lautlos sackte der Mann zusammen. Die Handschellen fielen klirrend zu Boden. Schnell zog sie den leblosen Körper des Mannes in den hintersten Winkel des Archivs und kettete beide Hände an die massive Stütze des hölzernen Regals. Mit großer Befriedigung betrachtete sie ihr Werk und verließ dann ohne Hast den Raum. Vorsichtig verschloß sie die Türe, ließ den Schlüssel wie üblich im Schloß stecken und kehrte durch das vordere Archiv ins Treppenhaus zurück. Drei Minuten später saß sie in ihrem Büro. Die Hände im Nacken verschränkt, schob sie ihre kräftigen Beine unter das kleine Schreibmaschinentischchen, so daß ihre Zehenspitzen die Mauer berührten.

Sie hatte ein unerhört gutes Gefühl, wie sie es seit ihrer Konfirmation nicht mehr gespürt hatte. Sie hatte etwas gewagt, was nur wenige Männer, Frauen schon gar nicht, tun würden. Sie hatte ihren Chef bestraft. Ein Schauer von Erhabenheit hatte sie gestreift, als sie mit dem Hammer ausholte, und in ihm versank das winzige Gefühl des Mitleids, als der Körper zusammensackte. Sie hatte es getan!

Der Blutordensträger

Er hatte den kugeligen Bauch des Bonvivants und die niedrige Stirn des Eigenbrötlers, aber wenn er morgens um sieben Uhr die prall gefüllte Ledertasche umhängte und sich pfeifend auf den Weg machte, war er als Amtsperson voll wohlwollender Autorität und beinahe weltmännischer Nonchalance. Das einfache Austragen von Postsendungen hätte nicht im entferntesten ausgereicht, seine morgendliche Zufriedenheit zu verursachen, wenn nicht gleichzeitig der Austausch von blutdrucksteigernden Neuigkeiten, verbunden mit dem gezielt eingesetzten Genuß von Hochprozentigem, gewesen wäre. Kein Wunder, daß im Laufe seiner Dienstgeschäfte die hausgebrannten Lippenöffner auch gelegentlich ihre enthemmende Wirkung voll entfalteten, was dann unweigerlich dazu führte, daß er, der Aushilfsbriefträger Max Hornbichler, den nach Neuigkeiten dürstenden, empfangsberechtigten Weibspersonen zielsicher unter die Röcke griff. Diese kleine Unart, des ansonsten äußerst geschätzten Mannes war irgendwann auch dem gestrengen Postmeister Parenka zu Ohren gekommen, der sich nun natürlich gezwungen sah, dem Postoberrat in München Meldung zu machen.

So kam es, daß von einer Verbeamtung Hornbichlers Abstand genommen wurde und er obendrein immer nur dann zum postalischen Einsatz kam, wenn Ausfälle beim regulären Auftragsdienst, wie zum Beispiel Krankheiten, Hochzeiten, Beerdigungen oder Urlaube, eine termingerechte Zustellung verhindert hätten. Bei allen möglichen Stammtischen - sei es vom Alpenverein, den Brieftaubenzüchtern, Fußballern oder Turnern - war er ein gerngesehener Gast, der auch immer einen Mäzen fand, der ihm, dem stets Abgebrannten, eine Maß Bier oder auch zwei spendierte. Dabei hatte Hornbichler nie das Gefühl zu nassauern, denn er war bereit und in der Lage, etwas dafür zu bieten: seinen trockenen Humor Schweijkscher Art verbunden mit einem unerschöpflichen Fundus an Witzen bis zur untersten Schublade.

Im Laufe der Jahre hatte er einen todsicheren Instinkt dafür entwickelt, wo eine besonders öde Runde zusammensaß und förmlich nach seiner unterhaltsamen Art lechzte.

So betrat er eines Donnerstags gegen halb acht, wie üblich mit Daumen und Zeigefinger die übergroße Nase reibend, das Nebenzimmer im Gasthof zum Bräuwastl und hielt verdutzt inne.

Anstellte der von ihm erwarteten Taubenliebhaber saß eng zusammengerückt ein Kreis jüngerer Burschen am runden Stammtisch. Ein kräftiger Mann mit Stiftenkopf drosch mit markigen Sprüchen auf sie ein und unterstrich die Bedeutung seiner Worte mit kräftigen Hieben auf die massiv eichene Tischplatte. Da Hornbichler von dem, was der Mensch verzapfte, überhaupt nichts verstand, konnte es sich nur um Politik handeln.

Immer noch schockiert von dem fremdartigen Anblick, blieb er im Türrahmen stehen und hörte sich den emphatischen Schmarren an, der hier mit so unerhörtem Pathos vorgetragen wurde. Gerade als er sich gelangweilt abwenden wollte, erkannte ihn einer der jungen Zuhörer und forderte ihn auf, sich zu ihnen zu setzen. "Bei uns gibt's auch ein Freibier für dich!" fügte er hinzu.

Da Hornbichler um diese Zeit stets unter besonders starkem Durst litt, war er entgegen seiner Gewohnheit bereit, auch Politisches zu ertragen, schob also einen Stuhl vom Nebentisch in die Runde und nahm Platz.

Von der prompt eingetroffenen Maß nahm er genüßlich einen Riesenschluck, so als hätte er gerade die Sahara durchquert, und hörte dann mit zwiespältiger Aufmerksamkeit den Ausführungen des hochdeutsch sprechenden Wortführers zu. Es war viel von völkischer Erneuerung und nationaler Würde die Rede, und Hornbichler hätte gerne seine Witze dazu gerissen, aber schon der kleinste Räusperer wurde unverzüglich abgeblockt, sei es durch einen vernichtenden Blick des Vortragenden oder durch Stöße mit den Ellenbogen von links oder rechts und manchmal gleich von beiden Seiten. Dermaßen in seiner Narrenfreiheit eingeschränkt, wäre er am liebsten wieder gegangen, aber da ihm das Bier schmeckte und eine zweite Maß schon bereitstand, hörte er geduldig zu, obwohl das meiste wie das Gesäusel des Abendwindes an ihm vorbeistrich. Nur als von der Beseitigung der Arbeitslosigkeit die Rede war, erlaubte er sich den Zwischenruf: "Sehr richtig!", der von dem Preußen mit Genugtuung zur Kenntnis genommen wurde. Nach zwei weiteren zustimmenden Zwischenrufen wurde die dritte Maß für ihn bestellt, und Hornbichler fühlte sich richtig wohl. Am Ende des Vortrages wurde ihm eine vierte Maß in Aussicht gestellt, wenn er den Aufnahmeantrag zur NSDAP unterschreiben würde; als Arbeitsloser bliebe er natürlich beitragsfrei. Da er eh schon bei einem guten Dutzend Vereine passives Mitglied war, nur beim Freibier wurde er aktiv, unterzeichnete er ohne langes Zögern das Formular, und damit nahm die beispiellose politische Karriere des Hilfsbriefträgers Max Hornbichler aus Peißenberg seinen Lauf.

Zunächst aber kam der Sommer, und der bedeutete für ihn wie jedes Jahr totalen Ausschluß von staatlichen Hoheitsaufgaben, weil bei dem schönen Wetter die beamteten Briefträger keine Lust zum Kranksein, Heiraten oder Sterben verspürten. So half er bei seinem Schwager in Peiting in der Landwirtschaft aus Auch hier gab es des öfteren ein Glas Bier umsonst, wenn er über das sündige Leben in Peißenberg seine Sprüche riß. Besondere Heiterkeit erregte er immer dann, wenn er von den vielen Analphabeten in Peißenberg berichtete, denen er die Briefe und Postkarten vorlesen mußte. Er bestärkte sie in dem Glauben, daß die Leute immer dümmer würden, je weiter man nach München käme.

Als er Ende August nach Peißenberg zurückkehrte, fand er in seinem Zimmer ein Paket vor, das eine Parteidienststelle aus München an ihn gesandt hatte. Zu seiner Überraschung enthielt es ein Hemd in einer etwas ausgefallenen braunen Farbe, eine rote Binde mit einem Hakenkreuz auf weißem Feld, eine steife braune Mütze mit schwarzem Lederschild und ein schwarzes Lederkoppel mit Schulterriemen. Auf der Koppelschnalle stand: Gott mit uns! Da er nichts Bessere zu tun hatte, probierte er die Sachen gleich an und stellte fest, daß ihm das Hemd gut paßte, während die Mütze etwas zu groß war, aber durch die abstehenden Ohren daran gehindert wurde, bei ihm partielle Blindheit auszulösen. Er suchte schnell eine alte Zeitung, faltete eine Seite eng zusammen, und schob sie unter das Schweißband, und siehe da, die Mütze paßte.

Erst jetzt trat er vor den großen Spiegel, der seine Kleiderschranktüre zierte, und erstarrte vor Hochachtung. Was doch eine Uniform alles aus einem Menschen machen konnte! Wie er jedoch weiter herunter schaute, bemerkte er, daß seine zerknitterte Flanellhose in entwürdigendem Kontrast zu seinem Oberteil stand, und als er zwei Schritte zurücktrat, um die Gesamterscheinung zu mustern, schlich sich ein blödes Grinsen auf sein Gesicht, das dann dazu führte, daß er in schallendes Gelächter ausbrach.

Lautes Klopfen unterbrach jäh seine zweideutige Heiterkeit. Bevor er "Herein!" sagen konnte, öffnete sich die Tür, und seine Zimmerwirtin stand auch schon im Raum:

"Ja mei, der Herr Hornbichler als Nazi! Ja, was soll denn dös sei?"

"Schaun's net so damisch!" raunzte Hornbichler die verschreckt dreinblickende Frau an. „Warum soll i net bei de Nazis sein?" Da die gute Frau darauf keine Antwort wußte, fuhr er fort: „I bin doch sonst a bei alle Verein, net wahr?" Gegen diese Logik war die Zimmerwirtin machtlos und zog sich beleidigt zurück, um gleich darauf nochmals einzutreten. Diesmal ohne anzuklopfen: "Jetzt hätt' i's glatt vergessen, warum i eigentli kommen bin: Sie sollen unbedingt um achte zum Bräuwastl kommen, wenn's geht in Uniform, weil sie eine wichtige Besprechung hätten", richtete ihm die Frau aus und sah ihn mit gut gemeintem Bedauern an. "Und i hab' gmeint, d' Post braucht Sie wieder, derweil sans bloß d'Nazi!" Und beim Hinausgehen fügte sie noch hinzu: "Also um achte!"

„Ja, is scho recht. I werd scho hingehn!" sagte er und drängte die jetzt eher mitleidig dreinsehende Frau aus dem Zimmer.

Da es erst fünf Uhr war, zog er sich nochmals aus und legte sich aufs Bett. Hoffentlich hatte er da keinen Blödsinn gemacht, dachte er, beruhigte sich aber rasch wieder, da er sicher war, daß er seinen Kopf jederzeit aus dieser Schlinge würde ziehen können. Er sollte sich getäuscht haben.

Als Max Hornbichler kurz vor acht Uhr im Bräuwastl eintraf, herrschte dort eine heillose Verwirrung. Schon vor dem Gasthaus und unter den spitzbogigen Loggien standen Gruppen von wild diskutierenden Leuten beisammen, teils in Zivil, teils in Uniform. Hornbichler entdeckte ein paar Bekannte und stellte sich zu ihnen, um zu erfahren, was los sei.

"Ende der Woche soll in Nürnberg eine große Versammlung stattfinden, bei der Hitler zusammen' mit General Ludendorff so eine Art deutschen Kampfbund gründen will", erklärte er.

"Und was sollen wir dabei tun?"

"Das soll ein Zusammenschluß von NSDAP, Reichskriegsflagge und Bund Oberland werden, und dann machen wir in Bayern Revolution!"

"Wenn's da kein Freibier gibt, dann sollen die ihre Revolution ohne mich machen", sagte Hornbichler sarkastisch. Alle lachten, und keiner nahm ihn erst, obwohl er wirklich fest entschlossen war, einer Revolution fernzubleiben, bei der es kein Freibier gab. Denn davon war er überzeugt, daß nach der Revolution doch wieder alles beim alten sein würde, und man wäre wieder der gleiche Depp wie vorher. Nur in den paar Tagen, wo's rundging, war vielleicht etwas für ihn zu holen, danach würde wie bisher regiert werden, und kein Mensch würde sich um den Revolutionär Hornbichler kümmern. Da er keine präzise Antwort auf seine Frage bekommen konnte, kaufte er sich auf eigene Rechnung eine Halbe, trank sie im Nebenzimmer ruhig aus und ging heim. So versäumte er zwar das Vorspiel zu einer Entwicklung, die das Bild Deutschlands in den nächsten zwanzig Jahren total verändern sollte, aber ohne Freibier war er nicht gewillt, seinen Kopf für eine Entwicklung hinzuhalten, auch wenn deren Ziele noch so großartig sein mochten. Den ganzen September über schlug er sich so recht und schlecht durchs Leben, kaufte sich hie und da einen warmen Leberkäse für 5 Millionen Mark, achte Tage später für 20 Millionen, und als dann Anfang Oktober die halbe Bier schon 500 Millionen kostete, beschloß er, bei der nächsten Revolution dabeizusein, denn dieser Wahnsinn mußte gestoppt werden.

Anfang November verdichteten sich die Gerüchte über einen gewaltsamen Sturz der Regierung in München, und am 8. November war es dann soweit. Die Parteiführung teilte ihm mit, daß er zeitweise der SA zugeteilt werden und man noch am selbigen Abend nach München gefahren werde.

Hornbichler fand sich uniformiert um 8 Uhr beim Bräuwastl ein und erhielt zu seinem Erstaunen vor der Abfahrt noch eine Halbe Bier zugeteilt. Das war für ihn das Zeichen, daß sie es jetzt ernst meinten mit ihrer Revolution, denn für nichts und wieder nichts gab es kein Freibier. Da es leicht nieselte, hatte er seinen Lodenumhang dabei, und den zog er fest um sich, als er den Lastkraftwagen bestieg. Gegen neun Uhr abends kamen sie auf dem Oberwiesenfeld an. Es herrschte ein unbeschreibliches Durcheinander. Stahlhelme, Oberländer, SA und viele Zivilisten in Regenmänteln, denn es war kalt, und ein leichter Nieselregen fiel unbarmherzig auf die Versammelten herab.

"Ihr glaubt's doch nicht, daß wir hier die ganze Nacht rumstehen?" fragte einer aus Hornbichlers Nachbarschaft.

"Ich werd' mich gleich mal umsehen", rief der Sturmführer Keller, sprang vom Wagen und verschwand in der Dunkelheit. Nach einer guten Viertelstunde kam er zurück und berichtete, daß sich niemand so richtig auskenne. Man solle sich gedulden.

"Nix da, gedulden!" schrie es wild durcheinander, und nach einigen Minuten totaler Konfusion setzte sich Sturmführer Keller endlich durch.

"Also gut", sagte er, "wir fahren weiter in die Stadtmitte und suchen uns ein Lokal, wo wir unterkommen. Dort warten wir die Nacht ab und versuchen am Morgen Anschluß an den Demonstrationszug zu finden!"
"Sehr vernünftiger Vorschlag", sagte Hornbichler, denn die Aussicht auf ein warmes Wirtshaus schien ihm doch weit verlockender als eine noch so schöne Revolution.

Man fuhr also vorsichtig auf der Dachauer Straße Richtung Hauptbahnhof. Am Stiglmaierplatz wurden sie von schwerbewaffneten Freikorps-Soldaten angehalten, aber - da sie unbewaffnet waren - nach kurzer Überprüfung durchgelassen. In der Elisen- und Pacellistraße war es relativ ruhig, doch am Promenadeplatz war endgültig Schluß. Neben dem Denkmal von Kurfürst Maximilian II. Emanuel schoben sie das Fahrzeug auf den Rasen und marschierten dann weiter Richtung Theatinerstraße. Da das Nieseln jetzt in einen regelrechten Regen übergegangen war, beschloß Sturmführer Keller mit seiner Truppe in das vor ihnen liegende Wirtshaus zum Franziskaner einzurücken. Gegen den Widerstand einiger erboster Gäste wurde der große, zentrale Gästeraum beschlagnahmt, und die Bedienungen beeilten sich, die durstigen Revolutionäre mit Bier zu versorgen. Bald herrschte eine ausgelassene Stimmung, und es wurden die schönen alten Lieder vom Argonnerwald um Mitternacht und von den zitternden, morschen Knochen gegrölt. Gegen Mitternacht wurde ihnen das Licht abgedreht, und während die meisten auf dem Boden lagen, hatte sich Hornbichler rechtzeitig eine Eckbank reserviert, auf der er nun zwar abgeknickt, aber wenigstens leicht gepolstert, in den neuen Tag hinüberschlief.

Gegen die Zusage, das Lokal bis 6 Uhr wieder zu verlassen, erhielt jeder eine Tasse Milchkaffee und eine altbackene Semmel. Es war 5 Uhr früh und die Putzfrauen wollten aufwischen. Tatsächlich standen sie in Dreierreihen gut ausgerichtet um dreiviertel sechs fröstelnd im Biergarten und warteten auf den Befehl zum Abmarsch. Wohin, das war die Frage.

Wenn jemals eine Revolution eine echte Berechtigung gehabt hat, dann war es diese. Trotzdem wußte keiner, auch Sturmführer Keller nicht, wie sie nun eigentlich gemacht werden sollte. Würde es schon genügen, durch München zu marschieren, oder mußte nicht doch geschossen werden? Ein paar Schüsse in die Luft wenigstens, denn ganz ohne Krachen würde einem doch niemand glauben, daß man eine richtige Revolution gemacht hat.

Unrasiert und frierend standen seine Leute im Nieselregen, und Sturm-führer Keller überlegte, was er nun tun solle. An der großen Schau-fensterscheibe des Zigarrenladens gleich hinter ihm hing ein rotes Plakat mit einer Proklamation an das deutsche Volk! Die Regierung der Novemberverbrecher in Berlin sei heute abgesetzt worden. Die neue provisorische National-Regierung bestehe aus Ludendorff, Hit-ler, Lossow und Seißer. Lauter Generäle und der Gefreite Hitler. Ob das wohl gutgehen konnte? Unentschlossen blickte Keller auf die andere Straßenseite. Dort hing ein anderes Plakat auf blütenweißem Papier: Trug und Wortbruch ehrgeiziger Gesellen haben aus einer Versammlung für nationales Wiedererwachen eine Szene widerwärtiger Vergewaltigung gemacht. NSDAP, Oberland und Reichskriegsflagge sind aufgelöst. Gezeich-net von Kahr, Generalstaatskommissar.

"Was ist jetzt los? Wie lange sollen wir hier noch rumstehen?" frag-te einer aus dem vorderen Glied, und Keller gab sich einen Ruck. "Stillgestanden!" brüllte er. "Im Gleichschritt marsch!" Und er ging fast im Stechschritt vor seiner Truppe her die Dienerstraße hinunter Richtung Marienplatz. Dort, im Herzen Münchens, müßte sich die Sache doch entscheiden.

Hornbichler war froh, daß er seinen Lodenumhang dabei hatte, denn es war entsetzlich kalt, und der ewige Nieselregen drückte aufs Gemüt. Als sich der Trupp dem Marienplatz näherte, konnte man schon eine große Menge Soldaten, SA-Männer und Oberländer in kurzen Leder-hosen herumstehen sehen. Die armen Kerle mußten grausam frie-ren, dachte Hornbichler und hüllte sich noch fester in seinen Umhang. Der Sturmführer befahl zu halten und versprach, genaue Befehle für das weitere Vorgehen einzuholen. Wo, hatte er nicht gesagt, und da er nach einer halben Stunde noch immer nicht zurück war, erlahm-te die Kampfkraft der Peißenberger zusehends. Als die Uhr am Rat-hausturm acht Uhr schlug, machte Hornbichler den Vorschlag, im Donisl einzukehren, bis die Revolution richtig losginge. Sofort hatte er ein paar Anhänger für seinen Vorschlag gefunden, und mit dem Auftrag an die Ausharrenden, sie rechtzeitig zu benachrichtigen, ver-drückten sich die ewig Durstigen zum Donisl. Dort bestellten sie sich eine Maß Bier, und der Bauunternehmer Meier spendierte für jeden ein paar Weißwürste, wofür er zwei Billionen Mark bezahlen mußte. Nachmittags würden sie sicher das Doppelte kosten, tröste-te ihn der Kellner.

Als sich die Wirtshaus-Revoluzzer gerade überlegten, ob sie sich noch eine Maß kommen lassen sollten, riß einer mit Stahlhelm auf dem Kopf die Türe auf und brüllte: "Der Hitler und der Ludendorff kommen!"

Ohne allzu große Begeisterung verließen die Peißenberger die warme Gemütlichkeit des Gasthauses und betraten die Bühne der Weltgeschichte.

Tatsächlich bildete sich vor der Mariensäule eine breite Gasse unter den Wartenden, und vom alten Rathaus her sah man sie marschieren: in vorderster Reihe Hitler in seiner braunen Uniform, neben ihm der General Ludendorff in vollem Wichs mit allen Orden und noch ein paar andere hohe Offiziere. Als Sturmführer Keller sah, daß sie nicht weiter auf den Marienplatz vordrangen, sondern rechts abbogen und die Residenzstraße hinaufmarschierten, ließ er seine Leute wieder antreten und die Dienerstraße zurück zum Odeonsplatz marschieren. Dort mußten sich die beiden Marschkolonnen treffen.

Sie hatten die Theatinerkirche schon passiert, als sie drüben, auf der Feldherrnhalle vor der Residenz, den Hitler auftauchen sahen. Vor ihnen auf dem Odeonsplatz, in Höhe der Einbiegung der Briennerstraße, standen Soldaten hinter aufgerolltem Stacheldraht. Dahinter eine geschlossene Kette der Grünen Polizei, die Gewehre im Anschlag.

Ein Offizier brüllte den Anmarschierenden zu, sie sollten sich auflösen und heimgehen, aber die achteten nicht auf seine Warnung.

Plötzlich krachten Schüsse, eine zweite Salve peitschte in die Dienerstraße. Überall wälzten sich Getroffene in ihrem Blut. Der Zug stockte, obwohl von hinten ein paar Wahnsinnige versuchten nachzudrängen.

Sturmführer Keller befahl: "Kehrt Marsch!" Und als sie sich alle umdrehten, sahen sie am hinteren Ende des Zuges den Hornbichler Max auf dem Boden knien. Er war käseweiß und hielt sich den linken Oberschenkel.

"Was ist los, Max?" fragte ihn besorgt sein Nachbar.

"I glaub, die ham mi troffen!" stieß Hornbichler hervor, und ein dünner Blutstrahl rieselte aus seiner grauen Flanellhose.

"A so a Sauerei", schimpfte er, "mei gute Hosen!"

Da niemand Verbandszeug bei sich hatte, wurde er notdürftig mit einem Taschentuch verbunden, und zwischen zwei Kameraden, denen er die Arme über die Schultern gelegt hatte, humpelte er zurück zum Promenadeplatz. Gottlob war außer ihm niemand zu Schaden gekommen.

Unbehelligt bestiegen sie ihren Lastkraftwagen und fuhren zurück nach Peißenberg. Die Revolution war zu Ende.

Am nächsten Tag wurde dem Aushilfsbriefträger Max Hornbichler eine Gewehrkugel aus dem linken Oberschenkel entfernt. Die Operation verlief ohne Komplikationen, und fünf Tage später humpelte er auf zwei Krücken durch den Ort. Für viele war er der große Held, während sich andere an die Stirn tippten und herablassend grinsten. Das Lachen sollte ihnen jedoch noch vergehen.

Im Laufe des Jahres 24 wurde Hornbichler mehrmals von der Polizei abgeholt und einem Richter vorgeführt. Die Vernehmungsprotokolle lasen sich eher wie Geschichten von Ludwig Thoma, als daß sie Aufschluß über den Ablauf einer revolutionären Aktion hätten geben können. Der Aushilfsbriefträger hatte glaubhaft machen können, daß bei ihm, übrigens ähnlich wie bei Konfuzius, das Denken nicht im Kopf stattfinde, sondern ausschließlich im Herzen, und daß es daher eher etwas mit Gefühlen zu tun habe, als mit dem Verstand. Staatsanwalt Dr. Knauer hatte am Rand dazu notiert: "Das Denken des Delinquenten findet ausschließlich im Bauch statt und wird weitgehend vom jeweiligen Alkoholspiegel bestimmt."

Hornbichler wurde jedenfalls nicht weiter belästigt und verschwand in den folgenden Jahren gänzlich in der Versenkung. Seine braune Uniform versteckte er auf dem Speicher seiner Zimmerherrin, und anstelle seiner Aushilfe bei der Post betätigte er sich stundenweise bei Verladearbeiten im Bergwerk. Den Sommer verbrachte er bei seinem Schwager in Peiting, und dort besuchte ihn, während er gerade einen Heuwagen belud, Sturmführer Keller.

"Servus Max, wie geht's immer?" schrie er vom Straßenrand hinüber ins abgemähte Feld, wo Hornbichler einen mit Ochsen bespannten Leiterwagen belud.

"Ah, da schau her, der Keller!" sagte er nach kurzem Nachdenken.

"Ja, i bin's. Komm her, i hab' Dir was zu geben!"

Etwas widerwillig stieß Hornbichler seine Gabel in das Erdreich und stapfte mißmutig zur Straße.

"Die Parteileitung hat dir das goldene Parteiabzeichen für deinen tapferen Einsatz an der Feldherrnhalle verliehen." Keller überreichte Hornbichler eine Urkunde in braunem Umschlag und ein kleines, mit Samt bezogenes Kästchen.

"Und was soll i damit?"

"Heb das gut auf, es wird dir noch gute Dienste erweisen!"

"Wenn d'moanst!" sagte Hornbichler und schaute Keller fragend an.
"Wirst schon sehen", sagte der, "die Bewegung macht Fortschritte, und
es wird nicht mehr lange dauern, bis wir die Macht übernehmen."
"Wenn dann wieder gschossen wird, bittschön ohne mi!"
"Na, na, so schlimm war's auch wieder nicht! Und übrigens geht's
diesmal ohne Schießen ab. Wir gewinnen einfach die Wahlen. Wirst
schon sehen!" wiederholte sich Keller. "Also, dann mach's gut!"
"Du auch!" antwortete Hornbichler.
Keller bestieg danach wieder sein Fahrrad und radelte die 15 km
zurück nach Peißenberg.
Hornbichler beendete seine Arbeit und dirigierte das Gespann zurück
auf den Hof seines Schwagers. Als er zum Abendessen von seiner
Stube herunterkam, hatte er sich den Orden angesteckt und präsentierte sich stolz seiner Familie.
"Spinnst du?" fragte sein Schwager. "Mir san doch net im Fasching!"
war der ganze Kommentar.
Verschämt ließ Hornbichler sein Abzeichen in der Hosentasche verschwinden.
So verlief Hornbichlers Leben in geruhsamen Bahnen. Ein- bis zweimal im Monat gönnte er sich einen Vollrausch, ansonsten blieb er
seiner bisherigen Gewohnheit treu, sich als guter Gesellschafter mit
Freibier zu humoristischen Höchstleistungen anspornen zu lassen.
Die in den dreißiger Jahren sich abzeichnenden Erfolge der Nazis
führten dazu, daß er bei besonderen Gelegenheiten, wie Hochzeiten, Beerdigungen und Prozessionen, sein goldenes Parteiabzeichen
ansteckte, was ihm bei der zunehmenden Zahl von Sympathisanten
ein steigendes Ansehen einbrachte.
Dann, im Januar 33, war's soweit. Hitler war Reichskanzler geworden, Hornbichler holte sein Braunhemd vom Speicher und begann
wieder zu marschieren. Im Juli erhielt er von der Oberpostdirekti-
on München ein Schreiben, in dem ihm mitgeteilt wurde, daß er
zum 1. August als hauptamtlicher Briefträger in die Beamtenlauf-
bahn übernommen sei. Seine langjährigen Dienstzeiten als Aushilfsbriefträger würden auf sein Pensionsalter voll angerechnet. Also
steckte er sein goldenes Parteiabzeichen ans Revers und meldete
sich im Postamt, wo ihm Postamtmann Pause zur Übernahme gra-
tulierte und ihn sehr höflich bat, am Montag in acht Tagen seinen
Dienst in gewohnter Weise wieder aufzunehmen.
Von seinem ersten richtigen Gehalt kaufte er sich braune Bree-

cheshosen aus kräftigem Wollstoff und ein Paar schwarze Reitstiefel. Von jetzt ab ging er nur noch in Uniform in die Kirche, und seine Chancen bei der von ihm betreuten Weiblichkeit stiegen ins Unermeßliche. Seine postalischen Rundgänge zogen sich immer mehr in die Länge. Seine Trinkfestigkeit wurde auf eine harte Probe gestellt, und seine amourösen Aktivitäten führten immer häufiger zu Streitigkeiten zwischen den augenblicklich bevorzugten Favoritinnen und den sich vernachlässigt fühlenden Abgelegten. Schließlich wurde ihm der Außendienst zu anstrengend, und er bat um Versetzung in den Innendienst. Seinem Gesuch wurde augenblicklich stattgegeben, da Postamtmann Pause schon befürchtet hatte, daß eines Tages das ganze Schlamassel von Schnaps und Hurerei über ihn hereinbrechen würde. So verschwand Hornbichler im anonymen Dunkel postalischer Untergrundarbeiten, als da waren: Briefe sortieren, Pakete verladen, Zeitungssendungen verteilen und vieles mehr. Er war froh über diese Atempause, denn der Arzt hatte ihm schon einen irreparablen Leberschaden vorausgesagt, wenn er so weitermache. Und an den diversen Stammtischen wurde davon gemunkelt, daß einige der Ehemänner, denen Hornbichler Hörner aufgesetzt hatte, planten, ihn in einer gemeinsamen Aktion einmal gehörig durchzumischen. Bisher hatte ihn nur die Angst der Betrogenen vor der geheimnisvollen Ausstrahlung seines goldenen Abzeichens davor bewahrt. Kellers Vorhersage über den Wert des blechernen Emblems begann auf mysteriöse Weise einzutreffen.

Im Mai 1935 erhielt Hornbichler einen Einschreibebrief von der Reichsleitung der NSDAP, in dem er aufgefordert wurde, sich vier Tage später, wenn möglich in Uniform, vormittags um 10 Uhr im Braunen Haus in München einzufinden.

Amtmann Pause erteilte bereitwillig die Dienstbefreiung, und Hornbichler fuhr in voller Uniform, mit frisch gewichsten Stiefeln, mit dem Zug nach München. Unterwegs steckte er sich noch das Goldene Parteiabzeichen an, rauchte eine Virginia und betrachtete mit großem Wohlgefallen die vorbeibrausende Landschaft.

Da er noch früh genug dran war, ging er zu Fuß vom Bahnhof durch den Botanischen Garten zum Karolinenplatz. Fünf vor zehn betrat er das ehemalige Barlow-Palais. Der Posten am Eingang stand stramm, und Hornbichler kam sich sehr bedeutend vor. Dem Portier zeigte er seine Vorladung und wurde in den großen Sitzungssaal im ersten Stock verwiesen.

Durch die beiden geöffneten Flügeltüren sah er eine größere Menge uniformierter Gestalten, darunter Herren in dunklen Anzügen, und zum Glück bemerkte er auch Sturmführer Keller, der ihn sofort freudig begrüßte: "Ja der Hornbichler ist auch da!"

"Jedenfalls hab' i a Einladung kriegt", sagte Hornbichler und wollte das Papier aus seiner Uniformtasche hervorholen.

"Laß nur, ich glaub' dir's schon!"

"Worum geht's denn eigentlich?"

"Mir kriegen alle einen neuen Orden. Alle, die damals mitmarschiert san, am 9. November!"

"Da schau her, schon wieder an Orden!" stellte Hornbichler sarkastisch fest, und Sturmführer Keller wußte aus Erfahrung, daß dem anderen eine Maß Freibier lieber gewesen wäre.

"Anschließend gibt's ein großes Buffet. Da kannst dann so viel Bier nunterlassen, wie d'neinbringst", sagte er und klopfte Hornbichler aufmunternd auf die Schulter.

"Der Führer!" schrie plötzlich einer mit blecherner Stimme in den Saal, und augenblicklich verstummten die Anwesenden. Erwartungsvoll schauten sie in alle Richtungen, bis sie ihn endlich daherkommen sahen.

Mit beherrschtem Schritt betrat er den Saal durch die Flügeltüren, die sofort hinter ihm geschlossen wurden. Kopfnickend und mit der rechten Hand grüßend durcheilte er die Reihen der Wartenden und betrat ein blumengeschmücktes Podium an der Stirnseite.

"Kameraden", sagte er, "es ist mir eine große Ehre, Ihnen den von mir geschaffenen Blutorden, als Gedenken an einen verhängnisvollen Tag vor mehr als zehn Jahren, zu überreichen."

Hornbichlers Erinnerungsvermögen setzte sich langsam in Bewegung, und als er sich mühselig durch seine Weibergeschichten und Saufabende hindurchgearbeitet hatte, tat ihm plötzlich das linke Bein weh, und durch den feinen Nieselregen sah er wieder die wahnsinnigen Vollidioten, die ohne zu zögern, auf sie losgeballert hatten. Obwohl er manchmal behauptete, die Verwundung habe ihn wetterfühlig gemacht, wußte er selber doch besser, daß dieser blödsinnige Schuß vom 9. November seinem körperlichen Wohlbefinden kein nachhaltiges Leid zugefügt hatte.

Aber wenn der Keller, den nun ja weiß Gott außer ein paar Regentropfen gewiß nichts getroffen hatte, auch den Orden kriegen sollte, dann durfte ihm zur Erinnerung sein Haxen schon ein wenig jucken.

Während er so vor sich hin sinnierte, war der Führer zum Ende seiner Ausführungen gekommen, und die neuen Ordensträger wurden jetzt namentlich aufgerufen.

Als die schon bekannte, blecherne Stimme "Hornbichler Max" rief, stapfte derselbige mit seinen glänzenden Stiefeln und ebensolchen Augen nach vorne zum Podest, wo ihm der Führer den neuen Orden unter dem Goldenen Parteiabzeichen anheftete. Er schüttelte ihm noch die Hand und sagte auch etwas, was Hornbichler , vor lauter Rührung ganz taub, aber nicht mehr verstand.

Schon ertönte der nächste Name, und wie in Trance entfernte sich Hornbichler, in der Tiefe seiner bescheidenen Seele getroffen, von der Gestalt des anbetungswürdigen Führers. Früher hatte er eine ähnliche Ergriffenheit verspürt, wenn er mit dem Leib des Herrn im Mund sich von der Kommunionbank erhob und wie ein, vom alles versengenden Blitz des Heiligen Geistes Getroffener, zu seiner Bank zurücktaumelte. Das Mysterium des Abendmahles war im Laufe seiner Menschwerdung immer emotionsloser geworden, bis es zuletzt nur noch zur österlichen Pflichthandlung verkam. Er hätte nie geglaubt, daß er, der mit allen Wassern gewaschene, abgebrühte Obersauhund, zu solcher Rührung fähig sein konnte. Mühsam schleppte er sich ans Ende des Saales, verkroch sich in einer Fensternische und schaute wie hypnotisiert auf den Obelisken aus französischen Kanonen, der mitten aus dem Karolinenplatz herausragte wie ein warnender Zeigefinger.

Sturmführer Keller riß ihn aus seiner Betäubung und führte ihn ins Nebenzimmer, wo ein herrliches Buffet aufgebaut war. Bestürzt stellte Hornbichler fest, daß Bier nur in winzigen Viertelliter-Gläsern ausgeschenkt wurde. Hummer und Kaviar würdigte er keines Blickes, doch zum Glück war für die einfacheren Gemüter auch Leberkäse und Geräuchertes geboten, und so kam Hornbichler voll auf seine Kosten. Nach dem 28. Glas Bier hakte ihn Keller unter und führte ihn aus dem Haus. Der hochprozentige Gerstensaft hatte eine ähnlich betäubende Wirkung wie der Führer, und die Trance, die ihn im Fond von Kellers Auto umfing, war nicht weniger berauschend. Das Leben war wundervoll.

So kehrte der, mit allen Weihen des herrschenden Regimes versehene Hornbichler mit einem Vollrausch nach Peißenberg zurück, wurde mühsam in sein möbliertes Zimmer geschleppt und schlief - von herrlichen Träumen begleitet - in den nächsten Tag hinein.

Pünktlich um acht Uhr erschien er zum Dienst. Schon eine Stunde später wurde er von einem Reporter und einem Fotografen der Weilheimer Zeitung aufgesucht. Nach einem kurzen Bericht über seinen Werdegang schilderte er seine ergreifende Begegnung mit dem Führer, und plötzlich wußte er auch wieder, daß ihn Adolf Hitler mit Tränen in den Augen angeblickt und ihm für seinen tapferen Einsatz an der Feldhernhalle gedankt hatte. Vor lauter Rührung bekam er sofort wieder ganz feuchte Augen, und abends am Stammtisch berichtete er, daß der Reporter ebenfalls feuchte Augen bekommen habe, vor lauter Rührung über seinen dramatischen Bericht.

Als der nunmehr hochdekorierte Blutordensträger im Mai 1935 darum ersuchte, wieder im Außendienst eingesetzt zu werden, konnte ihm Amtmann Pause diesen Wunsch nicht abschlagen. Um dem Antragsteller zu beweisen, mit welcher Hochachtung er ihn behandele, übertrug ihm der Vorgesetzte sogar das Amt eines Geldbriefträgers. Hornbichler bedankte sich für das erwiesene Vertrauen und begann am Montag früh um 9 Uhr seinen verantwortungsvollen Dienst.

Natürlich wurden seine Amtsgeschäfte, die ja jetzt mit angenehmen Überraschungen in Form von meist unerwartetem Geldsegen begleitet waren, wie schon früher mit entsprechendem Entgegenkommen belohnt. Die Sauferei begann von neuem; lediglich die erotischen Exzesse ebbten ab, da sich Hornbichler in der Zwischenzeit ein ständiges Verhältnis zugelegt hatte.

Die Kellnerin Leni, die seit Weihnachten im Bräuwastl bediente, hatte es verstanden, sein Interesse auf sich zu lenken. Sie hatte ihn des öfteren mit liebevollem Zwang davon abgehalten, die entscheidende Maß zu trinken, die aus dem menschlichen Wesen mit aufrechtem Gang ein auf allen vieren dahinkriechendes, alkoholisiertes Tier werden ließ.

Sie hatte, alle falschverstandene Hilfe vermeidend, ihm keine Zugeständnisse gemacht, sondern ihm gnadenlos vor Augen geführt, daß er selbst es sei und kein niederträchtiges Schicksal, das ihn geradewegs in den Abgrund treibe. Mit sanfter Hand führte sie ihn rechtzeitig aus dem Teufelskreis von Genuß und Reue und schaffte so eine unterbewußte Abhängigkeit, der er sich immer bewußter unterstellte. Als er seinen Außendienst aufnahm, traten die ersten Symptome dafür auf, daß er ihr verfallen war.

Leni Winter war ein selbstbewußtes Frauenzimmer und der Bonvivant Max Hornbichler erweckte bei ihr das Gefühl, daß seine Hinfälligkeit kurierbar sei und daß es ihren geschickten Händen gelingen könnte, aus ihm ein brauchbares Mitglied der menschlichen Gesellschaft zu machen. Jedesmal wenn ihr diese Formulierung, die sie im Völkischen Beobachter gelesen hatte, einfiel, mußte sie herzhaft lachen, denn die sogenannte menschliche Gesellschaft kümmerte sie einen Dreck. Was sie wollte, war ein Mannsbild, das sie von dieser Schufterei befreite. Sie wollte in Zukunft am Sonntag vormittag neben einem strammen Mann in die Kirche gehen, mit einem Fuchspelz um die Schultern, anstatt in raucherfüllten, nach Bierdunst und Erbrochenem stinkenden Wirtshäusern glotzenden und tätschelnden Existenzen ausgesetzt zu sein. Und dieser Hornbichler war noch zu retten. Sie fühlte, daß dieser eigentlich noch ganz gut aussehende Quartalssäufer ein geeignetes Exemplar für ihre langfristig angelegten Erziehungsversuche werden könnte.

In einer warmen Juninacht war er nach einem Geländedienst zusammen mit Sturmführer Keller so gegen elf Uhr im Bräuwastl erschienen. Beide waren noch in Uniform, und daraus konnte die erfahrene Bedienung schließen, daß die beiden Herren sich nicht ganz vollaufen lassen würden, denn das Ehrenkleid des Führers verbat auch im abgelegenen Peißenberg Exzesse dieser Art. So hatten beide erst 3 Maß, als sich Sturmführer Keller gegen Mitternacht verabschiedete. Hornbichler hätte sich gern noch eine genehmigt, aber Leni überzeugte ihn, daß es doch angenehmer sei, noch ein wenig spazierenzugehen. Da ihn der Geländedienst nicht allzusehr geschlaucht hatte und auch die drei Maß noch nicht einmal die Vorstufe zu einem richtigen Rauschgefühl erzeugt hatten, willigte er ein, und so schlenderten sie in sittsamen Abstand durch den Ort, bis sie in den Anlagen hinter dem Bergwerk eine versteckte Bank fanden, auf der sie sich niederließen. Obwohl die Leni schon zwei-, dreimal ihr Bett mit ihm geteilt hatte, hatten beide noch nie die Verzückungen wohldosierter Zärtlichkeit erfahren. Er war bisher im Dämmerzustand totaler Alkoholisierung einfach über sie hergefallen, und sie hatte sein Gestoße und Geseufze ertragen, ohne den leisesten Schauer sexueller Erregung. Sie war ihm einfach zu Willen gewesen, und er war willenlos seinen Trieben erlegen.

Man hätte meinen können, daß über die Alpen hinweg südlicher Liebeszauber die beiden angefallen hätte wie der geheimnisvolle Föhnwind, der von Zeit zu Zeit die Traumtänzer des Voralpenlandes beutelte. Sie hatten natürlich kein Gespür für die wonnegeladenen sospiri in dolcezza d'amore, aber eine leise Vorahnung von der Existenz erhabener Gefühle überfiel sie wie ein Fieber. Sie streichelte sein Gesicht, während er ihren Hals abschleckte. Er hielt das schon für ein Höchstmaß zulässiger Liebestechniken und wäre sicher aufs heftigste erschrocken, wenn ihm jemand die Existenz erogener Zonen verraten hätte. Er hätte dies wahrscheinlich für den krampfhaften Versuch schlappschwanziger Männer gehalten, ihrer launischen Potenz mit untauglichen Mitteln auf die Sprünge zu helfen. Mit fahrigen Händen betätschelte er Lenis nackte Arme und umfuhr mit süßem Wohlgefallen die strammen Rundungen ihrer Brüste, die er ja eigentlich von früheren Begegnungen hätte kennen müssen. Zugedeckt vom warmen Atem dieser Frühlingsnacht wurden ihre Zärtlichkeiten immer zudringlicher. Der Zauberduft frisch geschnittenen Heus befiel sie wie ein verwunschenes Aphrodisiakum, und unter Küssen nach Luft hechelnd, rissen sie sich die Kleider vom Leibe. Als er dann splitternackt vor ihr stand, überfiel eine brüstespannende Geilheit sie mit solcher Wucht, daß sie ihm, alle Hemmungen verlierend, zwischen die Beine griff und seine Hoden derart quetschte, daß er verzweifelt um Schonung bat.

Als sie ihn losließ, begriff er zum erstenmal die begierdesteigernde Wirkung nachlassenden Schmerzes. Von Wollust betäubt, fiel er über sie her, und ohne es zu wissen, widerlegte er Maupassants Ausspruch, daß man gescheit sein müsse, um sich das Äußerste an Lust zu schenken. Ihre Orgasmen gingen unter in einem Rausch von Gestöhne und Gefurze, und am Ende lagen sie vollkommen erschöpft nebeneinander im Gras, und sie hörte ihn immer wieder ihren Namen stammeln: "Leni, Leni, Leni ..."

Sie drehte sich zu ihm und strich ihm mit zärtlichen Fingern, die vom vielen Spülen rissig geworden waren, über die Lippen. Langsam schob sie sich über ihn, und so blieben sie liegen, bis der Morgennebel sie zum Frösteln brachte und Hornbichler die winzigen Hubbel der Gänsehaut auf ihrem Hintern fühlte.

Verschämt zogen sie sich an, reichten sich stumm die Hand und gingen, ohne ein weiteres Wort zu verlieren, auseinander.

Hornbichler konnte sich gerade noch in sein Zimmer schleichen, bevor seine Wirtin dem Milchmann das Gartentor aufsperrte. Er zog seine Uniform aus und legte sich noch eine Stunde ins Bett.

Er war jetzt sicher, daß das Liebe war, die ihn heute nacht getroffen hatte wie der Blitz. Ein unbekanntes Glücksgefühl überschwemmte sein Gehirn, und aus dem Nebel seiner Phantasmagorien tauchten die schwellenden Glieder seiner Geliebten auf und erregten von neuem seine Begierde. Stöhnend wälzte er sich herum und war richtig erlöst, als ihn von ferne der Ruf zum Frühstück erreichte. Als er mit großem Behagen seinen Kaffee schlürfte, sah ihn seine Wirtin aufmerksam an. Der Blitzstrahl der Liebe hatte ihn aber äußerlich nicht verändert; er sah aus wie jeden Morgen.

Der Sommer verging wie ein rauschendes Fest, und Hornbichler sonnte sich im Glanze neuartiger Wonnen, die sein Selbstwertgefühl enorm steigerten und gleichzeitig seine Abhängigkeit von Leni immer offensichtlicher werden ließen. Sie arbeitete zwar weiter als Bedienung, ließ sich aber von ihm in einem Maße aushalten, das seine finanziellen Mittel aufs äußerste strapazierte. Wenn er versuchte, ihre Ausgabenwut ein wenig zu bremsen, kam sie ihm mit irgendwelchen Wirtshaussprüchen, die alle darauf hinausliefen, daß man mit Wasser allein keine Messe zelebrieren könne, und wenn die theoretischen Hinweise nicht fruchteten, erfolgte prompt ein mehrtägiger Liebesentzug, der den Geldbeutel des süchtiggewordenen wie mit Zauberhand öffnete.

Als sich der Herbst mit Nebel und kalten Nächten ankündigte, äußerte Leni - zuerst ganz vorsichtig, im Laufe des Oktober aber immer dringlicher - den Wunsch nach einem Pelzmantel. Obwohl Hornbichler diesen deutlichen Zug zum Größenwahn mit ganzer Kraft zu unterdrücken versuchte, mußte er in seinen einsamen Nächten mir Erschrecken feststellen, daß sein Widerstand schwand und er schon überlegte, wie es ihm wohl gelingen könnte, einen zusätzlichen Tausender flottzumachen.

Als er am Tag nach einer schlaflosen Nacht die monatlichen Pensionen austrug, kam ihm der Gedanke, daß die Witwe des Obersteigers Huber mit ihren fünfundachtzig Jahren die dreihundert Mark gar nicht verbrauchen konnte, da sie ja ohnehin noch ein paar Tausender in ihrem Kleiderschrank versteckt hielt. So kürzte er ihr kurzerhand die Rente um fünfzig Mark, was er mit wirtschaftlichen Schwierigkeiten der Regierung erklärte. Die alte Dame nahm es mit resignierendem Kopfnicken zur Kenntnis.

Überrascht von der Leichtigkeit, mit der dieser Eingriff in das soziale Netz vonstatten gegangen war, schritt er zu sorgfältig überlegten Abzügen bei den älteren Damen. In der Folgezeit wagte er sich auch an die männlichen Rentenbezieher heran, und als er merkte, daß auch diese seinem amtlich korrekten Auftreten vollauf vertrauten und anscheinend mit dem verbleibenden Geld noch ganz gut auskamen, wurde er immer dreister. Bald bekam die von ihm betreute Hälfte der Peißenberger Rentner nur noch eine um zehn bis zwanzig Prozent gekürzte monatliche Auszahlung. So war Hornbichler in der Lage, seiner Leni zu Weihnachten einen schönen Fuchspelzmantel auf den Gabentisch zu legen.

Als sie des unerwarteten Geschenks ansichtig wurde, verdrehte sie die Augen und sank ihm hingebungsvoll in die Arme. Er bestand darauf, daß sie den Mantel erst anprobieren dürfe, wenn sie sich ganz ausgezogen habe, was ihr überhaupt nicht einleuchten wollte. Beinahe wäre die ganze Bescherung geplatzt, da er sich unnachgiebig zeigte und sie nicht bereit war, seinem perversen Wunsch nachzukommen. Als er ihr erklärte, daß er so eine nackte Frau im Pelz schon einmal in einem Pariser Magazin gesehen und daß ihm das unbändig gefallen habe, gab sie nach.

Indem sie von Zeit zu Zeit einen forschenden Blick auf den vor ihr stehenden Mann warf, zog sie sich mit provozierender Langsamkeit aus, jedes Stück ihrer Wäsche sorgfältig zusammenlegend. Sie hatte sich bisher noch nie nackt gezeigt, weder ihm noch einem anderen, stets war die Anonymität eines nachtdunklen Zimmers oder die mondlose Finsternis über einem Heuhaufen Zeuge ihrer Entkleidung gewesen, und so stand sie nun vor ihm wie die Venus von Botticelli. Mit dem rechten Arm bedeckte sie wie diese nur sehr unzureichend die kräftigen Brüste, und was bei Botticelli das knielange Haar gnädig verbarg, verschwand bei ihr unter dem breiten Teller einer vom Maßkrugtragen angeschwollenen Hand. Mit zusammengebissenen Lippen und hilfesuchenden Blicken wandte sie sich langsam von ihm ab, das grausame Spiel beendend. Noch immer ganz benommen von der schwellenden Fülle ihres marmorweißen Körpers griff er nach dem Pelz und half ihr hinein.

Als die angenehme Kühle des seidenen Futters auf ihrer Haut fühlte, gewann sie ihre Fassung rasch wieder und drehte sich um ihre eigene Achse, wobei sie den Mantel mit beiden Händen fest geschlossen hielt. Ganz langsam wurde ihr bewußt, daß der Mann, der immer noch unbeholfen und wie vom Blitz getroffen vor ihr stand, von ihrem Anblick betäubt schien. Konnte der Anblick einer nackten Frau auf einen Mann eine derartige Faszination ausüben? Ruckartig stellte sie ihren Freudentanz ein und ging langsam auf ihn zu. Zwei Schritte vor ihm hielt sie an und öffnete vorsichtig ihren Mantel, zuerst nur einen kleinen Spalt, dann immer weiter, bis sie sich ihm, jetzt ohne Scheu, bewußt darbot, mit forschenden Blicken seine Reaktion beobachtend.

Er bestaunte sie mit weit aufgerissenen Augen von oben bis unten, ehe er mit seufzendem Gestammel vor ihr auf die Knie sank und seine Arme um ihre Schenkel schlang. Sein Kopf versank in ihrem Schoß, und mit ungläubigem Staunen fühlte sie wie das Rinnsal seiner Tränen an ihren Beinen herunterkroch.

In wildem Triumph griff sie mit beiden Händen in seine Haare und drückte seinen Kopf zurück. Durch tränenschimmernde Augen blickte er sie verzückt an.

"Hör auf zu weinen, Max", sagte sie leise und fuhr ihm zärtlich über die Wange.

Schwerfällig stand er auf, holte sein Taschentuch aus seiner Hose und wischte sich die Augen. "Weißt du, daß du schön bist?" fragte er sie.

"In so einem Mantel ist jede Frau schön", antwortete sie, ging zum Tisch und nahm einen großen Schluck Weißwein, der zur Feier des Tages aufgetischt worden war.

"Der Mantel ist mir Wurst!" behauptete er und fühlte im selben Augenblick, daß das nicht stimmte, denn er wußte nur zu gut, womit er ihn bezahlt hatte. Aber sollte er sich das Fest mit trüben Gedanken versauen? Er hatte sein ganzes Leben lang für den Augenblick gelebt, und sein eigenes, winziges Ich war immer untergetaucht in der Unübersichtlichkeit der Ereignisse. Schnell griff auch er zu seinem Glas und bald versanken beide in den Wonnen gegenseitiger Besitzergreifung, wobei sie sich, auch im Augenblick weinseliger Hingabe, bewußt war, daß sie den Schlüssel zu seiner totalen Unterwerfung in Händen hielt. In dieser Nacht jedoch schwor sie sich, klug zu sein.

Im Dezember 37 verstarb die Witwe Huber, und Hornbichler kassierte von da ab die ganze Rente, indem er die zittrige Unterschrift der Verblichenen ganz passabel nachahmte. Seine Nebeneinnahmen gestatteten ihm, die zur Gewohnheit gewordenen Extravaganzen seiner Freundin Leni zu erfüllen und darüber hinaus noch etwas auf die Seite zu legen. So kaufte er sich im Mai ein Motorrad der Marke BMW und fuhr über die Pfingstfeiertage mit Leni an den Bodensee. Sie verbrachten ein paar herrliche, unbeschwerte Tage in einem kleinen Gasthof direkt am See und rollten vergnügt am Pfingstmontag wieder nach Hause.

Drei Tage später wurde Max Hornbichler verhaftet und nach München überstellt. Der Untersuchungsrichter hielt ihm die Beweise seiner Unterschlagungen gleich im Dutzend unter die Nase, und da Hornbichler eigentlich schon längst damit gerechnet hatte, daß das nicht ewig gutgehen konnte, gab er alles zu und ließ sich abführen. Nach ein paar Wochen in Stadelheim wurde er von zwei Kriminalpolizisten abgeholt. Er befürchtete schon seine Einweisung in das KZ Dachau, landete aber zu seiner großen Überraschung in Gauleiter Wagners pompösem Büro. Nach einstündigem, nervenaufreibendem Warten wurden endlich die beiden Flügeltüren aufgerissen, und Adolf Wagner betrat mit polterndem Gelächter den Raum. "Na, wo ist denn unser Missetäter?" fragte er und blickte sich um. Hornbichler sprang auf und schlug seine Hacken zusammen. "Hier bin ich, Herr Gauleiter!" meldete er.

"Ist gut, meine Herren", wandte sich Wagner an die beiden Beamten, "Sie können gehen. Den Rest erledigen wir alleine!"

Während die beiden Kriminalbeamten das Büro verließen, stampfte Wagner hinter seinen riesigen Schreibtisch und ließ sich in den gewaltigen Ledersessel fallen. Er wühlte ein wenig in dem Wust von Papieren, die sich vor ihm stapelten, zog dann triumphierend einen Bogen hervor und schwenkte ihn freudig in der Luft. "Da hammers ja!" sagte er. "Der Führer hat dich begnadigt!"

Ungläubig schaute Hornbichler auf das Dokument und den dicken Mann in der goldbetreßten Uniform. "Begnadigt?" fragte er.

"Natürlich! Glaubst du, wir lassen einen alten Kämpfer wegen so einer Lapalie im Gefängnis sitzen? Wir brauchen Leute wie dich jetzt dringender denn je."

Erneut wühlte er in seinen Papieren, bis er das richtige Aktenstück fand. Dann begann er zu lesen.

"Der Postobersekretär Max Hornbichler aus Peißenberg wird mit sofortiger Wirkung als Sachbearbeiter für Landwirtschaftsfragen an die Kreisleitung Markt Oberdorf versetzt. Seine Entlassung aus dem Postdienst ist bereits veranlaßt. Er wird dem Sekretariat des Kreisleiters direkt unterstellt. Dienstbeginn ist der 1. August 1938. Gezeichnet Dr. Weinert, Reichskanzlei."

Herausfordernd sah er Hornbichler an, aber als dieser nicht reagierte, fügte er etwas mißmutig hinzu: "Also dann alles Gute in deiner neuen Stellung!"

Immer noch ganz benommen, sprang Hornbichler auf, schlug seine

Hacken zusammen und schlich unterwürfig zum bedrohlich wirkenden Schreibtisch. Dort nahm er mit ungläubigem Grinsen das dargebotene Schreiben an sich und versuchte in dem gutmütigen Gesicht mit dem jovial wirkenden Blick eine Hinterfotzigkeit zu entdecken, denn er konnte sich einfach nicht vorstellen, daß die ganze Gaunerei der letzten Jahre so einfach vom Tisch gewischt werden würde. Hornbichler war seit seiner unerfreulichen Kindheit gewohnt, sich anzupassen. Er hatte schon als kleiner Junge gelernt, daß Zuneigung nur durch bedingungslose Fügsamkeit zu haben war. Im Laufe der Jahre war er so zu einem gewieften Taktiker der angepaßten Servilität herangewachsen, der keine Selbstverachtung aufkommen ließ, sondern sich unter geschicktem Einsatz seines konstanten Leck-mich-am-Arsch-Gefühls gerade in Situationen offensichtlicher Erniedrigung besonders schlau vorkam. Er war überzeugt, daß seine spontane Unterwürfigkeit ein Akt wohlüberlegter Schauspielerei sei und er sich jederzeit auch ganz anders hätte verhalten können. Aber die Menschheit will betrogen werden, hatte ihm schon sein Großvater beigebracht, und daß er zu jeder Art von Betrug fähig war, hatte er gerade erst bewiesen.

Sorgfältig steckte er das rettende Schreiben in seine innere Jackentasche, und sagte mit einem gerissenen Lächeln auf den Lippen: "Recht vielen Dank, Herr Gauleiter! Ich werd' so was gewiß nicht mehr tun!"

"Das will ich auch hoffen!" erwiderte kopfnickend der Gauleiter. „Und jetzt fahrst heim, und am Ersten fängst in Markt Oberdorf an. Heil Hitler!"

Wagner drückte auf einen Klingelknopf, und als seine Ordonnanz eintrat, sagte er barsch: "Bringens den Hornbichler hinaus, und dann verbindens mich mit dem Ortsgruppenleiter aus Bad Tölz. Dem Depp muß ich wieder mal gescheit in den Hintern treten."

Nachdem Hornbichler das Büro verlassen hatte, eilte er schnurstracks zum Franziskaner Bräu, wo er sich zwei Maß Bier genehmigte.

Gegen Mittag bestieg er den Zug nach Weilheim und überlegte während der ganzen Fahrt, ob er seine Affäre mit der Leni fortsetzen solle. Die paar Wochen im Gefängnis hatten ihm klargemacht, daß er nur durch sie so tief gerutscht war. Sie hatte ihn ausgenutzt, und er war dumm genug gewesen, sich einseifen zu lassen. Natürlich war sie ein verdammt sauberes Frauenzimmer, aber eine etwas billigere Ausgabe hätte ihm auch gereicht. Wahrscheinlich würde sich alles

von alleine regeln, wenn er erst mal in Markt Oberdorf war.
Noch immer stark verunsichert, ging er zuerst nach Hause und packte seine Habseligkeiten aus, die er im Gefängnis bei sich gehabt hatte. Da seine Überlegungen noch zu keinem Abschluß gekommen waren, warf er sich auf sein Bett und verfiel in tiefes Grübeln. Obwohl er die Zeit im Knast ganz gut überstanden hatte, wollte er doch auf keinen Fall mehr dorthin zurück. Nun war er ja vorbestraft, und da machten sie wohl beim nächsten Mal kurzen Prozeß. Es durfte also kein nächstes Mal geben. Ob ihm das mit der Leni gelingen würde, war sehr zweifelhaft, denn ihre Ansprüche ans Leben waren in den letzten Monaten gewachsen, und wenn er erst wieder mit ihr beisammen war, dann würde es ihr schon gelingen, ihn zu Ausgaben zu überreden, die er mit seinem Gehalt nie und nimmer würde bestreiten können. Also mußte er sich von ihr trennen.
Fest entschlossen, sprang er aus dem Bett und stolzierte kreuz und quer durchs Zimmer. Er würde sich ihr stellen, das war er ihr schuldig. Er würde ihr ins Gesicht sagen, daß sie ihn mit ihren unsinnigen Forderungen ruiniert habe. Er würde ihr klarmachen, daß er sich keinen Rückfall mehr leisten könne und daß es daher aus sei mit ihnen beiden. Es würde ihm sehr leid tun, denn sie hätten eine schöne Zeit zusammen gehabt, aber sie wüßte sicher genausogut wie er, daß es so nicht mehr weitergehen könne.
Schweren Herzens machte er sich auf den Weg. Von Zeit zu Zeit blieb er stehen und versuchte eine bessere Formulierung für seine Abschiedsrede zu finden. Während er sich durch den Ort schleppte, brannte die Sonne mit ihrer ganzen sommerlichen Kraft auf ihn herunter. Völlig erschöpft und verschwitzt betrat er das Wirtshaus zum Bräuwastl, wo er einen wichtigen Abschnitt seines Lebens beenden mußte. Er bemerkte, daß seine Hände zitterten.
Vom abrupten Übergang aus der gleißenden Sonnenhelle in das schummrige Halbdunkel der Gaststube geschockt, blieb er einen Moment stehen und rieb sich die Nase. Dann entdeckte er drei ältere Männer am Stammtisch und eine junge Frau, die ihr Kind fütterte am mittleren Fenstertisch.
"Grüß Gott beianand!" sagte er und setzte sich in die Nähe der Theke an einen kleinen Zweiertisch. Mit dem Taschentuch wischte er sich den Schweiß von der Stirne.
Wo blieb denn nur die Leni? Er wollte die Chose möglichst schnell hinter sich bringen. Er würde in aller Ruhe sein Bier trinken und ihr

ohne Heftigkeit den Laufpaß geben. Bisher hatte er keine Schwierigkeiten mit seinen gelegentlichen Fehltritten gehabt. Aber das war eben der gewaltige Unterschied. Er hatte noch nie so viel Gefühl und vor allem Geld investiert, und jetzt schämte er sich fast seiner Rührseligkeit, die er hatte aufkommen lassen, wenn er in ihren Armen gelegen hatte.

Natürlich würde sie um ihn kämpfen. Eine so reichlich fließende Geldquelle läßt man nicht so einfach versiegen. Sicher würde sie ihm eine scheußliche Szene machen, ihn vor allen Leuten anschreien, ihm Gemeinheiten an den Kopf werfen, ihn blamieren oder gar demütigen. Er kannte ihre Fähigkeit, ihn hilflos zu machen, zur Genüge. Wie oft hatte sie ihn schon mit ihren Gefühlsausbrüchen hereingelegt. Aber diesmal sollte ihr das nicht gelingen. Er konnte ohne sie leben, und das würde er ihr schon klarmachen. Wenn sie zu schreien anfangen würde, dann würde er eben zurückbrüllen.

Schuldgefühle wollte er keine aufkommen lassen, das wäre ja noch schöner! Sie hatte ja schließlich auch ihren Spaß dabei gehabt und dazu noch zwei Kleider, den Pelzmantel, den seidenen Regenschirm, drei Paar Schuhe und was sonst noch alles. Die Erinnerung an seine idiotische Großzügigkeit trieb ihm die Schamröte ins Gesicht. Leni wäre ja schön dumm, wenn sie solch einen Deppen ohne Gegenwehr laufen ließe. Vermutlich würde sie versuchen, ihm die Augen auszukratzen, aber er würde sie schon auf Distanz halten.

Oder war es vielleicht doch einfacher, sich lautlos zu verdrücken? Sie würde ganz schön blöde dreinschauen, wenn er ganz plötzlich verschwände. Ein teuflisches Lächeln huschte über seine Lippen, um gleich wieder zu erlöschen, denn er hatte einfach zu viel Gefühl investiert gehabt, um sich bei Nacht und Nebel aus dem Staub zu machen. Ganz tief in seinem Innern hatte er auch Angst, daß eine solche Demütigung ihren Haß derart schüren könnte, daß sie sich irgendeine blödsinnige Rache ausdenken würde. So weit dürfte er es auf keinen Fall kommen lassen. Dann schon lieber hier an Ort und Stelle eine deftige Auseinandersetzung, vielleicht ein paar Tränen, sicher eine Menge unschöner Vorwürfe, aber er würde das verdauen können.

Unruhig rutschte er auf seinem Stuhl hin und her, wischte sich die verschwitzte Stirne mit dem Taschentuch ab und wiederholte zum hundertsten Mal seine Rede. Alles habe mal ein Ende, und man müsse dann aufhören, wenn's am schönsten sei, und nicht warten, bis die Gewohnheit die echten Gefühle abgetötet habe. Am meisten fürchtete er ihre Tränen, aber er würde einfach wegsehen.

"Schwamm drüber!" stöhnte es aus ihm heraus, und erschrocken schaute er um sich, aber niemand hatte ihm zugehört. Er wischte sich mit dem Rockärmel den Schweiß von der Stirne, als er plötzlich jemanden fragen hörte:

"Was wünscht der Herr?"

Erschrocken sah Hornbichler auf und bemerkte eine zierliche Frau mit Kellnerschürze, die vor ihm stand und ihn mit unschuldigen, hellblauen Augen fragend anschaute. Noch immer ganz verdutzt, fuhr er sich wie gewohnt an die Nase und bestellte dann kleinlaut eine Maß Bier.

Was sollte denn das bedeuten? War die Leni etwa gar nicht mehr da? Oder war sie vielleicht krank? Unruhig rutschte er auf seinem Stuhl herum, und als die Bedienung endlich das Bier brachte, hielt er sie am Oberarm fest und fragte:

"Wo ist denn die Leni heute?"

"Welche Leni?"

"Na die Leni, die richtige Bedienung da herinnen!" schnauzte er.

"Die richtige Bedienung bin jetzt ich, und wenn sie meine Vorgängerin meinen, ich hab' nur gehört, daß sie mit ihrem Freund nach Schongau sei."

"Mit ihrem Freund?"

"Ja, mit dem Metzgermeister Steinkirchner. Sie soll jetzt bei dem im Laden stehen und Wurst verkaufen. Also, wenn's mi fragen, ich möcht' das nicht tun."

"Zum Glück fragt dich keiner!" sagte Hornbichler patzig und nahm einen kräftigen Zug aus seinem Krug.

"Besonders freundlich sind Sie auch nicht gerade!" bemerkte das Mädchen.

"Dazu hab' ich auch keinen Grund!" schnaubte der Mann, und das Mädchen zog sich gekränkt zurück.

"Das war's also", dachte Hornbichler. Da hatte er sich stundenlang den Kopf zerbrochen, wie er die Leni losbringen könnte, und dabei hatte sie schon längst alles geregelt. Obwohl er im Grunde mit dieser Lösung ganz zufrieden war, stank ihm die Tatsache, daß Leni ihn so schnell absserviert hatte, doch gewaltig. Mißmutig trank er sein Bier aus, das ihm plötzlich überhaupt nicht mehr schmeckte, schob zornig den schweren Keferloher Krug von sich und brüllte:

"Wirtshaus, zahlen!"

Eilig rannte das Mädchen zu ihm an den Tisch und kassierte ab. Gruẞlos verließ Hornbichler das Wirtshaus und bewegte sich wie in Trance zur Ortsmitte, wo er kurze Zeit später sein Zimmer betrat, sich aufs Bett warf und nach mehrmaligem Herumwälzen einschlief. Drei Tage später fuhr er auf seinem Motorrad, das sie ihm gelassen hatten, nach Markt Oberdorf und meldete sich in der Kreisleitung. Als Träger des „Goldenen Parteiabzeichens" und Blutordensträger wurde er mit großem Respekt empfangen, und man zeigte ihm sein Büro. Da sein neues Gehalt das alte um das Doppelte übertraf, beschloß er in einem Anflug von Großmannssucht im Gasthof Mohren ein Zimmer mit Frühstück für neunzig Mark im Monat zu mieten. Er hatte jetzt eine gewisse Position und die verpflichtete ihn auch zu einer angemessenen Repräsentation, die mit einem einfachen möblierten Zimmer nicht mehr zu vereinbaren war.

Am Montag morgen nahm er seinen Dienst auf und schon nach wenigen Tagen mußte er feststellen, daß die ihm zugewiesene Arbeit nicht nur seinen Ambitionen, sondern - was wichtiger war - auch seinen Fähigkeiten entsprach. Er hatte schon immer gefühlt, daß er durchaus in der Lage war, eine gehobene Position auszufüllen, und sein Marsch durch das Fegefeuer des Gefängnisses hatte sein Bewußtsein seinem unbeschwertem Gefühlsleben angepaßt. Die bisher so hinderliche Diskrepanz zwischen seinem geistigen Niveau und seiner bierseligen Gemütslage hatte sich auf einer weit höheren Ebene verflüchtigt: er war ein selbstsicherer Funktionär geworden, der in aller Gelassenheit jeglichen Auftrag ausführte und niemals fragte, ob seine Vorgesetzten auch autorisiert waren, ihre jeweiligen Befehle zu erteilen. Aus dem Untertan Max Hornbichler war ein Befehlskämpfer mit postalischer Gründlichkeit geworden.

Sein neuer Wirkungsbereich war die Kreisbauernschaft, die er mit einer Reihe von Fragebögen und Erfassungslisten unter Kontrolle zu bringen und in die neue Blut-und-Boden-Ideologie einzubinden hatte. Nach knapp zwei Wochen hatte er die Geheimnisse der Statistik durchschaut und die wesentlichen Inhalte seiner Fragebögen kapiert. Mit dem sicheren Gefühl, sein neues Metier voll im Griff zu haben, begann er seine Fahrten aufs Land, wo er die einzelnen Gemeinden, nach dem Alphabet geordnet, aufsuchte, zuerst mit den Bürgermeistern sprach und dann seine Erhebungen auf den Bauernhöfen vornahm. Die Menschen, die er dabei mit seiner Fragerei überrumpelte, waren nicht gerade unfreundlich, aber er kam bald dahinter, daß ihre Zahlenangaben über Viehbestand und Ernteer-träge nicht mit dem übereinstimmten, was er vom Augenschein her und aus seinen früheren Erfahrungen auf dem Hof seines Schwagers in Peinting an Erfahrungswerten gesammelt hatte. Um nicht gänzlich für dumm verkauft zu werden, erhöhte er dann mit einem Augenzwinkern die gemachten Angaben um sympathiebedingte 10 -50%, was auch meistens ohne größeren Widerspruch hingenommen wurde. Da er nach Abschluß seiner amtlichen Tätigkeit immer bereit war, bei einem Schnaps ein paar Witze zu reißen, stand er bei der ländlichen Bevölkerung bald im Ruf, ein kulanter Sachwalter der neuen Herren zu sein, mit dem man reden könne. Wie schon in Peißenberg, war er natürlich nach Feierabend ein gerngesehener Gast bei allen möglichen Stammtischen, mit dem einzigen Unterschied, daß er sich jetzt sein Bier selbst bezahlen konnte.

Als Amtsperson hatte er sich angewöhnt, Punkt zehn Uhr das jeweilige Lokal zu verlassen und den Heimweg anzutreten, um nicht womöglich der Versuchung zu erliegen, zu tief ins Glas zu schauen und seine Reputation zu schädigen.

Wenn das Wetter es zuließ, stieg er meistens noch die mehr als hundert Stufen zum Schloßberg empor, umrundete das ehemalige Jagdschloß des Fürstbischofs Alexander Sigismund, Pfalzgraf bei Rhein, wartete, bis die Turmuhr der danebenliegenden Pfarrkirche halb elf schlug, stieg dann die Schloßtreppe wieder hinab und lag Punkt elf Uhr in seinem Bett. Bei diesen abendlichen Spaziergängen versuchte er die am Tage angefallenen Probleme zu ordnen und Richtlinien für den kommenden Arbeitstag zu formulieren. Aber immer wieder ertappte er sich dabei, daß er an Leni dachte, und je mehr er versuchte, sie aus seinen dienstlichen Überlegungen herauszuhalten, um so heftiger drängte sie sich in seine Statistiken. Verzweifelt wälzte er sich dann noch bis weit nach Mitternacht in seinem Bett, bis ihn endlich ein gnädiger Schlaf von seinen wollüstigen Schimären befreite.

Nach dreimonatiger erfolgreicher Einarbeitungszeit wurde er zum Sonderführer im Rang eines Regierungsinspektors befördert und bekam auch einen Dienstwagen der Marke Opel mit Fahrer für den Außendienst zugewiesen. Nunmehr war er den Unbilden des Allgäuer Wetters nicht mehr so ausgesetzt, und außerdem konnte ihm sein Chauffeur bei der Zählerei behilflich sein. Dieser Thomas Schlichterle holte ihn jetzt täglich um 8 Uhr am Gasthof Mohren ab, und da er aus dem nahegelegenen Biessenhofen stammte, kannte er sich in der ganzen Umgebung bestens aus.

Während also jetzt der Fahrer die Drecksarbeit des Zählens übernahm, stand der Herr Inspektor mit gut geputzten Schuhen, Anzug und Krawatte auf dem gepflasterten Teil des Hofes und trug die ihm zugerufenen Zahlen in die Listen ein. Thomas Schlichterle, als ehemaliger Stallknecht auf die reichen Großbauern nicht sehr gut zu sprechen, zählte mit schikanöser Akribie, und während sich die beiden so die Sympathien der Bauern verscherzten, stieg ihr Ansehen beim Kreisbauernführer, der die bemerkenswerten Verbesserungen seiner statistischen Meldungen mit Freuden zur Kenntnis nahm. So verlief der Sommer 39 für Hornbichler äußerst zufriedenstellend.

Als aber die ersten kalten Herbsttage mit Regen, Graupelschauern und Nachtfrösten daherkamen, vermißte er die animalische Wärme seiner Leni doch ganz empfindlich und beschloß, ihr einen Besuch abzustatten.

Er redete sich ein, daß er eigentlich gar nichts mehr von ihr wissen, sondern nur sehen wollte, wie sie in ihrem Wurstladen hinter dem Ladenbudel stand und Leberkäse verkaufte. Er würde sie nicht mehr haben wollen, auch nicht, wenn sie ihn auf Knien darum bitten würde. Fünf Minuten später hoffte er inständig, sie würde ihn auffordern sie mitzunehmen, und dann wieder schüttelte er stumm den Kopf über so viel Dummheit. Aber sehen wollte er sie noch einmal, und vor allem sollte sie ihn sehen. Er würde in voller Uniform mit Chauffeur vorfahren, so daß ihr die Augen tropfen sollten, vor Neid. Er würde eine tolle Schau abziehen, das war sicher, und sie würde ihn dann schmachtend anstarren, aber er würde unerbittlich bei seiner Ablehnung bleiben. Sollte sie nur bitten und betteln.

Ende Oktober war eine warme Sommersonne zurückgekehrt, um die alten Weiber auf ihren schmalen Bänken vor den geraniengeschmückten Häusern zu erwärmen, und ein feiner Hauch südlicher Wohlgerüche erfüllte das Land. Da teilte Hornbichler seinem Chauffeur mit, daß man gleich nach dem Essen nach Schongau fahren werde. Wegen des halbamtlichen Charakters seiner Fahrt möge er seine graue Litewka und die schwarze Schirmmütze benutzen; er selbst werde in Uniform kommen.

Der Vormittag im Büro verging im Schneckentempo, und je mehr es auf Mittag zuging, um so größer wurde Hornbichlers Nervosität. Schlichterle wunderte sich über die ungewohnte Fahrigkeit, die affektierte Gereiztheit und die mangelhafte Konzentrationsfähigkeit seines Chefs. Endlich war es 12 Uhr, und man ging in den Mohren zum Essen.

Hornbichler schlang mit übertriebener Hast seine Mahlzeit hinunter und zog sich dann auf seinem Zimmer mit großer Sorgfalt an: schwarze Reiterhose und blitzblanke Stiefel, braune Uniformjacke mit goldenen Kragenspiegeln und ebensolchen Ärmelaufschlägen, Schirmmütze mit doppelter Goldkordel - ein richtiger Goldfasan.

Es war noch nicht ganz ein Uhr, als Schlichterle, die Mütze in der Hand, den Wagenschlag aufriß, Hornbichler würdevoll einstieg, sich lässig im Fond niederließ und der Opel sich sogleich in Bewegung setzte. Mit mäßiger Geschwindigkeit rollte der Wagen auf der gewundenen Schotterstraße nach Osten, durch braungrüne Stoppelfelder und gelbliche Grummetwiesen, bis sie nach einer knappen halben Stunde in Schongau eintrafen. Schlichterle fragte einen Jungen nach der Metzgerei Steinkirchner und wurde auf den oberen Stadtplatz verwiesen.

Mit knirschenden Bremsen hielt der Wagen kurz darauf vor einem behäbigen Bürgerhaus mit zwei segmentbogigen Schaufenstern zu beiden Seiten einer Glastüre: "Metzgerei Steinkirchner" stand in eindrucksvollen Schwabacher Buchstaben über dem Laden. Hornbichler entstieg schwungvoll seinem Gefährt, drückte sich die Schirmmütze mit verwegener Schrägneigung aufs Haupt und betrat den Laden. Er war leer, aber eine aufdringliche Glocke, vom Türblatt in Bewegung gesetzt, verkündete seinen Auftritt. Während seine Nase die wundervollen Düfte von Geräuchertem, Leberkäse und Salami einsog, überlegte er fieberhaft seine Worte, die er den ganzen Vormittag über formuliert, verworfen und wieder neu formuliert hatte. Just in dem Augenblick, da er sich klar war, daß er von all den schönen Phrasen keine einzige mehr parat hatte, betrat eine mollige Person in nicht mehr ganz blütenweißer, dreiviertellanger Kittelschürze den Verkaufsraum, wischte sich an einem Handtuch neben der Türe die Hände ab und fragte auch schon: "Was darf's denn sein?"

"Grüß Gott, Leni!" sagte Hornbichler und schämte sich des schüchternen Tons, den er glaubte schon längst abgelegt zu haben. Die so Angesprochene blieb einen Moment verdutzt stehen, rieb sich verlegen die Hände an der Schürze und stellte dann mit sichtlichem Erstaunen fest: "Ja, da schau her, der Hornbichler!"

"Genau der!" sagte er und lachte sie mit großer Freundlichkeit an.

"Ja, wie schaust denn du aus?"

Mit einigem Stolz sah Hornbichler an sich hinunter: "Gel, da schaust!"

"Und i hab' glaubt, sie hätten dich behalten!"

"A wo! Die ham eine andere Verwendung für mich gefunden. Ich bin jetzt in Marktoberdorf!"

"Und was machst da?" fragte sie, aber so, daß Hornbichler sofort ihr Desinteresse heraushörte.

"Ich bin Sonderführer für die Landwirtschaft bei der Kreisleitung!"

"Ja verstehst denn du was von der Landwirtschaft?"

"Das lernt sich schon. Und wie geht's dir?"

"Ganz gut; des siehst ja!"

"Denkst noch manchmal an uns zwei?"

"An mich schon, aber an dich kaum. Des bringt nix ein!"

"Muß denn bei dir immer alles was einbringen?"

Sie sah ihn mitleidsvoll an, schürzte ein wenig ihre vollen Lippen und schnauzte ihn dann an: "Gschenkt kriegt man heutzutage eh nichts mehr!"

"Und wie ist's mit mir? Hab ich dir vielleicht nichts gschenkt?"

"Du und gschenkt! Bei dir hab' ich auch jedesmal meine Haxen auseinandertun müssen!"

"A so ist das! Und Spaß hat's dir keinen gmacht?"

"Von dem bißerl Spaß kann man nicht leben, und so großartig warst du auch nicht, da gibt's schon weit bessere!"

Prüfend sah sie ihn an und stellte mit Befriedigung fest, daß ihm die Schamröte ins Gesicht stieg wie ein schaurig-schönes Alpenglühen. Max war tief getroffen. Er hatte sich nie um die Effizienz seiner Männlichkeit gekümmert; er hatte einfach das getan, was ein Mann in gewissen Situationen zu tun hatte. Es war ihm nicht im Traum eingefallen, daß eines dieser läufigen Frauenzimmer mehr zu fordern gehabt hätte, als er zu bieten in der Lage war. Und nun sagte ihm dieses Luder saufrech ins Gesicht, daß er als Mann nichts getaugt habe. Woher wollte denn dieses Miststück wissen, daß es außer der landesüblichen Rammlerei vielleicht noch gehobenere Formen der Lustbarkeit gab, von denen er anscheinend nichts wußte? Es wollte ihm nicht eingehen, daß ausgerechnet dieser Metzger Steinkirchner fähig sein sollte, besser als er mit Weibsbildern umzugehen. Über den Umfang seiner Intelligenz ließ er zur Not mit sich reden, aber was sein Gefühlsleben anging und vor allem seine Art, die Weiber zu behandeln, da ließ er sich von keinem was vormachen. Wie kam dieses Luder dazu, ihm nach allem, was zwischen ihnen gewesen war, so etwas vorzuwerfen? Während die Röte in seinem Gesicht langsam einer grünlichen Erschrockenheit wich, kam die zweite Dusche: "Also, was ist jetzt? Entweder du kaufst was, oder du schleichst di! Ich hab' zu tun!"

Mit zitternden Knien, unfähig einen Gedanken zu fassen, stand er vollkommen konsterniert vor der frech dreinblickenden Frau. Ihm war, als habe ihm einer mit dem Holzhammer heftig auf den Kopf geschlagen. Ohne daß er hinterher wußte, was er eigentlich gesagt hatte, bestellte er zwei Portionen warmen Leberkäse, zahlte und verließ grußlos den Laden. Ohne Leberkäs!

Gedankenverloren bestieg er das Auto und gab seinem Chauffeur mit einer müden Kopfbewegung zu verstehen, daß dieser in das Geschäft gehen solle. Tatsächlich kam Schlichterle nach wenigen Augenblicken mit einem Paket in der Hand zurück und fragte, ob man jetzt wieder heimfahre.

"Ja, aber vorher machen wir in der Bahnhofswirtschaft noch Brotzeit!"

Während Schlichterle vorsichtig auf dem Marktplatz umkehrte und dann langsam den Berg hinunterfuhr, hockte Hornbichler, am Boden zerstört, im Fond und überdachte nochmals seine Begegnung mit Leni. Was bildete sich dieses unverschämte Frauenzimmer eigentlich ein? Mußte ausgerechnet er sich auf eine so widerwärtige Art abkanzeln lassen? Womit hatte er das verdient? Hatte er dieser nimmersatten Hure nicht alles verschafft, was sie sich nur wünschte? Tausend Fragen kreisten in seinem Kopf, und die Antwort hieß immer nur Haß, Haß und nochmals Haß. Seine Wut auf die Undankbare steigerte sich mit jedem gefahrenen Meter, und als das Fahrzeug vor der Wirtschaft hielt, brauchte er ein paar Augenblicke, ehe er bemerkte, daß sein Fahrer schon an der Türe stand und darauf wartete, daß er ausstieg. Mühsam kletterte er aus dem Wagen, und immer noch geistesabwesend bestellte er für sie beide Bier und Brot, was die Bedienung sogleich mit einem aufmunternden Lächeln auf den Tisch stellte. Schweigend aßen und tranken sie, und erst nach der zweiten Maß fragte Hornbichler: "Hast du dir die Verkäuferin in der Metzgerei angeschaut?"

"Freilich!" antwortete Schlichterle und wischte sich den Schaum von den Lippen.

"Na und, was sagst?"

"Nix bsonderes, warum?"

"Die hätt ich einmal beinahe gheiratet!"

"Entschuldigen Sie, Herr Inspektor, das hab' ich nicht gewußt!"

"Brauchst dich nicht zu entschuldigen. Ich bin ja froh, daß ich's nicht getan hab'!"

Sie saßen eine Weile schweigend da und tranken genußvoll die dritte Maß, als es plötzlich aus Hornbichler herausbrach:

"Das zahl' ich dem Mistviech heim!" Sein Ton wurde geradezu bösartig. "Die wird noch Augen machen. Schließlich ham mer ja jetzt Krieg, oder etwa net?"

Schlichterle wußte zwar nicht, was der Krieg mit diesem Metzgermensch zu tun haben sollte, aber er nickte zustimmend.

"Im Krieg gelten andere Gesetze, hab' ich recht?"

Schlichterles harmloses Gemüt konnte sich schon unter einfachen Gesetzen nicht sehr viel vorstellen, geschweige denn unter besonderen, aber da er fest davon überzeugt war, daß sein Vorgesetzter weit schlauer war als er selbst, nickte er erneut mit dem Kopf und murmelte ein zustimmendes: "Richtig!"

"Jeder Angriff auf die Staatsmacht ist in Kriegszeiten Hochverrat!"

Verwirrt schaute Schlichterle den Inspektor an.

"Sagen Sie bloß, die ist handgreiflich geworden?" fragte er ungläubig.

"Na, des grad nicht, aber ich hab' das auch nicht wörtlich gemeint."

Vorsichtig blickte Hornbichler um sich, ob ihnen auch niemand zuhören konnte. Da außer der Bedienung, die gerade ihre Zeitung las, niemand im Raum war, fuhr er fort:

"Diese Frau hat mich mit verleumderischen Behauptungen beinahe ins Gefängnis gebracht. Ich hätte ihr das glatt verziehen, aber jetzt ist sie auch noch frech geworden, hat sich über meine Uniform lustig gemacht und meine Stellung bei der Kreisbauernschaft verunglimpft. Das muß man sich in diesen Zeiten nicht gefallen lassen." Er nahm einen tiefen Schluck aus dem Krug und hieb dann mit der Faust auf den Tisch, daß sein Fahrer erschrocken hochfuhr und strammstand.

"Hock dich her!" befahl Hornbichler und schaute ihn durch ziemlich glasige Augen an.

"Ich werde Meldung machen müssen!"

Schweigend tranken sie ihr Bier aus, Schlichterle beglich die Rechnung, und beide verließen mit leichter Schlagseite den Gasthof.

Im goldgelben Schein der schrägstehenden Sonne, die riesige Baumschatten über die Straße warf, zockelten sie heimwärts. Hornbichler döste, von unruhigen Träumen gerüttelt, vor sich hin und ließ gleich vor dem Mohren halten, wo er sich sofort auf sein Zimmer begab und mit großer Mühe entkleidete. Er ärgerte sich, daß ihm jetzt schon drei Maß Bier so stark zusetzten, und schlüpfte erleichtert in sein Bett. Er schlief sofort ein, wachte aber gegen zwei Uhr wieder auf und wälzte sich den Rest der Nacht von einer Seite auf die andere, in Gedanken den Inhalt seiner Meldung formulierend. Wie gerädert stand er um 7 Uhr auf, frühstückte und schlich sichtlich angeschlagen ins Büro. Dort notierte er seine Vorwürfe, feilte an den Sätzen und diktierte schließlich seiner Sekretärin folgende Meldung:

"Fräulein Leni Nägele, wohnhaft in Schongau, Metzgerei Steinkirchner, hat von Juni 1936 bis Juni 1938 mit dem Unterzeichnenden ein intimes Verhältnis unterhalten und ihn dabei unter Zuhilfenahme wiederholter Eheversprechen zu ruinösen Geschenken und Unterhaltsgeldern gezwungen. Nur seine besonderen Verdienste um die Partei und die helfende Hand des Gauleiters verhinderten, daß die kriminellen Handlungen des Fräulein Nägele nachteilige Auswirkungen auf die Person des Unterzeichnenden hatten. Bei dem Versuch, die verbliebenen Unstimmigkeiten zwischen den Betroffenen zu bereinigen, hat Fräulein Nägele gestern den Unterzeichnenden in übler Weise beschimpft und seine Uniform sowie seine Tätigkeit bei der Kreisbauernschaft lächerlich gemacht. Diese Haltung beweist einen vollkommenen Mangel an Respekt vor den Personen und Einrichtungen der Partei und muß besonders in den schweren Zeiten, die unser Volk im Augenblick durchlebt, aufs strengste geahndet werden.
Um weitere Veranlassung bittet gehorsamst
gez. Hornbichler, Sonderführer."
Nachdem er den Brief zweimal durchgelesen hatte, ließ er noch einen Briefumschlag an Sturmführer Keller in München schreiben und brachte beides eigenhändig zur Post.
Vier Tage später rief ihn Sturmführer Keller im Büro an und teilte ihm erfreut mit, daß die Sache Nägele erledigt sei.
"Was heißt erledigt?" fragte Hornbichler etwas mürrisch, da er befürchtete, in München hätte man die Sache vielleicht als zu unbedeutend in den Papierkorb geworfen.
"Die Dame wurde gestern abgeholt und sitzt seit heute früh in einer gemütlichen Zelle in Dachau. Zufrieden?"
"Ja ist sie denn schon verurteilt worden?" fragte Hornbichler.
"Wozu ein Urteil! Uns genügen deine Vorwürfe. Nun warten wir erst mal den Krieg ab, dann können wir den Fall immer noch genauer untersuchen. Jetzt haben wir was anderes zu tun, als uns mit sol-

chen Hochverrätern herumzuplagen. Die Dame ist dort sehr gut aufgehoben, und das war es doch, was du wolltest!"

"Aber ja, ich dank' dir für die rasche Erledigung!"

Nach ein paar freundlichen Floskeln war das Gespräch beendet, und Hornbichler ließ sich aufatmend in seinen Sessel zurückfallen. Sein Büro war plötzlich angefüllt mit dem bösen Geruch mißbrauchter Macht. Ein unheimlicher Schauer kroch über seinen Rücken und packte ihn mit Eiseskälte an der Kehle. Verzweifelt beschleunigte er seinen Atem und umklammerte mit beiden Händen die Lehnen seines Sessels. Langsam kehrte das Blut in sein Gehirn zurück, und er wurde sich bewußt, daß er über ein Menschenleben entschieden hatte. Mit naiver Gewissenlosigkeit hatte er, seinem Haß gehorchend, seinen Daumen nach unten gehalten. Mehr hatte er ja eigentlich gar nicht getan. Er hatte keine ethischen Entscheidungen zu fällen gehabt. Die Gesetze dieser Kriegsgesellschaft hatten ein hartes Durchgreifen verlangt, und er fühlte nachträglich keine Gewissensbisse, die ihm den Schlaf rauben könnten. Im Gegenteil! Wann immer seine Gedanken zu Leni zurückkehrten, sagte er voller Stolz zu sich: "Dem Mistviech hab' ich's gegeben!"

Die militärischen Erfolge der kommenden Monate erzeugten im ganzen Land eine überaus euphorische Stimmung, und wenn ihm auch manchmal Gerüchte über unschöne Vorfälle in den Konzentrationslagern zu Ohren kamen, hatte er doch in bezug auf Leni keinerlei Schuldgefühle. Der Staat, in dem er lebte und der ihm eine gewisse Verantwortung übertragen hatte, war dazu übergegangen, seinen Lakaien die unumschränkte Macht über Sein oder Nichtsein seiner Bürger zu verleihen, und es wurde sehr viel gestorben in Europa. Wie konnte es da auf ein Fehlurteil mehr oder weniger, auf einen Toten mehr ankommen?

Auf dem Agrarsektor hatte ebenfalls die Erzeugungsschlacht eingesetzt, und die Arbeit Hornbichlers gewann an Wichtigkeit. Den ganzen Sommer und Herbst 40 verbrachte er damit, die Bauern Mores zu lehren und sein Ansehen bekam unversehens eine bedrohliche Komponente. Aus einem gutmütigen Dilettanten war - unter dem Druck der Ereignisse - ein rücksichtsloser Blutsauger geworden.

Seine gnadenlose Härte und die damit verbundenen Erfolge wurden auch in München bemerkt, und im Sommer 41 wurde er in die gerade eroberten böhmischen Gebiete geschickt, wo er in der Sprachinsel Iglau für eine lückenlose Erfassung der landwirtschaftlichen

Produktion und deren Transport ins Altreich zu sorgen hatte. Von der Gewissenhaftigkeit seiner Allgäuer Bauern verwöhnt, konnte er mit dem slawischen Schlendrian, der dort vorherrschte, obwohl fast die gesamte Bevölkerung deutschstämmig war, nichts anfangen. Von den Runderlassen der Partei ideologisch angeheizt, ging er mit an Brutalität grenzender Pingeligkeit gegen jede Art von Ablieferungsschwindel vor, wurde wegen herausragender Verdienste um die Kriegswirtschaft zum Oberinspektor befördert und erhielt einen Orden.

Sein Ruf als rücksichtsloser Eintreiber drang auf Umwegen bis ins eroberte Polen, wo der neuernannte Generalgouverneur Frank, der als König Stanislaus in der Krakauer Burg saß, händeringend nach geeigneten Handlangern für sein gnadenloses Plünderungswerk suchte. Besonders für den neu angegliederten 5. Distrikt Galzien wurden dringend geeignete Fachleute gesucht. Ein persönliches Schreiben Franks mit dem Angebot, ihn zum Regierungsrat zu befördern, wenn er diesen Distrikt übernehmen würde, veranlaßte Hornbichler, in München vorstellig zu werden und um seine Versetzung nach Lemberg zu bitten. Sturmführer Keller setzte seine guten Beziehungen in Gang, und 3 Wochen später saß Hornbichler im Zug nach Krakau.

Er wurde von Frank persönlich in der Burg empfangen, vortrefflich bewirtet, ein paar Herren vom Sicherheitsdienst vorgestellt und für den nächsten Tag um 9 Uhr zur Diensteinweisung bestellt.

Zum Regierungsrat befördert, mit allen nur denkbaren Vollmachten versehen, fuhr er nach dem Mittagessen im neuen Dienstwagen mit polnischem Chauffeur nach Lemberg.

Zielsicher steuerte der Fahrer das Büro der Gebietsverwaltung in der Gorkistraße an, und Hornbichler meldete sich beim Chef der politischen Verwaltung. Obersturmbannführer Pleitgen war ein griesgrämiger Sachse, der die Polen insgesamt haßte wie die Pest. Er zeigte dem neuen Regierungsrat sein Dienstzimmer und stellte ihm seine Schreibkraft vor. Es handelte sich um eine vollschlanke Frau in den Dreißigern, die ganz passabel deutsch und natürlich auch polnisch sprach, weil sie hier in Lemberg geboren und aufgewachsen war. Hornbichler verzichtete darauf, ihr die Hand zu reichen, was ihn aber drei Tage später nicht daran hinderte, mit ihr ins Bett zu steigen. Seine rassischen Vorurteile galten nur in den Dienststunden.

Es dauerte keine zwei Wochen, da hatte Hornbichler bereits mehr als dreihundert Erntehelferinnen requiriert, sie in Gruppen von 25 - 30 auf sein Gebiet verteilt und mit den Arbeiten begonnen. Ein direkter Draht zur Krakauer Burg verschaffte ihm das nötige Durchsetzungsvermögen und die damit verbundenen Privilegien.

Bald verfügte er über einen ansehnlichen Maschinenpark, gut ausgebildete Fahrer und Mechaniker, und so konnten sich auch die abgelieferten Erträge sehen lassen. Auftretende Personalschwierigkeiten wurden von Pleitgen und seinen Leuten brutal und lautlos bereinigt. Hornbichler war froh, daß er sich damit seine Hände nicht schmutzig zu machen brauchte. Da ihm die mürrische Hingabe seiner Bürokraft bald auf die Nerven ging, legte er sich eine Haushaltshilfe zu, die Wanja hieß, noch etwas vollschlanker als die Büromamsell war und über ein sonniges Gemüt verfügte.

Schon nach einer Woche hatte sie außer der Küche auch Hornbichlers Schlafzimmer in Beschlag genommen, und da sie ihm an Trinkfestigkeit in nichts nachstand, bildeten sie bald ein äußerst harmonisches Paar. Der ganze Monat September war angefüllt mit Arbeit. Bei Tagesanbruch begann die nervenaufreibende Einteilerei von Menschen und Maschinen. Dann folgte die Kontrolle des Abtransports, und bis in die späte Nacht hinein waren die Listen und Verzeichnisse anzufertigen, wobei die polnische Schreibkraft sich durch große Störrigkeit auszeichnete.

Obwohl sie am Anfang nur sehr unwillig zu den geforderten Liebesdiensten bereit gewesen war, verzieh sie es ihrem Vorgesetzten jetzt nicht, daß er sich seinem Küchentrampel zugewandt hatte. Einen solchen Mangel an Qualitätsbewußtsein hätte sie einem höheren deutschen Beamten nicht zugetraut. Immer dann, wenn der Chef seiner Wanja in ihrem Beisein unter den Rock griff, verließ sie angewidert den Raum und kehrte erst nach dreimaliger Aufforderung wieder zurück. Da sich Hornbichler solchen angenehmen Unterbrechungen seiner Arbeit zunehmend widmete, litt die Gesamtleistung des Büros immer mehr. Es kam zu Staus, und die unerledigten Abrechnungen stapelten sich auf seinem Schreibtisch.

Dazu kam die nächtliche Belastung durch Wanja, die ähnlich wie einst Leni unersättlich war, aber außer gutem Essen keinerlei Ansprüche an ihn stellte.

Wenn sie sonntags ausgiebig gefrühstückt hatten, machte Wanja sich fein, und Hornbichler warf sich in seine Ausgehuniform, die am Kragen, an den Ärmeln und vor allem auf den Schulterstücken von Gold funkelte. Wenn er sich im Spiegel betrachtete, fand er selbst die spöttische Bezeichnung "Goldfasan" durchaus passend.

Zu besonderen Anlässen holte er aus seiner Nachttischschublade auch seine Orden, wobei er mit besonderem Stolz die silberne Medaille mit dem rot-weißen Band an seine Brust heftete. Dieser Auszeichnung verdankte er eigentlich alles.

"Und wofür hast du die bekommen?" fragte ihn Wanja eines Sonntags.

"Das ist der Blutorden. Ich hab' ihn bekommen, weil ich am 9. November 23 mein Blut für den Führer vergossen habe", antwortete er stolz.

Die Frau sah ihn, da er ja noch lebte, erstaunt an. So viel Blut konnte es also gar nicht gewesen sein, was er damals, vor zwanzig Jahren, vergossen hatte.

"Wieso für den Führer?" fragte sie und ergänzte: "Du meinst den Hitler?"

"Ja, ja. Die wollten damals in München eine Revolution machen, und ich bin mitmarschiert. Dann hat die Polizei vor der Feldherrnhalle auf uns geschossen."

Erschrocken hielt er inne und griff mit der Hand grüblerisch an seine Nase. Jetzt wußte er doch tatsächlich nicht mehr, ob es wirklich die Polizei oder nicht doch das Militär gewesen war, das damals auf sie geschossen hatte. Eigentlich war es auch vollkommen egal. Jedenfalls hatten sie ihn verwundet.

"Das war doch ihr Recht. Auf Revoluzzer wird überall geschossen", sagte Wanja.

"Schon, damals hat auch niemand was dagegen gehabt, aber 1933, als die Nazis dann an die Macht gekommen sind, waren alle, die damals mitmarschiert sind, auf einmal Helden", sagte er.

Sie schaute ihn ein wenig zweifelnd von der Seite her an. Zugegeben, er war ein wichtiger Mann und verstand sein Handwerk. Aber ein Held? Wenn sie an ihre gemeinsamen Nächte dachte, sah sie ihn vor sich, wie er stöhnte und schwitzte, wie ihn die fünf Sekunden der Ekstase zum Keuchen brachten und wie er danach zusammensackte, achtzig Kilo muskelloses Fleisch, das wie ein nasser Sack auf ihr lag und hechelte. Nein, ein Held war er nicht, aber den Orden hatte er, und alle schienen ihn um diesen zu beneiden.

"Hast du stark geblutet?" fragte sie, Interesse heuchelnd.

"Zuerst hab' ich's gar nicht bemerkt", sagte er wahrheitsgemäß. "Und geblutet hat's eigentlich kaum", erinnerte er sich.

"Und warum heißt sich das dann Blutorden?" fragte sie unerbittlich.

"Das mußt du schon den Hitler fragen", antwortete er und vervollständigte seine Toilette.

Wenn keine besonderen Anlässe Hornbichlers Anwesenheit bei Kundgebungen, Militärparaden oder Parteiaufmärschen verlangten, flanierten sie gemeinsam durch die weitgehend unversehrt gebliebene Stadt. Er ging fünf Schritte voraus, sie folgte hinterher und gab in ihrem besten Peronje-Deutsch die erforderlichen Erklärungen zur Stadtgeschichte, von der sie erstaunlich viel wußte. Bevorzugte Ausflugsziele waren die Kathedrale mit dem Korniaktowski-Turm, der malerische Platz mit dem Schwarzen Haus, die Georgskathedrale auf dem Hügel und - wenn das Wetter besonders schön war - das Dorf Kriwi mit der hölzernen Nikolauskirche.

Da die Russen kaum noch vorankamen, war das Kriegsgeschehen aus Hornbichlers Leben fast ganz verschwunden. Lediglich der immer dringlichere Ruf nach Lebensmitteln hielt ihn auf Trab. Auch in Deutschland begannen die Menschen zu hungern, und die Kornkammern der Ukraine sollten mehr und mehr geplündert werden. Hornbichler ließ sich nicht lumpen und spornte seine Erntekolonnen zu Höchstleistungen an. Wenn es sein mußte, legte er selbst Hand an, so wie er es jeden Sommer bei seinem Schwager in Peiting getan hatte. Er liebte die körperliche Arbeit, weil sie die Auswirkungen des fetten polnischen Essens auf seinen Leibesumfang in Grenzen hielt und weil sie seiner Meinung nach der erotischen Beweglichkeit guttat. So war er in jeder Hinsicht ausgefüllt und fühlte sich an manchen Tagen richtiggehend glücklich. Die unumschränkte Macht, die er ausübte, belastete sein Gemütsleben kaum, weil er die unangenehmen Begleitumstände auf Pleitgen abwälzte. Nur im Umgang mit seinen weiblichen Untertanen legte er sich keinerlei Hemmungen auf was vielleicht an seinem schlechten Gewissen hinsichtlich der Leni lag, das ihn in manchen Nächten plagte und das er dann an den folgenden Tagen dadurch zu beruhigen versuchte, daß er mit menschenschinderischer Grausamkeit unter den Arbeiterinnen wütete. Später tat ihm das wieder leid, und er bemühte sich, all das mit ungelenken Zärtlichkeiten an Wanja zu kompensieren.

So kam es, daß er an einem überaus heißen Oktobertag schweißtriefend von den Feldern ins Haus zurückkehrte. Mit Flüchen und Schlägen hatte er die Frauen angetrieben, denn schlechtes Wetter war angesagt. Die Schwüle unter den dunkelblauen Gewitterwolken lastete auf den Menschen, und als er merkte, daß es einfach nicht schneller ging, hatte er selbst mit angeschoben. Nun war er total erledigt. Er verschwand im Bad und stellte sich unter die Brause. Minutenlang ließ er das kalte Wasser an seinem Körper herunterlaufen, bis er glaubte, genügend erfrischt zu sein. Nackt, wie er war, lief er, nach einem Handtuch suchend, durch das Haus und rief nach Wanja. Endlich kam sie.

Sie hatte im Garten Bohnen geschnitten. Unterm rechten Arm trug sie einen flachen Korb und in der linken Hand das Messer, als sie ein wenig außer Atem die Küche betrat. Der Anblick des nackten Mannes war zuviel für sie.

Der bäuerliche Tiefgang religiöser Scheinheiligkeit erlaubte zwar den Geschlechtsverkehr, aber nur bei vollkommener Dunkelheit und nach Möglichkeit im leinenen Schutz des Nachthemdes. Der Anblick von primitiver Nacktheit war eine Gotteslästerung. Wanja ließ erschrocken Korb und Messer fallen und bedeckte schamvoll ihre Augen.

So stand sie vor ihm. Ihre Hemdschürze war verschwitzt, klebte an den hervortretenden Körperteilen und verriet, daß darunter außer der heißen Haut nichts mehr war. Von ihrem schwellenden Körper ging eine Kraft aus, die ihn einhüllte in einen Hauch von schwerer Sinnlichkeit und kraftstrotzender Liebesfähigkeit. Langsam ging er auf sie zu, öffnete mit zittrigen Fingern die Knöpfe ihrer Schürze und griff nach ihren Brüsten. Immer noch hielt sie die Augen bedeckt und ließ es geschehen. Er war der Herr.

Dann packte er sie am rechten Arm und riß sie mit sich fort. Hinüber ins Schlafzimmer. Im Vorwärtsstürmen schälte er sie aus dem feuchten Kleidungsstück und stieß sie aufs Bett. Dann fiel er über sie her. Er war wie von Sinnen. Unterschwellig kam ihm jene Juninacht im Freien mit Leni ins Gedächtnis. Rasch entledigte er sich seiner Erinnerung und versenkte sich immer tiefer in Wanjas Sinnlichkeit. Er konnte und konnte kein Ende finden. Dann gab er es auf. Erschöpft rollte er zur Seite.

Draußen entlud sich ein wütendes Gewitter. Riesige Regentropfen schlugen an die Scheiben und gefährlich leuchtende Blitze unter gewaltigem Donner ins flache Land.

Nackt, wie sie waren, gingen sie zurück in die Küche. Er setzte sich an den Tisch und verlangte nach Wodka. Froh, etwas tun zu können, öffnete sie den Glasaufsatz über dem Buffet, entnahm ihm die Flasche und zwei Gläser. Dann setzte sie sich zu ihm und goß ein. Das geblümte Wachstuch, das die rohe Buchenplatte bedeckte, gaukelte ihnen eine fröhliche Blumenwiese vor. Schnell ließen sie die klare Flüssigkeit durch die Kehle rinnen. Sie waren beide durstig.

Wanja schenkte ein. Wieder und wieder. Ihre Augen wurden immer glasiger und ihre Kehlen immer trockener. Dann hatten sie genug, und die Flasche war leer.

Unsicher stand Hornbichler auf. Mit hartem Griff packte er die Frau am Arm, zog sie zurück ins Schlafzimmer und stieß sie aufs Bett. Stiernackig stand er auf schwankenden Beinen vor ihr. Durch den Nebel vor seinen Augen sah er ihre kräftigen Schenkel, die sich ihm entgegenstreckten. Hinter dem dunklen Wald ihrer Schamhaare wölbte sich ein fester Bauch, und darüber standen die Brüste in ihrer ganzen Glorie. Weiter wollte er gar nicht schauen, denn wozu brauchte man in dieser Pracht noch einen Kopf? Gierig schob er sich auf sie und versank in tausend Wonnen, die sich ihm gar nicht mehr richtig offenbarten. Der Druck in seinen Schläfen nahm zu, und plötzlich schien er zu explodieren.

Dickes Blut rann ihm aus der Nase. Er spürte seine Beine nicht mehr, und auf seinem Herzen saß die Drude und würgte ihn. Berstend versank er im Nichts.

Mit einem letzten verzweifelten Versuch, sich am Leben festzuhalten, krallten sich seine Finger in Wandas weiche Schultern und erstarrten. Sachte, um ihn nicht ins Leben zurückzuholen, schob Wanja den leblosen Körper zur Seite und kroch unter ihm hervor. Bedächtig drehte sie ihn auf den Rücken und stellte fest, daß immer noch fast schwarzes Blut aus seiner Nase lief. Diesmal hatte er sein Blut für sie vergossen, dachte sie und holte aus dem Kleiderschrank ihr Sonntagsgewand. Ohne Hast zog sie sich an, ordnete ihre Haare vor dem Spiegel, schlüpfte in die schwarzen Schuhe und ging hinüber zur Ortskommandatur, wo sie dem Obersturmbannführer Pleitgen Hornbichlers plötzlichen Tod meldete.

"Woran ist er denn gestorben?" fragte der SS-Mann erstaunt.

Ohne zu zaudern und ohne rot zu werden, denn dazu bestand ja weiß Gott kein Anlaß, antwortete Wanja: „Er hat sich zu Tode jevöjelt!" Das war die Wahrheit; doch Pleitgen schüttelte vor soviel Impertinenz den Kopf und wies die Frau aus dem Büro. Ruhig kehrte Wanja ins Haus zurück und packte ihre Sachen.

Dann fiel ihr wieder der Tote ein. Als sie sich ihrer Pflichten als Hausfrau erinnerte, schlug sie sich mit der flachen Hand an die Stirn und kehrte zurück ins Schlafzimmer. Kalt und steif lag der nackte Tote in seinem Bett und starrte mit weit geöffneten Augen zur Decke. Mit Daumen und Zeigefinger schloß sie beide Lider und verschränkte seine Arme über dem Bauch. Da ihr seine obszöne Nacktheit mißfiel, holte sie aus dem Schrank ein Hemd, schnitt es mit der Schere entlang der Rückennaht auf und streifte es ihm über. Dann setzte sie sich auf den Stuhl neben dem Bett und wartete. Es war dunkel geworden und hatte aufgehört zu regnen.

Sie holte eine Kerze, stellte sie neben das Bett auf den Nachttisch. Dann verschränkte sie ihre Finger und überlegte, ob sie beten solle. Sie kam aber nicht mehr dazu, ihren Entschluß in die Tat umzusetzen, denn der Standortarzt betrat zusammen mit einem Gerichtsoffizier das Haus. Wanja ging den Herren entgegen und führte sie ins Schlafzimmer. Daß der Mann tot war, schien offensichtlich. Da es keine Spuren von Gewaltanwendung am Kopf gab, jedoch das verkrustete Blut an Oberlippe und Unterkiefer deutlich sichtbar war, konnte die Todesursache ohne Obduktion festgelegt werden. Aus seiner Ledertasche holte der Arzt ein Formblatt und trug als Befund ein: "Suboradnoisalblutung." Dies entsprach zwar nicht ganz den Tatsachen, aber wer würde sich schon im weit entfernten Lemberg um medizinische Details kümmern. Wichtig war, daß es wissenschaftlich klang und den Gerichtsoffizier überzeugte.

Die Herren unterschrieben das Formular, und der Jurist steckte es in seine Ledertasche. Dann verließen sie das Haus.

"Der Tote wird morgen abgeholt!" sagte der sie begleitende Gefreite, und Wanja nickte zustimmend.

Sie schlief im Fremdenzimmer, und da sie die Ereignisse des Vorabends stark mitgenommen hatten, wachte sie erst gegen neun Uhr auf. Die Sonne schien warm ins Zimmer. Vorsichtig setzte sie sich auf und rekapitulierte die gestrigen Ereignisse. Hornbichler war also tot; das stand fest. Und sie war wieder einmal allein. Resignierend stand sie auf, ging hinunter in die Küche und stellte das Kaffeewasser auf den Herd. Dann frühstückte sie in aller Ruhe und mit dem größtmöglichen Aufwand. So gut würde es ihr so bald nicht wieder gehen. Dann erinnerte sie sich ihrer hausfraulichen Pflichten.

Gefaßt ging sie hinüber ins Schlafzimmer und betrachtete den Toten in seinem weißblauen Hemd aus gestreiftem Barchent, das dem aufgedunsenen Rundschädel einen bajuwarischen Rahmen gab. Da lag er nun, der einst so mächtige Mann, der ihr Gebieter und Geliebter zugleich gewesen war. Sie hatte seine brutale Männlichkeit stets mehr bewundert als seinen dezimierten Intellekt. Seine augenblickliche Unscheinbarkeit demütigte sie tief.

Was konnte sie tun, das Erscheinungsbild des Verschiedenen, und dadurch ihr eigenes Ansehen, anzuheben? Unwillkürlich mußte sie an all die imponierend aufgebahrten Leichen denken, die ihr Erinnerungsvermögen gespeichert hatte. Der feierliche Ernst, der sie alle umgeben hatte, die Zaren, Könige, Marschälle und Genies, wenn sie in herrlichem Blumenschmuck dalagen. Und erst die ganzen Orden und Ehrenzeichen!

Das war's! Schnell eilte sie in den Garten und schnitt alles ab, was gerade blühte: Rosen, Astern, Phlox und Rittersporn. So gut sie konnte, drapierte sie damit seine Füße hinauf bis zu den Knien. Dann holte sie aus der Nachttischschublade seine Orden und befestigte sie an seinem Hemd. Zuoberst kam der Blutorden. Feierlich glänzte die silberne Medaille und verlieh dem Toten tatsächlich einen besonderen Rang. Wanja war zufrieden.

Nur das eingetrocknete Blut störte jetzt das erhabene Bild. Sollte sie es abwaschen? Sie überlegte lange. Dann entschied sie, es bleiben zu lassen.

Zweimal in seinem Leben hatte er sein Blut geopfert: einmal für diesen Hitler und jetzt für sie. Das Blut bleibt dort, entschied sie. Mit zärtlichen Fingern strich sie über das kalte Silber des Ordens, dann sagte sie:

"Den Orden hat er sich jetzt wirklich verdient."

Der Anthropologe

Als die Erfolgsmeldung, deren Berechtigung allerdings noch von leiser Skepsis auf seinem Gesicht begleitet war, bei ihm eintraf, saß Hauptmann Obermaier hinter seinem hellgebeizten Eichentisch und trommelte mit seinen dünnen Gelehrtenfingern nervös auf einem Stapel unbearbeiteter Akten. Er war direkt von der Universität hier auf diesen Posten abkommandiert worden und konnte immer noch nicht begreifen, daß dieser Krieg, in dem es um den Fortbestand des tausendjährigen Reiches ging, mit solch lächerlichem Papierkram gewonnen werden sollte. Da war es doch ein echter Glücksfall, daß die großzügige Einstellung seines Regimentskommandeurs ihm die für ihn zu einer echten Leidenschaft gewordene wissenschaftliche Arbeit im praktischen Umfeld ermöglichte.

"Melde gehorsamst, Herr Hauptmann, ich glaube, wir haben das vermißte Glied da unten im Hof stehen!" meldete Hauptfeldwebel Sommer mit großer Befriedigung.

Es dauerte einige Sekunden, bis Hauptmann Obermaier mit abwesendem Blick und unüberhörbarem Mißtrauen in der Stimme vor sich hin schnauzte:

"Das Missing Link, meinen Sie wohl! Wo soll der Kerl stehen?"

"Unten im Hof, soeben eingetroffen, mit vier weiteren Rekruten!" Der Hauptfeldwebel zeigte mit ausgestrecktem Arm auf das Fenster hinter dem Schreibtisch und erlaubte sich zu bemerken: "Ein Prachtexemplar!"

Langsam stand Hauptmann Obermaier auf, zog seinen Waffenrock stramm und trat, von großer Neugier geplagt, ans Fenster.

Mitten im Geviert des U-förmigen Gebäudeblocks standen fünf fröstelnde Gestalten, zwischen den Beinen stabile Persilkartons oder schäbige Pappmachékoffer, und blickten sichtlich verunsichert zum Haupteingang.

"Freu dich nicht zu früh", sagte sich Hauptmann Obermaier, während sein prüfender Blick die fünf Gestalten aufmerksam musterte.

Da die Entfernung für eine wissenschaftlich haltbare, anthropologische Analyse jedoch zu groß war, kehrte er zu seinem Schreibtisch zurück und befahl, die Leute in die Schreibstube zu bringen, er werde sie sich dann schon noch ansehen. Hauptfeldwebel Sommer schlug die Hacken zusammen und verschwand nach zackiger Kehrtwendung in seiner Schreibstube.

Da er noch immer keine Lust verspürte, die vor ihm liegenden Akten zu bearbeiten, versank Hauptmann Obermaier tiefer in seinem Sessel und starrte mißvergnügt auf das Führerbild über dem Büchergestell. Kurzzeitig schloß er die Augen, ballte seine Fäuste, daß die Knöchel wie papierweiße Nasen aus dem Handrücken lugten, spreizte dann ruckartig die Finger und öffnete wieder seine Augen: Es war sinnlos! Alle geistigen und meditativen Anstrengungen halfen nicht weiter, das Bild an der Wand; der Mann, der Mensch, das Wesen, erschloß sich ihm nicht.

Obwohl er Lavaters physiognomische Fragmente zur Beförderung der Menschenkenntnis und Menschenliebe viele Male durchgestöbert hatte, war ihm klargeworden, daß in diesem Falle sein ganzes physiognomisches Sinnen auf das schon von Goethe statuierte bloße Stottern hinauslief. Es handelte sich um einen ganz gewöhnlichen Dinarier, soviel war sicher, ohne jede geniale Komponente. Vor allem irritierte ihn dieser lächerliche Schnauzbart, der die Festlegung der Neigung des Oberkieferbeins und somit äußerst wichtige charakterliche Zuordnungen gänzlich unmöglich machte.

Obermaier war ordentlicher Professor der Anthropologie an der Universität München, Beamter auf Lebenszeit, aber jetzt eben ungerechterweise Soldat, denn die anderen - die Mediziner, die Physiker, die Chemiker, sogar die Germanisten und Historiker - waren U.K. gestellt, nur die Anthropologen hatte man eingezogen, was einer totalen Verkennung der tatsächlichen wissenschaftlichen Bedeutung dieses Berufs gleichkam, zumal er, Professor Obermaier, ungeahnte Möglichkeiten der anthropologischen Forschung heraufkommen sah.

Nun aber war er aus seiner richtungsweisenden Forschungs- und Lehrtätigkeit herausgerissen worden und mußte hier den Kompanie-Chefidioten abgeben. Zum Glück hatte er 1937, auf Wunsch seiner Frau, noch rechtzeitig den Reserveoffizierslehrgang gemacht, sonst wäre er womöglich jetzt, mit fünfzig Jahren, als einfacher Soldat an die Front geschickt worden. Mit Grauen dachte er an den Kollegen Lüdecke-Imhoff, dem dieses Schicksal widerfahren war und der, nun, obwohl ebenfalls ein bedeutender Anthropologe, seit vierzehn Monaten im russischen Dreck lag und sich seiner wertvollen Haut wehren mußte. Das allein bewies schon den mangelhaften Instinkt und die ethische Mittelmäßigkeit dieses dinarischen Großsprechers. Ein genialer Führer, der in einem Volkskrieg seine geistige Elite der sinnlosen Vernichtung aussetzte, mußte erhebliche Strickfehler im Muster seiner Erbinformationen aufweisen. Es war höchst verwunderlich, daß er so leichtfertig den wertvollsten Besitz seines Volkes verschleuderte.

"Czymanek!" brüllte er in Richtung Schreibstube und sprang auf. Obwohl er genau wußte, wie sein Bursche aussah, überfiel ihn doch immer wieder ein unbegreifliches Staunen, wenn er dieses Musterbeispiel eines lupenreinen Neandertalers vor sich stehen sah. Er setzte sich lässig auf die Kante seines Schreibtisches, legte den Kopf ein wenig auf die Seite, kniff die Augen zu einem messerscharfen Spalt zusammen, was ihm, er hatte es tausendmal vor dem Spiegel überprüft, ein caesarenhaftes Aussehen verlieh. Obwohl sich die Ankunft Czymaneks über die Maßen verzögerte und ihm das Sitzen auf der Tischkante sehr beschwerlich wurde, wollte er seine angespannte Erwartungshaltung nicht mehr durcheinanderbringen.

Endlich öffnete sich die Tür und Czymanek trat ein, ein Lächeln voll herablassender Milde trat auf Hauptmann Obermaiers Gesicht. "Wo haben Sie sich denn wieder herumgetrieben?" schnauzte er den Soldaten an, der mit der rechten Hand die Tür hinter sich zudrückte und mit der linken gleichzeitig sein Käppi vom Kopf riß, daß die nußbraunen Bürstenhaare wild in die Höhe zuckten. Etwas unbeholfen stand er stramm und brüllte ganz unverständlich in den Raum: "Zu Befehl, Herr Hauptmann, ich war in der Kleiderkammer und hab' auf die Neuen gewartet. Aber die sind nicht gekommen, weil Sie befohlen haben, daß sie zuerst in die Schreibstube sollen!"

"Rühren!" sagte Hauptmann Obermaier plötzlich ganz sanft und betrachtete milde lächelnd seinen Burschen, wie er dastand: einssechzig groß, sehr stämmig, mit leichten O-Beinen in seinen taubengrauen tschechischen Breecheshosen, wie immer schlampig gelegten Wickelgamaschen, riesigen Schnürstiefeln, mit Sicherheit Größe 46. Die serbische Uniformjacke aus verfilztem lindgrünem Loden vervollständigte prächtig das Idealbild des braven Soldaten Schweijk, wie ihn Jaroslaw Hasék gemalt hätte. Nur der Kopf sprengte das Bild. In einem runden Schädel mit niedriger Stirn funkelten unter zusammengewachsenen Augenbrauen ein Paar rabenschwarze Raubtieraugen, die gar nichts tschechisches an sich hatten.

Bewundernd betrachtete Hauptmann Obermaier dieses Überbleibsel aus der Steinzeit. Für einen Augenblick schloß er die Augen und nahm dieses Gesicht mit in seine wissenschaftliche Traumhöhle, und der eisige Atem der Urwelt kroch ihm über das Rückgrat. Vorsichtig blinzelte er nochmals durch enge Augenschlitze auf Czymanek, um sich zu vergewissern, daß alles seine Richtigkeit hatte, und schon kehrte er wieder in sein anthropologisches Altamira zurück; sein Bursche stand im geheimnisvollen, archaischen Dunkel seiner Höhle und malte fliehende Hirsche an die Wand.

Das waren die schönsten Augenblicke in Hauptmann Obermaiers derzeitigem Leben, dieses lautlose Versinken in die magischen Tiefen seines Urzeittraums.

Nur widerwillig kehrte er in den Alltag der Kasernenwelt zurück und befahl seinem Burschen nachzusehen, ob die Neuen schon in der Schreibstube angekommen seinen. Während er sich resigniert an seinen Schreibtisch setzte, verschwand Czymanek hinter der Türe, um gleich darauf wieder hereinzukommen: "Zu Befehl, Herr Hauptmann, die Neuen sind da!" schnarrte er und hielt mit großer Geste die Türe auf.

Der Hauptmann zog wie üblich seine Uniformjacke stramm, setzte seine Schirmmütze auf und betrat die Schreibstube. "Achtung!" brüllte der Hauptfeldwebel, und jedermann erstarrte zu Eis. Langsam schritt der Offizier die kurze Reihe der angetretenen Zivilisten ab, blickte jedem von ihnen prüfend ins Gesicht und blieb plötzlich wie vom Blitz getroffen stehen. Seine Augen weiteten sich, und Hauptfeldwebel Sommer behauptete später, er habe gesehen, wie zwei winzige Tränen in den beiden Augenwinkeln aufgeleuchtet hätten. Obermaier trat einen Schritt zurück und begann die vor ihm stehende Gestalt von unten nach oben zu rekognoszieren. Elegante schwarze Schnürstiefel, darüber graue, handgestrickte Kniestrümpfe mit Zopfmuster und grünen Streifen in den Umschlägen, dunkelgraue Breecheshosen aus erstklassigem englischen Kammgarn. Der leicht gekrümmte Oberkörper steckte in einer dreiviertellangen Trachtenjacke aus kräftigem, grünem Loden mit herrlichen Hirschhornknöpfen, alles vom besten Innsbrucker Schneider kreiert.

Diese Jacke hatte Josef Kronbichler vom Herrn Baron selig geerbt, den er zehn Jahre lang zweispännig zum Friseur und in die Kirche gefahren hatte. Ins Wirtshaus und zum gnädigen Fräulein Resi wurde er nur einspännig gefahren, weil dort das Gespann so lange stehenbleiben mußte, bis der Herr Baron geruhte heimzufahren, und da war ihm meistens ein Pferd schon zuviel. Dann, 1935, wurde der Daimler angeschafft, und Josef Kronbichler, mußte den Führerschein machen und bekam anstelle des Steyrerhutes eine dunkelblaue Schirmmütze verpaßt.

Hauptmann Obermaier war fasziniert. Welch ein Kopf! Dagegen war Czymanek ein hochzivilisierter, beinahe aristokratischer Herrschaftsmensch. Nach einer Weile wandte er seinen Blick wieder nach unten zu der gutgeschnittenen Lodenjacke mit den aufgesetzten Taschen, früher sicher mal sehr elegant, beste Schneiderarbeit, wenn man was davon verstand, und seitdem Obermaier für seine Ausgehuniform 400 Mark auf den Tisch geblättert hatte, bildete er sich ein, tatsächlich was davon zu verstehen.

Weißblau kariertes Hemd mit grüner Leinenkrawatte, im Knoten eine übergroße Krawattennadel, einen Hubertushirsch darstellend. Diese Nadel war aus reinem Gold und sollte in seinem Leben noch eine verhängnisvolle Rolle spielen, doch das ahnte Hauptmann Obermaier nicht.

"Name!" sagte er und blickte zum erstenmal dem Vorihmstehenden voll ins Gesicht.

"Josef Kronbichler aus Bregenz", antwortete der Mann nicht ohne Stolz, denn er wußte sehr wohl, wer er war, und seine Stellung im freiherrlichen Schloß hatte ihm eine beeindruckende Sicherheit im Umgang mit Gleichgestellten und mehr noch mit Untergebenen verliehen. Dieser Fatzke von Hauptmann war für ihn nur eine aufgeblasene Schießbudenfigur, und er richtete seine gebeugte Gestalt etwas auf, um auch körperlich in dieselbe Ranghöhe zu gelangen.

Obermaier war etwas irritiert über den frechen Ausdruck in den hellgrauen Augen. Die darüberliegenden, stark gewölbten Augenbrauen bildeten eine durchgehende Knochenleiste und verstärkten so den durchaus drohenden Ausdruck, mit dem ihn der andere aus den tiefliegenden Augenhöhlen anstarrte. Der Unterkiefer trat unter dem Gelenkfortsatz ein wenig hervor und verlieh so dem ganzen Gesicht etwas raubtierhaftes. Zum erstenmal spürte Obermaier die ungeahnten Möglichkeiten menschlichen Seins, von vorgeschichtlicher Urkraft über Hunderttausende von schicksalhaften Entwicklungsjahren bis zu ihm selbst dem durchgeistigten, zugegebenermaßen schon etwas degenerierten, seelenvollen Homo sapiens des 20. Jahrhunderts.

Fürs erste hatte er genug gesehen, daher ging er weiter und fragte noch den letzten in der Reihe:

"Und woher kommen Sie?"

"Ich wohne hier in Füssen und bin auch hier geboren!"

Ein echter Allgäuer, dachte Hauptmann Obermaier, und sogleich fiel ihm der Ausspruch seines Regimentskommandeurs, Oberst Gerstl, ein, der im Kasino nach der dritten Maß Bier behauptet hatte, aus jedem Allgäuer könne man zwei Spitzbuben machen, und dann bleibe noch ein Jude übrig. Äußerst befriedigt drehte sich der Hauptmann um. "Abtreten zum Einkleiden!" lautete sein Befehl, und ohne weiteren Kommentar kehrte er zurück in sein Büro.

Mit sich und der Welt zufrieden setzte er sich in seinen Sessel und schob seine Beine weit gespreizt unter den Tisch. Indem er seine Hände im Nacken verschränkte, schloß er die Lider und ließ seinen Kompanietrupp an seinem geistigen Auge vorbeidefilieren.

Da war zuerst natürlich Hauptfeldwebel Sommer, ein großer, etwas steifer Mann mit weißblonden Haaren auf einem markanten Superlangschädel. Die etwas zu niedrige Stirne störte ein wenig das Idealbild des nordisch-germanischen Edelmenschen, dafür war seine preußische Sturheit über jeden Zweifel erhaben.

Rechnungsführer-Feldwebel Uwe Riebelsen hatte eine gewisse Ähnlichkeit mit dem jungen Hindenburg. Auf Obermaiers Befehl hin mußte er einen Bürstenhaarschnitt tragen, und mit diesem hellblonden, drei Millimeter Stiftenkopf entsprach er so ganz den geltenden Merkmalen der baltischen Rasse. Als früher masurischer Viehhändler verfügte er jedoch über ein solch untypisches Maß an Bauernschläue, daß der Anthropologe Obermaier beschloß, dieses Kapitel seines Standardwerkes noch entsprechend zu ergänzen.

Furer-Unteroffizier Franz Josef Weinzierl aus Mühldorf am Inn war das Musterbeispiel eines kurzschädeligen, gebirglerischen und zweifellos nicht sehr hochwertigen bajuwarischen Dinariers. Er durfte sich die Haare etwas länger wachsen lassen und mußte auf Befehl auch gar markante Koteletten tragen, die seine Adlernase noch weiter vortreten ließ. Außerdem hatte er immer für einen dunklen Teint, wenn nötig mit Hilfe von brauner Schuhcreme, zu sorgen.

Max Brunner, der Kammerunteroffizier, war zweifelsfrei der westischen Rasse zuzurechnen. Obwohl er aus Weilheim stammte, konnte er mit seinem zierlichen Körperbau und dem schmalen, olivfarbenen Gesicht unter schwarzem Kraushaar auch für einen Neapolitaner gehalten werden.

In einer Zeit, in der das Volk wieder einmal gezwungen wurde, die Juden von allen Zusammenschlüssen der menschlichen Gesellschaft und der Menschenwürde auszuschließen, wie schon siebenhundert

Jahre vorher Seine Heiligkeit Paps Innozenz III. auf dem Laterankonzil formuliert hatte, und die Juden gezwungen wurden, einen gelben Fleck zu tragen, in solch einer schwierigen Zeit hielt sich die informierte Gesellschaft einen privaten Juden, als Alibi sozusagen, für den Fall, daß das tausendjährige Reich doch nicht ganz so haltbar sein sollte. Da traf es sich gut, daß Hauptmann Obermaier als Gerätebuchführer einen Obergefreiten in seiner Mannschaft hatte, einen gewissen Xaver Kienzhofer, der schon in der zweiten Generation ledig auf die Welt kam. Seine Großmutter war in Kempten beim berühmten Viehjuden Rosenstiel als Kammermagd beschäftigt gewesen, dort im Jahre 1896 geschwängert, mit 350 Goldmark abgefunden und zu ihrer Familie nach Gunzesried zurückgeschickt worden. Der feine Herr Rosenstiel hatte die Vaterschaft nie zugegeben, und so kam es, daß sein Enkel mit einem lupenreinen Judengesicht als Arier herumlief und somit auch die Ehre hatte, seine ganze sittliche Kraft in den hehren Dienst der Landesverteidigung stellen zu dürfen. Dieser Kienzhofer hatte zweifellos nicht nur das Aussehen von seinem Großvater geerbt, sondern auch ein Übermaß an Gerissenheit, was dem Hauptmann manchmal einen kalten Schauer über den Rücken jagte. Mit welcher Raffinesse und Kaltschnäuzigkeit er bei Bedarf Bestands- und Bewegungsbücher fälschte, den Munitionsbestand manipulierte und immer dafür sorgte, daß jeglicher Schwund oder Verlust vermieden wurde, war schwindelerregend. In einer Zeit, in der man zur höheren Ehre des Vaterlandes töten durfte, waren kleine Fälschungen und Diebereien zum Nutzen der Kompanie durchaus vertretbar, darum war Kienzhofer auch so wertvoll für die Gemeinschaft, und es störte den Hauptmann überhaupt nicht, daß bei ihm ganz sicher ein jüdischer Vater oder Großvater mitgemischt hatte. Nein, im Gegenteil, als Anthropologe war man auch in gewissem Sinne Philanthrop, und da er außerdem von der Nutzlosigkeit des nationalsozialistischen Ausleseprinzips überzeugt war, behandelte er seinen Gerätebuchführer stets mit ausgesuchter Höflichkeit und ließ ihm weitgehend freie Hand, besonders bei den dubioseren Entscheidungen. Es war natürlich auch immer gut, einen Sündenbock parat zu haben, und da Obermaier sicher war, daß sich Kienzhofer schon herauswinden würde, hatte er in dieser Hinsicht auch ein gutes Gewissen.

Der Schreibstubengefreite Karl Burkhart war rassisch gesehen eine Promenadenmischung, aber intelligenzmäßig ragte er über die anderen weit hinaus. Er hatte zuerst drei Semester Theologie studiert, weil ein priesterlicher Bruder seiner Mutter durch einen monatlichen Zuschuß dem offensichtlichen Nachwuchsmangel in diesem, für die alleinseligmachende Kirche unerläßlichen Berufsstand ganz gezielt abhelfen wollte. Burkhart erwies sich als ein religiöser Blindgänger.

Zu Beginn seiner Studien hatte er mit großer Ergriffenheit verfolgt, wie die ersten Christen um den Bestand und die dogmatische Ausformung ihres Glaubens gekämpft hatten. Je schwieriger es wurde, die verzwickten Begriffe und Irrlehren auseinanderzuhalten, um so unverständlicher wurde es für ihn, daß sich Menschen wegen der Frage, ob zwischen Gottvater und Sohn Jesus Wesensgleichheit oder nur Wesensähnlichkeit bestünde, oder wegen der winzigen Lautverschiebung in den Worten homoousios und homoiusios gegenseitig zur höheren Ehre der Kirche die Schädel einschlugen.

Da er selbst keineswegs bereit sein würde, für irgendeine Religion zu sterben, wurde es ihm immer unverständlicher, daß sich Hekatomben von Menschen wie Schlachtvieh opferten, nur weil ein Verrückter annahm, daß der liebe Gott den Jesus nur adoptiert habe, oder weil ein fanatischer Libyer mit Schaum im Mund die Gottheit des Sohnes rundheraus leugnete. Nächtelang hatte er sich herumgequält, die Begriffe Monoenergismus und Monophysitiusmus auseinanderzuhalten, und am anderen Tag war er wieder nicht imstande gewesen zu beschwören, ob es nun der Patriarch Sergius von Konstantinopel war, der Christus als Gottmensch anbetete, oder ob es vielleicht doch der Eutyches war, der die menschliche Natur ganz geleugnet hat.

Als er einigermaßen in der Lage war, den Montanismus zu deuten, verlor er sich wieder in der Auslegung des Monarchianismus im Zusammenhang mit dem Adoptianismus. Als er erfuhr, daß Voltaire berechnet habe, daß die Kirche im Laufe ihrer Geschichte mehr als neun Millionen Christen umbringen ließ, nur weil sie wie die Donatisten verlangten, daß derjenige, der die Sakramente spenden dürfe, würdig und rein sein solle, eine Forderung, die dem angehenden Priester durchaus einleuchtend erschien; als er weiter sah, wie es den kommenden Päpsten nur um die Erweiterung ihrer Macht ging und wie sie auch hier einen Berg von Leichen überstiegen, die Fahne der christlichen Menschenliebe vor sich hertragend, schwand sein Glaube in diese Institution mehr und mehr.

Als er schließlich beim Studium der Papstgeschichte erfuhr, daß Sixtus IV. so um das Jahr 1480 herum sechs seiner Nepoten zu Kardinälen erheben ließ und daneben noch sämtliche Bordelle von Rom kontrollierte, was ihm ein jährliches Zubrot von 80.000 Golddukaten einbrachte, verlor Burkhart von heute auf morgen jede Lust am weiteren Theologiestudium, und da konnte ihn auch die Tatsache, daß derselbe Papst mit dem Sündengeld die Sixtinische Kapelle erbauen ließ, nicht mehr umstimmen. Er wandte sich der Germanistik zu, doch da daraufhin sein Onkel die monatlichen Zuschüsse einstellte, begann für ihn ein Hungerstudium, so daß er 1939 in gewisser Weise erlöst, seiner Einberufung Folge leistete.

Kurz nach Ableistung seiner Grundausbildung brach der Krieg aus und so kam es, daß er gleich im ersten Feldzug gegen die Polen dabei war. Auch den Frankreichfeldzug ließ er nicht aus und verbesserte dabei sowohl seine Französischkenntnisse als auch die lange Zeit vernachläßigten Eroberungskünste bei den Frauen. Nach einem Schultersteckschuß, den ihm ein tollwütiger Maquis in der Nähe von Le-Puy-en-Velay beibrachte, als er gerade in der Borne ein erfrischendes Bad nehmen wollte, kam er wieder in die Etappe. Durch diesen Schuß hatte nicht nur seine Gesundheit, sondern auch seine frankophile Einstellung erheblich gelitten. Er wurde noch im Lazarett zum Obergefreiten befördert und nach seiner Genesung zurück zu seiner Einheit, der 12.M.G.Marschkompanie in Füssen, versetzt. Hier hoffte er nun das Ende des Krieges abwarten zu können.

Während Hauptmann Obermaier so seine Funktionsunteroffiziere im Geiste vorbeidefilieren ließ, läutete das Telefon, und Major Gerstl meldete seinem Kompanieführer Obermaier, daß noch drei Rekruten für ihn bereitstünden. Er solle schnellstens jemanden schicken, der sie abhole.

Da Hauptmann Obermaier davon überzeugt war, einen besonders guten Tag zu haben, beschloß er, selbst zum Bataillonsstab zu gehen, damit ihm nicht nur Ausschußware zugeteilt würde.

Als er durch die Schreibstube eilte, gab er Burkhart sein Ziel bekannt, und fünf Minuten später stand er schon vor den soeben eingetroffenen Rekruten. Langsam schritt er die Front ab, und mit gestrengem Blick musterte er jeden einzelnen von oben bis unten, denn sein wissenschaftliches Grundverständnis hatte ihm schon sehr früh die Oberflächlichkeit von Bekleidungsfragen aufoktroyiert. Beim vorletzten Mann im Glied blieb er konsterniert stehen, und seine Stirne zog sich in bedenklich tiefe Falten. Was war das? fragte er sich, trat einen Schritt zurück und fixierte den Mann von neuem. Er trug einen dunklen Anzug mit Nadelstreifen, dazu ein blaues Hemd und eine zitronengelbe Krawatte. Der Kopf war gut geschnitten, aber der Teint war der eines hellhäutigen Tamilen. Pechschwarze Haare, stark pomadisiert, umschlossen helmartig den dadurch sehr klein wirkenden Schädel und hingen noch 5 Zentimeter über den Kragenrand herunter. Sollte dieser Mann gar ein Zigeuner sein? Um nicht allzu selektiererisch zu erscheinen, deutete Hauptmann Obermaier dessen anthropologische Leidenschaft im ganzen Regiment als Spinnerei bezeichnet wurde, auf die letzten drei Männer und sagte zum Bataillonsschreiber: "Die drei kommen zur 12.M.G. Marschkompanie!"

"Jawohl, Herr Hauptmann!" erwiderte der Schreiber und hakte die drei Namen auf seiner Liste ab. Obermaier beschloß im Kasino einzukehren. Während er genüßlich sein Weißbier trank, ging er nochmals seine Sammlung durch und wurde sich urplötzlich bewußt, welch explosive Mischung er sich da angehäuft hatte. Da er aber kein Pessimist war, kam er zu der Überzeugung, daß er mit seiner überragenden Menschenkenntnis und ein wenig Fingerspitzengefühl, das er sich ja in hohem Maße zuschrieb, schon zurechtkommen würde. Befriedigt kehrte er zu seiner Kompanie zurück und ließ sich von seinem germanischen Hauptfeldwebel die Diensteinteilung für den nächsten Tag vorlegen. Da das Wetter schön zu werden versprach, teilte er mit, daß er am morgigen Geländedienst selbst teilnehmen wollte. Die Zugführer sollten sich in einer Stunde in seinem Büro einfinden, wo man dann alles eingehend besprechen würde.

Mit sich und seinem militärischen Habitus vollauf zufrieden, zog er sich auf sein Zimmer zurück und legte sich aufs Bett, weil ihn seine neuen Reitstiefel immer noch drückten.

Seine Gedanken kreisten um seine Neuerwerbung. Krondingsbums aus Bregenz, dachte er, und langsam kristallisierte sich die genaue zeitgeschichtliche Einordnung dieses Kopfes heraus: Pithecantropus erectus, Darwins Missing Link war leibhaftig vorhanden. Zur Vervollständigung seiner wissenschaftlichen Kopfarbeit projizierte er Czymaneks Kopf auf seine geistige Leinwand. Chronologisch geordnet waren die beiden Jahrtausende voneinander getrennt, aber hier standen sie friedlich beieinander im 20. Jahrhundert - als Relikte grauer Vorzeit. Es war phantastisch, welch ein Ereignis!
Plötzlich schreckte er zusammen. Hatte er es nur geträumt, oder

hatte er tatsächlich einen Zigeuner zugeteilt bekommen? Trotz heftiger Überlegung war er sich nicht sicher. Mißmutig sprang er auf, zog sich wieder an und kehrte in seine Schreibstube zurück. Dort wurde ihm erklärt, daß die drei Neuen soeben in der Kleiderkammer ihre Sachen erhielten. Obermaier verließ schnurstracks den Raum, um sich zu vergewissern, daß er nicht geträumt hatte.

Als er die Kleiderkammer betrat, standen die drei Männer halbnackt vor ihm, und sofort fiel ihm der kleine Körper mit der dunklen Hautfarbe auf. "Mein Gott, wie kommt der Mann hierher?" fragte er sich noch immer ganz verdutzt.

"Ein lupenreiner Zigeuner in meiner Kompanie. Wenn das nur gutgeht!" Die gut eingespielte Routine des Dienstbetriebes würde schon alles regeln, beruhigte er sich und kehrte in sein Büro zurück.

Anfang Mai hatte die Ausbildung der Rekruten bereits gute Fortschritte gemacht. Die Leute konnten grüßen und in alle vier Richtungen marschieren, sie hatten ihren heiligen Eid auf den obersten Befehlshaber Adolf Hitler geleistet und zeigten schon erste Ansätze des geforderten sittlichen Willens, ihre Pflichten gegenüber Volk und Vaterland zu erfüllen. Hauptmann Obermaier hatte seine wissenschaftlichen Arbeiten im praktischen Umfeld gut vorangebracht, das heißt, er hatte die anthropologischen Messungen sowie die photographischen Arbeiten zum Abschluß gebracht. Vor allem die Beschäftigung mit Thaddäus Knoll, dem Zigeuner aus Immenstadt, hatte ihn zu vollkommen neuen Erkenntnissen geführt.

Knoll hatte ihm erzählt, daß sein Großvater Dschambasi, also Pferdehändler, gewesen sein, als er nach dem ersten Weltkrieg aus Rumänien zugewandert sei. Da er mit den in Deutschland meist stehlend herumziehenden Gatschkane Sinte nichts zu tun haben wollte, ließ er sich von einem Rechsprechari aus dem Natsia lösen und heiratete die Tochter eines Bludenzer Pferdehändlers, der im Allgäu viel unterwegs war. Einige Jahre seien sie gemeinsam im Allgäu und im Vorarlberg herumgezogen und hätten gute Geschäfte gemacht, bis so um 1890 herum sein Vater geboren wurde. Der sei schon kein richtiger Zigeuner mehr gewesen, weil die Familie inzwischen seßhaft geworden sei und der alte Knoll ja sozusagen auf Lebenszeit aus dem Stamm ausgestoßen wurde. Damit er nicht habe einrücken müssen, sei sein Vater dann 1914 nach Jugoslawien abgehauen und habe dort eine Zigeunerin geheiratet, aber nach dem Krieg sei er wieder nach Deutschland zurückgekommen und habe den Pferdehandel seines Vaters übernommen. Nachdem ihm seine Frau 1920 einen Sohn, also ihn, Thaddäus Knoll, geschenkt habe, sei sie, die partout nicht seßhaft werden wollte, mit einem Roma nach Italien abgehauen. So sei er also in Immenstadt in die Volksschule gegangen und habe anschließend Schlosser gelernt. Sein Vater habe in der Zwischenzeit den Pferdehandel aufgegeben und mit Alteisen angefangen. Um 1930 herum hätten sie sich eine Schmiede eingerichtet, und Thaddäus aus dem Alteisen Grabkreuze und Gartenzäune geschmiedet. Das Geschäft sei recht gut gegangen und sie hätten sich gerade einen kleinen Lastwagen kaufen wollen, als er seinen Einberufungsbefehl erhalten habe. Der Vater habe gemeint, er solle auch nach Jugoslawien abhauen, dort habe er noch gute Bekannte und Thaddäus könne dort das Kriegsende abwarten, so wie er selbst es 14/18 gemacht habe. Aber Thaddäus wollte kein Vaterlandsverräter sein, und er meinte, da sie nun Deutsche seien, müsse er auch seine Pflicht tun, wenngleich ihm das Schmieden mehr Spaß mache als das Herumschießen. Wenn der Herr Hauptmann wolle, würde er ihm bei Bedarf ganz billig ein schönes Grabkreuz machen. Da Hauptmann Obermaier dies für einen sehr makabren Scherz hielt, obwohl Knoll das gar nicht so gemeint hatte, ließ er ihm auf dem Exerzierplatz eine kurze Sonderbehandlung angedeihen, die der Zigeuner mit großer Langmut ertrug.

Weit weniger erfreulich waren die phrenologischen Untersuchungen beim Pithecanthropus Kronbichler verlaufen. Erst nach zweimaligem Strafexerzieren war er bereit, die notwendigen Messungen an seiner Schädelkalotte vornehmen zu lassen. Dabei konnte Obermaier feststellen, daß die Os lacrimale, also die Tränenbeine, links und rechts stärker nach innen geneigt waren als bei den jetzigen Menschen. Er hatte zum Glück alle Geräte zur Verfügung, die man zur genauen Ausübung der Kraniometrie dringend benötigte, und es war ihm daher nicht schwergefallen nachzuweisen, daß Josef Kronbichler auf den Millimeter genau dem Pithecanthropus erectus entsprach, den Ernst Haekel 1889 zu postulieren versucht hatte. Es war ein echter Glücksfall, diesen schon ausgestorben geglaubten Menschentyp hier lebend vorzufinden und wissenschaftlich zu beschreiben. Er, Obermaier, würde ihn der anthropologischen Gesellschaft als Australopithecus bavaricus Obermaier beim nächsten Kongreß im Oktober 44 in München vorstellen.

Die Lichtbilder, die der Füssener Fotograf Arnold mit viel Ausdauer angefertigt hatte, konnten sich - zusammen mit den von ihm selbst angefertigten Diagrammen - durchaus sehen lassen. Vielleicht würde er sogar noch seine Zeichnungen in München vervollkommnen lassen. Die wichtigste Entdeckung bei Kronbichler aber war zweifellos die Herkunft des vornübergeneigten Ganges. Professor Obermaier hatte sich zuerst ganz auf die Wirbelsäule konzentriert, ehe er entdeckte, daß dieser Haltungsfehler eindeutig darauf zurückzuführen war, daß das Hinterhauptloch, an dem die oberen Wirbel ansetzen, etwas vorgelagert war, was den Schwerpunkt der Kalotte nach vorne verlagerte. Das war mit Sicherheit eine grandiose wissenschaftliche Entdeckung, denn weder bei F.J.Gall noch bei Raymond Dart hatte er einen Hinweis auf diese Besonderheit gefunden.

Weniger erfreulich war die psychologische Anamnese ausgefallen. Kronbichler war nicht bereit gewesen, irgend etwas aus seiner Vorgeschichte preiszugeben. "Was Sie wissen müssen, steht in den Papieren!" war die stets gleichbleibende, in mürrischem Ton geäußerte Stellungnahme. Er war der Prototyp eines verschwiegenen Dieners, der die anerzogene Geheimnistuerei auf seine eigene Vita übertrug. Auch über seine Abkunft war nicht mehr zu erfahren, als in den Papieren stand, nämlich daß er von seiner ebenfalls unbekannten Mutter als Säugling vor dem Gendarmerieposten Lustenau abgelegt und dann zunächst im Bregenzer Waisenhaus großgezogen worden war.

Mit zehn Jahren wurde er aus dem St. Blasiusheim entlassen und der kinderlosen Familie des Kammerdieners Sebastian Kronbichler zur weiteren Erziehung übergeben. Auf Anraten seines Dienstherrn, Baron Strienzel, adoptierte der Diener den unansehnlichen Knaben, nicht ohne vorher eine entsprechende Gehaltserhöhung herausgehandelt zu haben. Seine Frau, Klara Kronbichler, war über den Familienzuwachs keineswegs erbaut und ließ den häßlichen Wicht bei jeder Gelegenheit ihre Abneigung spüren.

Für Josef war jedoch der Wechsel in die freiherrliche Umgebung ein enormer Fortschritt, und der Liebesentzug durch seine Adoptivmutter störte sein Seelenleben nicht im geringsten. Für ihn war wichtig, daß er jetzt ein eigenes Bett hatte und gut ernährt wurde. Sein Ansehen in der Schule war seit dem Umzug ins Schloß erheblich gestiegen, und so entwickelte er sich in den folgenden Jahren ganz prächtig.

Seine geringe Körpergröße, verbunden mit einer affenartigen Gewandtheit im Erklimmen von Bäumen, brachte den Herrn Baron auf die

258

Idee, den Jungen als Gärtner und Jagdgehilfen im Schloß zu behalten. So verbrachte er die meiste Zeit auf den Obstbäumen oder als Treiber auf der Jagd, was zur Folge hatte, daß er über eine robuste Gesundheit verfügte. Das fiel auch der Frau Baronin auf und so nahm sie den nunmehr siebzehnjährigen Josef alsbald in ihre persönlichen Dienste. Von den vorbildlich geschnittenen Obstbäumen heruntergeklettert, bestieg er jetzt immer öfter den Kutschbock, von dem aus er zweispännig die Gnädigste ins Dorf kutschierte. Er trug anschließend persönlich die eingekauften Gegenstände ins freifrauliche Boudoir und blieb dort verdächtig lange, was natürlich zu ungehörigen Spekulationen Anlaß gab. Der Herr Baron, dem die heimliche Tuschelei des Personals auffiel, lehnte aber entrüstet jeglichen Verdacht im Hinblick auf die abgrundtiefe Häßlichkeit seines Gärtners ab. Um alle diesbezüglichen Gerüchte endgültig aus der Welt zu schaffen, wurde Josef offiziell zum Kutscher befördert und fuhr von da an die ganze hochherrschaftliche Familie durch die Gegend.

Im Mai 1935 wurde dann das Auto angeschafft, und Josef machte den Führerschein. Drei Jahre später, keine zwei Wochen nach dem Einmarsch der Deutschen, traf den Baron der Schlag, und der Chauffeur wurde, um stets verfügbar zu sein, im Schloß einquartiert. Der Daimler blieb die meiste Zeit in der Garage, und Josefs Dienste beschränkten sich mehr und mehr aufs Boudoir. Immer häufiger nahm das ungleiche Paar das Frühstück gemeinsam ein, und die früher eher griesgrämige Frau sprühte vor Lebensfreude, so daß ihr Lachen durch das ganze Schloß schallte.

Obwohl niemand mehr daran zweifelte, daß die beiden etwas miteinander hatten, wies Josef jegliche Verbindung zur Baronin mit großer Entschiedenheit zurück.

Die Liebesdienste, zu denen er immer häufiger schon am hellichten Nachmittag herangezogen wurde, wurden immer frivoler und hektischer und hatten bald einen Grad erreicht, der über das für ein Vorarlberger Findelkind zulässige Maß hinausging. Also gelang es der vergnügungssüchtigen Baronin nurmehr mit großartigen Geschenken, den Josef bei der Stange zu halten. Nach und nach kassierte er die gesamte freiherrliche Garderobe, die ihm von einem erstklassigen Schneider fachgerecht zugeschnitten wurde. Zu seinem dreißigsten Geburtstag erhielt er - neben einer neuerlichen Zurückstellung vom Großdeutschen Wehrdienst - eine goldene Krawattennadel für besondere Verdienste.

Da Josef privat eher auf mollige Weiber stand, empfand er keinerlei Zuneigung für die schon ältere spindeldürre Adelige, die er im Wirtshaus mit der Bezeichnung "alte Schachtel" abqualifizierte. Sein Dienst in ihrem Schlafzimmer wurde von ihm als gewöhnliche Arbeit empfunden, ähnlich dem Schuheputzen, und dafür wurde er auch bezahlt - und nicht schlecht.

Bis ihn das Schicksal ereilte und er doch noch zu den Fahnen gerufen wurde. Die Baronin ließ sich eigens bis nach Innsbruck fahren, aber eine weitere Zurückstellung wurde rundheraus abgelehnt. Da dem Haushalt der Gnädigen eh kein Benzin zugewiesen würde, bräuchte sich doch auch keinen Chauffeur mehr. Gegen diese Argumentation war schwer was einzuwenden.

So fuhr das ungleiche Paar bedrückt nach Hause. Man verbrachte noch ein paar weinselige Tage und Nächte, und dann kam die Trennung. Während sie für Josef eine eher angenehme Abwechslung bedeutete, verfiel die Baronin in heftiges Selbstmitleid und wandte ihre ganze Aufmerksamkeit dem Weinkeller zu.

Hauptmann Obermaier hatte natürlich von dieser Vorgeschichte nicht die geringste Ahnung. Wahrscheinlich hätte sie ihn auch gar nicht besonders interessiert, denn seine Zuneigung zu Kronbichler war rein wissenschaftlicher Natur, und da wirkten persönliche Angelegenheiten ohnehin nur störend. Da er die Krawattennadel für blankes Messing gehalten hatte, wäre ihm auch nicht im Traum eingefallen, daß sie Anlaß für eine abscheuliche Bluttat werden könnte.

So ging er nichtsahnend seiner Arbeit nach und vermaß den steinzeitlichen Vorarlberger nach allen Regeln der Kunst. Was ihm des Nachts den Schlaf raubte, war seine Unentschlossenheit hinsichtlich der Benennung seines Fundes: Australopithecus war klar, und der Zusatz Obermaier war ebenfalls unbestritten. Nur der geographische Hinweis machte ihm Kopfzerbrechen. Bavaricus, oder wäre vielleicht doch der Begriff Alpinus zutreffender? Er würde die Entscheidung fällen, wenn er mit der Niederschrift seiner Aufzeichnungen begonnen hatte. Vorerst begnügte er sich mit dem herrlichen Anblick, der sich bei jedem Morgenappell bot: die ganze Menschheitsgeschichte und ein Querschnitt durch die gängigsten europäischen Rassen in einem Glied, in seiner Kompanie!

Wie jeden Dienstag ging der Hauptmann auch an diesem regnerischen Frühsommerabend ins Kasino und drängte seine großstädtische Erscheinung mit dem universitären Imponiergehabe, das er sich zu solchen Anlässen angeeignet hatte, in den großen Saal, der mit dem eingebildeten Haufen hochrangiger Kriegshelden angefüllt war. Er drückte hier eine Hand, klopfte dort einem gleichrangigen Kollegen auf die Schulter und bedachte ein paar kleine Leutnants mit einem herablassen Kopfnicken.

So gelangte er endlich vor seinen Kommandeur, eine bärbeißigen Obristen, der ihm sofort die Hand entgegenstreckte.

"Freut mich, Sie zu sehen, Professor!" begrüßte er ihn.

"Ganz meinerseits, Herr Oberst!" sagte der Hauptmann weltmännisch gelassen.

"Was machen Ihre Studien?" interessierte sich der Militär.

"Hab' einen phantastischen Neuzugang bekommen, Herr Oberst", schwärmte der Hauptmann. "Es ist wirklich erstaunlich, welche Bandbreite die menschliche Existenz immer noch hat."

"Wie meinen Sie das?" fragte der neben dem Obersten stehende Bataillonskommandeur, der immer dann fragen mußte, wenn der Oberst in Verlegenheit zu kommen schien.

"Wir sind davon ausgegangen, daß der Neandertaler ausgestorben sei; doch dem ist nicht so. Natürlich wußten wir, daß halb Afrika noch von dieser Spezies bewohnt ist, aber hier in Europa, besonders hier in Deutschland, waren wir sicher, keinen Vertreter dieser Art mehr vorzufinden. Nun hab' ich schon seit einem halben Jahr einen Burschen, der nach seiner äußeren Erscheinung hundertprozentig dem Bild entspricht, das wir nach den Knochenfunden rekonstruiert haben. Ich möchte behaupten, daß auch seine geistigen Fähigkeiten nicht sehr viel weiter gediehen sind."

"Sehr erstaunliche Feststellung, die Sie hier treffen!" sagte der Oberst.

"In der Tag, äußerst gewagt. Aber Sie werden es nicht glauben; vor ein paar Tagen habe ich aus dem Vorarlbergischen einen Rekruten bekommen, der seinen anthropologischen Meßdaten nach noch hunderttausend Jahre älter sein muß als der Neandertaler."

"Sie scherzen!" sagte der Major, der dem ungläubig dreinschauenden Oberst erneut zu Hilfe kommen wollte. Der aber wehrte entrüstet ab und meinte:

"Ich glaube dem Professor aufs Wort. Wenn ich an die vielen Hornochsen denke, die einem in Kriegszeiten auf dem Kasernenplatz begegnen, dann muß man sich wirklich manchmal fragen, ob wir noch in der Neuzeit leben oder nicht schon wieder in eine neue Steinzeit zurückgefallen sind."

Da der Oberst lauthals lachte, stimmten die umstehenden Herren ebenfalls in ein bekräftigendes Gewieher ein. Hauptmann Obermaier fühlte sich ein wenig auf den Arm genommen und trat den Rückzug an. "Man könnte auch sagen neue Eiszeit. Es ist empfindlich kalt geworden in Europa", sagte er und meinte es keineswegs scherzhaft. Die ihn umringenden Militärs zeigten keinen empfindsamen Nerv für solch feinfühlige Andeutungen. Sie lachten erneut und Obermaier glaubte, damit einen guten Abgang gehabt zu haben. Aber er hatte sich getäuscht.

"Glauben Sie nicht, daß Sie Ihre Forschungen ein wenig am Rande der Legalität betreiben?" fragte der Major.

"Ich verstehe nicht, worauf Sie hinauswollen!" antwortete der Hauptmann.

"Nun, ich habe gehört, daß Sie unter Ihrem Rassensammelsurium auch einen Zigeuner und sogar einen Juden hätten. Stimmt das?"

"Natürlich nicht!" widersprach Obermaier. "Was den Zigeuner betrifft, so hat er zwar Sintivorfahren, aber er ist in der zweiten Generation seßhaft und besitzt die deutsche Staatsbürgerschaft. Sonst wäre er doch gar nicht eingezogen worden. Das gleiche gilt für meinen sogenannten Juden. Der sieht nur so aus. Aber wie Sie vielleicht wissen, gehören die Juden zu den Semiten, und wir verfolgen ja nur die Glaubensgemeinschaft der Juden und nicht alle Semiten. Es wäre durchaus möglich, daß der Mann irgendeinen ägyptischen oder arabischen Großvater gehabt hat, also muß er nicht unbedingt Jude sein."

"Das leuchtet mir ein", bejahte der Oberst.

"Im übrigen", fuhr Obermaier fort, "müßten Sie sich an die Wehrerfassungsämter wenden, die die Rekrutierung vorgenommen haben. Sie treffen die Entscheidung, nicht wir."

"Sehr richtig!" attestierte der Oberst, der froh war, wieder einen positiven Beitrag leisten zu können.

"Hoffentlich bekommen Sie mit Ihrem Rassengemisch nicht irgendwann einmal größere Schwierigkeiten!" schloß der Major das Gespräch. Dann gingen die Herren zu Tisch und wandte sich einfacheren Themen zu.

Kurz vor Mitternacht schlenderte der Hauptmann, von drei Glas Rotwein beschwingt, seiner Unterkunft entgegen. Als er sich dem Karree näherte, wunderte er sich über die Festbeleuchtung, in der der Gebäudekomplex erstrahlte. Im Hof standen mehrere Fahrzeuge, darunter solche mit dem Roten Kreuz an den Seiten. Was hatte das zu bedeuten?

Obermaier beschleunigte seine Schritte und näherte sich den Fahrzeugen. Am Eingang zum Kompaniestab bemerkte er Hauptfeldwebel Sommer, der sich mit zwei Feldgendarmen unterhielt. Als er des Hauptmanns ansichtig wurde, eilte er auf ihn zu und meldete ganz aufgeregt: "Der Zigeuner hat dem Kronbichler ein Messer in den Bauch gestochen." "Wieso das?" fragte der Hauptmann verdutzt.
"Wissen wir noch nicht. Der Mann wird erst später verhört. Wir haben uns jetzt um den Verwundeten gekümmert."
"Und wo ist er?" fragte Obermaier mit echter Besorgtheit in der Stimme.
"Sie werden ihn gleich herunterbringen!" sagte Sommer und deutete mit der Hand zum gegenüberliegenden Gebäudeeingang.
Ohne Eile überquerte der Hauptmann den Hof und postierte sich neben der Türe, die von zwei Soldaten an beiden Flügeln aufgehalten wurde. Endlich tauchten die beiden Sanitäter auf, zwischen ihnen die Bahre, auf der der ganz weiß zugedeckte Kronbichler liegen mußte. Bevor sie mit ihm ins Freie traten, hielt der Hauptmann die Träger an und betrachtete ihm trüben Schein der Treppenhausbeleuchtung den gelblich-grauen Schädel seines Steinzeitmenschen. Die Verletzung schien nicht allzu gefährlich zu sein, denn aus seinen Augen strahlte ein zufriedenes Lächeln, das Obermaier unerklärlich war. Als Kronbichler das väterliche Gesicht des Hauptmanns erkannte, blinzelte er ihm freundlich zu, als bestünde zwischen ihnen beiden eine geheime Abmachung, die das Geschehen betraf.
"Wie fühlen Sie sich?" fragte Obermaier aus purer Höflichkeit.
"Es geht", sagte Kronbichler und schloß die Augen. Obermaier hatte das Gefühl, er mache das nur, um den Grad seiner Verletzung nicht noch weiter herunterzuspielen. Mit einer ruckartigen Kopfbewegung befahl er den Bahrenträgern weiterzugehen.
Nachdenklich kehrte er zu den beiden Feldpolizisten zurück und fragte nach dem Verbleib von Knoll, dem Zigeuner.
"Er sitzt in der Schreibstube und wartet auf die Kripo."
Obermaier nickte, nahm seinen Hauptfeldwebel am Oberarm und zog ihn mit sich ins Gebäudeinnere.
"Meinen Sie, wir können ihn fragen, warum er das getan hat?"
"Warum nicht?" fragte Sommer zurück.
"Normalerweise darf einer Polizeimaßnahme nicht vorgegriffen werden!" stellte der Hauptmann fest, der sich noch dunkel an entsprechende Vorschriften erinnerte.
"Unwissenheit hat beim Militär immer schon vor Bestrafung geschützt",

sagte Sommer, und Obermaier war wie üblich bereit, seinem Hauptfeldwebel zuzustimmen. Also gingen sie in die Schreibstube, und Obermaier baute sich in seiner ganzen Autorität von Thaddäus Knoll auf. "Warum haben Sie das getan?" fragte er ihn, nachdem er den ganz ruhig wirkenden Mann eindringlich betrachtet hatte.

"Er hat mich geschlagen!" behauptete Knoll.

"Stehen Sie auf, wenn der Herr Hauptmann mit Ihnen redet", brüllte Sommer. Gehorsam stand Knoll auf und nahm Haltung an. Er machte einen sehr gefaßten Eindruck, und Obermaier schien sich für die Geschichte zu interessieren.

"Und warum hat er sie geschlagen?"

"Weil ich ihm nicht geglaubt habe, daß seine Krawattennadel aus Gold ist!"

Obermaier erinnerte sich dunkel an den beinahe überdimensionalen Hubertushirschen, der ihm auch nicht ganz echt erschienen war.

"Na und, war sie aus Gold?" Knoll sah den Hauptmann verdutzt an, denn diese Frage schien ihm eines Hauptmanns nicht würdig. Schließlich hatte man sich ja wegen des berechtigten Zweifels an der Echtheit des Hirschen gestritten, und nur ein Goldschmied hätte darauf eine Antwort geben können.

"Darum ist es ja gegangen!" sagte er nur und war von jetzt ab überzeugt, daß der Hauptmann zwar ein Professor, aber beileibe kein schlauer Mensch sein konnte, wenn er so saudumme Fragen stellte.

Nun mischte sich Hauptfeldwebel Sommer ein, der mit seiner praktischen Intelligenz erkannt hatte, daß die Fragetechnik des Hauptmanns zu keinem Ergebnis führen würde.

"Von wem hatte denn der Kronbichler die teure Nadel bekommen?" fragte er.

"Er behauptete, die Frau Baronin, seine Dienstherrin, hätte sie ihm zu Weihnachten geschenkt", antwortete Knoll und ergänzte: "Weil er auch sein Zehnjähriges gehabt hätte."

"Na, das klingt doch einleuchtend!" meinte daraufhin der Hauptmann.

"Ja, wissen Sie, was so eine Nadel kostet, wenn sie aus reinem Gold ist?"

"Ein paar hundert Mark schon!" schätzte der Hauptmann. Da mußte der Zigeuner lachen. Dieser gebildete Dummkopf hatte doch wirklich von Tuten und Blasen keine Ahnung.

"Ein paar Hunderter, sagen Sie? Das langt bei weitem nicht. Eine Nadel in dieser Größe aus reinem Gold kostet etwa zwei- bis dreiausend Mark!"

"So viel?" fragte der Hauptmann staunend.

"Na, sehen Sie. Und das hab' ich ihm einfach nicht geglaubt, daß ihm die Baronin so ein teures Geschenk macht."

"Und was ist dann passiert?" fragte der Hauptfeldwebel, dem die ganze Fragerei eh schon viel zu lange dauerte.

"Er hat mir einen Boxer mitten ins Gesicht gegeben, daß mir das Blut heruntergelaufen ist."

"Und dann?" wollte der Hauptmann wissen, der sich jetzt vorkam wie der Detektiv Philipp Marlow und sichtlich Gefallen an seiner neuen Rolle fand.

"Mein Waffenrock war voller Blut, da hab' ich rotgesehen!"

"Womit haben Sie denn zugestochen?" wollte Obermaier wissen.

"Mit dem Bajonett", sagte Knoll, "wie sich's gehört für einen richtigen Soldaten!" Es schien, als schwellte des Zigeuners Brust bei dieser durchaus militärischen Antwort. Aber dem Hauptfeldwebel kamen jetzt doch gewissen Bedenken.

"Von einer Affekthandlung kann man da wohl nicht mehr sprechen!" konstatierte er.

Knoll schien diese Zwischenbemerkung abwegig, da er keine Ahnung hatte, was unter Affekt zu verstehen war. Aber Hauptmann Obermaier wurde hellhörig und er fragte sicherheitshalber nach:

"Wieso kann das denn kein Affekt mehr gewesen sein?"

"Zwischen der ersten Tat und dem Affekt dürfen höchstens zwei bis drei Sekunden vergehen. Wenn's länger dauert, ist's kein Affekt mehr."

"Der Knoll hätte also bis drei zählen und dann sofort zustechen müssen?"

"Genau, aber er hat ja sein Bajonett erst noch aus dem Schrank geholt", stellte der Hauptfeldwebel fest.

"Natürlich!" überlegte der Hauptmann, fragte aber trotzdem den Knoll: "Wie Sie das Blut gesehen haben, sind Sie also zum Schrank gegangen und haben Ihr Bajonett geholt?"

"Jawohl, Herr Hauptmann!" bestätigte Knoll, der sich wieder an die im Grunddienst geübte Umgangssprache erinnerte.

"Wie oft haben Sie zugestochen?" fragte Sommer.

"Nur einmal. Mehr war der Streit ja nicht wert gewesen!"

"Und dann?" bohrte Hauptmann Obermaier weiter.

"Dann bin ich in den Waschsaal gegangen und hab' das Blut abgewischt."

"Und Ihre Zimmerkameraden?"

"Die haben den UvD. alarmiert."

265

Der Hauptmann hätte gerne seinen detektivischen Neigungen in weiteren Fragen Ausdruck verliehen, aber Hauptfeldwebel Sommer stellte sarkastisch fest:

"Alles Weitere ist bekannt." Um jedoch seinen Vorgesetzten nicht ganz aus dem Spiel zu drücken, fragte er dienstbeflissen: "Was soll jetzt mit dem Delinquenten geschehen, Herr Hauptmann?"

"Tun Sie, was Sie für richtig halten!" ordnete der Hauptmann an, der keine Ahnung hatte, was man in solchen Fällen tun mußte.

"Ich glaube nicht, daß die Kriminalpolizei vor morgen früh die Untersuchung aufnehmen wird. Das ist kein Fall für die Militärgerichtsbarkeit mehr", sagte Sommer, ging hinaus und kehrte mit den beiden Feldgendarmen zurück.

"Ihr überführt den Festgenommenen ins Bataillonsgefängnis und laßt euch die Übergabe bescheinigen. Der Wisch liegt in spätestens einer Stunde hier auf meinem Schreibtisch. Ich will nämlich noch ins Bett, bevor es Tag wird!"

"Jawohl, Herr Hauptfeldwebel!" salutierten die beiden Gendarmen und führten den Schützen Knoll hinaus.

Hauptmann Obermaier bewunderte wieder einmal die Sicherheit seines Hauptfeldwebels, und da er also seine Kompanie in besten Händen wußte, zog er sich zurück und schlief, bis ihn sein Bursche weckte.

"Guten Morgen, Herr Hauptmann!" begrüßte ihn Czymanek. "Sie sollen sofort zum Bataillon kommen!" fügte er mit wichtigtuerischer Miene hinzu, so als sei er es, der diese Anordnung getroffen habe.

"Zuerst wird gefrühstückt."

"Alles steht bereit, Herr Hauptmann!"

Obermaier machte in aller Ruhe Toilette, trank genüßlich seinen Kaffee, zog seinen besten Waffenrock an und machte sich auf den Weg. Es war noch nicht ganz acht Uhr, als er die Schreibstube des Bataillons betrat und sich bei Major Gerstl melden ließ.

"Ah, gut, daß Sie kommen!" sagte der Major und wies auf den freien Stuhl vor seinem Schreibtisch. "Setzen Sie sich!"

Dann kramte er in seinen Papieren, zog eins davon heraus, hielt es in gehöriger Distanz vor seine brillenlosen Augen, lugte mehrmals bedeutungsvoll über den Papierrand auf den wartenden Hauptmann und legte dann los:

"Wir werden natürlich keine zivilen Dienststellen in diese dumme Geschichte hineinziehen. Der Fall ist klar. Wir haben ein Opfer und einen Täter, der obendrein noch geständig ist. Wozu also noch die

Kripo? Wozu ein ziviles Gericht? Schließlich befinden wir uns im Krieg, und dafür gibt es Kriegsgerichte?"

Obermaier dachte mit großer Erregung an seinen Steinzeitmenschen, der sicher immer noch mit dem Tode rang. Aber das Schicksal des Zigeuners lag ihm auch sehr am Herzen. Der Mann war ein Außenseiter gewesen und würde wahrscheinlich jetzt wieder als Abschaum der Menschheit behandelt werden. Im Geiste sah er ihn schon vor dem Erschießungskommando stehen, hemdsärmelig, mit verbundenen Augen, wie der Kaiser von Mexiko oder wie der Andreas Hofer, und niemand würde ihm ein schmiedeeisernes Grabkreuz machen.

"Haben Sie mich verstanden?" schnarrte der Major ungeduldig.

Obermaier, unsanft aus seinen Träumen gerissen, überlegte den Bruchteil einer Sekunde und sagte dann das, was bei Militärs immer gut ankam:

"Ich bin ganz Ihrer Meinung, Herr Major!"

"Also werden wir ein kleines Militärgericht zusammenstellen und den Fall behandeln, wie sich's gehört."

"Ich halte das ebenfalls für das beste!"

"Wir werden auf Sie als seinen Kompaniechef natürlich nicht verzichten können. Bringen Sie zur Verhandlung noch einen Schützen aus Ihrer Kompanie als zweiten Beisitzer mit." Ein kurzer Blick auf den Hauptmann ehe er fortfuhr:

"Sie erhalten rechtzeitig Bescheid. Wir wollen die Sache möglichst schnell hinter uns bringen. Bis dann also!"

Obermaier salutierte und verließ das Büro. Da er nun schon mal im Bataillonsgebäude war, konnte er ja auch gleich nach dem Kronbichler sehen.

Mit zwiespältigen Gefühlen stakste er durch den langen Gang hinüber zum Revier, wo ihn ein Gemisch aus Jod und Äther in gasförmiger Eindringlichkeit überfiel. Ein bebrillter, auf beiden Augen stark schielender Gefreiter klärte ihn dahingehend auf, daß der besagte Schütze Kronbichler ins örtliche Krankenhaus überstellt worden sei, da sich die inneren Verletzungen doch als so schwerwiegend herausgestellt hätten, daß eine Operation in einem aseptischen Operationssaal als notwendig erachtet worden sei.

Obermaier bedankte sich für die Auskunft und kehrte zu seiner Kompanie zurück. Er fühlte sich saumäßig. Die Ereignisse der letzten vierundzwanzig Stunden hatten ihn doch tiefer getroffen, als er wahrhaben wollte. Seine wissenschaftliche Begeisterung, sein ausgeprägter Sinn für anthropologische Sensationen und seine damit korrespondierende philanthropische Neigung hatten sein Innerstes aufgewühlt. Diese ausgesuchten Exemplare menschlicher Abartigkeit, oder besser gesagt, entwicklungsgeschichtlicher Mutationen, hatten ihn aus der Kühle der rein theoretischen Hinwendung in die fast animalische Wärme zwischenmenschlicher Beziehungsgeflechte eingebunden, und es fiel ihm unendlich schwer, ja es war ihm geradezu unmöglich, sich jetzt jeder Anteilnahme am Schicksal der Betroffenen zu entziehen.

Obwohl er jederzeit eine telefonische Auskunft über den Zustand des Verletzten hätte einholen können, entschloß er sich persönlich nachzusehen.

Nachdem er sich im Büro abgemeldet hatte, stiefelte er nachdenklich über das riesige Geviert des Kasernenareals, durch den flachen Korbbogen der Einfahrt hinaus auf die Kemptener Straße und dann ostwärts in Richtung Stadtmitte. Im Geiste sah er das uralte Gesicht seines Steinzeitmenschen vor sich, und zu den Schmerzen, die die offene Wunde verursachte, kamen die Leiden der gesamten Menschheit aus den letzten hunderttausend Jahren. In ihm, in seiner Persönlichkeit hatten sich alle darwinschen Entwicklungssprünge manifestiert. Er vereinte in sich das mystische Dunkel, das den Neandertaler umgeben hatte, die hellere Sonnenlandschaft des Cromagnon und die milden Küsten des Aurignac. Auf seinen Schultern lastete die gesamte bekannte Menschheitsgeschichte von Ur, Luxor, Persepolis, Chartre, Eisenach und Neuschwanstein. Unter seinem flachen Schädeldach schlummerten die großen Geister und klirrten die grausamen Schlachten des punischen Krieges, des siebenjährigen Mordens, der dreißigjährigen Wahsinnstaten und der europäischen Großmannssucht. Mit einem Lidschlag voll Traurigkeit hatte er in der Tiefe seiner Pupillen die Abgründe der menschlichen Seele entdeckt, und nun sollte er ihn schon wieder verlieren. Nein, das durfte nicht sein. Sie mußten ihn retten. Dieser Mann war für sein wissenschaftliches Renommee unerläßlich.

Stumpf vor sich hin brütend, war Obermaier durch die Rittergasse marschiert, vorbei am Stadtbrunnen, die Lechhalde hinunter und am Lech entlang bis zum Krankenhaus. Er war umsonst gekommen. Der Verletzte war zwar erfolgreich operiert worden, aber noch nicht bei Bewußtsein. Besuche würden erst übermorgen gestattet.

Niedergeschlagen kehrte der Hauptmann in die Kaserne zurück und legte sich ins Bett, schwere Herzrhythmusstörungen vortäuschend, wogegen ihm vom besorgten, aber im wesentlichen hilflosen Stabsarzt ein Beruhigungsmittel verabreicht wurde. Czymanek brachte ihm die Mahlzeiten und die spärlichen Neuigkeiten, die sich um den üblichen Kasernentratsch drehten.

Am dritten Tag erhob sich der Hauptmann, nahm den Morgenappell ab, unterschrieb ein Dutzend Urlaubsscheine, bestätigte die wöchentlichen Meldungen und verabschiedete sich dann für den fälligen Krankenbesuch. Wie würde er Kronbichler antreffen?

Eine mürrische Krankenschwester, die sich diese Art von übertriebener Anteilnahme nicht so richtig erklären konnte, führte ihn zur Station, wo die frisch operierten untergebracht waren.

"Da drüben am Fenster liegt er!" sagte sie und deutete mit dem Finger auf das eiserne Bettgestell, in dem Obermaiers Wundermann lag. Vorläufig war jedoch nur ein wirres Büschel struppiger, dunkelbrauner Haare zu sehen. Das restliche Gesicht verschwand unter der blau-weiß-karierten Bettdecke.

Zaghaften Schrittes, so als wolle er den Schlafenden nicht aufwecken, näherte sich der Hauptmann dem Bett und blieb davor stehen.

Da er am unregelmäßigen Atmen des Patienten erkannte, daß dieser gar nicht schlief, wagte er ihn anzusprechen.

"Na, mein lieber Kronbichler, wie geht's Ihnen denn?" fragte er in väterlicher Milde. Vor dem Bauch drehte er verlegen seine Schirmmütze.

Zögernd tauchte Kronbichlers Kopf unter der Decke hervor, und seine Augen blinzelten überrascht auf die eindrucksvolle Gestalt des Hauptmanns.

"Ganz gut!" sagte er mit gebrochener Stimme, schob die Bettdecke weiter zurück und legte seine beiden Arme auf das Tuch.

"Das freut mich aber!" antwortete der Offizier, und die Freude war echt, denn wieder hatten sich seine Blicke mit großem Entzücken in das grobflächige Gesicht des frisch Operierten gesaugt. Die Beschwernisse der Operation und der enorme Blutverlust hatten den Patienten in einem Maße geschwächt, daß die Farbe seiner Haut jene gelbliche Blässe angenommen hatte, die kurz vor dem Dahinscheiden den nahenden Tod ankündigte. Ungeheures Mitleid erfüllte das Herz des Wissenschaftlers, der vor einer Entdeckung stand, die seinen Namen für alle Zeiten in die Annalen der Wissenschaften eintragen würde. Schon sah er sein marmornes Porträt in den heiligen Hallen der Walhalla mitten unter den größten Köpfen der deutschen Nation. Welch einem unglaublichen Zufall hatte er diesen Fund zu verdanken? Mit Schaudern dachte er daran, daß dieser Mann um ein Haar das Zeitliche gesegnet hätte, bevor er der staunenden Welt vorgestellt worden wäre. Unvorstellbar.

Rasch holte Obermaier sich einen Hocker, stellte ihn zwischen Bett und Fensterwand, so daß Kronbichlers Kopf gut beleuchtet vor ihm lag. Ohne seinen Blick von dem Verletzten zu lassen, setzte er sich nieder und legte seine Rechte mit großer Behutsamkeit auf den haarigen Unterarm, der aus dem zerknitterten Dreiviertelärmel des Nachthemds hervorragte.

Schweigend schauten sich die beiden an, und in Obermaiers Hirn zogen die gebückten Gestalten der frühen Menschheit vorüber: Prokonsul, Pithecanthropus erectus, Pekingmensch, Java Hominide, Ramapithecus und zum Schluß der eher anthropoide Pliopithecus. Wie sollte er den vor ihm Liegenden einordnen? Natürlich war das ein Mensch, obwohl sein Gehirnraum kaum 800 Kubikzentimeter aufwies. Natürlich stammte er nicht aus dem Pleistozän, sondern aus dem 20. Jahrhundert, aber in den engen Tälern Vorarlbergs und Südtirols hatten sich so manche frühzeitlichen Absonderheiten erhalten können, warum nicht auch ein Menschenschlag des Miozäns?

"Warum hat er denn das getan?" fragte der Hauptmann plötzlich und riß damit den Patienten aus seinen Gedanken, die sich mehr um das zu erwartende Mittagessen drehten als um vorgeschichtliche Abstammungslehren.

"Meinen Sie den Knoll?" fragte er zurück.

"Ja, den Knoll, oder war er es gar nicht?"

"Doch, doch, der Zigeuner war's schon!" protestierte Kronbichler.

"Und warum hat er es getan?"

"Er hat mir nicht geglaubt, daß die Krawattennadel von der Frau Baronin aus Gold ist. Und da hab' ich ihm eine gelangt!"

"Sie haben ihn geschlagen?" fragte Obermaier.

"Ja freilich. Ich laß' mich doch keinen Lügner schimpfen!" erregte sich der Patient und richtete sich ein wenig auf.

"Beruhigen Sie sich doch, und legen Sie sich wieder hin!" befahlt der Hauptmann. Mit sanfter Hand drückte er den erregten Soldaten zurück ins Bett.

"Und dann?" fragte er weiter.

"Dann hat er sein Bajonett geholt und mir in den Bauch gestoßen!"

"Mehrmals?" wollte der Hauptmann wissen, und Kronbichler sah ihn verdutzt an, so als wolle er sagen: Du bist ja noch schlimmer als der Zigeuner.

"Na, na, einmal hat ihm schon gelangt."

"Natürlich. In so einem Fall ist einmal schon zuviel!" philosophierte der Hauptmann und tätschelte besänftigend Kronbichlers Arm.

"Ich hab' auch nicht geglaubt, daß er das wirklich tut!" stöhnte der Patient.

"Ja, das ist schon schrecklich. Einfach draufloszustechen", sinnierte der Hauptmann.

Kronbichler nickte stumm und schloß für einen Moment die Augen.

"Der Knoll ist eben ein Zigeuner, und die sind zu allem fähig!" sagte der Verletzte dann und schaute den Hauptmann treuherzig an.

"Vielleicht haben Sie recht!" überlegte Obermaier, indem er gänzlich von jeder Wissenschaftlichkeit abwich, aber das Schicksal seines Homoniden ermächtigte ihn zu den gewagtesten Spekulationen.

"Hatte er vielleicht schon vorher etwas gegen Sie?" wollte er wissen.

"Kann schon sein!" bestätigte der Gefragte. "Er hat mich nie ganz für voll genommen!"

"Wie hat sich denn das geäußert?"

"Einmal hat er zum Unteroffizier gesagt: 'Sie sehen doch, daß der nicht alle Tassen im Schrank hat!' "

"Und warum das?"

"Weil ich beim Kommando 'Stillgestanden' nicht die Haken zusammengenommen habe!"

"Und warum haben Sie das nicht getan?"

"Weil ich viel ruhiger stehe, wenn ich die Füße auseinander hab'!"

Obwohl dem Hauptmann diese Antwort durchaus einleuchtete, konnte er dem Mann keine Abweichung von der Heeresdienstordnung zubilligen.

"Sie verwechseln da still mit ruhig", erläuterte er, "und außerdem können Sie nicht so einfach neue Regeln erfinden."

"Das ist doch keine neue Regel", protestierte Kronbichler. "Wenn ich auf der Jagd bin und stehend auf einen Rehbock schieße, dann stell' ich mich auch so breitbeinig wie möglich hin, damit ich nicht wackele!"

"Das mag ja stimmen", gab der Hauptmann zu, und ihm gefiel die Antwort des frühzeitlichen Jägers ungemein, aber in puncto Exerzierreglement konnte er beim besten Willen keine abweichenden Auslegungen zulassen.

"Und Sie meinen, der Zigeuner habe Sie nicht gemocht?" wechselte er das Thema.

"Ich hab' ja gar nicht verlangt, daß er mich mag. Ich bin schon gewohnt, daß mich keiner mag, außer der Frau Baronin, aber der hat mich regelrecht gehaßt!"

"Na, na, Haß ist doch ein ziemlich starker Ausdruck!" meinte Obermaier.

"Und von einem Messerstich halten Sie gar nichts?" fragte Kronbichler erstaunt.

"Natürlich, Sie haben recht. Etwas Schlimmeres hätte er Ihnen nicht antun können!"

Diese Argumentation verstand der frisch Operierte nicht ganz, denn Knoll hätte ja gut und gern zwei-, dreimal zustechen können, und dann wär's um ihn sicher geschehen gewesen. Aber warum sollte er sich mit dem Hauptmann darüber streiten. Im Grunde genommen verstand er immer noch nicht, warum der sich so um ihn kümmerte. Diese Anteilnahme ging doch weit über das übliche Maß hinaus. Vielleicht sollte er ihn ein wenig gegen den Knoll aufhetzen. Den Sauhund von einem Zigeuner mußte man doch wirklich barbarisch bestrafen!

"Mein ganzes Leben lang bin ich herumgeschubst worden. Alle haben mich ausgenutzt." Er verzog seinen Mund zu einer lippenlosen Mulde, was einen Ausdruck von absoluter Sprachlosigkeit erzeugte.

Der Anthropologe war tief beeindruckt und strich tröstend über Kornbichlers Arm. Man mußte einfach Mitleid mit diesem Geschöpf haben, das die Urängste der Menschheit verkörperte. Obermaier war tief gerührt und unfähig, in wissenschaftliche Kategorien zu denken. Das würde er in der kühlen Sachlichkeit seines Büros nachholen. Hier wollte er sich dem Schauer überlassen, der den Erfinder überfiel, wenn er den Durchbruch geschafft hatte.

"Zuerst das Waisenhaus, dann der Ziehvater Sebastian Kronbichler, dann der Herr Oberförster und zum Schluß die Baronin selber!" stöhnte der Patient, und Obermaier wußte nicht, was er mit dieser Aufzählung anfangen sollte. Sicher hatte der Schwerverletzte sein vergangenes Leben und was ihm davon übriggeblieben war, rekapituliert. Diese unselige Krawattennadel hatte ihm nur Unheil gebracht.

"Aber Sie hatten es doch relativ gut bei Ihrer Herrschaft!" versuchte Obermaier einzulenken, denn er konnte nicht mit ansehen, wie der Mann litt.

"Schon, aber es gibt eine Art von Güte, die bringt einen um!" wiegelte Kronbichler ab.

"Meinen Sie die Baronin?" fragte der Hauptmann erstaunt.

"Genau die." Rasch entzog der Verletzte der Obermaierschen Vertrautheit seinen Arm und versteckte ihn unter der Bettdecke. Ein abgrundtiefes Mißtrauen gegen jede Art von Zuneigung überfiel ihn ganz unerwartet, denn er vermutete plötzlich, einer menschlichen Verwirrung ausgeliefert zu sein, die ihm seelische Übelkeit zufügte und deren perverse Konsequenz eine Gänsehaut auf seinem Rücken hervorrief. "Der wird doch nicht gar schwul sein?" überlegte er und verkroch sich tiefer in seinem Bett.

Hauptmann Obermaier bemerkte natürlich sofort die abwehrende Reaktion, war aber nicht in der Lage, eine gesicherte Deutung zu finden. Vielleicht wollte der Mann nicht über seine Beziehung zur Baronin sprechen. Das war natürlich in gewisser Weise verständlich, aber er war es doch selbst gewesen, der davon angefangen hatte. Was für ein mysteriöses Geheimnis mußte diese beiden Personen umgeben? Die degenerierte Adelige und der Urmensch mit seinen primitiven Gefühlen und Bedürfnissen.

"Sie hat mich auch bloß ausgenutzt!" murmelte Kronbichler und hoffte, mit diesem Hinweis seine heterosexuellen Neigungen hinlänglich klargestellt zu haben.

"Aber Sie wurden doch anständig bezahlt, vermute ich!"

"Das ist es ja. Für so was sollte man einem kein Geld geben!"

Obermaier war konsterniert. Natürlich kamen gewisse Dinge auch in den besten Kreisen vor. Aber hier kamen zu den gesellschaftlichen Verschiedenheiten noch die anthropologischen Abgründe hinzu, die auf die Dauer zu unerträglichen Spannungen geführt haben mußten. Stirnrunzelnd betrachtete er den Schimpansenkopf des Vorihmliegenden und stellte sich daneben, auf demselben Kopfkissen, das in jahrhundertelangem Ausleseprozeß gezüchtete Profil adeliger Anmaßung vor. Das konnte doch nicht gutgehen, wenn's so gewesen war, wie den Andeutungen entnommen werden konnte. Sorgfältig überlegte er sich die nächste Frage, kam aber gar nicht dazu, sie zu äußern, denn Kronbichler wollte nicht weiter in die Abgründe seiner zwischenmenschlichen Beziehungen eindringen. Ihn interessierte vielmehr das weitere Schicksal des Zigeuners, und dabei wollte er unter allen Umständen seine Favoritenstellung ins Spiel bringen.

"Und was geschieht jetzt mit dem Knoll?" fragte er.

Obermaier, aus seinen obszönen Spekulationen brutal in die Gegenwart zurückgerufen, überlegte einen Augenblick und sagte dann:

"Es wird ein Kriegsgerichtsverfahren geben!"

"Wird er dann verurteilt?"

"Natürlich!" antwortete der Hauptmann militärisch knapp.

"Lebenslänglich?"

"Das kommt darauf an, wie das Gericht den Vorfall einstuft!"

"Gestochen ist gestochen!" meinte Kronbichler und deutete mit der Hand auf seinen Bauch.

"Ja, ja, das schon, aber die Frage ist doch, ob der Mann nicht in einer gewissen Notwehrsituation gehandelt hat."

"Wieso Notwehr?" widersprach der Betroffene. "Ich hab' doch gar kein Messer gehabt."

"Das schon, aber man kann einen anderen auch mit bloßen Händen umbringen. Vielleicht hat der Knoll geglaubt, Sie würden weiter auf ihn losgehen."

"Man kann freilich alles so drehen, wie's gut ist für einen!"

"Jedenfalls wird der Knoll versuchen sich herauszureden."

"Und glauben Sie ihm das?"

"Auf mich allein kommt's dabei doch gar nicht an. Da ist ein richtiger Richter, und der führt die Verhandlung."

"Und wenn der dem Knoll glaubt und meint, es sei tatsächlich Notwehr gewesen, dann kommt der Kerl frei und sticht mich bei nächster Gelegenheit ab!"

"Nun übertreiben Sie aber nicht. Der Mann kommt nicht frei, dafür werde ich schon sorgen."

"Kommt er dann ins Gefängnis?"

"Ein paar Jahre sicher!"

"Das heißt, der übersteht den Krieg auf jeden Fall, während wir zwei vielleicht fallen müssen!" Diese Logik schlug dem Hauptmann mit aller Wucht in die Magengrube.

Es bestand kein Zweifel: die Argumentation dieses Mannes konnte unmöglich mit modernen Maßstäben gemessen werden. In diesem reduzierten Gehirn liefen ganz andere Prozesse ab, als im Kopf eines neuzeitlichen Menschen. Er würde hier eine ganze Menge hinzulernen müssen.

Nochmals drückte er inbrünstig den Arm des Patienten, erhob sich ein wenig steif und verabschiedete sich mit der Versicherung bald wiederzukommen.

Als er das Krankenhaus verließ und an der Stadtmauer entlang zum Sebastianstor marschierte, glaubte er hinter der Holzbaracke der Isolierstation die massive Gestalt seines Burschen Czymanek erkannt zu haben. Einen Augenblick blieb er grüblerisch stehen, überdachte die Richtigkeit seiner Beobachtung, kombinierte die verschiedenen Wahrscheinlichkeiten einer optischen Täuschung und stapfte dann, von leichten Zweifeln bedrängt, weiter.

Kurz vor Mittag kam er in der Kaserne an und begab sich sofort zum Offizierskasino, wo er sein Mittagessen einnahm.

Bei seiner Rückkehr zur Kompanie sah er seinen Burschen im Hof in einer angeregten Unterredung mit dem Obergefreiten Kienzhofer. Czymanek gestikulierte wild in der Gegend herum und übersah den Hauptmann, wie dieser meinte, absichtlich. Da Obermaier es aber auf keinen Zusammenstoß ankommen lassen wollte, verschwand er wie ein getretener Hund im Kompaniebüro.

Czymanek kümmerte sich den ganzen Nachmittag nicht mehr um seinen Chef. Er trödelte in der Bekleidungskammer herum, ratschte eine Stunde lang mit dem dinarischen Furier Weinzierl, trug schließlich für den Schreibstubengefreiten Burkhart eine Aufstellung zum Bataillon und war für den Rest des Abends nicht mehr gesehen.

Jene Vernunft, die aus gesicherten wissenschaftlichen Erkenntnissen nicht moralisch vertretbare Überzeugungen herausfiltert, verfällt mehr und mehr einer Spintisiererei, die in ihrem Endstadium pathologische Züge annimmt. Professor Obermaier war so sehr davon überzeugt, Darwins "Missing Link" gefunden zu haben, daß er sich rundheraus weigerte, seine Messungen einer neuerlichen Überprüfung zu unterziehen. Dieser Kronbichler war sozusagen ein menschlicher Quastenflosser, der sich in den diluvialen Urwäldern Vorarlbergs erhalten hatte. Er würde ihn der Menschheit als die große Entdeckung anthropologischer Forschung im 20. Jahrhundert präsentieren.

Unruhig wälzte er sich in seinem schmalen Feldbett und fragte sich unentwegt, warum er von unerklärlichen Skrupeln befallen wurde, wenn er, so wie diesen Vormittag, dem wirklichen Kronbichler gegenübersaß und nicht dem in Spiritus konservierten Australopithecus bavaricus Obermaier. Die ermittelten Werte waren die gleichen, ob er sie nun an einem lebendigen Menschen abgenommen hatte oder an einem Schädelrest, den sie irgendwo aus der Erde gebuddelt hatten. Warum hatte sich dieser Knoll ausgerechnet eine solche Rarität ausgesucht? Und was paßte dem Czymanek nicht an seinem ausschließlich wissenschaftlichen Interesse an diesem Mann? Natürlich hatte dieser Kronbichler jetzt Vorrang, schließlich war er menschheitsgeschichtlich ein paar tausend Jahre älter als sein Bursche. Gleich morgen würde er sich wieder nach dem Gesundheitszustand seines Schützlings erkundigen. Er würde ihn jeden Tag im Krankenhaus besuchen, das war er sich und seiner Wissenschaft schuldig.

Es dauerte eine Ewigkeit, bis er endlich einschlief. Vollkommen verschwitzt wachte er am Morgen gegen sieben Uhr auf. Sein Vorbericht an die Fakultät mußte heute abgehen. Warum hatte ihn sein Bursche nicht geweckt?

Verschlafen, wie gerädert und ein wenig schwindelig richtete er sich im Bett hoch, verdrehte ein paarmal den Kopf und schob sich endlich aus der Decke. Barfüßig stand er auf dem Steinboden seines Zimmers und blickte unentschlossen um sich. Langsam schlurfte er zur Tür, öffnete sie einen Spalt und brüllte in die danebenliegende Schreibstube:

"Wo bleibt denn der Czymanek?"

"Keine Ahnung, Herr Hauptmann!" meldete sich der Hauptfeldwebel aus dem Hintergrund.

"Wenn er nicht in fünf Minuten bei mir ist, brumm' ich ihm eine Woche Arrest auf!" schnarrte der Hauptmann und bedauerte schon wieder seine Drohung, denn noch nie war ihm so klar geworden, wie verloren er ohne seinen Burschen sein würde. Hastig warf er die Türe ins Schloß und setzte sich erschöpft aufs Bett. So wartete er auf das Erscheinen seines Faktotums.

Anton Czymanek gehörte zu jener Gattung Mensch, die sich nicht vorstellen konnte, selbst über ihr Schicksal zu bestimmen. Auf der tschechischen Seite des Böhmerwaldes geboren, war seine Mutter auf der Flucht vor dem ständig betrunkenen Ehemann ins Niederbayrische geflogen und hatte den kleinen Anton mitgenommen. Sie hatte nicht mehr geheiratet, war von Bauernhof zu Bauernhof gezogen, hatte sich als Stallmagd oder Hausdirn verdingt und war von jedem zweiten Dienstherrn geschwängert worden, bis sie mit zweiundvierzig Jahren in einem Gäubodendorf verstarb. Fünf Kinder standen an ihrem Grab, und Anton war das älteste. Mit seinen vierzehn Jahren hatte er gerade seine Schulzeit hinter sich gebracht, und statt in eine Bäckerlehre kam er mit seinen Geschwistern in ein klösterliches Waisenhaus, wo er als Laufbursche und Mädchen für alles ausgenutzt wurde. Ohne ein typischer Duckmäuser zu sein, ordnete er sich da ohne Widerspruch unter, wo Renitenz sowieso zu nichts geführt hätte. Die schlechten Erfahrungen, die sein Vorfahre Hus mit der römisch-katholischen Kirche gemacht hatte, verboten ihm jedoch, dem Druck des Priors nachzugeben und ebenfalls dem Orden der Franziskaner beizutreten. Damit war seinem weiteren Vorwärtskommen ein für allemal ein Riegel vorgeschoben, und Anton hatte sich schon damit abgefunden, den Rest seiner Tage als besserer Sklave hinter Klostermauern zu verbringen. Da war ganz überraschend der Hitler gekommen, und das 3. Reich hatte ihm ungeahnte Möglichkeiten eröffnet. Zuerst war der Arbeitsdienst gewesen, den er mit großem Ernst und vorbildlichem Einsatz hinter sich brachte. Dann trat er in Landshut zum Wehrdienst an, genoß den immensen Machtzuwachs, den die Uniform jedem eröffnete, der sich bedingungslos unterordnete und als gehorsamer Schütze Arsch unweigerlich irgendwann einmal befördert werden mußte. Schon im Frankreichfeldzug war er Gefreiter geworden, hatte das Eiserne Kreuz bekommen, weil seine Kompanie Paris ohne Schuß genommen hatte. Nur der Einmarsch in Rußland hatte nicht so richtig geklappt, denn schon am dritten Tag hatte er einen Oberarmdurchschuß abgekommen und war im Lazarett in Füssen gelandet. Nach seiner Genesung überstellten sie ihn zur 2.M.G.-Marschkompanie, und das wachsame Auge des Kompanieführers war sogleich auf ihn gefallen. Obwohl er die irrsinnige Messerei der ersten Tage nur mit Widerwillen über sich ergehen ließ, blieb ihm die Bewunderung des Hauptmanns für sein Äußeres nicht verborgen. Als der ihn schließlich gar zu seinem Burschen ernannte, kannte seine Zuneigung keine Grenzen mehr, und schon nach wenigen Wochen war Obermaier für ihn ein richtiger Übervater, dem er seine ganze Liebe schenkte.

Und nun war dieser Kronbichler aufgetaucht. Vom ersten Augenblick an hatte Czymanek gefühlt, daß an diesem Burschen etwas sein mußte, was seinen Chef faszinierte. Es mußte etwas mit der abstoßenden Häßlichkeit zu tun haben, die ihn auszeichnete und die eigentlich bei ihm, Czymanek, ein Gefühl der Selbstwertsteigerung hätte hervorrufen sollen. Aber weit gefehlt. Daß dieser Kronbichler ihn an Originalität der Visage übertraf, machte ihn anscheinend so kostbar für den Hauptmann. Sollte er ihn vielleicht gar aus seiner Vertrauensstellung verdrängen können?

Mit gesenktem Kopf betrat er Obermaiers Büro.

"Gefreiter Czymanek meldet sich zur Stelle", sagte er kleinlaut.

"Wo waren Sie denn die ganze Zeit?" fragte der Hauptmann.

"Dienstgeschäfte!" antwortete Czymanek.

"Im normalen Dienstbetrieb stehen Sie ausschließlich zu meiner Verfügung. Ist das klar?"

"Jawohl, Herr Hauptmann!"

Es war nicht zu leugnen, man konnte dem Mann nicht böse sein. Seine Duldermiene war so aufreizend hilflos, daß man ihm jegliche Missetat vergeben mußte. In gewisser Weise signalisierte dieses Gesicht die absolute Unzurechnungsfähigkeit, was nur einen Unmenschen veranlaßt hätte, ihm sein Mitleid zu versagen. "Ich habe hier einen Briefumschlag mit wichtigen Dokumenten", sagte der Hauptmann und zeigte dem Gefreiten einen dicken braunen Umschlag. "Sie bringen ihn unverzüglich zum Postamt in die Stadt und geben ihn dort auf. Der Beamte soll den Brief einschreiben, und Sie bringen mir den Beleg hierher zurück. Verstanden?"

"Jawohl, Herr Hauptmann. Der Brief soll eingeschrieben werden."

"Sehr gut, Czymanek, und nun gehen Sie schon."

Der Bursche nahm den Brief und machte sich aus dem Staub. Hauptmann Obermaier schaute ihm durchs Fenster nach, wie er ganz gemächlich über den Kasernenhof stolzierte, den großen Umschlag unterm Arm.

Dann setzte er sich wieder an seinen Schreibtisch und sortierte die nicht abgesandten Papiere. Mit anerkennendem Kopfnicken begutachtete er seine Tabellen und Skizzen, überlas flüchtig die Aufzeichnungen und verschloß dann alles in seiner Schublade.

Was würden sie in München zu seiner Arbeit sagen? Natürlich würden sie zuerst frappiert sein und ihre blasierten Häupter schütteln. Aber dann würden sie schon draufkommen, welche epochale Analyse sie hier vorliegen hatten. Sie würden dann in der Welt herumtelefonieren und Gutachten einholen, und erst wenn sie gar nicht mehr anders könnten, würden sie ihm zu seinem Meisterstück gratulieren und sich glücklich schätzen, ein Genie in ihren Reihen zu haben.

Befriedigt schloß er die Augen, faltete die Hände über seinem flachen Bauch und verfiel in einen kurzen Schlaf, aus dem ihn der zurückgekehrte Bursche weckte.

"Befehl ausgeführt, Herr Hauptmann, hier ist der Einlieferungsschein!"

"Gut gemacht, das wäre alles für heute."

Aber Czymanek machte keine Anstalten zu gehen.

"Ist noch was?" fragte der Hauptmann.

"Gehen Sie heut gar nicht ins Krankenhaus?" fragte er verdruckt.

"Doch, aber was geht das dich an?" brummte der Hauptmann, in das intimere Du verfallend, was er immer dann tat, wenn er eine gewisse Vertrautheit verspürte.

"Ich spür' schon, daß Sie jetzt den Kronbichler lieber mögen als mich!"

"Schmarren", sagte der Hauptmann aufgeregt, und das wiederum bewies dem Burschen, daß er richtig vermutet hatte.

"Es geht beim Militär und in der Wissenschaft nicht um Sympathien, sondern um nackte Tatsachen. Und Tatsache ist nun einmal, daß der Kronbichler im Augenblick vom wissenschaftlichen Standpunkt aus ergiebiger ist als du!"

"Bis jetzt hab' ich auch immer getaugt!" wehrte sich der Bursche.

"Du taugst auch weiterhin, und als Bursche kommt der Kronbichler sowieso nicht in Frage."

"Und warum nicht, wenn ich fragen darf?" bohrte Czymanek.

"Du darfst fragen!" sagte der Hauptmann und ließ ihn stehen, denn die Unterhaltung schien ihm nun doch ein wenig zu privat zu werden. Außerdem hatte er den Burschen in Verdacht, daß er ihm nachspionierte. Es war ja durchaus denkbar, daß er sich selbständig machte und sich der Konkurrenz andiente. Das durfte nicht sein, denn dieser Czymanek war das unerläßliche Bindeglied zum Kronbichler. Natürlich war er eifersüchtig auf einen Vorfahren, aber das durfte doch nicht so weit gehen, diesem etwas antun zu wollen. Oder vielleicht hatte er es auch auf ihn selbst abgesehen. Man hatte ja schon viel von solchen Dingen gehört.

Diese Steinzeitmenschen waren wie die Tiere. Die Zigeuner waren auch nicht viel besser, das hatte ja dieser Knoll gezeigt. Stach einfach ein solch wertvolles Exemplar von Mensch nieder. Es war nicht zu fassen. Kopfschüttelnd lief der Hauptmann in seinem Büro herum, und die wirrsten Gedanken durchzuckten seinen Kopf. Schließlich wurde ihm die anstrengende Denkerei zu dumm, und er vervollständigte seine Uniform zum Stadtgang.

Kurz vor elf betrat er Kronbichlers Krankenzimmer und bemerkte zu seiner Freude, daß der Rekonvaleszent aufrecht im Bett saß und seine Suppe löffelte.

"Es scheint Ihnen ja schon recht gut zu gehen!" begrüßte Obermaier den Verletzten.

"Danke der Nachfrage, Herr Hauptmann, es geht!" sagte Kronbichler und schaufelte die Suppe weiter in gleichmäßigen Bewegungen lautlos in sich hinein. Der Umgang mit der Frau Baronin hatte seine Tischsitten so weit gebessert, daß er mit den gängigen Besteckarten problemlos umgehen konnte.

Geduldig wartete der Hauptmann, bis der Patient den Teller geleert hatte, überprüfte seine anatomischen Studien und verifizierte im Geiste seine anthropologischen Postulate. Dieser Mensch war ohne Zweifel ein dressierte Tier, ein Tier, das sprechen konnte. "Wo haben Sie eigentlich Ihre Krawattennadel?" fragte der Hauptmann ganz unvermittelt, und Kronbichler schaute ihn verdutzt an. "Da im Nachtkastl!" sagte er und deutete mit der Hand auf das weißgestrichene Möbel. "Warum wollen Sie das wissen?"

"Haben Sie denn keine Angst, daß sie Ihnen gestohlen wird? So ein wertvolles Stück."

"Die meinen eh alle, sie sei nur aus Messing", erwiderte der Patient.

"Schon, schon, aber wenn sie weg ist, wär's doch schade."

"Das schon, aber wo soll ich sie denn sonst lassen?"

"Geben Sie sie mir zur Aufbewahrung. Oder trauen Sie mir nicht?"

"Doch, Herr Hauptmann." Mit zusammengebissenen Lippen, wegen der auftretenden Schmerzen, beugte sich Kronbichler zum Nachttisch und entnahm der Schublade ein ledernes Etuis, in dem sich die Nadel befand.

"Hier, nehmen Sie. Ich vertraue sie Ihnen gerne an!"

Mit einer leichten Verbeugung bedankte sich der Hauptmann für das erwiesene Vertrauen und versuchte in der Folgezeit einige Details aus dem Leben des Verletzten zu erfahren. Außer einigen Äußerlichkeiten über das Schloß und die Landschaft war aber nichts aus dem ehemaligen Diener herauszubekommen. Viertel vor zwölf verabschiedete sich der Offizier mit allen guten Wünschen für eine schnelle Genesung und versprach wiederzukommen.

Als er an den hölzernen Baracken vorbeikam, sah er wieder ganz deutlich, wie sich sein Bursche hinter einem Hollerstrauch versteckte. Obermaier erschrak nun doch, und seine wissenschaftliche Gedankenwelt wurde von abenteuerlichen Spekulationen überlagert. Sollte sich die Urwelt, sollten sich diese Überreste der vorsintflutlichen Jäger und Sammlergesellschaft gegen ihn verschworen haben? Wehrten sie sich dagegen, daß sie ans Licht der aufgeklärten Öffentlichkeit gezogen wurden?

Schwitzend und völlig erschöpft langte er im Kasino an und nahm wortlos am Tisch Platz. Ohne großen Appetit verdrückte er den lieblos zubereiteten Eintopf und verzog sich danach zu seiner Kompanie. So vergingen die Tage, und seine Fakultät an der Universität in München ließ nichts von sich hören. Der Anthropologe wurde immer unruhiger, und die fixe Idee, die beiden Hominiden hätten etwas gegen ihn, verdichtete sich in seinem Kopf.

Die Kriegsgerichtsverhandlung gegen den Zigeuner verlief problemlos. Der Mann gab alles zu, bestand aber darauf, daß er in Notwehr gehandelt habe. Bis zu einem gewissen Grad wurde ihm das auch geglaubt, und so fiel die Strafe, drei Jahre Militärgefängnis, relativ glimpflich aus. Als Obermaier das Sitzungszimmer verließ, mußte er an Kronbichlers Äußerung denken. Nun war es also tatsächlich dazu gekommen, daß der Knoll das Kriegsende in einem sicheren Gefängnis abwarten konnte, während er und seine Soldaten vielleicht noch den Heldentod erleiden mußten.

Das Urteil sprach sich schnell herum, und als der Hauptmann am Abend seinen Burschen zu sich befahl, fiel ihm dessen hinterhältiges Grinsen unangenehm auf.

Wir kommen jetzt zum letzten Punkt der Tagesordnung", sagte der Dekan der Naturwissenschaftlichen Abteilung der Universität München und blickte mit einem mokanten Lächeln in die erlauchte Runde seiner professoralen Kollegen.

"Ich bitte um Wortmeldung!" Mit einem säuerlichen Lächeln auf den Lippen überflog er die ausgehungerten Gesichter.

"Was soll man dazu schon sagen?" meldete sich schließlich der Anthropologe und Biologe Neumair, auf das vor ihm liegende Skriptum deutend.

"Ein solcher Schmarren ist mir mein ganzes Leben lang noch nicht vorgekommen", ergänzte der philosophisch bewanderte Chemiker Höchstädt-Beierlein.

"Vorsichtshalber habe ich dieses Konvolut dem Rassenpolitischen Amt in Berlin vorgelegt, und ein gewisser Dr. Studnitz hat es mir unverzüglich zurückgeschickt. Bemerkung: Absolut unwissenschaftlich, vollkommen unbrauchbar, der Verfasser sollte auf seinen Geisteszustand untersucht werden."

Es war nicht zu verkennen, daß diese letzte Bemerkung ein gewisses Erstaunen hervorrief. Professor Obermaier, ein Irrer! Das schien doch ein wenig weit hergeholt zu sein.

"Ich bin der Meinung, daß Obermaiers Theorien den Pfad der Wissenschaft verlassen haben und sehr nach Spekulation schmecken, aber ihn deswegen gleich auf seinen Geisteszustand untersuchen zu lassen, scheint mir doch übertrieben zu sein", bemerkte Professor Neumair, und ein Teil der Anwesenden nickte. Vielleicht mehr aus leidgeprüfter Abneigung gegen die Berliner Dienststelle als aus Überzeugung. Aber was spielte das jetzt noch für eine Rolle.

"Was empfehlen Sie also zu tun?" fragte der Dekan, vom Führerprinzip abweichend. Lähmendes Schweigen legte sich über die Versammlung. Endlich öffnete der philosophierende Chemiker den Mund und sagte das, was alle erwarteten:

"Gar nichts!" Als er das zustimmende Aufleuchten in den Augen der anderen sah, fügte er hinzu: "Ins Archiv damit, und damit basta!"

"Sind Sie alle damit einverstanden? Ich bitte um Handzeichen!"

Erleichtert zuckten die Hände in die Höhe, und mit einem kurzen Rundblick vergewisserte sich der Dekan, daß Einstimmigkeit herrschte.

"Damit wäre die Sache vom Tisch", sagte er erleichtert, schloß den vor ihm liegenden Aktendeckel und beendete die Sitzung.

Im Gang hielt er den Anthropologen Dr. Neumair kurz am Arm fest und fragte: "Sie halten also diese Urzeitmenschen-Theorie auch für idiotisch?"

"Absolut! Es gibt natürlich Leute, die wie Affen aussehen, aber deswegen sind sie noch lange keine Relikte aus der Steinzeit oder noch früher!"

"Wie kommt denn dann der Obermaier zu dieser verrückten Theorie?"

"Das weiß der liebe Gott. Vielleicht hat ihn seine militärische Stellung als Kompanieführer derart aus dem Gleichgewicht gebracht, daß er tatsächlich angefangen hat zu spinnen!"

"So wird's sein!" sagte der Dekan, klopfte seinem Kollegen auf die Schulter und ging seines Weges.

Es war ganz offensichtlich, daß der Gefreite Czymanek einen Teil seiner früheren Unterwürfigkeit abgelegt hatte.

"Wo waren Sie heute vormittag zwischen zehn und zwölf Uhr?" fragte ihn der Hauptmann und stierte dabei an seinem Burschen vorbei auf die gegenüberliegende Wand. Bewußt vermied er jeden Blick auf den Neandertaler, weil er genau wußte, daß er diesem Anblick nicht hätte widerstehen können und in die gewohnte Bewunderung zurückgefallen wäre. Er wollte wütend bleiben.

"Von zehn bis elf habe ich Ihr Zimmer aufgeräumt, dann war ich bis zwölf beim Furier und hab die 'Eisernen Rationen' eingeräumt." Rotzfrech ließ er das erforderliche "Herr Hauptmann" weg und blickte verächtlich auf seine Stiefelspitzen.

"Sie waren also nicht in der Stadt?"

"Hab' ich doch gesagt, wo ich war!" beharrte der Gefreite.

"Können Sie das beweisen?"

"Ich nicht, aber der Furier!" Und wieder verzichtete er auf den Dienstgrad.

Dem Hauptmann schien das nicht aufzufallen, zu sehr war er damit beschäftigt, seine Wahrnehmung beim Krankenhaus zu eruieren.

"Sie waren also wirklich nicht in der Nähe des Krankenhauses?"

"Gewiß nicht, Herr Hauptmann!" sagte Czymanek, dem die ewige Fragerei langsam auf die Nerven ging. Worauf wollte der Mann hinaus?

"Gut, Sie können gehen!" befahl Obermaier endlich, und Czymanek verdrückte sich sofort. Wieder verspürte der Hauptmann die bleierne Müdigkeit, die ihn in letzter Zeit so oft überfiel. Ein leichtes Kopfweh begleitete ihn dabei, und erschöpft schloß er die Augen. Er würde sich hinlegen.

Während er flach auf dem Rücken lag, zogen die Gestalten seines privaten Rassenzoos an ihm vorüber. Voran der Germane Sommer als strahlender Held auf einem schweren Holsteiner Schimmel. Dann kam Feldwebel Riebelsen, der stiftenköpfige Balte, als Feldmarschall Hindenburg verkleidet. Auch sein Kammerunteroffizier Brunner machte noch eine ganz passable Figur, ebenso der Dinarier Weinzierl. Aber dann verdunkelte sich das Bild. Kienzhofers riesige Hakennase war eine Beleidigung für jeglichen physiognomischen Schönheitssinn, und der Zigeuner Knoll, mit gezücktem Messer, störte sein nationales Gewissen. Durfte ein solcher Mensch überhaupt ein Deutscher sein?

Unruhig wälzte sich Obermaier von einer Seite auf die andere, und nur unter größter Kraftanstrengung gelang ihm die Projektion der beiden Urzeitmenschen auf seine innere Leinwand. Heimtückisch grinste Czymanek, nur mit einem Bärenfell bekleidet, aus dem Halbdunkel des Eingangs zur Höhle von Lascaux. Wahrscheinlich hatte er sich dort versteckt gehalten, ehe er zu seiner Wanderung nach Norden aufgebrochen war. Und dann sah er den Kronbichler vollkommen nackt durch den heißen Sand der Etoschapfanne wanken. Als Kronbichler erschöpft in die Knie sank, verlor der Hauptmann das Bewußtsein. Zu groß war die Anstrengung gewesen.

Als er nach einer Stunde wieder aus seinem bleiernen Schlaf erwachte, hielt er sein Gesicht unter den laufenden Wasserstrahl am Becken, trocknete sich sorgfältig ab, schlüpfte in seine Uniformjacke und besah sich im Spiegel. Irgend etwas fehlte? Bedächtig strich er das Tuch glatt und stierte unentwegt in den Spiegel. Dann hatte er die Lösung. Unterhalb seiner linken Brusttasche, wo die meisten Offiziere das Eiserne Kreuz 1. Klasse trugen, war bei ihm nur der graue Stoff und sonst nichts. Hier mußte etwas hin! Aber was? Da fiel ihm Kronbichlers goldene Nadel ein. Schnell kramte er das Lederetuis aus seiner Schublade, entnahm ihm den Hubertushirschen und heftete ihn an seine Brust. Genau das war's. Das Abzeichen machte sich sehr gut, und jeder würde glauben, dies sei eine besondere Auszeichnung für geheimnisvolle Dienste im Auftrag der Armee. Dann ging er ins Kompaniebüro und befahl Hauptfeldwebel Sommer die Kompanie um 17 Uhr feldmarschmäßig antreten zu lassen.

Sommer betrachtete ein wenig ungläubig seinen Chef, dann bemerkte er die goldene Nadel, und seine Augen trübten sich. Sollte er lachen oder weinen? Es war ganz offensichtlich, der Hauptmann war übergeschnappt.

"Jawohl, Herr Hauptmann, um 17 Uhr antreten lassen", wiederholte er dienstbeflissen und kehrte zu seinem Schreibtisch zurück.

Hauptmann Obermaier verließ die Kaserne, eilte in die Stadt und rief vom Postamt aus die Universität in München an. Das Fakultätsbüro war von einer älteren Dame besetzt, die kurz vorher vom Dekan die Anweisung erhalten hatte, Obermaiers Arbeit im Archiv abzulegen. Auf Rückfrage des Autors sollte sie diesen abwimmeln.

"Ihre Arbeit wurde heute nach eingehender Prüfung ans Archiv abgegeben", sagte die Dame, und Obermaier kam ins Schwitzen.

"Was soll das heißen: ins Archiv?" schnaubte er.

"Das soll heißen, daß die Arbeit zumindest im Augenblick für die wissenschaftliche Forschung nicht relevant ist, Herr Professor!"

"Und wer hat das entschieden, wenn ich fragen darf?"

"Der Herr Dekan hat die Arbeit dem Rassenpolitischen Amt in Berlin und den zuständigen Herren der Fakultät vorgelegt, und alle Gutachter sind der einhelligen Meinung gewesen, daß Ihre Arbeit zur Zeit nicht weiter verwendet werden soll."

"Unerhört!" sagte Obermaier und wiederholte sich noch dreimal. Dann knallte er den Hörer auf die Gabel und marschierte zurück zur Kaserne. Auf dem ganzen Weg dorthin murmelte er fürchterliche Beschimpfungen über die Ignoranten und Dummköpfe, die den Wert seiner

Arbeit nicht verstanden hatten. Er verglich sich mit Kopernikus und Galilei, die auch von ihren Zeitgenossen nicht verstanden und von irgendwelchen Dummköpfen zum Schweigen gebracht worden waren. Eine ungeheure Wut stieg in ihm hoch, und gleichzeitig wurde er sich seiner Hilflosigkeit bewußt. Er mußte etwas tun? Aber was? Er ließ die angetretene Kompanie mehr als zwanzig Minuten waren. Endlich schritt er die Front ab, schaute den Soldaten bärbeißig in die Augen, verzog keine Miene, sprach kein Wort und stapftc dann zurück zum Gebäude. Kurz vor der Tür hielt er an, drehte sich um und brüllte in den Hof:

"Wie will dieses Volk den Krieg gewinnen, wenn es keine Notiz von seinen besten Köpfen nimmt. Die Wissenschaften werden mit den Füßen getreten und die Genies für dumm verkauft. Ihr werdet alle für nichts und wieder nichts verrecken, und die Dummheit wird siegen. Ich habe euch nichts mehr zu sagen!"

Keiner der Zuhörer verstand, was der Hauptmann eigentlich damit sagen wollte. Nur der vorletzte Satz war in sie hineingeschossen wie eine Gewehrkugel, und die grausame Drohung hatte ihnen die Fassung geraubt. Endlich raffte sich Hauptfeldwebel Sommer auf, trat vor die Kompanie, sagte, daß sich der Herr Hauptmann nicht sehr gut fühle, und ließ die Soldaten wegtreten. Danach saßen die Chargen noch im Kompaniebüro beieinander und berieten, was zu tun sein.

"Du mußt Meldung beim Bataillon machen!" sagte Riebelsen und massierte seinen Stiftenkopf.

"Der Meinung bin ich auch!" schloß sich der Dinarier Weinzierl an.

"Ja, aber was soll ich melden? Daß der Hauptmann verrückt geworden ist?" fragte Sommer und kaute an seiner Unterlippe.

"Du kannst ja sagen, daß er eine sehr komische Rede gehalten hat und daß sich der Herr Major um ihn kümmern soll", meinte der Kammerunteroffizier.

"Heute noch?" fragte Sommer in der Hoffnung, sie würden ihm bis morgen Zeit geben, was sie auch taten. So gingen sie auseinander.

Am anderen Morgen stand Hauptmann Obermaier vor seinem Waschbecken, blickte in den Spiegel und überlegte, ob er sich rasieren sollte. Nach kurzem Zögern bejahte er die Frage und seifte sich sorgfältig ein. Während das Messer behutsam über seine Wangen glitt, kam ihm der wahnwitzige Gedanke, sich die Kehle durchzuschneiden. Erschrocken hielt er inne, dann schabte er weiter.

Nachdem er fertig angekleidet war, stelzte er durch die Schreibstube und gab bekannt, daß er seinen Patienten im Krankenhaus besuchen wolle.

Zuvor ging er in die Waffenkammer und ließ sich vom Juden Kienzhofer eine Pistole 7.65 mit Ledertasche und gefülltem Magazin sowie drei Eierhandgranaten aushändigen. Der Gerätebuchführer wagte nicht zu fragen, wozu der Hauptmann die Waffen benötige, hatte aber kein gutes Gefühl. Sofort nachdem der Offizier seine Kammer verlassen hatte, eilte er nach oben und berichtete dem Hauptfeldwebel.

"Um Gottes willen, der wird doch keine Dummheit machen", sagte der Theologe Burkhardt, der sich mit Psychopathen bestens auskannte. "Ich gehe sowieso zum Bataillon. Soll der Major entscheiden, was zu tun ist."

Die Entscheidung wurde nach oben verlagert, und alle Anwesenden atmeten auf.

Ohne große Eile marschierte Hauptmann Obermaier in die Stadt. Die Soldaten, denen er begegnete, staunten nicht schlecht über die starke Bewaffnung des Offiziers. Zwischen den beiden Pistolentaschen baumelten am Koppel die drei Eierhandgranaten. Über der linken Pistole blitzte der goldene Hubertushirsch. Ein wahrlich erstaunliche Anblick.

Dreißig Meter hinter dem Hauptmann hüpfte Czymanek vom Baum zu Baum, hinter jedem Deckung suchend. In der Ritterstraße eilte er von Haustür zu Haustür, aber der Hauptmann vor ihm dachte gar nicht daran, sich umzudrehen.

In seinem Kopf braute sich eine Explosion zusammen, die die Wissenschaft der westlichen Hemisphäre erschüttern sollte. Er war jetzt fest entschlossen, daß Corpus delicti seiner Forschung zu beseitigen. Wenn ihn die Welt schon nicht ernst nehmen wollte, dann hatte sie es auch nicht verdient, ein solch seltenes Exemplar menschlicher Entwicklungsgeschichte dargeboten zu bekommen. Er würde sich zusammen mit Kronbichler in die Luft sprengen.

Finster entschlossen stapfte er weiter, die Lechhalde hinunter, durch die Spitalgasse, runter zum Lech und dann hinein ins Krankenhaus. Ohne Mühe gelangte er in Kronbichlers Zimmer.

Der Patient saß aufrecht in seinem Bett und kaute an seinen Fingernägeln, eine Unsitte, die er längst abgelegt glaubte. Die Frau Baronin hatte ihn schier zur Weißglut gebracht mit ihrer ständigen Ermahnung, dies sein zu lassen. Dann hatte er es endlich geschafft, und nun, konfrontiert mit der zermürbenden Untätigkeit, hatte er wieder damit angefangen.

Als er den Hauptmann sah, schämte er sich ein wenig und versteckte seine Hände rasch unter der Bettdecke. Seine Augen weiteten sich, als er den unmöglichen Aufzug seines Vorgesetzten bemerkte. Am meisten irritierte ihn sein goldener Hirsch. Langsam näherte sich der Hauptmann seinem Bett. Kurz davor blieb er stehen. "Ich hatte Großes mit dir vor, mein Sohn!" begann er im weinerlichen Tonfall eines Wanderpredigers. Verlegen rieb er seine blassen Hände vor der Brust.

"Du warst das Beweisstück für Darwins Evolutionslehre, nach der alle Anthropologen der Welt vergeblich gesucht haben."
Kronbichler überlegte, wieso er das Beweisstück gewesen war. Warum sollte er es plötzlich nicht mehr sein? Das Ergebnis einer Überlegungen trieb ihm die Hitze ins Gehirn. Fassungslos starrte er dem Hauptmann ins Gesicht, und sein Blick verlor sich in einem Paar Augen, das ohne jeden Ausdruck wie blind auf sein Bett glotzte. Der wollte ihn umbringen! Genau das wollte er tun. Kronbichler war zur Salzsäule erstarrt. Unfähig, seine Beine zu bewegen, krallte er seine abgebissenen Fingernägel in seine Oberschenkel. Hilfesuchend lugte er auf die anderen Betten, aber er war allein. Seine Zimmerkameraden waren unterwegs, und er war mutterseelenallein diesem Irren ausgeliefert.

Langsam öffnete de Hauptmann sein Koppel, zog die beiden Pistolentaschen vom Ledergurt und legte sie zusammen mit den Eierhandgranaten auf den Tisch, der im Mittelgang stand.

Bedächtig nahm er die Pistolen aus den Taschen, entsicherte sie und lud sie durch. Dann überlegte er. Mit der rechten Hand rieb er sich im Zeitlupentempo die Stirne. Sollte er den Australopithecus bavaricus Kronbichler in die Brust schießen, damit sein einmaliger Schädel nicht beschädigt würde, oder sollte er ihn mitsamt dem Bett in die Luft sprengen und sich dann selbst erschießen? Die zweite Pistole würde er auf keinen Fall benötigen. Schnell schob er sie zurück ins Futteral und legte sie wieder auf den Tisch. Dann nahm er eine Handgranate und versuchte sich den Zündmechanismus ins Gedächtnis zurückzurufen.

"Kannst du mir sagen, wie so ein Ding funktioniert?" fragte er den Patienten.

"Tut mir leid, Herr Hauptmann", antwortete Kronbichler, der eine leise Chance sah, dem Tod zu entrinnen. "Wir haben das noch nicht durchgenommen!"

"Macht nichts!" sagte der Hauptmann. "Dann nehmen wir einfach die Pistole."

In diesem Augenblick öffnete sich lautlos die Türe, und Kronbichler sah den Burschen des Hauptmanns, der auf leisen Sohlen anschlich. Den Zeigefinger seiner rechten Hand hielt er senkrecht vor seine Lippen, womit er dem Soldaten signalisieren wollte, er solle ihn nicht verraten. Kronbichler verspürte dazu auch nicht die leiseste Lust. Unruhig wanderte sein Blick vom Hauptmann zu dessen Burschen. Knapp vor Kronbichlers Bett baute sich der Offizier jetzt eindrucksvoll auf. Die rechte Hand mit der Waffe hing noch lässig an seinem Körper herab.

"Es tut mir leid, Schütze Kronbichler, aber die Wissenschaft will von dir nichts wissen. Darum bist du auch für mich wertlos geworden, und unwertes Leben muß vernichtet werden. Das siehst du doch ein."

Schon bewegte sich der rechte Unterarm nach oben, als Czymanek mit einem Satz den Hauptmann von hinten umfaßte und beide Arme des Offiziers fest an dessen Körper preßte.

"Los, steh auf und hol die Sanis!" brüllte er den Patienten an, der noch immer bewegungslos im Bett saß. Erst ganz langsam löste sich die Erstarrung. Mit einem Seufzer der Erleichterung rutschte Kronbichler aus dem Bett und lief barfüßig zur Türe hinaus. Zwei Minuten später kam er mit drei Sanitätern zurück, die zuerst ihren Augen nicht trauen wollten. Erst nach und nach wurde ihnen die Lage bewußt. Während einer dem Hauptmann die Pistole aus der Hand wand, brachte der zweite die Handgranaten und die andere Pistole in Sicherheit.

Widerstandslos ließ sich Obermaier abführen.

Nachdem der Chefarzt über den Vorfall unterrichtet worden war, befahl er, den Hauptmann in eine Arrestzelle zu bringen. Dort legten sie ihn auf ein Bett, und ein Arzt gab ihm eine Beruhigungsspritze.

"Ich hab' ihn schon immer in Verdacht gehabt, daß er spinnt!" sagte Czymanek.

"Bevor du gehst, holst mir noch meine Nadel!" sagte Kronbichler, dem der Hubertushirsch der Frau Baronin mehr bedeutete als das seelische Befinden des Hauptmanns.

Fanny

Wie ein schwachbrüstiger Asthmatiker keuchte die Lokomotive auf die untergehende Sonne zu. Sie schleppte sechs klapprige Waggons, vollgestopft mit lädiertem Menschenmaterial, das für die Kriegsführung bis auf weiteres unbrauchbar geworden war. Unnütze Fresser, die auch noch betreut werden mußten. Zu Napoleons Zeiten hätte man sie einfach krepieren lassen, auf dem Felde der Ehre, dulce et decorum est ...! Obwohl die Oberste Heeresleitung auch in diesen Tagen keineswegs zimperlich mit dem ihr zugeteilten Kanonenfutter umging, spielte das Prinzip der späteren Wiederverwendung nicht nur eine statistische Rolle, es konnte bei einigermaßen gutem Willen auch als Humanität gedeutet werden.

Der Transport war in Gomel zusammengestellt worden. Die vorderen vier Viehwagen waren mit dreistöckigen Bettgestellen vollgestopft. Das Verladen hatte den ganzen Nachmittag in Anspruch genommen. Gegen fünf Uhr durften die Gehfähigen in die beiden Personenwagen 3. Klasse einsteigen. Zwanzig Minuten später stieß der behelmte Fahrdienstleiter die grüne Kelle in die Luft.

Berl hatte einen Steckschuß in der linken Schulter. Er saß im zweiten Waggon. Das Abteil war zwar bereits voll, doch er bekam anstandslos einen Fensterplatz, weil die Ängstlicheren mit der Treffsicherheit der Partisanen rechneten.

Endlich hatte alle ihre Wäschesäcke, Brotbeutel und Tornister verstaut und saßen jetzt ein wenig erschöpft auf den gelb lackierten Holzbänken.

Die meisten tasteten sich noch mit scheuen Blicken durch die halbdunkle Enge, die für die nächsten Tage ihre Heimat sein würde. Während sich der Zug mühsam durch den Bahnhof von Recica kämpfte, hüpften wenige zaghafte Worte von Bank zu Bank, gedämpft von bockigem Schweigen. Worüber sollte man schon reden, wenn bei jedem Atemzug irgendwo einer verreckte?

Diese hautnahe Berührung mit dem ganzen Elend dieses Krieges verunsicherte Berl mehr und mehr. Er kam sich vor wie der junge Heine, als er im Londoner Vorort New-Bedlam - umgeben von lauter Wahnsinnigen - seinen Führer aus den Augen verloren hatte. Aber Heines philosophische Antwort war ihm entfallen.

Er wußte noch, daß Heine seinen Trost bei Gott gesucht hatte: "Gott ist alles, was da ist!" oder so ähnlich. Jedenfalls hatte Berls Vater behauptet, dieser Heine, dieser scheinheilige Hund, habe mit Sicherheit nicht an Gott geglaubt. Aber als Schriftsteller würde man so etwas eben hinschreiben, weil es gut klänge. Berl selbst hatte sich abgewöhnt, an Gott zu glauben. Es waren vor allem seine Stellvertreter auf Erden, diese waffensegnenden Schamanen, die ihm den kindlichen Katholizismus ein für allemal ausgetrieben hatten. "Und wo hat's dich erwischt?" fragte Berl sein Gegenüber. Weniger aus Neugier, vielmehr um seiner Grübelei zu entkommen. "Interessiert's dich wirklich, oder fragst bloß so?" wollte der Angesprochene wissen. Er trug einen dicken Kopfverband, hatte einen dunklen Vollbart und sprach reinen Stuttgarter Dialekt. Berl bereute schon, daß er die Frage gestellt hatte, denn dieses alemannische Idiom verursachte ihm körperliche Schmerzen. "Liabs Herrgöttle von Bieberach!" dachte er, aber es war schon zu spät.

"Hinter Orel!" sagte der wackere Schwabe, weil er wohl in der Zwischenzeit zu der Überzeugung gekommen war, daß es tatsächlich Menschen geben könnte, die Interesse an seinem ganz persönlichen Schicksal hätten.

"Mich hat's bei Briansk derwischt!" sagte Berl, seinen Allgäuer Dialekt besonders eindrucksvoll kundtuend. Der bärtige Gefreite honorierte dies. "Bist o a Schwob!" stellte er fest, und Berl nickte, obwohl er für gewöhnlich nicht damit einverstanden war, mit diesen Hanoi-Schwaben in einen Topf geworfen zu werden. Es bestand wirklich kein Anlaß, in dieser Situation auf Nuancen herumzureiten.

Berl saß mit dem Rücken zur Fahrtrichtung. Die zittrigen Birken, die draußen am Fenster vorüberhuschten, verloren sich in dunkelgrauer Vergangenheit. Der Stuttgarter saß in besserer Position. Er blickte aus verschlafenen Augen in die Zukunft. Der orangefarbene Sonnenball, der in etwa einer Stunde, da, wo vielleicht Warschau lag, untergehen würde, wußte schon mehr von dieser Welt. Er war ihnen beiden um Stunden voraus, und sein Vorsprung würde sich noch vergrößern.

Berl zündete sich eine Zigarette an. Obwohl seine Schulter schmerzte, war er guten Mutes. Auch sein dritter Einsatz in Rußland hatte ihm wieder keinen Orden beschert - dafür aber einen lupenreinen Heimatschuß. Was nützt schon der matte Glanz des Ritterkreuzes, wenn er nur die graue Fratze des Todes beleuchtet.

Genußvoll blies Berl den Rauch an die niedrige Decke. Er war froh, daß ihn sein Intellekt davor bewahrt hatte, in lemminghafter Uneinsichtigkeit alle Erkenntnisse der Furcht zu mißachten. Weit davon entfernt, aufopferungsvollen Heldenmut zu praktizieren, war er seiner egoistischen Grundeinstellung treu geblieben. Todesverachtende Tapferkeit oder ähnlicher Schwachsinn waren seinem Charakter fremd. Die manische Großmannssucht, die große Teile des Volkes befallen hatte, konnte ihm nicht imponieren. Er wollte diesen Krieg überleben und sonst gar nichts. Seine Zukunft war die nächste Essensausgabe. Weiter wollte er nicht denken. Und da verspürte er die ersten Anzeichen von Hunger.

"Wann werden die uns was zu Essen bringen?" fragte er, und der Bärtige zuckte mit der Schulter.

Der Unteroffizier mit dem Gipsbein sagte:

"Wie ich bei der Abfahrt gehört habe, in Kalinkovici!"

"Und wie weit ist es noch bis dahin?" fragte Berl.

"Kommt darauf an, wie schnell wir fahren!"

"Na, dann Mahlzeit!" sagte der Bärtige, und Berl lachte.

Es dauerte tatsächlich noch eine gute Stunde, ehe der Zug hielt und die Eßgeschirre eingesammelt wurden. Die Erbsensuppe war kaum gesalzen, was den Vorteil hatte, daß sich kein großer Durst einstellte. Bald rollte der Zug weiter, und am frühen Morgen erreichten sie Warschau. Dort stand ein etwas komfortablerer Lazarettzug bereit. Froh über die kleine Abwechslung, stiegen die Gehfähigen um. Berl erhielt erneut einen Fensterplatz. Obwohl kaum noch mit Partisanenüberfällen gerechnet werden mußte, blieb man in angedrillter Manier bei einmal eingenommenen Positionen. Auch der Stuttgarter saß ihm wieder gegenüber. Gegen acht Uhr gab's Kaffee, Brot und Marmelade. Es war noch nicht neun, als sich der Zug in Bewegung setzte. In einem Abteil weiter vorne begannen sie zu singen. Die Heimat rückte näher!

Zwei Tage früher als erwartet erreichte der Transport München, und Berl beschloß, die beiden gewonnenen Tage in der Stadt zu verbringen, ehe er zu seinem Standort nach Füssen weiterreiste.

Im Mädchengymnasium an der Luisenstraße gab es ein Soldatenheim. Der Geruch der pubertierenden Gören durchströmte die Räume. Das behauptete wenigstens ein feister Stabsgefreiter, der sich mit Berl dort einquartierte.

"Kennst du dich aus in München?" fragte er Berl, und dieser bejahte.

"Nimmst du mich mit?" fragte er weiter.

"Interessierst du dich für Kunst?" wollte Berl wissen.

"Nee, überhaupt nicht", antwortete der Dicke. "Nicht einmal für nackte Weiber!"

"Na, dann hat's keinen Sinn. Ich geh' nämlich ins Haus der Deutschen Kunst!"

Fassungslos starrte ihn der andere an. "Da kommt der Kerl von der Front", dachte er, "und anstatt in den Puff, geht er in ein Museum." Angeekelt wandte er sich ab und ging Richtung Hauptbahnhof davon. Berl hatte nichts dagegen.

Es war Ende Oktober. Wie es sich für einen richtigen Altweibersommer gehörte, drückte die Sonne ihre schrägen Strahlen mit letzter Kraft in die Häuserschluchten. Berl öffnete den obersten Knopf seiner Uniformjacke. Ein süßsäuerlicher Duft entströmte seiner Halsbinde, aber der störte ihn nicht weiter. Er war auf dem Weg zur Kunst, die Weiber konnten warten.

Mit ehrfürchtigem Schauer betrat er auf der Stirnseite den gewaltigen, schmucklosen Peridromos mit den zu dick geratenen Säulen. Als er hinter ihnen zum Haupteingang wandelte, Licht - Schatten - Licht - Schatten, kam er sich vor wie Rilkes Panther im Jardin des Plantes, der hinter den vorübergleitenden Stäben keine Welt mehr vermutete. Der Eintritt war für Soldaten frei. Der Katalog kostete zwei Mark.

In der großen Halle stürzte Thoraks Entwurf für das Danziger Freiheitsdenkmal auf ihn ein. Brekers Eisenhüttenmann wirkte daneben ziemlich mickrig. "Die Woge" von Fritz Klimsch erwärmte ihn so sehr, daß er schon bereute, nicht doch vorher in einen Puff gegangen zu sein. Im nächsten Saal hingen die Bilder. Er kannte sie alle: Karl Truppe, Josef Pieper, Oskar Graf, Conrad Pfau, Leo Samberger, Paul Matthias Padua, Sepp Hilz und wie sie alle hießen.

Berl blätterte im Katalog. Er war seine 2 Mark wert, denn sie waren alle da, die Großen. Dann las er: "Es gibt Naturgesetze im geistigen Raum eines Volkes. Ein solches Naturgesetz scheint die Tatsache, daß immer wenn ein Volk sich aufrafft und wächst, das Bedürfnis nach großer Kunst sich meldet. Das neue Macht- und Nationalbewußtsein fordert die Monumentalität."

Jetzt wußte Berl Bescheid, und im Bewußtsein des eigenen Machtzuwachses übersah er alle Bilder unter zwei Quadratmetern. Ein paar hübsche Akte von Sepp Hilz, Karl Truppe, Richard Klein, Ernst Liebermann und Richard Heymann trugen zur Vertiefung seiner Kenntnisse der weiblichen Anatomie bei. Die großen Bronzen sagten ihm weniger zu. Der kalte Marmor aus Carrara verlieh dem liegenden Mädchen, das Fritz Klimsch "Die Woge" getauft hatte, eine unnahbare Starre.

"Unter dem Schutz der siegreichen deutschen Waffen vollzieht sich die künstlerische Weiterentwicklung", las Berl und war sich sofort klar, daß diese These vor allem die grandiosen Führerbilder betraf. Mindestgröße fünf Quadratmeter. Man sah den Führer auf dem Feldherrnhügel, auf dem Obersalzberg, hoch zu Roß und in Ritterrüstung. Er stolzierte mit Schwert und auch mit Fahne durch die Auen. "Mei, schau, der Hitler", sagte eine ältere Frau zu ihrem Mann. "Schön ist er!"

"Wenn d'moanst!" antwortete der patzig, und nachdem er sich intensiv in das Bild vertieft hatte, fuhr er fort: "Es schaut so aus, als nimmt der sei Stiefelwichs auch für sein Schnurrbart!"

"Ah geh!" wehrte die Frau mit gespielter Entrüstung ab, und Berl lachte in sich hinein. Der Hitler, der sich ihm hier bot, war ein Mittelding zwischen Held und Heiligem, nach reiflicher Überlegung also ein Scharlatan. Berl war frustriert.

Langsam trat er den Rückweg an. Die Bilder zogen an ihm vorüber, ohne in sein Inneres einzudringen. Vor Paduas "Leda mit dem Schwan" hielt er inne.

Es war schon beeindruckend, wie sich der geile Schwan zwischen die weißen Schenkel der Göttin drängte. Berl glaubte, der Atem großer Kunst habe ihn gestreift. In Wirklichkeit war es jedoch nur sein Verlangen, dem Schwan diesen Platz streitig zu machen. Eher deprimiert als beglückt, verließ er P.L. Troosts mißglückte Kopie eines griechischen Tempels. Zwischen den beiden Zwiebeltürmen der Theatinerkirche glühte das gelbe Licht der untergehenden Sonne.

Die Hofgartenarkaden waren mit Sandsäcken vollgestopft. Die lädierte Kuppel des zerbombten Armeemuseums ging Berl an die Nieren. Was menschliche Erfindungsgabe in Hunderten von Jahren mühselig aufgebaut hatte, war in einer Nacht sinnlos zerstört worden. Die alliierten Bombergeneräle waren die gleichen Barbaren wie die deutschen. Aber solange es Armeen gab, brauchte man Waffen, und solange es Waffen gab, wurden sie auch eingesetzt. Das war klar.

Mit Wut und Verzweiflung im Bauch stapfte Berl weiter Richtung Innenstadt. Auch hier die gleiche brutale Zerstörung, die sinnlose Grausamkeit des Krieges. Die herrlichen Barockpaläste standen mit zahnlosen Fassaden und gähnenden Fensterhöhlen, ohne Dächer und Hinterhäuser, nur mühsam die Balance haltend, am Straßenrand. Wann würde diese Schönheit Münchens wieder leuchten? Das neugotische Rathaus stand noch. Wie lange noch? Die Neuhauser Straße bot ebenfalls ein erschütterndes Bild zertrümmerter Eleganz. Am Karlstor regte sich geschäftiger Schwarzhandel. Mühsam drängte sich Berl durch übelriechendes Gesindel. Die imposante Silhouette des Justizpalastes stieg drohend in den Himmel. In seinen protzigen Hallen wurde gerichtet, und nach dem Krieg würden sie wieder urteilen, und wieder würde es überwiegend die Falschen treffen. Angewidert wandte sich Berl nach links und lief die Bayerstraße hinunter Richtung Bahnhof.

Es gab ihn tatsächlich noch, den Mathäserbräu. Erleichtert verschwand Berl im Halbdunkel des schalen Dünnbierdunstes. Es war kurz vor sechs, und die verschachtelten Säle und Nebenzimmer waren kaum besetzt. Berl schlenderte unentschlossen dahin und nahm endlich an einem großen runden Tisch Platz.

"Gestatten Sie!" murmelte er, ohne eine Antwort abzuwarten. Helden, die von der Front kamen, hatten überall Zutritt. Also was soll's. Die beiden Frauen, die ihm gegenübersaßen, musterten ihn ohne jeden Scheu.

"Sind Sie verwundet?" fragte die magere Blondine und deutete auf Berls schwarzes Dreieckstuch, das seinen linken Arm stützte.

"Schultersteckschuß!" erwiderte Berl in militärischer Kürze.

"Haben Sie große Schmerzen?" fragte die mollige Brünette mit gut gespielter Anteilnahme.

"Es geht", sagte Berl.

Dann kam die Bedienung. Eine ausgezehrte Mittfünfzigerin mit heiserer Stimme.

"Wollen Sie was bestellen?" fragte sie herablassend.

"An Leberkäs und a halbe Bier", antwortete Berl.

"Hams Marken?"

"Freilich! Da!" sagte Berl und schob seine Lebensmittelmarken auf den Tisch. Die Bedienung holte eine Schere aus ihrem Geldbeutel und schnitt die Marken ab. Dann ging sie. Die beiden Frauen hatten mit teilnahmslosen Mienen zugesehen. Nach Abschluß der Prozedur versanken ihre Blicke wieder im matten Rot ihrer Heißgetränke.

Berl überlegte sein weiteres Vorgehen. Irgendwie mußte er an die beiden herankommen.

"Sind Sie öfter hier?" fragte er. Nachdem sich schon ein gegenseitiges Interesse aufgebaut hatte, wollte er den Kontakt intensivieren.

"Die meisten Lokale haben ja jetzt geschlossen", sagte die Blonde.

"Ich hab' vor dem Krieg hier studiert", bemerkte Berl und bereute diesen Hinweis schon wieder, denn als Studierter gehörte man einer höheren Gesellschaftsschicht an und bekam nicht so leicht Zugang zu Frauen mit gewöhnlicherem Zuschnitt.

"Na ja, dann kennens Eahna ja aus!" stellte die Brünette fest und nippte an ihrem Getränk. Sie schien vor Berls Aussage überhaupt nicht beeindruckt.

"Ich war früher öfter in 'Täbels Guter Stube' ", sagte Berl.

"Wo ist die?" fragte die Blonde.

"Gleich hinterm Karlstor!" erklärte die Brünette und wandte sich an Berl: "Stimmts?"

"Ja", antworte dieser und nahm der Bedienung das Bier ab. Sie stellte ihm den Leberkäs auf den Tisch und schob den Brotkorb näher.

"Wenns mehr Brot wollen, krieg' ich noch Marken!" sagte sie. Berl schüttelte den Kopf und begann zu essen.

"An Guten!" sagte die Blonde, und die Brünette fügte hinzu: "Hoffentlich schmeckt's."

Die Kunst macht doch verdammt hungrig, dachte Berl und aß mit großem Appetit. Das Bier war wenigstens gut gekühlt. Als er seine Brotzeit beendet hatte, stand auch die Strategie für sein weiteres Vorgehen fest. Er würde es auf die Mitleidstour machen.

"Den ganzen Nachmittag hab' ich versucht, irgendeinen alten Bekannten aufzutreiben. Alles umsonst!" begann er.

"Ja, ja", jammerte die Blonde, "uns geht's genauso!"

"Ich brauch' noch eine Unterkunft für heut nacht", sagte Berl.

"Sind Sie nicht hier im Lazarett?" wollte die Brünette wissen.

"Nein, ich komm' direkt von der Front", antwortete Berl und versuchte krampfhaft, im Labyrinth seiner taktischen Varianten einen praktikablen Weg auszumachen.

"Wo sind Sie denn stationiert?" bohrte die Brünette.

"Ich muß spätestens in ..." Berl tat so, als überlege er. Tatsächlich wußte er genau, daß er sich in drei Tagen in Füssen einzufinden hatte. Aber genau das war ja die Frage: würden sie ihn für drei Tage bei sich aufnehmen, oder war ihnen das zu lange? Er entschloß sich für die goldene Mitte.

"In spätestens zwei Tagen muß ich mich bei meiner Kompanie in Füssen melden."

"Und so lange könnens noch in München bleiben?" fragte die Blonde.

"Ja, wenn ich ein Quartier hätte."

Die beiden steckten ihre Köpfe zusammen und tuschelten. Jetzt mußte die Entscheidung fallen. Berl trank den letzten Schluck Bier. Aufmerksam musterte er die Frauen. Die Blonde war für seinen Geschmack ein wenig dünn; eine markante Hakennase beherrschte ihr schlankes Gesicht. Darunter zuckten zwei schmale blaßrosa Lippen. Die spitzen Knochen ihrer zerbrechlichen Schultern bohrten sich in den verwaschenen Stoff ihrer kunstseidenen Bluse. Das absolute Gegenteil von weiblicher Sinnlichkeit. Aber Berl wußte aus Erfahrung, daß diese Art von Blondinen das hielten, was die feurigen Schwarzhaarigen versprachen.

Die Brünette war mollig. Ihre weichen Arme, die aus einer ärmellosen Trachtenbluse ragten, waren stark behaart. Auch über ihren vollen Lippen prangte ein dunkler Flaum, der manchem Jüngling schon Ausdruck keinender Männlichkeit gewesen wäre. Aber sie hatte lustige, tiefschwarze Augen, und die versöhnten Berl sofort.

Die beiden entsprachen jedenfalls vollauf seinen Ansprüchen. In diesen heroischen Zeiten mußte man sich anpassen. Wenn man kein Offizier war, dann standen einem eben keine Klassefrauen zu. Man mußte sich mit den einfachen Seelchen begnügen. Ihre vorteilhafte Art der christlichen Nächstenliebe ersparte einem die anstrengende Lobhudelei und obendrein größere Ausgaben, für die der spärliche Sold sowieso nicht ausreichte.

"Im Bahnhof wird sich schon eine Bank für mich finden", fuhr Berl fort und legte ein Höchstmaß an Traurigkeit in seine Stimme.

Das dunkelhaarige Bummerl reagierte zuerst. Sie schien noch eine Seele zu haben, die zum Mitleiden fähig war.

"Sie können doch nicht die ganze Nacht da rumsitzen", meinte sie und zur Freundin gewandt ergänzte sie: "In seinem Zustand!"

"Ach, es wird schon gehen"; sagte Berl und deutete auf seinen linken Arm.

"Die Wunde hat sich schon gut verkapselt." Er wollte damit andeuten, daß er noch durchaus zu gebrauchen wäre, wenn es sich um vergnüglichere Aktivitäten handelte. Die Blonde schien auf diesen Hinweis gewartet zu haben und gab ihren Widerstand auf.

"Von mir aus kannst ihn schon mitnehmen", sagte sie großzügig.

Berl wußte, daß er gewonnen hatte. Da die Nacht ja noch sehr lang war, wechselte er das Thema.

"Ich heiße Peter!" stellte er sich vor.

"Ich bin die Paula, und meine Freundin heißt Gertrud", sagte die Dunkelhaarige.

"Angenehm", antwortete Berl. "Seid ihr richtige Münchnerinnen?"

"Iwo", lachte die Blonde und schüttelte ihren Bubikopf, "ich bin aus Ingolstadt, und die Paula kommt von Cham!"

"Und was hat euch hierher verschlagen?" fragte Berl.

"Wir arbeiten bei der Post!" sagte Gertrud, und Paula präzisierte: "Beim Fernmeldeamt."

Berl lag schon das Wort Drahtamseln auf der Zunge, er beherrschte sich aber dann doch. Schließlich wollte er ja die karitative Grundeinstellung der beiden nicht unnötig belasten.

"Das muß eine ganz interessante Tätigkeit sein", sagte er stattdessen.

"Mit der Zeit wird alles zur Routine!" schwächte die Blonde ab.

"Und ihr habt keine Angst vor den Bomben?" fragte Berl.

"Doch schon", nickte die Dunkelhaarige, "aber wir haben einen guten Luftschutzkeller."

"Darf ich für euch noch was bestellen?" fragte Berl.

"Nein danke", sagte die Blonde, "wir werden dann bald gehen!"

Die Bedienung kam. Die linke Hand am schmiedeeisernen Garderobenständer, die rechte in der Hüfte, sah sie, mit vorgeschobenem Unterkiefer, auf das Terzett. Sie wollte Geld sehen. Berl hatte keine Eile. Die beiden Frauen hofften auf seine Großzügigkeit. Da konnten sie lange warten.

Seine Generosität war schon zu oft strapaziert worden. Hinterher ja. Aber doch nicht im voraus. In den Bierdunst schob sich eine undefinierbare Spannung. Provozierendes Hüsteln der Bedienung. Die beiden Bubiköpfe senkten sich tiefer auf die Tischplatte. Berl inspizierte seine Fingernägel.

"Sie wollten zahlen?" schnarrte die Bedienung. Berl hüllte sich in Schweigen.

"Was macht's?" fragte endlich die Blonde.

"Alles zusammen?" fragte die Bedienung, und der wurstige Zeigefinger ihrer geröteten Hand machte einen Kreis über den Köpfen des Terzetts.

"Nur die zwei Heißgetränke!" schränkte die Blonde ein.

"Einsachtzig!" sagte die Bedienung. "Und Sie zweizwanzig!" fügte sie hinzu, wobei ihr markantes Doppelkinn auf Berl deutete.

"Eigentlich hätte ich die einsachtzig doch übernehmen sollen", dachte Berl und genierte sich ein wenig, wegen seines Geizes. Aber er hatte schon so viel Lehrgeld bezahlt und deshalb geschworen, sich nie mehr ausnehmen zu lassen.

"Gehn wir?" fragte Paula. Berl nickte.

Er half den beiden in ihre Staubmäntel und ließ sie vorausgehen. Draußen nahmen sie ihn in die Mitte. Er war also in ihren Besitz übergegangen. Um so besser. Eine schmutzige Wolke drohte im violetten Himmel über dem Stachus. Sie gingen im Gleichschritt. Die Trambahnen waren gerammelt voll. Mürrische Menschen standen an den Haltestellen.

"Gehen wir zu Fuß?" fragte Berl.

"Ja, wir wohnen gleich da hinten!" sagte Paula und deutete Richtung Innenstadt.

"Die Tage werden schon kürzer", bemerkte Gertrud im Tonfall eines Radiosprechers mit meteorologischen Grundkenntnissen.

"Oktoberregen bringt Segen!" behauptete Berl.

"Wer sagt das?" fragte Gertrud schnippisch.

"Der nationalsozialistische Landmann!" flachste Berl, aber Gertrud wollte darüber nicht lachen.

"Ham Sie schon mal auf'm Bauernhof gearbeitet?" fragte sie. Berl überlegte.

"Ja, 1941 beim studentischen Landdienst in der Tschechei", sagte er.

"Bei den Tschechen?" mokierte sich Paula. "Haben die überhaupt eine Landwirtschaft?"

"So was ähnliches schon", antwortete Berl.

Im Laufschritt überquerten sie die Sonnenstraße, weil hier eine Menge Autos unterwegs waren. Etwas außer Atem gingen sie schweigend weiter und hielten vor einem vergammelten Mietshaus in der Herzogspitalstraße.

"Du hast den Schlüssel!" behauptete Gertrud, und tatsächlich fand Paula in der Dunkelheit auch den Torschlüssel im Wirrwarr ihrer Handtasche.

Hintereinander stiegen sie in den dritten Stock und betraten einen düsteren Vorplatz, auf den sich vier Türen öffneten. Paula knipste das Licht an. 25 Watt dachte Berl und konstruierte im Kopf einen Grundriß.

Gertrud erklärte: "Das ist die Tür zur Küche, hier ist das Bad, dort hinten links ist mein Zimmer und da rechts das von Paula!" Berl war im Bild. Es entsprach seinen Erwartungen und auch dem Standard der Münchener Lokalbaukommission.

"Hast du noch Hunger?" fragte Paula. Gertrud und Berl verneinten gleichzeitig, obwohl nicht sicher war, wen von beiden Paula gemeint habe.

"Also dann schlaf gut!" sagte Paula mit ironischem Unterton, den Gertrud aber geflissentlich überhörte.

"Ihr auch!" sagte sie nur und verschwand in ihrem Zimmer.

Paula und Berl taten desgleichen. Das Fenster zum Innenhof war mit einer Wolldecke verhangen, also konnte Paula die Deckenbeleuchtung einschalten. Berl sah sich um. Fast quadratisch, dachte er, keine fünfzehn Quadratmeter. Aber für eine Person durchaus ausreichend. Ein Bett, ein Nachttisch, ein Kleiderschrank, eine Kommode. In der Mitte ein runder Tisch mit zwei Stühlen. Weit und breit kein Buch zu sehen. So sorgte das Großdeutsche Reich für seine Bürger. Wo war "Mein Kampf"?

Paula entledigte sich ihres Staubmantels, den sie sorgfältig über einem Bügel außen an den Schrank hängte. Dann setzte sie sich an den Tisch. Mit der Hand deutete sie auf den freien Stuhl. Berl nahm Platz.

"Ist nicht sehr vornehm hier!" stellte Paula traurig fest.

"Eigentlich hast du alles, was du brauchst!" sagte Berl und war ganz automatisch in das angemessenere Du verfallen. Schließlich wollten sie ja gemeinsam ins Bett gehen, und da mußte man schon die dümmlichen Barrieren beiseite räumen, die den Zugang zum Himmel der Seligkeit versperrten.

Berl dachte den nächsten Schritt und sagt: "Eine Couch wäre nicht schlecht!"

"Wir können uns ja aufs Bett setzen!" schlug Paula vor, und Berl erhob sich augenblicklich. Er legte seinen Arm auf ihre Schulter und ging mit ihr zum Bett.

"Ich mach' doch lieber vorher das Licht aus!" sagte Paula. Berl war einverstanden. Vorsichtig tastete sie sich zu ihm, suchte mit ihren Händen seinen Kopf und begann ihn wild zu küssen.

Berl wußte, daß dies nichts mit Liebe zu tun hatte. Aber er brauchte wenigstens den Anschein von Zuneigung, und das ging nur mit Worten. Als der erste Ansturm ihrer Leidenschaftlichkeit versiegte, zog er sie sanft an sich und begann sie zu streicheln. Das ganze Geschwafel über den göttlichen Schauer, der die Liebenden erfaßt, die überirdische Verzückung, die grandiose Leidenschaft, die allein den höchsten Genuß bereitet, hatten ihn bisher nur in Romanen bestürzt. Auf das normale Leben waren solche Hirngespinste nicht übertragbar. Der einfache, solide Genuß einer hingebungsvollen Frau war alles, was er vom Leben erwartete.

"Was bist du für ein Sternzeichen?" fragte er. Paula mußte nachdenken.

"Ich bin am 2. Dezember geboren", sagte sie.

"Also bist du ein Schütze!" rechnete Berl aus und war zufrieden.

"Gibst du was auf diesen Schmarren?" fragte Paula ein wenig enttäuscht.

"Ja schon", antwortete Berl, "es erleichtert einem den Umgang mit den Frauen."

"Das versteh' ich nicht!" gab Paula freimütig zu. Berl legte sich aufs Bett zurück und zog sie mit sich. Er schob seinen rechten Arm unter ihren Kopf, zog den linken aus seiner Binde und legte die Hand auf ihre Brust, deren Wärme durch die rauhe Leinenbluse hindurchstrahlte.

"Man sagt, die Schütze-Frauen liebten den großen Elan, Reisen und Sport", zählte Berl auf, und Paula gab ihm recht.

"Ich komm' also leichter voran, wenn ich von sportlichen Erfolgen berichte und den Sonnenuntergang am Lago Maggiore in romantischen Versen rühme!"

"Warst du schon in Italien?" fragte Paula und bewies damit sogleich die Richtigkeit des Berlschen Horoskopes.

"Ich kenn' ganz Oberitalien", log Berl, "von Venedig bis Turin." Schließlich hatte er schon des öfteren mit Schütze-Frauen zu tun gehabt. Er hatte den Baedecker seines Vaters genau studiert und kannte sich in der Toscana genauso gut aus wie im Allgäu.

"Ist Venedig wirklich so romantisch?" fragte Paula, und Berl ließ sich nicht lange bitten. Er berichtete vom Canale Grande, von der Rialto-Brücke, dem Dogenpalast, der Seufzerbrücke und den eng verschlungenen Kanälen mit den Gondeln. Dabei knöpfte er langsam Paulas Bluse auf, und Venedigs Reize traten in den Hintergrund. Er spürte seine Zuneigung zu Paula wachsen. Er schloß die Augen, was den Prozeß der Verinnerlichung erheblich beschleunigte, obwohl er vorher auch nichts hatte sehen können. Unter dem Schutz der geschlossenen Lider stieg die Begierde vom Bauch in den Kopf und sublimierte sich. Er brauchte diese Katharsis der reinen Geschlechtlichkeit, weil er sich dann als besserer Mensch vorkam. Dabei war er sich durchaus im klaren, daß dieser Selbstbetrug nur ein Vorwand war, um seine Sinnlichkeit eiskalt einzusetzen. Alles, was er wollte, war sein Vergnügen. Aber sein Altruismus zwang ihn, ein möglichst perfektes Theater aufzuführen. Auch die Freudenspenderin sollte ihr Vergnügen haben. Er wollte ein guter Liebhaber sein, und das bezog sich fast ausschließlich auf die triebhaften Wünsche seiner Partnerinnen.

"Da fällt mir ein, die Gertrud ist ein Stier!" unterbrach Paula seine Bemühungen.

"Na und?" wimmelte Berl ab, aber Paula gab nicht auf.

"Wie tätst du es bei ihr anstellen?" wollte sie wissen.

"Stierfrauen legen Wert auf Geld, Schmuck, Schönheit, gute Restaurants und Mode."

"Genau", stellte Paula fest und schüttelte ein wenig ungläubig den Kopf.

Behutsam knöpfte sie seine Uniformjacke auf. Dann sein Hemd. Sanft glitten ihre Finger über seine Haut, keine gewalttätige Forderung, doch die deutliche Vorbringung eines berechtigten Anspruchs. Ihr Mund saugte sich in sein Gesicht. "Mein Rock wird ganz zerdrückt!" stellte sie mit hausfraulicher Besorgnis fest. Er ließ sie los. Lautlos entledigten sie sich ihrer Kleidung. Dann kroch sie in ihr Bett und hielt das Plumeau für ihn offen. Berl war überrascht, sie vollkommen nackt anzutreffen. Damit wurde alles Weitere zur Routine. Alles an ihr war weich und warm, voller Inbrunst. Berl wußte, daß diese bedingungslose Hingabe unmittelbar mit übergewächtigen Körpern zu tun hatte. Mit wundersamer Mattigkeit versank er im Schoß vollkommener Weiblichkeit.

Er schlief auf ihr ein, und sie hielt ihn mit mütterlichen Armen fest.

Um sechs rasselte der Wecker, und Berl spürte einen stechenden Schmerz in seiner Schulter. Ein zögernder Sonnenstrahl stahl sich an der Wolldecke vorbei ins Zimmer. Paula drehte sich unter ihm weg und stand auf. Noch im Halbschlaf trat sie zum Fenster und hängte die Decke aus. Die Sonne traf voll ihr Gesicht. Erschrocken hob sie die Hand vor ihre Augen. So stand sie sekundenlang bewegungslos. Berl bewunderte ihre barocke Pracht.

"Findest du mich schön?" fragte sie ihn ganz unvermittelt.

"O ja", antwortete er und es klang so aufrichtig, daß sie noch mal zu ihm zurückging und ihn heftig umarmte.

"Ich muß mich beeilen", seufzte sie dann, schlüpfte in ihren Bademantel und verließ das Zimmer.

Berl stand auf und zog sich an. Im Vorraum hörte er Gertruds herrische Stimme. Unschlüssig trat er ans Fenster und sah hinunter auf den engen Hinterhof. Ein alter Manns chob sein Fahrrad durch den Torweg auf die Straße. In der gegenüberliegenden Wohnung stand eine Frau an ihrem Herd und goß Milch in einen kleinen Topf. Nach einer Ewigkeit kam Paula. Wortlos nahm sie ihn an der Hand und führte ihn in die winzige Küche. Dort saß Gertrud schon am Tisch und frühstückte.

"Guten Morgen!" sagte Berl, und Gertrud nickte ein wenig mürrisch mit dem Kopf.

"Du kannst schon anfangen", sagte Paula, "ich zieh' mich derweil an!" Und schon war sie draußen. Berl nahm am Tisch Platz. Gertrud schob ihm den Brotkorb und die Marmelade zu, während er sich Kaffee eingoß. Er aß und trank mit großem Genuß. Als Paula zurückkam, wollte er ihr Platz machen.

"Bleib nur sitzen", hielt ihn Gertrud davon ab, "ich bin eh schon fertig!" Sie stand auf, und Paula setzte sich auf ihren Stuhl. Während sie gemächlich frühstückte, studierte Berl ihr Gesicht. Dunkle Ringe lagen unter ihren Augen auf einer sehr weißen Haut. Carrara-Marmor, dachte er. Volle Lippen und ein makelloses Kinn. Die Stirn war ein wenig niedrig und das dunkelbraune Haar ungepflegt. Mit dicken Wurstfingern stopfte sie ihr Brot in ihren dicklippigen Mund. Alles in allem ein Anblick, der nicht zum Verweilen aufforderte. Erleichtert lehnte sich Berl zurück. Wieder einmal war er mit einem blauen Auge davongekommen. Die Liebe hatte ihn nicht berührt - Amors Pfeil hatte ihn wieder einmal verfehlt. Er war ohne große Illusion gekommen, und genauso würde er von dannen ziehen. Sie hatte ihm das gegeben, was er wollte: die Illusion vom Glück. Mehr war einfach nicht zu haben. Und genaugenommen wollte er auch nicht mehr.

Um zwanzig vor sieben verließen sie die Wohnung, und am Stachus verabschiedete sich Berl von den beiden.

"Mußt du heute schon nach Füssen?" fragte ihn Paula und sah ihm mit überzeugender Traurigkeit in die Augen. Es war genau das, was ihm die Antwort erleichterte: "Leider!" sagte er, schüttelte beiden die Hand und marschierte Richtung Hauptbahnhof. Er hatte einen Hauch von Liebe genossen. Unerfreuliche Konsequenzen waren ausgeblieben. Er war wieder ein freier Mann.

Am Hauptbahnhof erkundigte er sich nach dem nächsten Zug nach Füssen. Der Schnellzug nach Lindau ging um 9 Uhr, und Berl bekam anstandslos einen Platz.

In Kaufbeuren hatte er eine Stunde Aufenthalt. Neben dem Bahnhofsgebäude lag ein winziger Park. Er setzte sich auf eine Bank und ließ sich von der Sonne bescheinen. Dabei schloß er die Augen, und wie im Kino rollte der Film des gestrigen Tages in ihm ab. Die herrlichen Bilder im Haus der Deutschen Kunst. Paduas Leda mit dem Schwan und die bäuerliche Venus von Sepp Hilz. Diese Burschen konnten schon malen.

Er holte eine Zigarette aus der Brusttasche und zündete sie an. Genüßlich blies er den Rauch durch die Nase. Bei dem Gedanken an die beiden Frauen lächelte er unwillkürlich vor sich hin. Dieser Krieg hatte doch auch was Gutes. Die Weiber gingen einfach leichter her. Das wäre früher so nicht möglich gewesen. Befriedigt nickte er mit dem Kopf und paffte gierig weiter. Paulas barocker Körper stand an seinem inneren Fenster. Ihre schweren Brüste glänzten im grellen Licht der Morgensonne. Sie war eine Schütze-Frau. Ob sie wohl jemals in ihrem Leben nach Venedig kommen würde? Es war nicht einmal sicher, ob er das jemals schaffen würde!

Der langgezogene Pfiff der einfahrenden Lokomotive riß ihn aus seinen Träumen. Im Laufschritt durchquerte er die kleine Anlage, rannte über die Straße und durch den winzigen Warteraum, zeigte dem Kontrolleur seinen Fahrschein und sprang in den Waggon. Alle Sitzplätze waren belegt, und in den Gängen standen zumeist Frauen. Um sie herum lag Gepäck auf dem Bodne, und unendlich viele Kinder drängten sich zwischen den Bankreihen. Wieder einmal trat das ganze Elend dieses Krieges auf eine fast idyllische Weise zutage. Das wäre ein Bild für den Padua, dachte Berl, aber wer wollte schon solch eine gänzlich unheroische Szene sehen?

Dann setzte sich der Zug in Bewegung. In gewohnter Behäbigkeit zockelte er durch die herbstliche Landschaft und verschnaufte an jeder Station. Endlich sah Berl die silbrige Scheibe des Hopfensees. Rechts oben am Berg erkannte er den Gasthof Wiesbauer. Wenig später hielt der Zug. "Bahnhof Füssen - Endstation - alles aussteigen!" brüllte der Fahrdienstleiter. - Berl war zu Hause.

Freudig sprang er aus dem Waggon, überquerte die Geleise, ohne die Bahnhofssperre zu passieren, und betrat drei Minuten später das Haus seiner Großmutter.

"Da bin ich wieder!" rief er, und mit einem wohltuenden "Grüß dich!" drückten sie ihm der Reihe nach die Hand: Urgroßmutter, Großmutter, Mutter, die Tanten und die Schwestern. Das Matriarchat war vollständig vorhanden.

"Hast Hunger?" fragte die Großmutter und fügte hinzu: "Wir haben schon gegessen."

"Was gibt's?" woltle Berl wissen, bevor er sich festlegte.

"Krautspatzen!", sagte die jüngere Schwester bedauernd, aber für Berl klang das vertraute Wort herrlich und traf genau seinen Geschmacksnerv.

Die Mutter deckte den Tisch und bat um einen ausführlichen Bericht. Der kriegerische Alltag an der Front war bei weitem nicht so aufregend, wie ihn sich seine Zuhörerinnen vorgestellt hatten. Erst als er auf seine Verwundung zu sprechen kam, trat deutliches Mitleid in die Gesichter der andächtig Lauschenden.

Auch seine Beschreibung der unvorstellbaren Zerstörungen in den umkämpften Gebieten hinterließ allgemeine Bestürzung. Mit fassungslosem Kopfschütteln wurden die Zerbombungen der Münchener Innenstadt zur Kenntnis genommen. Es mußte schon ein gewaltiger Haß aufgestaut worden sein, daß es zu solch einem Wahnsinn kommen konnte. Gottlob war das Haus der Deutschen Kunst unversehrt geblieben, und Berl erläuterte anhand des Kataloges die überzeugende Könnerschaft der zeitgenössischen Künstler in diesem Land und die klassische Schönheit ihrer Werke.

Dann endlich ließen sie ihn in Ruhe, und er verzog sich auf sein Zimmer. Auf dem Schreibtisch seines Vaters, den ihm die Großmutter hatte ins Zimmer stellen lassen, fand er drei Briefe, die während seiner Rückreise von der Front in Füssen angekommen waren.

Else teilte ihm mit, daß ihr der Dienst beim Roten Kreuz sehr gut gefiele und sie schon eine ganze Menge gelernt habe. Sicher würde sie bald in ein Lazarett oder gar an die Front kommen, wo sie dann noch mehr für ihr Vaterland würde tun können. Krampfhenne, dachte Berl. Auf jeden Fall würde sie bald im Bett eines feschen, blonden Unterarztes landen, und dieser würde dann schon dafür sorgen, daß ihre platonische Liebe zum Vaterland nicht zu umfassend würde.

Der zweite Brief kam aus Innsbruck. Helga gefiel es ausgezeichnet beim dortigen Arbeitsdienst. Sie genoß die lasche Arbeitsmoral im Lager und die Annehmlichkeiten der Großstadt. Entgegen ihrer sonstigen Gewohnheit fehlten in diesem Brief jegliche Hinweise auf ihre große Sehnsucht nach ihm und daß das Leben ohne ihn keinen Sinn habe. Es war wirklich zum Kotzen, wie schnell sich diese Luder anderweitig trösteten.

Etwas froher stimmten ihn Erikas Zeilen. Sie wohnte noch immer in Kempten und bereitete sich auf das Abitur vor. Einem kurzen Abstecher nach Füssen schien sie nicht abgeneigt. Mit ein wenig zu schwülstigen Ausdrücken schwärmte sie von ihrem letzten Beisammensein. Eine Wiederholung ihres "feurigen Wochenendes" würde ihrem Lerneifer guttun, schrieb sie, und Berl war entschlossen, sie einzuladen. Aber nicht gleich. Zuerst mußte die Beweglichkeit seiner Schulter verbessert werden. Sorgsam verschloß er die drei Briefe in der Schreibtischschublade, entledigte sich erleichtert seiner Knobelbecher und streckte sich dann auf seinem Bett aus. Es war ein herrliches Gefühl, wieder zu Hause zu sein.

Das Wochende vertrödelte er im Kreise seiner Familie. Man kochte, so gut es eben ging, seine Leibspeisen, erkundigte sich nach militärischen und geographischen Einzelheiten und nahm Anteil am Schicksal bekannter Kameraden. Am Sonntag um zehn Uhr besuchten alle gemeinsam das Hochamt, und mittags gab es Schweinebraten, den die Mutter bei einem Bauern in Hopferau gegen drei Meter Gabardinestoff eingetauscht hatte. Nach dem Essen begann es zu regnen. Berl legte sich auf sein Bett und las "Die Perle" von Binding.

Am Montag meldete er sich im Lazarett. Ein Stabsarzt maß seinen Blutdruck, klopfte ihn ab und begutachtete die Einschußstelle am linken Oberarm.

"Da haben Sie ja noch mal Glück gehabt!" stellte er anerkennend fest. Berl war derselben Meinung, zog sich wieder an und ging in die Schreibstube.

"Kannst du zu Hause wohnen?" fragte ihn der Sanitätsgefreite. Berl nickte.

"Gut, dann bleibst du vorläufig daheim und kommst Dienst und Freitag um zehn Uhr zum Verbinden." Er händigte Berl die Verpflegungskarte und den Passierschein aus und bedeutete ihm mit einer lässigen Handbewegung, daß er gehen könne. Berl war's recht. Erleichtert verließ er das Lazarett, das früher einmal das "Hotel zum Hirschen" gewesen war.

Gemächlich schlenderte er die Reichenstraße hoch, betrachtete die lausigen Schaufenster und genehmigte sich schließlich im "Stadtcafe" ein kleines Bier.

Der Besitzer hieß Würkert. Weil er Berl kannte, nahm er an dessen Tisch Platz und erkundigte sich nach den Ereignissen an der Front.

"Schaut nicht gut aus?" begann er das Gespräch.

"Nein!", bestätigte Berl. "Seit ich draußen war, hab' ich noch kein einziges Mal angegriffen. Wir sind immer nur davongelaufen. Oft am hellichten Tag, und die Russen haben uns abgeknallt wie die Hasen."

"Der Krieg ist also verloren?" fragte Würkert und senkte den Kopf.

"Alles wartet auf die Wunderwaffen", sagte Berl, aber da er wie die meisten nicht mehr daran glaubte, fuhr er fort, "doch Wunder gibt's nur in den Märchen!"

"Und in der Bibel!" vervollständigte der Wirt, der ein frommer Katholik war und sich in der Heiligen Schrift auskannte. Obwohl er gar keine bessere Auskunft erwartet hatte, verließ er seinen Gast mit einem deprimierten Ausdruck im Gesicht.

Die Tage verstrichen in erholsamer Eintönigkeit. Das Geschoß in der Schulter hatte sich problemlos verkapselt und die Einschußöffnung geschlossen. Nur das Anheben des Unterarms über Schulterhöhe bereitete noch einen stichartigen Schmerz, von dem Berl hoffte, er möge noch eine Zeitlang anhalten, da ihn der gewissenhafte Stabsarzt dann nicht fronttauglich schreiben würde.

In der zweite Novemberhälfte fielen ganz plötzlich die Temperaturen, und ein saukalter Nieselregen, mit dem ersten Schnee vermischt, bestrafte die Leute für den hemmungslosen Genuß der Annehmlichkeiten des Altweibersommers. Berl schrieb nach Kempten. Die genußsüchtige Abiturientin hatte in den traumgeschüttelten Nächten wollüstige Dimensionen angenommen. Er brauchte ganz dringend die Wärme ihres Körpers.

Die Tage verrannen in entzsetzlicher Langsamkeit. Freitag kam Erikas Postkarte. Sie werde gegen Mittag mit dem Postauto ankommen. Die großen runden Buchstaben strotzten vor Lebensfreude. Das war so ein Augenblick, wo Berl eine Vorstellung von der wahren Bedeutung des Wortes Liebe bekam. Nachdem er ihre Zeilen dreimal gelesen hatte, verdrängten seine Überlegungen bezüglich der technischen Details sehr schnell seine waghalsige Gefühlsduselei. Sie sollte zuerst ihr Abitur machen, und er mußte diesen Krieg überleben, dann konnte man sich vielleicht auf weitergehende Entscheidungen einlassen. Aber nicht jetzt.

Weil Berl Erikas Hygienefimmel kannte, nahm er am Samstag früh eine gründliche Reinigung aller Körperteile vor, die ein gut katholischer Mensch sonst nur anläßlich hoher kirchlicher Feiertage beachtete. Die armselige militärische Unterwäsche ersetzte er durch seine besten Privatstücke. Nach einer sorgfältigen Rasur putzte er sich eifrig die Zähne und pomadisierte die Haare mit einer nach Veilchen duftenden Essenz. Zum Mittagessen gab es "Tiroler Gröstl", bestehend aus Bratkartoffeln und den Fleischresten der vergangenen Mahlzeiten.

"Ich bin zum Abendessen nicht da!" teilte er der Großmutter mit, und da diese die Postkarte aus Kempten gelesen hatte, nickte sie verständnisvoll.

Pünktlich um 13 Uhr knatterte der überfüllte Kemptner Bus in den Posthof. Kaum hatte er angehalten, hüpfte Erika schon heraus. Ihre Wiedersehensfreude strahlte aus allen Knopflöchern. Berl lehnte lässig am bruchsteinernen Torpfeiler und genoß ihren Anblick. Sie war schon ein eher anschauliches Exemplar weiblicher Entwicklungsmöglichkeiten. Nichts an ihrem Äußeren hätte er verbessern wollen. Alles war vollkommen. Ein wenig benommen gab er ihr die hand, nahm ihr die Reisetasche ab und brachte endlich ein kurzes "Grüß di" über die Lippen.

Sie, sich ihrer Wirkung auf ihn voll bewußt, lachte ihn an und sagte: "Du schaust aus, als hätt dich der Blitz gstreift!"

"Hat er auch!" bestätigte Berl und ging voraus. Sie folgte ihm.

"Ich hab' ein Zimmer in Faulenbach", sagte er.

"Ist mir schon recht", stimmte sie zu, bemühte sich, ihn einzuholen und versuchte eine Art Gleichschritt aufzunehmen. Berl verkürzte seine militärische Schrittlänge und wagte alle zwanzig Schritte einen verschämten Blick. Es war schon ein echtes Glück, ein solches Mädchen zu besitzen. Das Gespräch tröpfelte spärlich dahin. In der engen Felsschlucht der Morisse blieb Erika plötzlich stehen und sah ihn herausfordernd an. Er begriff. Behutsam zog er sie an sich und suchte ihre Lippen. Ohne Scheu küßte sie ihn, und da wußte er, daß sie ihm wirklich mit Haut und Haaren gehörte. Welch ein Glück! Die Röte stieg ihm ins Gesicht, und seine Knie schlotterten wie bei einem Erdbeben. "Ich kann's kaum noch erwarten!" sagte sie und zog ihn weiter. Schwerelos wie auf dem Mond schwebten sie die letzten hundert Meter. Der Gasthof "Frühlingsgarten" war kein hochherrschaftliches Haus, aber die Wirtin hatte ein Herz fürs Militär und fragte nicht nach Heiratsurkunden. Mit einem verschmitzten Lächeln um den faltenreichen Mund händigte sie Berl den Schlüssel aus. "Oben, Zimmer drei!" erklärte sie und verschwand wieder in der Küche. Berl ging voraus, denn er kannte sich aus. Er hatte schon ein paarmal hier genächtigt, aber er hatte jegliche Erinnerung an frühere Liebschaften verdrängt. Es war immer wieder neu und einmalig. Wer wollte hier schon Vergleiche anstellen. Bedächtig schloß er die Zimmertüre auf und ließ Erika als erste eintreten. Das Zimmer war klein, aber alles war in freundlichen Farben gehalten. Die beiden Betten machten einen gemütlichen Eindruck.

Erika entnahm ihrer Reisetasche eine Flasche Haut-Sauternes, entkorkte sie und hielt sie Berl an den Mund.

"Da trink", forderte sie ihn auf, "der geht direkt ins Blut!" Berl tat, wie ihm geheißen. Der Wein war sehr süß und stieg ohne Umweg direkt in sein Gehirn. Ein richtiger Büchsenöffner, dachte er und reichte die Flasche dem Mädchen. Erika nahm einen tüchtigen Schluck, wischte mit dem Handrücken den Mund ab und lachte ihn an. In etwa wußte er, wie die Sache weitergehen würde. Aber die Einzelheiten blieben verwirrend. So auch diesmal.

Bedächtig näherte er sich, nahm ihr die Flasche ab und stellte sie auf das Fensterbrett. Dann umarmte er sie. Sie suchte seinen Mund und küßte ihn gierig. Er war ein wenig verwirrt. Er liebte die zarten Übergänge. Sein Herz begann heftig zu klopfen, weil er nicht sicher war, ob dieser rasende Übefall seiner monatelangen Enthaltsamkeit guttun würde.

"Trink noch einen Schluck!" bat er sie, um ein wenig Luft schöpfen zu können. Erika setzte die Flasche an, und mit der Geschicklichkeit eines Maurers ließ sie den Wein in ihre Kehle gluckern. Ihre Hemmungslosigkeit irritierte ihn.

Obwohl er einer gewissen Willfährigkeit nicht abgeneigt war - halb zog sie ihn, halb sank er hin -, erschreckte ihn dieses Übermaß an offen gezeigter Begierde.

Um ein wenig Abstand zu gewinnen, setzte er sich aufs Bett und zog seine Stiefel aus. Auf den Geschmack gekommen, widmete sie sich mit Hingabe der Flasche. Mit einem erleichterten Seufzer stellte sie diese dann aufs Fensterbrett und begann sich zu entkleiden. Ohne große Sorgfalt schmiß sie ihr Kleid auf den Stuhl, zog den Unterrock über den Kopf und ließ ihn einfach fallen. Berl entledigte sich seiner Hose und hängte sie sorgfältig über einen Bügel, den er im Schrank gefunden hatte. Als er sich umdrehte, stand Erika nackt vor ihm.

Sie hatte den Körperbau einer griechischen Statue, feste Schenkel, weiche Hüften, den leicht gewölbten Bauch und die straffen Brüste, die für ihn der Inbegriff von Weiblichkeit waren. Mit offenem Mund starrte er auf diese unwirkliche Vollkommenheit, die wie ein lebendig gewordener Marmor von Bertel Thorwaldsen vom Himmel herabgefallen schien. Sie ließ sich bewundern, und beide vergaßen für eine kleine Ewigkeit den wahren Zweck ihres Hierseins. "Ich gfall dir, gell?" sagte die und befeuchtete mit der Zungenspitze ihre Oberlippe. Ohne seine Antwort abzuwarten, huschte sie ins Bett und zog das Plumeau über den Kopf. Ohne Hast folgte er ihr. Berl wußte, daß sie mit großer Begeisterung, bis hin zu verbissener Wut, ihre längst verlorene Unschuld verteidigen würde. Aber was diesmal folgte, war ein ekstatischer Ringkampf, der ihn bis an den Rand der Erschöpfung forderte. Endlich ergab sie sich.

Da sich in Erikas unerschöpflicher Reisetasche mehrere Schinkenbrote und Äpfel befanden, nahmen sie das Abendessen im Bett zu sich, tranken den Wein aus und unterhielten sich über Gott und die Welt. Sie beklagte sich über die Grausamkeit ihrer Lehrer, die nicht einmal in diesen heroischen Zeiten von ihren kleinlichen Schikanen lassen wollten. Berl schimpfte auf das Militär und die kurzsichtigen Amerikaner, die Europa dem Kommunismus ausliefern würden. Dann begann das uralte Spiel von vorne.

"Das vollkommene Weib zerreißt, wenn es liebt", hatte Nietzsche behauptet und aus den liebenswürdigen Mänaden kleine, gefährliche, schleichende, unterirdische Raubtiere gemacht. "Und so angenehm dabei", hatte er hinzugefügt, obwohl Berl nicht glauben mochte, daß dieser Querkopf ein großer Genießer gewesen sei. Die Nacht nahm kein Ende, und Berl war froh, daß er in den letzten fünf Monaten genügend Ausdauer angesammelt hatte.

So brachte er eine rundherum glückliche Erika zum Elf-Uhr-Bus und betrat kurz darauf, mit weichen Knien, die vertraute Geborgenheit seiner Familie.

Owohl sie alle wußten, wo er diese Nacht verbracht hatte, stellte das versammelte Matriarchat keine zweideutigen Fragen. In der kurzen Pause zwischen Suppe und Hauptgang erkundigte sich die jüngere Schwester lediglich nach dem Ergehen seiner Schulter. Erschrocken bemerkte Berl in ihren hellblauen Augen etwas, was älter war als alle Generationen, die um den Tisch saßen. Was wußte so ein Kind schon von den großen Geheimnissen dieser Welt? Rasch verdrängte er den Verdacht, die Frage könnte irgendeinen Hintersinn haben, und antwortete:

"Danke, der Nachfrage. Es geht von Tag zu Tag besser!"

Damit war alles gesagt, und mehr wollte anscheinend niemand wissen.

Am Montag brachte der Briefträger die Nachricht, daß in Lechbruck der von allen hochgeschätzte Großonkel Gilbert das Zeitliche gesegnet habe. Die Beerdigung war für Mittwoch vormittag angesetzt. Da es in jenen Tagen immer noch als besonders vaterländisch galt, wenn am Grab möglichst viele Helden im dazugehörigen Grau versammelt waren, bat die Großmutter Peter, sie zu begleiten. Obwohl er überhaupt keine Lust verspürte, sich an diesem tristen Brimborium zu beteiligen, verbot das familiäre Reglement eine Absage, die so unzureichend begründet war. Also fuhren beide am Dienstag nachmittag mit dem Postauto nach Lechbruck.

Da das Trauerhaus von den nächsten Angehörigen der elf Kinder des Verstorbenen bis unters Dach vollgestopft war, wichen die beiden Füssener zu Tante Julie aus. Sie war kinderlos und obendrein auch noch ohne Mann. Der trieb sich, wie sie gehässig behauptete, irgendwo in Rußland herum und ließ sie mt ihren achtzig Tagwerk allein. Man war also darauf gefaßt, eine verbitterte, abgearbeite und in jeder Beziehung unzufriedene Frau anzutreffen. Weit gefehlt.

Gilberts trauernde Witwe, die Base und Großneffen am Bus in Empfang nahm, informierte die beiden dahingehend, daß die arme Julie mit den vierzig Stück Vieh nicht mehr fertig geworden wäre. Also habe man ihr zwei französische Kriegsgefangene zugeteilt, die den Winter über ebenfalls im Hause wohnten. Hier zog sie die Augenbrauen hoch, und ein süffisantes Lächeln wischte für Sekunden die Trauer aus ihren Augen. Das Gefangenenlager sei eigentlich in Steingaden, aber wenn der Schnee käme, sei es ganz unmöglich, die Gefangenen Tag für Tag hin und her zu befördern. Hoffentlich sei es Peter nicht unangenehm, mit den beiden Franzosen unter einem Dach zu wohnen. Großmutter und Enkel verneinten dies unverzüglich und machten sich auf den Weg.

Kurz nach drei betraten die beiden Füssener den Hof. Tante Julie empfing sie im Vorplatz und half ihnen aus den Mänteln.

"Ich hab' euch schon erwartet!" sagte sie und ging voraus. Die Stube war gut geheizt, und am Tisch saßen zwei Männer, die sich wohlerzogen von ihren Plätzen erhoben, als die Besucher eintraten.

"Das ist der Gustav und das der René!" stellte Tante Julie die beiden vor.

Frei von allen rassischen Vorurteilen schüttelte die Großmutter den beiden die Hand, und Peter tat desgleichen. Er ging sogar so weit, den beiden auf französisch zu erklären:

"Je m'apelle Pierre et ca c'est ma grand-mére!"

Dann setzte man sich, und Julie holte die große Emaillekanne vom Herd. Vorsichtig goß sie den Kaffee in die bereitgestellten Tassen und gab jedem ein Stück von ihrem goldgelben Gugelhupf.

"Dem sieht man seine zehn Eier an!" stellte die Großmutter anerkennend fest, und Julie nickte lachend.

"Ja, ja", sagte sie, "Eier haben wir noch genug." Nur mit dem Zucker wurde anscheinend gespart, stellte Peter fest, äußerte dies aber nicht laut.

Während die beiden Frauen die letzten Neuigkeiten austauschten, beobachtete Peter mit zunehmendem Unbehagen, wie die beiden Franzosen ihre Kuchenstücke in den Kaffee tunkten, bevor sie in die gefräßigen gallischen Mäuler geschoben wurden. Ohne zu fragen, was auf eine große Vertrautheit schließen ließ, schnitt sich jeder der beiden nochmals ein Stück ab und stopfte die eingeweichten Bissen genußvoll zwischen die Zähne. Peter, der sich anfangs zu einer unverfänglichen Unterhaltung bereitgefunden hatte, schob den schon zurechtgelegten Wortschaft wieder zur Seite und verharrte in bockigem Schweigen. Endlich hatten die beiden ihre Kaffeepause beendet. Sie stellten Tassen und Teller in die Spüle und verließen mit einem freundlichen "Au revoir" die Stube.

"Bist du zufrieden mit den beiden?" fragte die Großmutter.

"Ja, doch", nickte Julie, "sie sind recht fleißig."

Damit war das Thema Franzosen abgehakt, und die Frauen kehrten zu ihren familiären Problemen zurück.

"Magst noch ein Stück?" fragte Tante Julie ihren Neffen, und da dieser freudig nickte, schnitt sie ihm ein großes Stück ab und schob es auf seinen Teller. Genußvoll widmete er sich fortan dem Kuchen und überdachte die nicht ganz unproblematische Situation auf dem herrenlosen Hof. Von Zeit zu Zeit warf er einen prüfenden Blick auf seine entfernte Verwandte. Genaugenommen war sie gar nicht so übel. Nichts für ihn, aber für die Franzosen?

Wie jeder einigermaßen gebildete Deutsche, wußte auch Peter, daß die Franzosen ein Volk von verlotterten Säufern waren, die sich gegenseitig - chacun son propre cocu - die Hörner aufsetzten. Saft- und kraftlos hatten sie den deutschen Angriff empfangen und sich fast kampflos ergeben. Quelle décadence! Innerhalb von zwanzig Jahren hatten sich die tapferen Franzmänner vom Chemin des Dames, von Douomont und Verdun in einen Haufen feiger Schlappschwänze verwandelt.

Studienrat Dr. Schöll, sein Lehrer, der eine gewisse Sympathie für die Romanen nicht ganz verleugnet hatte, mußte zugeben, daß sie außer in der Küche, in der Mode und im Radrennfahren keine herausragenden Leistungen zu verzeichnen hatten.

Ein gewisser Stolz auf sein eigenes Volk schlich sich in Peters Hirn, aber dann erinnerte er sich wieder seiner instinktiven Abneigung gegen kollektives Heldentum und konzentrierte sich auf die vor ihm stehenden leiblichen Genüsse. Obwohl er sich krampfhaft bemühte, zu erfreulicheren Gedanken zurückzukehren, wollten die Franzosen nicht aus seinem Kopf. Immer wieder fiel sein Blick auf Julies Gesicht. Ihre einfache Physiognomie war überlagert von einer Aura totaler Zufriedenheit. Ihre weißen Zähne leuchteten aus ihrem ungeschminkten Mund, und ihre braunen Augen berichteten mit strahlendem Glanz von ungeahnten Freuden. Und obwohl er sich heftig dagegen wehrte, kehrten immer wieder die beiden Franzosen zurück in seine Überlegungen.

Natürlich waren sie als Volk geschlagen worden. Aber was bedeutete das schon für den einzelnen? Wie schon zu Cäsars Zeiten, waren sie wieder da angelangt, wo sie hingehörten: in untergeordnete, dem Herrenvolk dienende Funktionen. Aber nicht jeder - á votre service, Monsieur - war zum Herrschen geeignet. Auch bei den Deutschen gab es Millionen, die dienen mußten.

Nur war bei diesen Romanen auch die primitivste Dienstleistung überlagert von ihrer sittlichen Verwahrlosung. Und das macht den Umgang mit diesen Typen so problematisch. Aber das war ja nur sein Standpunkt. Wie stand es mit der Einstellung des weiblichen Landvolkes zu diesen moralischen Untermenschen?

Überall wurde darüber gemunkelt, daß der sogenannte französische Charme über eine große Anhängerschaft verfügte. Nur wurde diese Unterstellung als absolutes Staatsgeheimnis behandelt.

Im übrigen waren solche frevlerischen Beziehungen unter strengste Bestrafung gestellt. Was jedoch genau wie das Schwarzschlachten, Schnapsbrennen und Hamstern niemand davon abhielt, es trotzdem zu tun.

Auch Peter Berl waren solche Gerüchte zu Ohren gekommen, und da sein Argwohn noch nicht gänzlich zugedeckt war von der laut trommelnden Nazipropaganda, bezweifelte er nicht, daß von der niedrigsten Stallmagd über die biedere Erbhofbäuerin mit Mutterkreuz bis hinauf zur Ortsbauernführerin mit Parteiabzeichen die meisten streng katholischen Landfrauen den gallischen Verführern huldigten. Die großzügige Handhabung der Sündenvergebung beruhigte jegliches schlechte Gewissen im gesamten süddeutschen Raum. Besonders in den inzestuösen Seitentälern des Allgäus, wo die Höfe weit verstreut auseinanderlagen und die weiblichen Hofbewohner weniger intensiv betreut wurden als die wertvollen Zuchttiere, sollte nach kaum zu bezweifelnden Ondits ein kontinuierlicher Verrat an den Grundsätzen der Herrenrasse grasieren. Die Gesetzteshüter, die von den kargen Rationen auf den Lebensmittelkarten kaum satt wurden, schlossen Augen und Ohren, und auf das bloße Hörensagen hatte man in deutschen Amtsstuben noch nie etwas gegeben.

Und München war weit!

"Ne suis-je badaud de Paris?

De Paris, dis-je, auprés Pontoise ..."

Wie beim degoutanten Francois Villon, lag in diesen Tagen und Nächten auf vielen Bauernhöfen Paris bei Pontoise, München bei Unterhaching und der eigene Mann irgendwo zwischen Moskau und Przemysl. Auf diese hinterhältige Weise hatten die Franzosen heimlich den reibungslosen Ablauf der kriegswichtigen Nahrungsmittelproduktion unter ihre Kontrolle gebracht. Ihre arbeitsmoralunterstützende Funktion war sogar der Regierung in Vichy zu Ohren gekommen und von dieser augenblicklich dementiert worden - was natürlich die Richtigkeit dieser Behauptung erst nachdrücklich bewies. Ohne die gefangenen Poilus wären die meisten vereinsamten Bäuerinnen dem psychischen Druck des Krieges und der bombenbedrohten Nächte hilflos ausgeliefert gewesen, was zur Folge gehabt hätte, daß die geforderten Produktionsnormen unmöglich erfüllt worden wären. So war wieder einmal auf ganz gesetzwidrige Weise allen geholfen. Gloria Dei!

Peter bekämpfte den aufkeimenden Ärger mit einem weiteren Stück Kuchen. Die beiden Frauen kramten gierig im durchtriebensten Dorfklatsch, wobei ihnen die enorme Verzweigtheit der Familie zustatten kam. Julie pendelte mehrmals zwischen Tisch und Herd, um das Austrocknen der überbeanspruchten Kehlen zu verhindern. "Du trinkst scho noch a Tasse?" sagte sie und schenkte auch Peter nach, ohne seine Zustimmung abzuwarten. Er verfolgte aufmerksam ihre Bewegungen. Sie war natürlich im landläufigen Sinne keine schöne Frau. Ihr dinarischer Bauernkopf mit der strengen Frisur hatte etwas Spanisches. Der Körper war muskulös und proportioniert. Seine anatomischen Studien in den Galerien und auch am lebenden Objekt erleichterten ihm das Urteil. Durch gekonntes Zurücknehmen der Schulterblätter brachte sie ihren strammen Busen in regelmäßigen Abständen ganz vorteilhaft ins Bild. Am meisten bewunderte Peter jedoch ihr fröhliches Lachen. Die Koloratur ihrer Lebenslust durchströmte die ganze Stube, und Peter war sicher, daß sie, die immer schon gut aufgelegt gewesen war, noch nie so viel Grund zum Lachen gehabt hatte wie in diesen Tagen.

René und Gustave, den sie Gustav nannte, hatten ganz offensichtlich für eine nachhaltige Klimaverbesserung gesorgt. Klar, daß man die Nützlichkeit eines Menschen nach vielen Kriterien ableuchten mußte, um den wahren Kern seiner Brauchbarkeit zu entdecken. Welcher von den beiden würde wohl mit ihr schlafen? Oder wechselten sie sich sogar ab? Bei diesem Gedanken bekam Peter rote Ohren und beeilte sich, seine Verlegenheit mit einem weiteren Stück Kuchen abzukühlen. Als er den letzten Bissen hinunterschluckte, war er sicher, daß sie es mit beiden trieb, und von nun an beobachtete er seine Tante mit einer gewissen Hochachtung.

Um fünf Uhr ging man zum Totenoffizium, und die kleine Kirche faßte kaum den gewaltigen Andrang der schwarzvermummten Trauergäste. Onkel Gilbert war über seinen Tod hinaus ein angesehener Mann geblieben.

In schauerlichem Latein, keine falsche Note auslassend, sang ein riesiger Pater mit weißer Stirnlocke, angeblich ein entfernter Verwandter aus Ettal, die heilige Messe. Aus den Mündern der Betenden stieg die Atemluft in weißen Schwaden hinauf in den eisigen Kirchenhimmel. Das verklärte Lächeln des heiligen Sebastian, der im ovalen Deckengemälde einem pfeilgespickten Todeskampt entgegenschmachtete, war nur noch schwer auszumachen. Berl wandte sich den Lebenden zu. Die Körper der Trauernden waren unter schweren Mänteln verborgen, so daß einzig die Kopftücher eine Unterscheidung zwischen Mann und Frau zuließ. Nachdem der Pfarrer den Hinterbliebenen seinen Segen erteilt hatte, verließ zuerst die engere Familie das ungemütliche Gemäuer und stellte sich neben dem Portal auf. So konnte man die vorbeidefilierende Trauergemeinde kontrollieren. Sie waren alle gekommen, sogar der Bürgermeister, der Rektor, der Parteivorsitzende, der dicke Rechtsanwalt Dr. Settele mit Frau und die übrige Hautevolee.

Berl, der hinter Tante Julie Aufstellung genommen hatte, interessierte sich besonders für die Gesichter unter den Kopftüchern. Die meisten waren alt und runzelig, leicht gesenkt und wenig aussagekräftig. Aber dazwischen tauchte aus der grauen Masse der passionierten Kirchgängerinnen ein Gesicht auf, das man ohne Zögern Antlitz nennen konnte. Berl spürte die neugewonnene Sicherheit im

Umgang mit dem früheren stärkeren Geschlecht. Aus hellen Augen streifte ihn manch taxierender Blick, und die lässig vorgeschobene Unterlippe verriet gewisse Kenntnisse im Umgang mit brünstigen Freiern. Solche Blicke hatte man vor dem Krieg nur auf den Märkten gesehen, wenn die Qualität von Zuchttieren begutachtet wurde. Es war wirklich erstaunlich, wie die neuen Verantwortlichkeiten zusammen mit den größeren Freiheiten in den Hirnen vieler Weiber gewütet hatten. Nichts mehr von Zurückhaltung, Demut und Scham zu spüren.

Gerade er, Peter Berl, der für sich alle jene Freiheiten wie selbstverständlich in Anspruch genommen hatte, wehrte sich jetzt gegen diesen Affront, den er in amerikanischen Büchern unter der Bezeichnung Emanzipation kennengelernt hatte.

Und wem hatte man diese dekadente Morallosigkeit zuzuschreiben? Natürlich waren es diese frauenlosen Froschfresser, die ausgerechnet im Land ihrer Besieger ihre heimatliche Lieblingsbeschäftigung wieder aufgenommen hatten. Das so beglückte Weibervolk erzählte sich hinter vorgehaltener Hand wahre Wunderdinge über die fremdländischen Bettgewohnheiten, die so plötzlich in ihre muffigen Schlafkammern eingezogen waren.

Nach und nach verzogen sich seine düsteren Gedanken, und mit zunehmendem Wohlgefallen genoß er das freche Geschaue mancher erzkatholischen Großbäuerin, von der er wußte, daß sie noch keinem fremden Mann je die Hand gegeben hatte. Der selbstsicheren Art, wie sie mit den Hüften wedelte, war anzusehen, daß sie die Abwesenheit ihres tapfer kämpfenden Mannes nicht mehr vermißte. Sie schlief ohne Nachthemd und mit offenen Augen mit ihrem Franzosen, und die erotische Verdunkelung, die bisher ihr schöngemaltes Himmelbett eingehüllt hatte, war ganz unvermutet in ein sternenhelles Märchenland verwandelt. Honi soit qui mal y pense! Langsam erlosch sein Interesse an den Vorbeiziehenden und ihrem Beileidsgemurmel. Sein Blick wanderte zur Seite, wo die Familie des Verblichenen aufgebaut war. Berl staunte über die gewaltige Zahl der Onkel und Tanten, Vettern und Basen, Schwager und Schwippschwager, Kinder und Enkel. Patriarchalische Zustände. Sein routinierter Blick streifte von vorne nach hinten, von oben nach unten, bis er sie hatte. Quel plaisir, sie anzusehen. Berl wunderte sich, daß ihm schon wieder eine französische Redewendung eingefallen war. Seine allgemeingültigen Reflexionen über diese zweitklassige Nation und ihre läufigen Hundsfötte führten dazu, daß ihm doch tatsächlich eine ganze Menge mühselig gelernter Vokabeln hochkam. Dr. Schöll hatte die Eleganz der Sprache manchmal ausdrücklich betont, wenn er an seine Zeit an der Sorbonne dachte und die glorreichen Errungenschaften des Nationalsozialismus für einen Augenblick in seiner Erinnerung versanken.

So ging es auch Berl, als er das hellrosa Gesicht in der schwarzen Menge leuchten sah. Quelle beauté! Anhand der genealogischen Anordnung der Trauernden kombinierte er, daß es sich um eine Enkelin des Toten handeln mußte. Er konnte seine Blicke nicht mehr von ihr wenden. Unter dem schwarzen Kopftuch sah man den Ansatz hellblonder Haare, und Berl durchstreifte im Geiste die Museen der Welt. Wo hatte er dieses Gesicht schon gesehen? Aha, jetzt hatte er sie: Pierre-Paul Prud'hons "Liebe" stand neben ihm, und er war die Unschuld, die sie dem Reichtum vorzuziehen hatte. Es würde ihm nicht schwerfallen. Dieses Mädchen war eine Kombination aus Liebe und Unschuld, und Berl war auf der Stelle bereit, dem heiligen Antonius von Padua eine Kerze zu stiften, daß er ihm dieses Kleinod nicht vorenthalten hatte. Merci mon cher Antoine!

Wieder vertraute er auf die hypnotische Kraft seines Blickes. Mit penetranter Aufdringlichkeit starrte er auf dieses makellose Engelsgesicht. Endlich bemerkte sie ihn. Ernsthaft prüfend, mit einem leisen Anflug von Hochmut, wichen ihre hellblauen Augen seinem aufdringlichen Gestarre nicht aus. Bevor sie sich von ihm abwandte, huschte ein spitzbübisches Lächeln über ihre Lippen. Berl war konsterniert. Was bildete sich dieser Bauerntrampel eigentlich ein? Sie wußte ganz sicher, wer er war, und daher hatte er ein respektierliches Kopfnicken erwartet. Ihr mokantes Grinsen aber konnte doch nur bedeuten, daß sie über seine zahlreichen Amouren genau Bescheid wußte und ihm auf diese Weise eine deutliche Abfuhr erteilte.

Endlich versiegte der Zug der Kondolierenden, und die Familie machte sich auf den Heimweg. Hinter der Schule trennten sich die einzelnen Familienzweige, und zu Berls großem Bedauern ergab sich keine Gelegenheit, dieser einzigartigen Entdeckung näherzukommen. Um halb sieben war man wieder zu Hause und die fürsorglichen Franzosen, die wahrscheinlich sowieso den ganzen Tag nur ans Essen dachten, hatten schon den Tisch gedeckt. Pellkartoffeln, Milch, Butter und ein großes Stück Backsteinkäse standen bereit, und auf Julies Geheiß griffen alle kräftig zu.

Die Poilus versuchten eine kleine Konversation in Gang zu bringen, und Berl fühlte sich seiner Tante verpflichtet, ihre Bemühungen nicht zurückzuweisen.

"Du kannst ja noch a ganze Menge!" konstatierte die Großmutter mit einigem Stolz, und Tante Julie war überglücklich, daß ihre beiden Franzosen von der Verwandtschaft akzeptiert wurden.

Nach dem geisttötenden Stumpfsinn in der Armee empfand Berl mit fortschreitender Vertrautheit eine große Genugtuung, daß sein schon gänzlich eingerostetes Hirn noch so tadellos funktionierte. Es gelang ihm ganze Sätze zu formulieren, und die Franzosen freuten sich wie kleine Kinder über seine Bemühungen, ihre komplizierte Sprache, mit den vielen unregelmäßigen Verben, einigermaßen korrekt wiederzugeben. Tante Julies Heiterkeit sorgte dafür, daß die Runde zunehmend heiterer wurde, und als man sich um neun Uhr entschloß, ins Bett zu gehen, hatte das unmittelbare Leben über den ideologischen Stumpfsinn triumphiert. Die beiden Poilus waren ganz offensichtlich Leute wie du und ich, obwohl der eine bei Lyon und der andere im Poitou zu Hause war.

Berl bezog mit seiner Großmutter das große Fremdenzimmer, das einen direkten Zugang zum überdachten Salettl hatte. Die schmale, teilweise verglaste Balkontüre war fest mit Wolldecken verhangen, was aus Gründen der Verdunkelung vorgeschrieben war, aber auch die winterliche Kälte abhalten sollte. Unter den schweren Federbetten lagen angewärmte Ziegelsteine, die Julie vorsorglich in Handtücher gehüllt hatte. Trotzdem konnte Berl nicht sofort einschlafen. Während er dem ruhigen Atem der Großmutter lauschte, strömten die Bilder durch seinen Kopf. Dabei schob sich immer wieder das spitzbübische Lachen des Mädchens in den Vordergrund. Während er sich von einer Seite auf die andere wälzte, formten sich ganz unterschiedliche Auslegungen. Bald war er sicher, daß sie ihn nur angelacht habe, ohne jeden Hintergedanken. Dann wieder war er bereit, auch ihr, trotz ihres engelhaften Aussehens, jene Hinterfotzigkeit zu unterstellen, die sehr oft gerade unbedarfte Landpomeranzen auszeichnete. Diese urwüchsigen Weibchen, aufgewachsen im Schutz borniert Großfamilien, waren zwar unbefleckt von den lasziven Einflüssen der Zivilisation, aber sie verfügten meist über Urinstinkte, die rücksichtslos aktiviert wurden, wenn Gefahr drohte. Morgen würde er sich an sie heranmachen. Dazu war er fest entschlossen.

Er war schon halb im Schlaf, als er vor der Türe die beiden Franzosen flüstern hörte. Es war ganz offensichtlich, daß sie noch im Haus herumschlichen. Da es sich nicht um irgendeine geheimdienstliche Tätigkeit handeln konnte, lag die Vermutung nahe, daß das Ziel ihrer nächtlichen Wanderung das Schlafzimmer der Hausherrin war. Berl spitzte die Ohren, doch es war nichts mehr zu hören. Aber er war wieder hellwach.

Seine freidenkerische Phantasie gestatete ihm einen Blick in Tante Julies erotische Verirrungen. Plötzlich fiel ihm das frevlerische Sprichwort aus dem 1. Weltkrieg ein, das sein Großvater mütterlicherseits bei jeder passenden und manchmal auch unpassenden Gelegenheit von sich gegeben hatte: "Jeder Stoß ein Franzos, jeder Schuß ein Russ!"

Auch ohne ein längeres Germanistikstudium wurde einem dabei die Wandelbarkeit der Sprache bewußt. Ohne Schwierigkeit ließ sich dieser Spruch herumwenden, und dann war eben die brave Tante den geilen Stößen der Franzosen ausgesetzt.

Keineswegs stolz auf seine semantischen Spielereien, wurde ihm zunehmend klarer, daß ein gewisser Neid in seinen Überlegungen steckte. Während das genießerische Wort "jouir" aus dem Dunkel seines Sprachschatzes auftauchte, hörte er ganz deutlich, wie das Lachen seiner verzückten Tante in der behaarten Brust des Franzosen ertrank. Und an der stockdunklen Decke des Zimmers tanzte ihr Gesicht, und ihre Augen schwammen über vor Glückseligkeit. In bisher unbekannter Ekstase würde sie in diesem Augenblick die wilden Entzückungen mediterraner Nächte genießen.

Berl gönnte ihr diese Erfahrung, schämte sich aber gleichzeitig, daß er den Wunsch, den Platz mit dem Franzosen zu tauschen, nicht unterdrücken konnte. Dann schob sich auch noch das leichenblasse Gesicht des guten Onkel Florian in seine makabren Halluzinationen und vervollständigte so das ganze Schlamassel. Berl war stocksauer auf seine ausschweifende Phantasie und warf sich so lange in seinem Bett herum, bis ihn die Großmutter schließlich aufforderte: "Jetzt gib endlich a Ruh'!"

Wie von Zauberhand beruhigte sich seine Aufgeregtheit, und als endlich das eisbedeckte Gesicht des in Rußland frierenden Onkels in den Schneefeldern hinter Charkow versank, schlief er ein. Kurz vor sieben weckte ihn die Großmutter.

"Los, steh auf, um halb neun müß mer in der Kirche sein!"

Beim Frühstück waren die Franzosen nicht anwesend.

"Um die Zeit sind sie im Stall", stellte Tante Julie anerkennend fest, und in ihren Augen glaubte Berl jene verträumte Müdigkeit entdecken zu können, die aus den Anstrengungen vollkommener Hingabe kam und von erfüllten Sehnsüchten sang.

Über Nacht hatte es geschneit, und so stapften sie zu dritt auf dem noch nicht geräumten Weg hinüber zur Kirche. Von allen Seiten strömten die zumeist weiblichen Dorfbewohner herbei, ihrem toten Mitbürger das letzte Geleit zu geben. Die Kirche war wie am Vortrag gerammelt voll. Der Dorfpfarrer, ein altes, gebrechliches Männlein von weit über siebzig, zelebrierte - unterstützt vom Ettaler Pater - die heilige Messe. Dazwischen hielt er mit zittriger Stimme eine kurze Ansprache, in der er die Vorzüge des Toten und dessen christlichen Lebenswandel lobte.

Auf dem Weg zum Friedhof bekam Berl endlich die sehnlichst erwartete Auskunft über die hübsche Blondine. Ein Neffe von Onkel Willi, zur Zeit Obergefreiter bei der Luftwaffe, gab detailliert Auskunft. Sie hieß Fanny und war in der Tat eine Enkelin des Verstorbenen. Sie arbeitete als Sprechstundenhilfe beim einzigen Arzt im Dorf. Der alte Knochenflicker war Junggeselle und hatte darauf bestanden, daß Fanny bei ihm wohnte und ihm im Haushalt half. Fannys Mutter war sofort einverstanden gewesen, weil der Dahingegangene das gut gebaute Mädchen mit einer, für einen 75jährigen erstaunlichen Konsequenz verfolgt hatte. Die mütterliche Sorge galt dabei weniger der körperlichen Unversehrtheit - irgendwann müssen sie ja alle mal drankommen -, aber den unzulänglichen Versuchen des Greises wollte man sie doch nicht länger aussetzen.

Die kaltschnäuzige Art, in der die ruchlosen Bemühungen des eben noch so sehr gelobten Großvaters berichtet wurden, versetzten Berl einen gehörigen Schock. Dabei wurde ihm schlagartig klar, daß in den erzkatholischen Dörfern mit gleicher Verdorbenheit gesündigt wurde, wie in den als so verdorben verschrieenen Städten. Was die arme Fanny schon so alles mitgemacht hatte? Großes Mitleid stieg in ihm hoch, und als sich die Familie endlich um das Grab versammelte, drängte er sich in ihre Nähe. Aus schrägen Augenwinkeln suchte er Fannys Puppengesicht. Hell glitzernde Tränen liefen über ihre pfirsichfarbenen Wangen und bewiesen, daß sie den großväterlichen Angriff auf ihr Seelenleben längst verziehen hatte. Verzweifelt rieb sie ihre zarten, blaugefrorenen Finger, und Berl bezweifelte keinen Augenblick, daß sie noch im Besitz ihrer Jungfräulichkeit war. Die unbeholfenen Nachstellungen des Alten hatten ihr sicher nicht geschadet. Denn eines war sicher: die Entwicklung des weiblichen Charakters kam von jeher besser voran, wenn die Jugend des Mädchens angefüllt war mit Versuchungen und Leiden.

Der Friedhof lag unter einer dünnen Schneedecke, aber die Temperatur lag bei mindestens fünf Grad über Null. Die flachen weißen Schlafmützen auf den Grabsteinen begannen zu schmelzen, und lautlos tropfte das Tauwasser auf den Boden. Ein wolkenloser Himmel überwölbte die feierliche Zeremonie, und aus dem heftig geschwenkten Weihrauchfaß stieg eine zarte Wolke, der Seele des Toten gleich, hinauf in den Himmel. Berl überlegte, warum es im Kino bei Beerdigungen immer regnen mußte? Er fand dafür keine vernünftige Erklärung.

Während die umständlichen Zeremonien ihren Fortgang nahmen, betrachtete Berl fasziniert die tiefe Trauer, die Fannys kindhafte Züge entstellte. Unaufhaltsam rannen die Tränen und tropften vom Kinn in den Mantelkragen. Von einem unerklärlichen Anflug von Mitleid gepackt, ergriff er die kleine, eisige Hand des Mädchens und versuchte ihr mit wohltuender Wärme aus dem Tal der Trauer herauszuhelfen. Erstaunt sah sie zu ihm auf.

Ihr unterdrücktes Schluchzen hörte abrupt auf. Ein fragender Blick bohrte sich in seine Augen. Berl spürte die Ängstlichkeit dieses tief verunsicherten Geschöpfes, und mit beruhigender Zärtlichkeit glitten seine Finger über ihren Handrücken. Dann zuckte er zusammen. Ihr Zeigefinger bohrte sich doch tatsächlich in seinen Handteller und kitzelte ihn mit provozierender Unverschämtheit. Bedächtig lockerte er den Griff, und ihre vibrierenden Finger tänzelten über die ganze Handfläche. Diese eindeutige Geste signalisierte ihm ein Angebot, das er überall bereitwillig angenommen hätte, nur nicht hier auf dem Friedhof, im Angesicht des Todes. Er war bei Gott einiges gewohnt, aber dies hier schlug dem Faß den Boden aus. Eine Zehntelsekunde überlegte er, ob er sein Einverständnis kundtun oder bessern seinen Abscheu in aller Deutlichkeit zeigen sollte. Und wieder einmal siegte das schwache Fleisch. Zärtlich umfaßte er ihre flinken Finger und gab ihr so zu verstehen, daß die Offerte angenommen sei.

Plötzlich verspürte er auch keine Skrupel mehr. Auch angesichts des Todes mußte das Leben weitergehen. In Kriegszeiten war dies besonders wichtig.

Verstohlen wischte sie die Tränen von ihren Wangen, und ein schelmischer Blick mit gewagter Zudringlichkeit blitzte ihn an. Was für ein Luder, dachte Berl und widmete sich von nun an mit geheuchelter Aufmerksamkeit dem Geschehen am Grab.

Alles verlief nach den Regeln der liturgischen Kunst, und mit gemessenem Ernst senkten sich die unerläßlichen Fahnen. Sogar der Bürgermeister legte einen Kranz nieder, den der Liederkranz gestiftet hatte. Zum Schluß patrouillierte das ganze Dorf an den trauernden Hinterbliebenen vorüber, drückte jedem die Hand, murmelte etwas von Beileid, warf eine Schaufel Erde auf den Sarg und bespritzte die Grube mit Weihwasser. Dann beteten sie alle zusammen noch ein Vaterunser für den, der als nächster das Zeitliche segnen würde. Natürlich hoffte jeder, daß es der andere sei, den's erwischte.

Dann trotteten sie mit gesenkten Köpfen schweigsam zum Gasthof zur Post, wo der Leichenschmaus angetragen wurde. Es gab Schweinebraten mit Kartoffelknödeln, was Berl und seine Großmutter schon eine Ewigkeit lang nicht mehr zwischen die Zähne bekommen hatte. Die Brauerei hatte ein Faß Bier herausgerückt, und so war die Stimmung bald überaus vergnügt. Man erzählte Witze vom dicken Göring und vom humpelnden Goebbels, und alle lachten, sogar der Bürgermeister. Nur Ortsgruppenleiter Heidberger verzog sein schnauzbärtiges Gesicht zu einer süßsauren Grimasse. Natürlich wußte er nur zu genau, daß er von jeder weiteren Hochzeit, Kindstaufe oder Beerdigung ausgeschlossen würde, wenn er keine gute Miene zum bösen Spiel aufsetzen würde. Schließlich verdankte er seinen ansehnlichen Bauch weniger den Kochkünsten seiner Frau als vielmehr den mit seiner Amtsstellung zusammenhängenden Repräsentationspflichten.

Berl sah in Tante Julies Gesicht ein gewisses Bedauern, daß ihre fleißigen Franzosen an solchen Festivitäten nicht teilnehmen durften. Dafür hatte Berl mehr Glück. Der blaugraue Fliegergefreite mit dem losen Mundwerk hatte es doch tatsächlich einrichten können, daß Fanny zwischen ihnen beiden zu sitzen kam. Das vorzügliche Essen hatte aber jegliche Konversation unterdrückt, und die draufgängerische Fanny schien seine Existenz total vergessen zu haben. Nachdem er den letzten Bissen genußvoll hinuntergeschluckt hatte, wischte Berl mit einer halben Semmel noch die letzten Soßenreste auf und legte dann Messer und Gabel auf seinen Teller. Er nahm noch einen Schluck Bier zu sich und lehnte sich zufrieden zurück. Während er leise die Melodie "Auf in den Kampf" aus der Oper Carmen vor sich hin summte, griff er forsch nach Fannys Schenkel. Sie wich ihm nicht aus, schenkte ihm aber keinen Blick. Da erst bemerkte er, daß sie mit einem ihr gegenübersitzenden Unteroffizier mit E.K.1 flirtete. Dessen bäuerliches Gesicht glänzte vor Zufriedenheit, und auch Fanny schien an diesem Schwippschwager ihrer Bernbeurer Base großen Gefallen zu finden.

Berl verstärkte seine Anstrengungen, und seine vom herabhängenden Tischtuch verdeckte Hand glitt unter ihren Rock. Während sie unverwandt ihr Visavis anhimmelte, schob sie sich millimeterweise näher an ihn heran und ließ ihn gewähren. Sie wußte nur zu genau, daß seine Bemühungen an ihrer selbstgestrickten Unterwäsche scheitern würden. Langsam ging das Mahl zu Ende, und die Trauergäste verdrückten sich einer nach dem anderen. Im großen Durcheinander an der Garderobe gelang es Berl, Fanny auf die Seite zu ziehen und mit ihr einen nächtlichen Besuch zu vereinbaren. Rasch gab sie ihm die nötigen Informationen und verschwand dann mit ihrer Familie.

Berl brachte seine Großmutter zum Zwei-Uhr-Bus und besuchte anschließend die Familie eines Schulkameraden in Brem. Sie hatte seit Stalingrad kein Lebenszeichen mehr von ihrem Sohn erhalten. Berl machte den Angehörigen Mut und berichtete, daß sich manche Vermißte erst monatelang nach ihrer Gefangennahme melden könnten.

Um 5 Uhr traf er wieder bei Tante Julie ein. Sie war mit den Franzosen im Stall, und Berl wunderte sich, wie drei erwachsene Menschen an dem stumpfsinnigen Kuhmelken so viel Spaß finden konnten. Jedenfalls hallte das melodische Lachen der Tante wider von den böhmischen Kappen, die den riesigen Stall einwölbten, fast wie bei einer Moschee. Auch die beiden Poilus hatten große Freude an der ziemlich einfältigen Unterhaltung. Die nasalen Zwischenrufe, die unter den Kuhbäuchen hindurchdrangen, rissen sie zu regelrechten Lachkrämpfen hin. Berl war sicher, daß sie ganz gehörige Sauereien von sich gaben, denn er hatte selbst genügend Erfahrung mit der Abhandlung gewisser Themen in Männerkreisen. Natürlich bedauerte er, daß er die Obszönitäten, die die beiden Mistkerle austauschten, nicht verstehen konnte. Seine Lernfähigkeit auf diesem Gebiet war unbegrenzt. Er wußte nur zu genau, wie sehr die ganze Armee jeden schätzte, der mit neuen Varianten zum Thema 1 aufwarten konnte. Die dreijährige Okkupation Frankreichs hatte dafür gesorgt, daß auch die Sprache Voltaires nach passenen Bonmots abgesucht worden war. Und tatsächlich gab es eine Vielzahl brauch-

barer Formulierungen, die in die Umgangssprache der Soldaten ein-
gegangen waren.

Leise schloß Berl die Stalltüre und kehrte in die Stube zurück, wo
der Gugelhupf noch immer auf dem Tisch stand. Er aß zwei Stück,
legte dann ein paar Holzscheite in den Ofen und vertiefte sich in den
"Völkischen Beobachter", den er auf der Fensterbank gefunden hatte.
Die Frontberichte waren schrecklich verklausuliert, aber jeder, der sich
in der Geographie der Ukraine und Polens ein wenig auskannte, wußte:
es ging unaufhaltsam zurück. Der Ruf nach der Wunderwaffe war unü-
berhörbar, aber tiefe Zweifel an ihrem Einsatz regten sich allerorts.

Das Abendessen verlief harmonisch, und Berl fand zusehends Gefallen an den beiden Franzosen. Gustav aus Lyon sprach schon ganz
leidlich Deutsch, aber mit einem furchtbaren Akzent, was immer
wieder zu großer Heiterkeit Anlaß gab. René gehörte zu den stille-
ren Weintrinkern, die die Ufer der Garonne bevölkerten. Ihm ging
sein gewohnter Roter schrecklich ab. Daher versank er bei solch
geselligen Anlässen immer mehr in eine stumpfsinnige Melancholie, aus der ihn auch Tante Julies zähnebleckende Heiterkeit nicht
herausreißen konnte.

Berl suchte im Geiste alles zusammen, was er über Frankreich wußte,
stellte aber sehr schnell fest, daß die beiden Franzosen kaum mehr
über ihr Vaterland wußten als er. Über Museen konnten sie überhaupt keine Auskunft geben. Nicht einmal das geheimnisvolle Lächeln
der Mona Lisa war ihnen geläufig. Dafür aber kannte Gustav das
Sourire de Reims. Mit hochgezogenen Mundwinkeln kopierte er listig
das vieldeutige Lächeln des gotischen Engels, was Tante Julie in hel-
les Entzücken versetzte. Zum großen Bedauern aller verabschiedete sich Berl mit der Ausrede, er müsse noch dem Onkel Willy einen
versprochenen Besuch abstatten.

"Du brauchst keinen Hausschlüssel", sagte Tante Julie, "bei uns wird
nicht abgesperrt!" René brachte ihn zur Tür. "L'air est bon!" stellte er
fest und reckte seine entwöhnte Rotweinnase in die Luft.

"Oui", erwiderte Berl, "il n'est plus froid."

Obwohl der Himmel sternenklar und die Dreiviertelscheibe des Mon-
des in giftiger Blässe herunterstrahlte, war die große Kälte gebrochen. Überall tropfte es von den Dächern, und Berls Stiefel versanken im matschigen Schnee. Langsam trottete er hinunter ins Dorf,
überquerte die Bahnlinie und kämpfte sich dann mühsam den Berg
hinauf zum Haus des Arztes.

Er bewohnte das ehemalige Herrschaftshaus eines vertrottelten Adeligen, den die Nazis auf dem Umweg über Kaufbeuren ins vorzeitige Jenseits befördert hatten. In der Art eines Viereckhofes krönte das Bauwerk wie eine Burg den Hügel. Das große Hoftor stand offen, da der Doktor für nächtliche Besucher erreichbar sein wollte. Das geräumige Wohnhaus mit dem wuchtigem Walmdach lag verdunkelt auf der Südseite. Zwei einstöckige Wirtschaftsgebäude bildeten die beiden Längsseiten. Die Pferdeställe mit den Wagenremisen schlossen den Hof auf der Nordseite ab. Auf der östlichen Giebelseite des Stallgebäudes führte eine überdachte Freitreppe ins ausgebaute Dachgeschoß.

Berl schlich sich leise nach oben, immer dicht an der Wand entlang, damit die ausgetretenen Buchenstufen nicht etwa knarrten. Behutsam drückte er den geschmiedeten Griff an der aufgedoppelten Eichentüre herunter, schob das schwere Türblatt nach innen und betrat einen winzigen Vorplatz. Ohne unnötige Geräusche zu verursachen, zog er die Türe hinter sich ins Schloß und klopfte zaghaft an die schmale, gegenüberliegende Türe. Sie öffnete sich sofort, und Fannys Kopf erschien im Türspalt. Der Zeigefinger ihrer linken Hand lag senkrecht auf ihren Lippen, und Berl verschluckte den schon bereitgehaltenen Willkommensgruß. Lautlos zwängte er sich in den Raum, der ganz mit Fichtenbrettern verschalt und von einer Nachttischlampe nur sehr unzureichend beleuchtet war. Neben einem schmalen, hochbeinigen Kastenbett fiel ihm ein klobiger, zweitüriger Bauernschrank auf, der über und über mit Heiligen und Blumenranken bemalt war. Zwischen Schrank und Bett hatte man nachträglich ein Fenster in den Kniestock gebrochen. Es war dick mit Wolldecken verhangen.

Fanny stand ein wenig steif in der Mitte der Kammer, ein Bild bäuerlicher Ungeschicklichkeit im Umgang mit Reizwäsche. Ein herablassender Zug mokanter Überheblichkeit trat auf Berls Gesicht so unübersehbar in Erscheinung, daß sich das Mädchen veranlaßt sah, ihm einiges zu erklären.

"Ich bin im letzten Jahr so sehr gewachsen, daß mir von meinen Sachen nichts mehr gepaßt hat." Berl sah sie verständnisvoll an und nickte mit dem Kopf.

"Das Nachthemd ist von meiner Mutter", erläuterte sie und strich mit den Händen über das aufgerauhte Baumwolltuch.

"Und die elegante Kopfbedeckung?" fragte Berl mit kaum verstecktem Spott.

"Weil ich jeden Winter zwei- bis dreimal Schnupfen hatte, verlangte die Großmutter, daß ich ihre Haube aufsetze." Als sie Berls verständnisloses Kopfschütteln bemerkte, fuhr sie fort: "Wenn sie dich stört, setze ich sie ab."

"Nein, nein, laß nur!" wehrte Berl ihren Vorschlag ab. "Hauptsache, sie ist warm!"

"Da herin kann man nämlich nicht heizen", erklärte Fanny und stieg, ohne sich weiter um ihn zu kümmern, ins Bett. Eine eindeutigere Aufforderung, es ihr gleichzutun, war kaum vorstellbar. Trotzdem brauchte Berl eine geraume Zeit, bis er sich entschloß, sich zuerst einmal seiner Stiefel zu entledigen. Dann setzte er sich auf die Bettkante und griff nach Fannys Hand. Sie wurde ihm unverzüglich entzogen. "Ich muß dir zuerst was zeigen", sagte Fanny mit einem geheimnisvollen Unterton.

Von ihrem Nachttisch holte sie einen mit Samt bezogenen Holzkasten, dem sie ein altes Buch entnahm. Während sie den Kasten auf den Boden legte, drückte sie Berl das Buch bedeutungsvoll in die Hand.

"So was hast du noch nie gelesen!" behauptete sie und rückte von ihm ab.

"Du kannst schon zu mir hereinkommen!" meinte sie, und nachdem er Mantel, Jacke und Hose ausgezogen hatte, kletterte er zu ihr unter das bauschige Federbett. Behutsam, wie es sich für ein so seltenes Exemplar gehörte, schlug Berl den etwas vergilbten Einbanddeckel auf und las:

"V A T S Y A Y A N A" darunter: "Das Kamasutram, die indische Ars amatoria, aus dem Sanskrit übersetzt und herausgegeben von Richard Schmidt - Leipzig 1897, mit dem vollständigen Commentare des Jacodhara."

"Na, was sagst du?" zwängte sich Fanny zwischen seine Gedanken.

"Davon hast du noch nichts gehört, gell!" stellte sie stolz fest, und Berl mußte ihr recht geben. Das klang wirklich sehr exotisch.

Was er kannte, war Ovids Liebeskunst, und somit mußte dieses Buch etwas mit den Praktiken der Inder auf diesem Gebiet zu tun haben. Sofort tauchten in seinem Kopf die phantastischen Bilder der unglaublichen Tempel von Kajuraho auf, die er auf der Kunstakademie in München gesehen hatte. Man hatte ihm damals auch gesagt, daß die verzückten Liebespaare Szenen aus einem geheimnisvollen Buch darstellten. Sollte Fanny tatsächlich dieses Buch haben?

"Woher stammt dieses Buch?" fragte er deshalb, und Fanny gestand, daß sie es aus der großen Bibliothek des Doktors ausgeliehen habe. "Und wie kommst du ausgerecht auf dieses Buch?" bohrte er weiter. "Da war einmal der Notar aus Füssen zu Besuch, dem hat der Doktor das Buch gezeigt, und ich hab' gehört, wie die beiden darüber gelacht haben." "Ist das Buch so lustig?" wollte Berl wissen. "Lustig gerade nicht, aber manche Sachen sind schon recht komisch!" Berl spürte die Wärme von Fannys Körper, und in seinem Kopf entbrannte ein wütender Kampf zwischen seiner Neugierde auf dieses Buch und der Schwachheit des Fleisches. Eigentlich war er ja nicht hierhergekommen, um ein Buch zu lesen, andererseits lief ihm die Fanny ja nicht davon. Verärgert über seine Unentschlossenheit, begann er zu blättern. Die ersten Seiten handelten von indischen Mythen, von der Zeugung der Schöpfung und von den Traditionen des Hinduismus. Berl las nur die Überschriften. Es war nicht zu glauben: da lag er nun im Bett eines hübschen Mädchens und vertrödelte seine Zeit mit der Lektüre fremdländischer Sitten und Gebräuche. Verstohlen suchten seine Füße Kontakt zum nackten Fleisch seiner Nachbarin herzustellen. Er spürte tatsächlich ihre Füße, stellte aber erschrocken fest, daß er noch in seinen Socken steckte. Unter erheblicher Kraftaufwendung schob er die stocksteife militärische Wirkware von seinen Füßen, indem er mit den großen Zehen versuchte, zwischen Strumpf und Wade zu gelangen. "Was machst du denn da unten?" fragte Fanny und hob das Plumeau an. "Meine Socken sind mir zu warm", erläuterte Berl. "Dann zieh sie halt aus!" schlug Fanny vor, und Berl gehorchte. Nachlässig warf er die Socken auf den Bettvorleger, deckte sich wieder zu und kehrte zu seinem Buch zurück. Die nächste Überschrift weckte sein Interesse: "Die vier Klassen von Frauen!" Die Sache würde also doch noch ganz aufschlußreich werden. Berl las: "Die Padmini oder Lotosfrau hat einen geschmeidigen Körper und alle nur denkbaren Vorzüge." Haare, Augen, Stirne, Mund, Zähne - alles wurde genau geschildert. "Ihre vollen, festen Brüste sind wie Vilva-Früchte", hieß es.
"Wie was?" wollte Fanny wissen, aber Berl hatte keine Ahnung. Er schlich sich mit einer exotischen Erklärung aus seiner Wissenslücke. "Die Chitrini ist die geschickte Frau mit dem Gang des fröhlichen Elefanten."

Beide lachten herzhaft, und Berl versuchte Fannys Ohr zu küssen, was sie aber nicht zuließ. "Es wird schon noch besser!" tröstete sie ihn.

"Die Hastinifrau hat volle, pralle Brüste", las er und überzeugte sich mit einem schnellen Griff, daß Fanny auf dem besten Weg war, in diese Kaste hineinzuwachsen.

"Finger weg!" befahl sie und rückte ein wenig von ihm ab. Die Temperatur unter dem dickbauchigen Federbett stieg konstant an, und Berl suchte erneut Fannys Füße. Sie entzog sie ihm nicht. Befriedigt stellte er fest, daß das Mädchen zu wohlüberlegten Zugeständnissen bereit war. Er bewunderte ihre Selbstbeherrschung. Zum Schluß kam die Sankhinifrau. "Sie hat ein unschönes Gesicht und den Körper der Sau. Brust und Bauch verströmen Fischgeruch."

"Der Notar hat damals gesagt, das könnte seine Frau sein", sagte Fanny.

"Und dann haben die beiden gelacht!" schlußfolgerte Berl, und Fanny nickte.

"Die Dichter sagen", las er weiter, "auf zehn Millionen Frauen kommt eine Padmini, auf zehntausend eine Chitrini und auf tausend eine Hastnini; die Sankhini trifft man auf Schritt und Tritt."

"Bei uns auch!" stellte das Mädchen sarkastisch fest, und Berl war einverstanden. Das Kapitel über die Konversation wurde in beiderseitigem Einverständnis überblättert. Auch "das elegante Leben", das die ersten Begegnungen der Liebenden behandelte, übergingen sie ohne Bedauern.

"Jetzt wird's spannend", deutete Fanny an, und Berl las: "Die verschiedenen Arten der Liebesvereinigung." Den Ihnen vor Ihnen vorauseilenden Kommentar begleitete Fanny mit einer vorsichtigen Annäherung. Sie rutschte ein wenig nach unten, legte ihren Kopf auf seinen Arm und schloß die Augen.

"Lies bitte laut vor", bat sie, und Berl erfüllte ihr diesen Wunsch.

"Die Frau umklammert den Mann wie der Efeu den Baum", begann er und schob sein linkes Bein auf den Körper des Mädchens. Anstelle der seidenweichen Haut der Lotosfrau spürte er den altfränkischen Molton ihre knöchellangen Nachthemdes. Ein solches Kleidungsstücke hätte auch die gewaltige Wollust des Liebesgottes Ananyas gebändigt. Enttäuscht zog er sein Bein zurück und las mit deutlich vermindertem erotischen Timbre weiter. Aber das Kamasutram ließ ihn nicht mehr los. Die Liebkosungen, die dem Liebesakt vorauszugehen hatten, wurden so plastisch dargestellt, daß Berl mehrmals versucht war, die Lektüre zu unterbrechen und zur Tat zu schreiten. "Jetzt noch nicht!" bremste ihn das Mädchen, und Berl war gezwungen, weiterzulesen. Während das süße Gift seinen Verstand umnebelte, huschten die Erinnerungen an seine früheren Verstrickungen durch seinen Kopf, und hinter den Schläfen pochte das geheimnisvolle Wissen um die Abgründe der menschlichen Leidenschaften. Was aber hier auf ihn einströmte, war so phantastisch klar und einfach, daß er sich seiner bisherigen Verklemmtheit zu schämen begann. Er hatte es nicht für möglich gehalten, daß man in so einfachen Worten so überzeugend und ohne obszöne Hintergedanken über die Geheimnisse der geschlechtlichen Vereinigung reden konnte. Schon war er bereit, das christliche Pharisäertum in Grund und Boden zu verdammen, als ihm die detailwütige Schilderung fragwürdiger Techniken die bisher geübte Vorliebe für weniger ausgefeilte Praktiken zurückbrachte. Die betäubende Süße des Genusses mußte gestört werden, wenn die Liebenden nach den Regeln eines Handbuches vorgingen. "Der Hasensprung ist ein Kratzer mit allen fünf Fingernägeln nahe der Brustwarzen", las Berl und schüttelte den Kopf. Fanny lachte still in sich hinein.

"Willst du, daß wir das gleich einmal ausprobieren?" fragte er scheinheilig.

"Du spinnst wohl!" gab sie lachend zurück und bat ihn weiterzulesen. Unter der knappen Überschrift "Bisse" nahm Vatsyayanas Sucht nach Präzisierung ominöse Züge an: Schwellbiß, Koralle und Juwel, durchbrochene Wolke und Eberbiß setzten schon eine enorme Geschicklichkeit voraus, wenn man bedachte, daß all diese Liebesbeweise im Zustand höchster Leidenschaft angebracht werden mußten. Berl merkte, daß die erotische Spannung, die sich in den letzten Minuten aufgebaut hatte, unter der Hektik indischer Bißwütigkeit zu bröseln begann. Schnell wollte er daher das Kapitel über Schläge und Schreie überspringen. "Das mußt du noch lesen", warf Fanny ein und zeigte auf den unteren Abschnitt. Berl las zu seinem großen Erstaunen, daß verschiedene Arten von Schlägen mit bestimmten Naturgeräuschen beantwortet werden mußten. "Schlägt der Handrücken des Mannes auf den Bauch der Frau, ist bei ihr das Quaken der Ente die angemessene akustische Erwiderung." Berl lachte lauthals.

"Für mich spinnen diese Inder allesamt!" kommentierte Fanny.

"Laß uns ein bißerl schmusen!" schlug Berl vor, klappte das Buch zu und legte es vorsichtig auf das Nachttischchen.

"Aber nur fünf Minuten!" schränkte Fanny ein, und so geschah es auch. Vom Küssen verstand sie gar nichts. Berls Versuche, ihre erogenen Zonen ausfindig zu machen, scheiterten samt und sonders an der Qualitätsarbeit der Augsburger Spinnerei und Weberei. Berl war schon versucht, die eben erfahrenen Bißtechniken anzuwenden, als ihn Fanny darauf aufmerksam machte, daß die gewährten fünf Minuten um seien. Sie setzten sich wieder auf, und Berl begann weiterzulesen.

"Die sexuellen Eigenheiten der Frauen in den verschiedenen Teilen Indiens!"

Fanny schlug vor, dieses Kapitel zu überschlagen, weil man diese Gegenden mit den furchtbaren Namen eh nicht kenne. Berl befolgte den Rat.

Obgleich er sich immer für einen ziemlich abgebrühten Burschen gehalten hatte, stockte ihm der Atem, als die Einteilung der Geschlechtsorgane nach ihrer Größe zur Behandlung anstand.

Ein wenig erleichtert wurde ihm die Aufzählung, weil er die indischen Begriffe Linga und Yoni zur Verfügung hatte. Die Einteilung in Hase, Stier und Hengst bei den Männern war durchaus anschaulich. Gewisse Schwierigkeiten entstanden mit der Klassifizierung der Frau in Gazelle, Stute und Elefantenfrau.

"Ob die Elefantenfrau was davon hat, wenn sie an einen Hasenmann gerät?" wollte Fanny wissen, und Berl schwafelte etwas von dem Übergewicht der Technik gegenüber bloßer Größe. Er spürte Fannys Vorbehalte und mußte sich wieder einmal eingestehen, daß die Vorliebe der Frauen für schiere Mächtigkeit weit verbreitet war. Daß es bei der Leidenschaftlichkeit Abstufungen von schwach über mittel bis stark gab, war sie sofort bereit anzuerkennen.

So allmählich dämmerte in Berls Kopf die Vermutung, daß er von einem kleinen Bauerntrampel auf ganz hinterhältige Weise mißbraucht wurde. Dabei spielte es keine Rolle, ob es sich um wohlkalkulierten Wissensdurst handelte, oder ob hier ein Fall von matriarchalischem Atavismus vorlag. Ganz augenfällig war die Tatsache, daß er ausschließlich in dieses Bett gelockt worden war, um einem theoretischen Defizit in Sachen Erotik abzuhelfen.

Wie oft schon war er aus den trügerischen Oasen lustvoller Gemeinsamkeit ganz brutal in die Wüste des Alltags zurückgestoßen worden. Die Erkenntnis, daß es kein Glück von Dauer geben könne, hatte sich in seinem Hirn verfestigt. Der Traum von immerwährender Wollust war längst ausgeträumt. Trotzdem folgte er wie ein beutegeiler Jagdhund jeder neuen Fährte, brach alle seine auf logischem Kalkül basierenden Schwüre und stürzte sich kopfüber in neue Abenteuer. Wie im Rausch zog es ihn hinein in diesen Taumel der Sinne, und die Wucht der Nackenschläge, die ihn ins irdische Jammertal zurückbeförderten, wurde immer heftiger. Was würde ihm dieses Mädchen antun? Jetzt war es noch Zeit zu gehen.

Mit zittrigen Fingern blätterte er um, las die neue Überschrift und wußte sogleich, daß es zum Gehen schon wieder zu spät war.

"Stellungen und Haltungen im Liebesakt, die eine Befruchtung ermöglichen."

Irgend etwas in ihm sträubte sich, mit dem Lesen zu beginnen. Noch nie hatte er sich mit einer Frau über solche Dinge unterhalten. Schweigend und mit inbrünstiger Leidenschaft hatte er seinen Part erfüllt. Nie war ihm in den Sinn gekommen zu fragen, ob er gut gewesen sei. Stillschweigend hatte er die Wahl der Position der jeweiligen Partnerin überlassen, und wie immer sie sich entschieden hatte, ihm hatte es getaugt, und es war gut so.

"Nun lies schon!" drängte Fanny und machte sich an seinem Hemd zu schaffen.

"Für die Gazellenfrau gibt es - im Liegen - drei Stellungen:"

Stockend las Berl. Manche Absätze mußte er wiederholen, weil ihm der Sinn der Beschreibungen nicht klar war. Auf Fannys Bitten um Verdeutlichung geriet er immer öfter in Schwierigkeiten. Dann endlich wurde es Fanny zu dumm.

"Man muß das eben praktisch ausprobieren", schlug sie vor und deckte das Federbett zurück. Sie setzte sich auf und strich mit beiden Händen über ihr Nachthemd.

"Vielleicht ist es besser, wenn ich das auszieh'", sagte sie und stand auf. Provozierend baute sie sich vor ihm auf, knöpfte das Hemd auf und zog es mit einem Ruck über ihren Kopf. Zu Berls großem Erstaunen kam eine knielange, aus dunkelgrauer Wolle gestrickte Unterhose zum Vorschein, die Fannys kräftiges Untergestell nicht gerade sehr vorteilhaft umhüllte.

"Willst du mir nicht helfen?" fragte sie mit einem beleidigt klingenden Unterton. Dieses Luder weiß ganz genau, was es will, dachte Berl, ließ sich aber nicht zweimal bitten. Schnell glitt er aus dem Bett und trat auf sie zu.

Mit weit abgestreckten Armen ließ Fanny zu, daß er ihre mit fleißigen Fingern gestrickten Liebestöter herunterkrempelte. Weil der

Übergang über die Fersen Schwierigkeiten bereitete, kniete sich Berl nieder und erlöste das Mädchen endgültig von seinem wollenen Panzer. Nun stand sie nackt vor ihm, und er kniete immer noch. Auf ihren Bauch entdeckte er, in die weiche Haut eingegraben, das vertraute Strickmuster: zwei links, zwei rechts. Behutsam streichelten seine Fingerkuppen diese untrüglichen Beweise sittsamer Kleiderordnung. Dann krochen sie in ihr Bett zurück, und Berl konzentrierte sich auf den Text.

Fanny profitierte bei den angepriesenen Körperstellungen von ihrer aufmerksamen Teilnahme an den Veranstaltungen des Schulsports. Mit großer Geschicklilchkeit verddrehte sie Arme und Beine, hob und senkte wie gefordert ihre Körpermitte, schaffte sogar die kreuzweise Lagerung der Füße auf den Schenkeln und war mit großem Eifer bei der Sache. Ganz gleich, ob es sich um die Stutenstellung, die Steilstellung, das Nageleinschlagen, die Krebsstellung, das Paket oder die Lotosform handelte, sie mußte vorher schon geübt haben. Berl hielt tapfer mit. Die hohe Bettstatt erwies sich manchmal als vorteilhaft, zumeist aber stellte sie große Anforderung an seine turnerische Geschicklichkeit. Schon nach kurzer Gewöhnung bestand Fanny auf Stellungswechsel, da sie an seiner Standhaftigkeit gewisse Zweifel hegte.

"Kannst du noch? war ihre mitleidlose Zwischenfrage, und Berl bejahte mit zusammengebissenen Zähnen. Die Bettstatt knarrte immer bedrohlicher, und aus dem darunterliegenden Pferdestall stieg der Duft von frischen Pferdeäpfeln wie ein äußerst wirksames Aphrodisiakum in Berls Nase. Die Kälte des ungeheizten Raumes kroch seinen Rücken hoch und legte sich wie Reif auf seine Schultern. Er fühlte seine Kräfte erlahmen. Was ihn allein noch aufrecht hielt, waren Fannys Eifer und ihre berserkerhafte Wut, jede Stellung möglichst detailgerecht nachzuahmen. Dabei schien es ihr gar nicht so sehr auf Lustgewinn anzukommen. Ihr Ehrgeiz schien sich vielmehr darin zu erschöpfen, daß sie fähig war, ohne Scham die irrwitzigsten Körperhaltungen einzunehmen und keinerlei störende Lust aufkommen zu lassen. Nur ganz selten huschte ein feines Lächeln des Wohlbehagens über ihre Lippen, und Berl glaubte, in ihren Augen ein Aufblitzen richtiger Leidenschaft zu erkennen. Aber sehr schnell verflogen diese Anzeichen von Schwäche.

Nachdem sie auch noch die Stellungen, "die nur der Lust dienen", absolviert hatten, zeigten sich doch gewisse Anzeichen physischer

Erschöpfung auf Fannys Gesicht. Auf die in Südindien praktizierte Vereinigung niedriger Art, nämlich die Einführung des Linga in den Anus, verzichteten sie in beiderseitigem Einverständnis. Dann versanken sie in ihrem Bett, und das Mädchen umklammerte den Mann wie der Efeu den Baum.

Als sich Berl nach traumlosem Schlaf am frühen Morgen aufsetzte, weil ein blasser Lichtschein durch die untere Türspalte kroch, stellte er fest, daß Fanny nicht mehr da war. Diese Tatsache beunruhigte ihn keineswegs. Im Gegenteil! Wohlig drehte er sich auf den Rücken und genoß die ganze Breite des Bettes. Fannys Seite war noch warm, und der Geruch ihres verschwitzten Körpers lag noch in der Luft, so daß er, Berl, das Vorhandensein des darunterliegenden Pferdestalles gar nicht mehr wahrnahm. Wie in Zeitlupe krochen die Bilder der vergangenen Nacht an seinem inneren Auge vorüber, und es fiel ihm schwer, die in seiner Erinnerung gespeicherten Vorkommnisse für wahr zu halten. Während er unter normalen Umständen auf seine Potenz riesig stolz gewesen wäre, fühlte er sich in diesem Fall auf primitivste Weise ausgenutzt. Sie hatte ihn ganz ohne Skrupel dazu benutzt, ihre obszöne Neugierde zu befriedigen. Aber ganz frei von Schuld war er auch nicht. Schließlich hatte er mitgemacht und, das mußte er schon zugeben, auch genossen. Wie oft hatte er schon an ähnliche sexuelle Ausschweifungen gedacht, aber dann war er immer davor zurückgeschreckt, sie in die Tat umzusetzen. Da mußte erst dieses Unschuldslamm vom Lande kommen und ihm diese Lektion erteilen.

Plötzlich hörte er das Quietschen der Stalltüre und das Schnauben der Pferde. Berl schlich ans Fenster, hob den Vorhang und sah den Doktor, wie er das Pferd anspannte und dann mühsam auf den kleinen Landauer kletterte. Das Pferd setzte sich sogleich in Bewegung. Die Räder des zerbrechlichen Gefährtes wühlten sich aufspritzend durch den dicken Matsch.

Dann kam Fanny. Rasch wickelte sie sich aus dem groben Wollschal, den sie um Kopf und Hals trug, warf den schweren Kutschermantel in die Ecke und kroch zu Berl ins Bett.

"Warum nimmt er eigentlich nicht sein Auto?" fragte der stets praktisch veranlagte Berl, noch ein wenig schlaftrunken.

"Weil die Straßen oft recht spät geräumt werden und er auf dem Weg zu den Einödhöfen schon zu oft hängengeblieben ist", klärte Fanny ihn auf.

"Und mit dem Pferd kommt er da durch?" wollte Berl wissen, aber sie gab ihm schon keine Antwort mehr. Sie war eingeschlafen.

Als Berl wieder aufwachte, war es 7 Uhr. Er rüttelte Fanny wach und erinnerte sie daran, daß sie etwas von Feuermachen gesagt hatte, ehe sie eingeschlafen war.

Schnell sprang sie aus dem Bett, schlüpfte in den Mantel, schlang das Wolltuch um Kopf und Hals und lief barfuß davon.

Zehn Minuten später war sie zurück und verkroch sich wieder unter der Bettdecke. Berl wärmte ihre eisigen Füße.

"Wann macht der Doktor seine Praxis auf?" wollte er wissen.

"Wenn er zurück ist", antwortete Fanny, was keineswegs so logisch war, wie es klang.

"Und wann ist er zurück?" hakte Berl nach.

"Das kann ziemlich lange dauern. Er ist zu einer Geburt."

"Und die Patienten?"

"Die sehen ja, wenn er zurückkommt", erklärte Fanny lakonisch, und Berl entschloß sich, das Thema auf sich beruhen zu lassen, weil er das komplexe System dieser Praxis doch nicht durchschauen würde.

Langsam erwärmten sich Fannys Füße, und ihr ruhiger Atem verriet ihm, daß sie wieder eingeschlafen war. Auch bei ihm waren die Anstrengungen des Vorabends gewichen, und die wohlige Wärme des Mädchenkörpers übertrug sich auf ihn. Er dachte an seine Nächte mit Else, Inge, Helga und wie sie alle geheißen hatten. Was hatte dieser Krieg aus den Menschen gemacht? Wie sehr war doch das Gefühlsleben überall verkümmert und einer blanken Gier nach Lebensgenuß gewichen. Wo war die Liebe geblieben?

Sein Umgang mit den Mädchen war bisher eine einzige Èducation brutale gewesen. Er hatte sie alle gern gemocht, für einen Augenblick auch begehrt, aber es war nichts übriggeblieben. Sicher war es ihnen mit ihm ähnlich ergangen. Letzten Endes lief alles auf die Büchnersche Erkenntnis hinaus, daß es völlig egal ist, an was man seine Freude hat: an Christusbildern, Blumen oder Leibern; es ist alles das nämliche Gefühl. Wann würde die Frau kommen, die ihm die Sinne raubte? Wann die Liebe?

Das heisere Gekrächze eines Hahnes weckte Berl aus seinen Träumereien. Auch Fanny richtete sich im Bett auf und griff nach dem Buch. Um Gottes willen, nicht schon wieder, dachte Berl, ließ sie aber gewähren. Rasch überblätterte sie das gestern Gelesene. Dann hatte sie die gewünschte Seite gefunden. Energisch hielt sie ihm das

Buch vors Gesicht und befahl: "Das mußt du noch lesen!"

"Nimm bitte die Decken vom Fenster", bat er, "deine Lampe ist wirklich nicht sehr hell."

Fanny glitt auf ihrer Seite aus dem Bett und zog die Wolldecken aus ihrer Halterung. Das blasse Licht eines eiskalten Wintermorgens erfüllte den kleinen Raum. Vorsichtig spähte Fanny auf den Hof hinaus. Sie war nackt, und Berl bewunderte ihren geschmeidigen Körper. Sepp Hilz hatte eine bäuerliche Venus gemalt, die im Haus der Deutschen Kunst hing. Sie entsprach genau dieser Fanny, und Berl war stolz, ein solches Modell besessen zu haben.

Seine kunstsinnigen Betrachtungen gipfelten in der Erkenntnis, daß ein schöner Körper ein wesentlicher Bestandteil der Liebe sei. Über die weiteren Komponenten brauchte er sich zu diesem Zeitpunkt keine Gedanken zu machen. Diese Fanny mochte eine ganze Menge Qualitäten haben, seine große Liebe aber würde sie nicht sein - obwohl sie sehr hübsch anzusehen war. Aufmerksam verfolgte er jede ihrer Bewegungen, bis sie unter der Decke verschwand. Sie ergriff seine Hand, legte sie flach auf ihren Bauch und schloß die Augen.

In ihrem Kopf herrschte ein totales Chaos. Natürlich war sie ein ganz normales Mädchen, das von der Liebe träumte, von einem braven Mann mit Haus und Hof, von freundlichen Kindern und vielen, sehr vielen Kühen. Sie hatte keine bestimmte Vorstellung vom Aussehen des Mannes, der ihr das alles bescheren sollte. So wie dieser Peter Berl jedenfalls, da war sie ganz sicher, würde er nicht sein. Schon eher wie der Vetter aus Bernbeuren, aber der war wahrscheinlich nicht schlau genug, diesen Krieg zu überleben. Er schien Gefallen an seiner Tapferkeit gefunden zu haben, und das war ein untrügliches Zeichen für Schwachsinn. Das EK 1 hatte er schon, und jetzt wollte er noch das Ritterkreuz. Dieser gierige Wunsch, ein großer Held zu sein, würde ihm das Genick brechen, dessen war sie sicher. Aber da würden andere sein, weniger heldenhafte. Sie würden diesen Scheißkrieg überstehen, und sie würde sich schon einen angeln. Soweit war alles klar. Aber im Augenblick gab es noch ein Problem, und das war dieses Buch.

Sie hatte es an die zehnmal gelesen und konnte tagelang nur noch an diese endlose Aufreihung von Schweinereien denken. In den Nächten träumte sie von schwarzhaarigen Teufeln, die es mit ihr trieben. Und am Tag überlegte sie fieberhaft, ob es je eine Möglichkeit geben würde, das Gelesene in die Tat umzusetzen. Alle Männer, die sie kannte und mit denen sie schon mehr oder weniger eng vertraut gewesen war, mußten ausscheiden. Der eine war zu redselig, der zweite zu katholisch und der dritte zu verklemmt. An manchen Tagen kannte ihre Verzweiflung keine Grenzen. Immer wieder las sie einzelne Passagen, überdachte ihre Aussage und vollzog in Gedanken die verrücktesten Positionen. In immer kürzeren Abständen überfiel sie das heulende Elend. Wahrscheinlich würde sie niemals herausfinden, ob dieses indische Handbuch tatsächlich praktikable Regeln für Liebespaare enthielt. Sie wollte sich nicht damit abfinden, daß all das, was sie in vielen durchwachten Nächten so inbrünstig verschlungen hatte, für immer und ewig blasse Theorie bleiben sollte. Sie brachte das Buch in des Doktors Bibliothek zurück und verfiel in eine apathische Gleichgültigkeit. Aber schon nach wenigen Tagen kehrte sie zu ihrer Droge zurück, und ihre Nächte wurden zu wahren Torturen. Sie las und las, ihr Körper zitterte wie im Schüttelfrost und der Wunsch, das Beschriebene zu verwirklichen, wurde zur Besessenheit.

Und dann kam dieser Füssener Vetter. Er hatte in München studiert, und sie hoffte, daß ihn die sündige Großstadt ausreichend verdorben hatte. Schon beim ersten Blick war ihr klar: er oder keiner.

Bedenkenlos hatte sie sich an ihn herangemacht, und er war wie ein blinder Maulwurf in die Falle getappt. Sie hatte ihn, den großen Weiberhelden, manipuliert, und er hatte getan, was sie von ihm verlangte. Seite für Seite hatten sie absolviert, und das meiste hatte ihr wenig Vergnügen bereitet. Sie hatte seine Ausdauer bewundert und den Eifer belächelt, mit dem er seinen Part herunterspulte. Es war ihr vollkommen egal, ob er die Situation genoß. Sie mußte sich von dem teuflischen Zwang, den dieses Buch auf sie ausübte, befreien. Erst wenn die letzte Seite umgeblättert war, würde sie erlöst sein. Das war ihre fixe Idee. Und sie hatte nicht mehr viel Zeit. Bald würde der Doktor zurückkommen, dann mußte sie in die Praxis, und der Füssener würde wieder heimfahren.

Mit einem Ruck setzte sie sich auf, holte das Buch vom Nachttisch und reichte es ihm. Mit gewandten Fingern hatte sie aufgeblättert. "Wir sind gestern nicht fertig geworden", stellte sie fest. "Da lies!" "Auparishtaka oder der Verkehr mit dem Mund!" Berl erschrak vor seiner eigenen Stimme. Es war nicht sicher, ob ihm ein solcher Text zugemutet werden konnte. Ganz allein, im stillen Kämmerlein, hätte er sich keinen Zwang angetan, aber vor diesem Mädchen?

"Das Kapitel mit den Eunuchen kannst du auslassen", unterbrach sie seine Überlegungen. "Blättere um, und fang beim zweiten Absatz an!" Berl tat wie ihm geheißen, und mit einem Knödel in der Kehle las er: "Die Vereinigung nach Art der Krähe." Was er nun zu lesen hatte, war nicht ganz neu. Unter Männern war diese Stellung ausgiebig kommentiert worden. Im großen und ganzen war man sich aber einig gewesen, daß sie unter hygienischen Gesichtspunkten unakzeptabel sei. Dieser Meinung hatte sich Berl stets angeschlossen, und so war es bei den theoretisierenden Abhandlungen geblieben. Auch jetzt war er fest entschlossen, es bei der Theorie zu belassen. Während er mit stockender Stimme vorlas, machte sich Fannys Hand auf, zwischen seinen Beinen für die notwendige Vorbereitung zu sorgen. Während so in Berls Kopf die Schamgrenze längst überschritten war, begann sich weiter unten die Schwachheit des Fleisches zu manifestieren. Aber diesmal siegte seine Überzeugung. Mit einer resoluten Bewegung klappte er das Buch zu und sagte:
"Du kannst mich nicht zwingen, so etwas zu tun!"
Die Zornesröte stieg in ihren Kopf, und ihr Mund verzog sich zu einer wütenden Grimasse.
"Willst du jetzt, kurz vor dem Schluß, deinen Schwanz einziehen, du Feigling?" giftete sie ihn an. Mit einem kräftigen Schwung warf sie das Plumeau auf den Boden. Entsetzt über ihre vulgäre Ausdrucksweise starrte er das nackte Mädchen an.
"Ich hab' das noch nie gemacht", wehrte er ab, "und will auch jetzt nicht!"
Sie hörte ihn nicht mehr. Wie eine Schlange glitt ihr Körper an ihm entlang. Mit einem tiefen Seufzer umschlang sie seine Beine und biß sich dann wie wild in seiner Wade fest. "Du mußt es tun!" bat sie.
Fast hätte er vor diesem Ausbruch weiblichen Elends kapituliert. Aber sein Stolz zuckte wie ein Blitz in sein Hirn. Er hatte mitgespielt, solange es ihm Spaß gemacht hatte. Aber das ging zu weit. Wo käme man hin, wenn die Frauen bestimmten, was im Bett zu machen sei? Jetzt ging es um seine Ehre.
Er packte ihre Beine und schob sie über den Rand des Bettkastens. Dann stemmte er sich hoch, und seine Hände rissen ihren Kopf zurück. Sie starrte ihn mit entsetzten Augen an, ließ seine Beine los und sank wimmernd auf den Bettvorleger hinunter.
Berl stand auf und zog sich an. Sie lag noch immer zusammengerollt auf dem Boden. Er wollte ihr aufhelfen, aber sie stieß ihn zurück.
"Rühr mich nicht an!" fauchte sie und vergrub ihren Kopf in beiden

Armen. Berl holte das Plumeau und deckte sie behutsam zu. Dann verließ er Fannys Stube. Mit weichen Knien stieg er über die Treppe in den Hof und stapfte durch den knirschenden Matsch den Berg hinunter ins Dorf.

Als er kurz vor acht Tante Julies Hof betrat, war sie mit den Franzosen im Stall und bemerkte seine Ankunft nicht. Rasch ging er auf sein Zimmer und legte sich angezogen ins Bett. Erst als er in der Stube unter sich das Geklapper der Kaffeetassen hörte, erhob er sich und ging hinunter.

Sie frühstückten gemeinsam, radebrechten ein wenig über das Wetter und über die letzten Nachrichten vom Kriege. Dann war es Zeit für den Bus.

Berl bedankte sich für die erwiesene Gastfreundschaft. Bereitwillig klemmte er ein größeres Paket mit Fressalien unter den Arm, gab auch den Franzosen die Hand und machte sich auf den Weg.

Der Bus stand abfahrbereit am Bahnhof; er war schon zur Hälfte besetzt. Berl stieg mit gemischten Gefühlen ein. Er dachte an Fanny und fühlte sich mißbraucht. Dieses Gefühl war neu für ihn, und da er glaubte, man würde ihm dies ansehen, vergrub er sich in der hinteren Bankreihe.

Stöhnend und ächzend kämpfte sich das altersschwache Gefährt durch den knöcheltiefen Schneematsch. An jeder Steigung erwartete Berl den Ruf des Chauffeurs: Aussteigen und schieben! Aber jedesmal schaffte der Bus das Erstaunliche und kam oben an. Alle drei bis vier Kilometer wurde angehalten. Das Aus- und Einsteigen vollzog sich lautlos. Ein Schwall kalter Luft drang ins Wageninnere, und Berl krümmte sich noch enger zusammen. Manchmal wagte er einen kurzen Blick durch die angefrorene Scheibe, hauchte sie an und vergrößerte mit klammen Fingern das Guckloch. Weiß, Grau und Schwarz in allen Schattierungen, sonst nichts. Er schloß die Augen. Die vergangene Nacht geisterte durch seinen Kopf, und sein Ärger über Fanny nagte in seiner Brust. Dieses Luder hatte ihn ganz einfach benutzt, so wie man ein Fahrrad nimmt, um schneller voranzukommen. Natürlich hatte ihn dieses Buch ebenfalls fasziniert, aber die Umsetzung ins wirkliche Leben konnte man doch nicht so einfach durchexerzieren, wie man es mit der H.D.V. auf dem Kasernenhof macht. Noch dazu, wo sie sich vorher ja gar nicht gekannt hatten. Er hatte nicht die Absicht, sein eigenes Verhalten abzuklären. Es gab keinen Zweifel, daß ein Mann solche Dinge tun dürfte, aber eine Frau? Bisher hatte er sich an die Mädchen herangemacht und mit allen Tricks versucht, sie herumzukriegen. Dabei war es unvermeidlich, daß sich Fehlversuche einstellten. Manchmal wurde ihm eine glatte Abfuhr erteilt, aber meist erreichte er sein Ziel, wobei sich dann sogleich herausstellte, daß er besser daran getan hätte, seine Bemühungen vorher abzubrechen. So waren aus der Schar schneller Eroberungen nur noch Else, Helga und Erika übriggeblieben. Dabei kam ihm in den Sinn, daß er Erika nur aufgerissen hatte, um sich an Elses Launenhaftigkeit zu rächen. Genaugenommen hatte er also Erika auch nur benutzt, so wie Fanny jetzt ihn. Eigentlich müßte er sich für diese Schuftigkeit schämen, aber das fiel ihm nicht im Traum ein. Die Beichte erlaubte jedem guten Christen, hemmungslos unmoralisch zu sein. Die zur Schau gestellte Tugendhaftigkeit und die verlogene Keuschheit vieler notorischer Kirchgänger hatte ihn immer abgestoßen. Er hate für sich einen eigenen Katalog moralischer Werte aufgestellt, und in dem war die Enthaltsamkeit nicht enthalten. Dazu kamen, seit er sich ernsthaft mit Frauen befaßte, die Gesetze des Krieges. Sie hatten die Menschen gezwungen, einen Großteil ihrer moralischen Wertvorstellungen in hypnotischen Tiefschlaf zu versetzen. Damit waren ethische Freiräume entstanden, die jeder nach seinem Geschmack ausfüllen konnte. Für ihn, Berl, war die Schonzeit für alles, was einen Rock trug, aufgehoben. Die edelste Pflicht der Frau war es, den tapfer kämpfenden Helden zu beglücken. Der wiederum hatte die Ehre, auf dem Schlachtfeld fürs Vaterland zu sterben. So einfach war die Sache.

Während er sich diesen tiefschürfenden Überlegungen hingab, irrlichterte in immer kürzer werdenden Abständen Fannys Gesicht über die gleißende Schneedecke. Was konnte er ihr schon vorwerfen, was er nicht selbst schon seit Jahren praktizierte? Es war doch ganz offensichtlich, daß die Frauen sich in diesen Tagen ihren eigenen Wertkatalog geschaffen hatten. Das Holpern des Busses ging in Tante Julies Lachen über, und während er bereit war, sein entschuldigendes Urteil über ihren Fehltritt zu bekräftigen, wandelte sich auch seine Einstellung gegenüber Fannys Verhalten. Natürlich war dieses Buch nur ein Vorwand gewesen, ihre sexuelle Neugierde zu befriedigen. Aber die Tatsache, daß sie es mindest zehnmal gelesen hatte, mußte man ihr doch hoch anrechnen. Seine Einstellung zu den Ereignissen der vergangenen Nacht wurde mit jeder Radumdrehung versöhnlicher, und kurz hinter Roßhaupten war die Welt wieder in Ordnung.

Sein Wahlspruch, aus jeder Situation das Beste zu machen, durfte nicht nur für ihn gelten. Diese Fanny hatte ihm eine schwer verdauliche Lektion erteilt, aber er hatte sich vorgenommen, im Umgang mit Frauen ein gelehrsamer Schüler zu sein. "Was mich nicht umbringt, macht mich nur härter", hatte schon der alte Nietzsche gesagt.

Als Berl in Füssen den Bus verließ, wußte er, daß in Kriegszeiten Intelligenz und Moral nicht zusammenpaßten. Wer schlau war, nahm sich, was er bekam, ohne Fragen zu stellen und ohne Wunder zu erwarten. Die Klugheit des Fleisches sei der Tod der Seelen hatte der Apostel Paulus, in vollkommener Verkennung der Realitäten, behauptet. Schon der Gebrauch des Plurals - die Seelen - war in diesem Zusammenhang unstatthaft. Nie war das Bewußtsein des einzelnen so isoliert wie in diesen Zeiten. Jeder war gezwungen, mit seinem Schicksal selbst fertig zu werden. Für die Entwicklung von Schuldgefühlen blieb keine Zeit mehr. Was blieb, war ein bißchen Ehrlichkeit gegenüber sich selbst.

Mit gesenktem Kopf, in grüberlischen Gedanken versunken, trottete er Richtung Elternhaus und übersah einen Leutnant, der vor dem Bahnhof auf sein Fahrzeug wartete.

"He, Sie da, können Sie nicht grüßen?" schnauzte er Berl an.

Der blieb verdutzt stehen. Nur langsam kehrte er in die militärische Wirklichkeit zurück, schlug die Hacken zusammen, legte die rechte Hand an den Mützenrand und brüllte:

"Verzeihung, Herr Leutnant, ich hab' Sie gar nicht gesehen!"

"Hauen Sie ab!" befahl dieser, da gerade sein Kübelwagen um die Ecke bog.

"Hat's dir nicht mehr gefallen?" fragte ihn die Großmutter, als Berl die Küche betrat.

"Nein!" antwortete er kurz angebunden und ging auf sein Zimmer.

Bis zum Mittagessen waren es noch fast zwei Stunden. Also legte er sich auf sein Bett und döste ein.

Am Nachmittag ging Berl in die Stadt, wo er einen Schulkameraden traf, der seinen ersten Urlaubstag in der Heimat angetreten hatte.

"Wo bist du denn hergekommen?" fragte ihn Berl.

"Von der Krim!" war die etwas ungenaue Auskunft, aber Berl war an Details nicht sonderlich interessiert. Entweder bekam man fürchterliche Heldentaten zu hören, oder der eigene Pessimismus wurde noch gehörig überboten.

Sie gingen zusammen in die "Neue Post" und tranken ein Bier. Schwerfällig torkelten belanglose Worte hin und her, denn beide waren sich sofort einig, daß man über diesen Scheißkrieg besser gar nicht redete. Also wurde lang und breit über das gemeinsame Verbrechen diskutiert, das Berls Kameraden widerfahren war: Man hatte ihm in der Entlausungsanstalt seine Armbanduhr gestohlen. Solche Verbrecher gehörten sofort standrechtlich erschossen, war das Fazit. Nach einer Stunde trennten sie sich wieder.

Die Langeweile und die kalten Tage nahmen kein Ende. Ein eisiger Wind pfiff durch die Straßen, und Berl dachte mit Schaudern an Rußland. Bald würde er wieder hinausmüssen. In ein paar Tagen würde er sich in der Kaserne melden, und wenn er Glück hatte, würden sie ihn über die Weihnachtsfeiertage noch hierbehalten. Er hatte also noch eine kurze Gnadenfrist. Die wollte er nutzen.

Deshalb telefonierte er mit Erika, schrieb Karten an Else und Helga, ging jeden Abend aus, aber die holde Weiblichkeit hatte ihn abgeschrieben. So kam es, wie es kommen mußte: seine Gedanken kehrten zurück zu Fanny. Er würde nicht nach Rußland gehen, ohne vorher noch mal mit einer Frau geschlafen zu haben. Warum nicht mit Fanny? Er wußte doch jetzt, was ihn erwartete. Sie würde sicher nicht noch einmal mit ihm alle Kapitel durchgehen wollen. Und was den Verkehr mit dem Mund betraf, sollte sie in Gottes Namen tun, was sie nicht lassen konnte. Aber er würde sich standhaft weigern, ihr auf diesem Sektor entgegenzukommen. Sein Entschluß stand fest: er würde nach Lechbruck fahren.

Am Freitag nachmittag rief er in der Praxis an, doch Fanny war schon gegangen, und Samstag-Sonntag sei keine Sprechstunde, sagte ihm der Arzt. Also würde er aufs Geratewohl hinfahren.

Der Mittagsbus am Samstag war kaum besetzt. Berl setzte sich hinter den Fahrer, einen älteren Mann, der früher als Lastkraftwagenfahrer am Bau beschäftigt gewesen war und den er kannte. Während der gemächlichen Schaukelei durch das hügelige Voralpenland unterhielten sie sich blendend, und Berl erfuhr eine ganze Menge Neuigkeiten. Beide bedauerten, daß die Fahrt nach einer Stunde schon zu Ende war, und schüttelten sich zum Abschied die Hände.

Berl wollte zuerst zu Tante Julies Hof gehen, weil er dort pro forma übernachten wollte. Mit weit ausholenden Schritten eilte er durchs Dorf. Leichter Schneefall hatte eingesetzt und überzuckerte die ganze Landschaft mit unschuldigem Weiß. Wenn die Fanny wenigstens einen Ofen in ihrem Zimmer hätte.

Als er durch das geöffnete Gartentürl ging, vernahm er schon das girrende Lachen der Tante. Dazwischen dröhnte das anzügliche Gekicher der Franzosen, und dann erschreckte ihn eine Mädchenstimme. Sollte das Fanny sein?

Vorsichtig schlich er sich an das Haus heran und spähte an dem leeren Blumenkasten vorbei ins Innere. Als erstes erkannte er die behäbige Silhoutte der Tante, die mit dem Rücken zum Fenster auf ihrem Stammplatz saß. Neber ihr saß Gutave. Ihm gegenüber entdeckte Berl das hagere Gesicht von René und daneben doch tatsächlich Fanny. Sie hatte ihre recht Hand auf seine Schulter gelegt und kiebitzte in seine Karten. Dabei schaute sie ihn schelmisch an, und diese Blicke trafen Berl wie ein Geschoß. Er wußte, wie verliebte Frauen dreinschauen, und was er hier sah, verletzte seinen Stolz. Die beiden hatten etwas miteinander, das war ganz offensichtlich. Fieberhaft arbeitete sein Gehirn. Sollte er hineingehen und die beiden auseinandertreiben? Würde er sich nicht lächerlich machen? Welche Beweise hatte er? Ein aufmunterndes Lächeln würde für einen so gravierenden Verdacht sicher nicht ausreichen! Unentschlossen duckte er sich unter der Brüstung. Kalte Rachegedanken senkten sich hinunter bis zu den Zehen, und als die Kälte an ihm hochzukriechen begann, wußte er, was zu tun war.

Leise, wie er gekommen war, verdrückte er sich. Gebückt schlich er bis zur Vorgartentür, dann stolzierte er aufrecht und stolz, so als habe er eine Schlacht gewonnen, hinunter ins Dorf. Er glaubte allen Ernstes, daß sich seine Anständigkeit gegen Fannys verkommene Welt und ihre oral-genitalen Aktivitäten durchgesetzt hatte. Er würde auch ohne praktische Erfahrungen in dieser schweinischen Materie auskommen. Das Kapitel Fanny war für ihn ein für allemal erledigt. Zum Abendessen war er wieder zu Hause.

Am Montag kehrte Berl in die Kaserne zurück. Er meldete sich beim Batallionsstab und wurde von dort zu seiner alten Kompanie zurückgeschickt. Dort steckten sie ihn in die Kleiderkammer, ein ruhiges, warmes Plätzchen, wie sich herausstellte. Er sortierte alle möglichen Uniformstücke, trug sie in Listen ein und verteilte sie dann auf die verschiedenen Regale. Um fünf Uhr hatte er Dienstschluß, aß in der Kantine und fuhr dann mit dem Fahrrad nach Hause. Dort bekam er noch ein paar aufgewärmte Reste vom Mittagessen, ehe seine nächtlichen Runden durch die Füssener Gasthäuser und Cafés begann. Kurz vor Mitternacht kehrte er in die Kaserne zurück.

Zehn Tage nach Berls erfolgloser Lechbruckreise erschien Tante Julie bei seiner Familie. Sie hatte den Frühbus genommen und war in vornehmes Schwarz gekleidet. Das allein hätte noch kein Aufsehen erregt, denn die konservativen Bauersleute zogen grundsätzlich ihr Sonntagsgewand an, wenn sie in die Stadt fuhren. Was der Großmutter aber sofort auffiel, waren das verschwollene Gesicht und die rotgeränderten Augen.

"Grüß euch beinand!" sagte Julie, als sie in die Küche trat, und war kaum in der Lage, das Weinen zu unterdrücken.

"Ja, was ist denn los, Julie?" fragte die Großmutter und drückte ihr die Hand.

"Der René ist tot, und Gustav und die Fanny sind verhaftet worden", schluchzte Julie und konnte sich gar nicht beruhigen.

Behutsam drückte die Großmutter die verzweifelte Frau auf das lederne Sofa, ging zum Herd und schenkte ihr eine Tasse Kaffee ein. Wortlos umstand die Familie die untröstliche Frau und sah zu, wie sie mit zittrigen Händen die Tasse zum Mund führte und in kleinen Schlucken trank. Immer wieder hielt sie inne und seufzte ganz erbärmlich. Man ließ ihr Zeit, obwohl alle darau brannten, Einzelheiten zu erfahren.

Endlich war es soweit. Julie gab die leere Tasse zurück, streifte ihren Rock glatt und richtete sich auf.

"Vorgestern früh haben wir den René in der Futterkammer tot aufgefunden. Ich hab gleich den Doktor kommen lassen, aber er war schon verblutet." Sie machte eine Pause, holte ihr Taschentuch aus der Handtasche und wischte die Tränen aus den Augen. "Der Doktor hat gesagt, er müsse die Polizei verständigen, weil es sich ganz offensichtlich um ein Verbrechen handele." Wieder wurde sie von heftigen Weinkrämpfen geschüttelt. Dann fing sie sich wieder. "Ihr könnt euch vorstellen, wie erschrocken wir waren." Sie sank in sich zusammen und weinte leise vor sich hin.

"Wer hat ihn denn umgebracht?" fragte die immer ein wenig ungeduldige Tante Sofie, was ihr einen strafenden Blick der Großmutter eintrug.

"Sie haben ihn mit dem Sanitätsauto abtransportiert. Gegen Abend ist die Kriminalpolizei gekommen und hat alles untersucht."

"Und?" drängte die immer aufgeregter werdende Tante Sofie.

"Der Kriminalbeamte hat mir gesagt, irgend jemand habe dem Franzosen den Zapfen abgebissen!" Die beiden letzten Worte waren kaum zu hören, was Tante Sofie zu der Nachfrage veranlaßte:

"Was hat man ihm abgebissen?" Aber Julie war nicht fähig zu sprechen. So gab die Großmutter die knappe Auskunft:
"Den Zipfel!" Alle waren sprachlos. Mit versteinerten Gesichtern blickten sie auf Julie, als wäre sie die Hauptschuldige. Und dann war es wieder Tante Sofie, die den Bann brach.
"Weiß man schon, wer es war?" fragte sie, und Julie nickte.
"Das ham sie schnell herausgehabt!" schluchzte sie.
"Nu sag schon, wer´s war!" forderte jetzt auch die Großmutter.
"Die Fanny war´s", sagte Tante Julie und fügte erklärend hinzu: "Die Enkelin vom Gilbert, du hast sie am Friedhof gesehen."
Die Großmutter konnte sich nur vage erinnern.
"Und warum haben sie dann auch noch den Gustav verhaftet?" wollte Tante Sofie wissen, bekam aber keine Antwort mehr. Julie war mit ihrer Kraft am Ende. Mit einem Seufzer glitt sie zu Boden.
Sie legten ihr einen nassen Waschlappen auf die Stirne, setzten sie wieder aufs Kanapee und massierten ihre Hände. Bald kam sie wieder zu sich.
"Ich hab´ um zehn einen Termin beim Amtsgericht!" hauchte sie, und die Großmutter erklärte ihr, daß sie dann noch eine gute Stunde Zeit habe. Sie schenkte ihr noch eine Tasse Kaffee ein und wechselte das Thema.
Die übrige Lechbrucker Verwandtschaft war wohlauf. Julies Mann hatte aus Rußland seinen Urlaub für Pfingsten angekündigt, und man merkte Julie an, daß sie sich wirklich auf ihn freute.
Auf eine diesbezügliche Äußerung angesprochen, sagte Tante Sofie später nicht ohne Ironie:
"Kein Wunder, wo sie ja jetzt den Gustav nicht mehr hat."
Um dreiviertel zehn machte sich Julie auf den Weg und kam kurz vor zwölf wieder zurück. da der Bus erst um zwei Uhr fuhr, setzte sie sich mit den übrigen an den Tisch und aß ohne großen Appetit das spärliche Mahl. Zwischendurch berichtete sie.
"Was die einen alles fragen!" begann sie. "Fast schon unverschämt!"
Die drei Frauen und die beiden Mädchen, die aus der Schule zurück waren, schauten sie an und schwiegen. Julie würde schon sagen, was zu sagen war.
"Zuerst wollten sie wiessen, wie lagen die zwei, der René und die Fanny, schon was miteinander gehabt hätten! Ich hab´ gesagt, ich wüßte das nicht genau, vielleicht zwei Wochen, sicher nicht mehr!"
Sie aß zwei Löffel Spinat.

"Warum ich das in meinem Haus geduldet hätte, wollten sie dann wissen!" Mit dem Handrücken wischte sie über den Mund. "Ich hab´ gesagt, daß ich ja gar nicht sicher gewesen sei, ob die zwei wirklich etwas miteinander hätten." Nun nahm sie zwei Löffel Püree.

"Wo denn der Gustav geschlafen habe?"

Man merkte sofort, daß das Verhör jetzt in die kritische Phase geriet. Alle horchten gespannt.

"Alle zwei haben in der Knechtkammer geschlafen." Ihre Augen versenkten sich in den Spinat, und ihre Unterlippe schob sich über die Oberlippe, so als wolle sie ihren Mund ein für allemal verschließen.

Die fünf Zuhörerinnen spürten, daß diese Aussage nicht mehr ganz dem letzten Stand der Zustände in Julies Haus entsprach. Aber alle sahen ein, daß in einem solchen Fall niemand gezwungen war, die volle Wahrheit preiszugeben. Kommentarlos warteten sie auf die Fortsetzung des Berichts. Und endlich rückte Julie damit heraus.

"Ob ich was mit dem Gustav gehabt habe, wollten sie auch noch wissen!"

Die Spannung kulminierte, obwohl alle sicher waren, die Antwort zu kennen. So blöd würde die Julie nicht sein, das zuzugeben. Wie sich sogleich herausstellte, hatte sie dies rundheraus abgestritten, und der Richter, ein sehr netter Mann, hatte ihr das auch abgenommen. Damit war alles gesagt. Keine weiteren Fragen. Um zwei Uhr fuhr Julie zurück nach Lechbruck.

Der Nachmittag war ausgefüllt mit wüsten Spekulationen über den Lechbrucker Sündenpfuhl. Der Tathergang wurde mit neuartigen Wortschöpfungen präzisiert, was von neugierigen Zwischenfragen der beiden Mädchen unterbrochen, von den anderen aber unter Hinweis auf ein schwebendes Verfahren abgewimmelt wurde.

Als Berl von der Kaserne nach Hause kam, wurde ihm eine Geschichte aufgetischt, die an Dramatik nicht mehr zu überbieten war. Und der tapfere Soldat wurde blasser und blässer. Es war nicht auszudenken. Wie leicht hätte ihn Renés Schicksal treffen können. Wie ein Menetekel brannte das Wort: A U P A R I S H T A K A in seinem Gedächtnis. Zuerst wurde er weiß wie die Wand, dann verfärbte sich sein Kopf wie beim abendlichen Alpenglühen. Sein Adamsapfel hüpfte.

"Ist dir nicht gut?" fragte Tante Sofie, die ein Gespür für männliche Schwächezustände zu haben schien.

"Doch, doch", wimmelte er ab, "ich denk´ nur grad an den armen Kerl!"

344

"Wieso armer Kerl?" wollte die Großmutter wissen. Berl schwieg.
"Wenn einer von einer Frau so etwas verlangt, geschieht´s ihm nicht besser!" meinte die Mutter, ohne das Schälen der Äpfel zu unterbrechen.
"Vielleicht hat sie´s von sich aus getan!" überlegte Berl mehr für sich selbst, stieß aber bei den Damen auf heftige Ablehnung.
"Wo denkst du hin, sie ist ja fast noch ein Kind!" stellte die Tante fest. Obwohl Berl es besser wußte, widersprach er nicht, denn er wollte unter gar keinen Umständen in diese Geschichte hineingezogen werden.
Der Abend verlief sehr spannungsgeladen, und die Argumente prallten hart aufeinander. Zum Schluß waren sich aber alle einig, daß die Franzosen eben doch ein Volk von Saubären seien, die von ihren Frauen solch unanständigen Dinge verlangten.
"Ihre Frauen sind auch nicht besser, wenn sie solche Sachen mitmachen", beschloß die Tante die Diskussion, und Berl hatte jegliche Lust auf den gewohnten Wirtshausbummel verloren. Um neun Uhr lag er schon auf seiner Pritsche, lauschte dem Geschnarche seiner Zimmerkameraden und rekonstruierte in Gedanken das Geschehen in Julies Haus.
Nachdem sie mit ihm auf den Geschmack gekommen war, hatte sie sich an den Franzosen herangemacht. Das hatte er mit eigenen Augen gesehen. Dieses indische Buch hatte aus ihrer angeborenen Neigung zur Lust eine abstruse Besessenheit nach obszöner Unlust gemacht. Mit Verwunderung hatte er in ihrem unschuldigen Kindergesicht den ständig wechselnden Ausdruck bemerkt, der von einem zufriedenen Lächeln hinübersprang in einen haßerfüllten Blick auf den Mann, der mit gespielter Gleichgültigkeit ihre Gier im Zaume hielt. Er hatte gespürt, daß sie ihn gehaßt hatte, wenn sie mit zusammengebissenen Zähnen und großem Kraftaufwand versucht hatte, den geheimnisvollen Vorzügen gewisser Verenkungen auf die Spur zu kommen. Wie weit konnte sie in solchen Momenten gehen? Als er sich geweigert hatte, ihr auch noch mit der Zunge dienstbar zu sein, hatte sie zwar keine Morddrohungen ausgestoßen, aber ihren wütenden Blicken war alles zuzutrauen.
Nun schien aber der Franzose ihrem sehnlichen Verlangen doch nachgekommen zu sein. Warum also hatte sie dann zugebissen?
Aufstöhnend wälzte er sich auf seiner schmalen Pritsche hin und her. Hatte ein bis dahin nicht gekannter Höhepunkt der Lust ihr den Verstand geraubt? Oder war sie auf sich selbst wütend geworden,

weil sich noch immer nicht einstellen wollte, was die sinnenrau-
bende Erfüllung der ganzen Veranstaltung war? Er wußte es nicht.
Erst um drei Uhr erlöste ihn der Schlaf, aber noch in seinen Träumen spukte das Mädchen aus Lechbruck, schäkerte mit ihm, giftete ihn an, verspottete ihn und quälte seinen Verstand mit einer Vielzahl von nachgeschobenen Motivationen. Schweißgebadet wachte
er auf, als der gellende Weckruf durch die Gänge hallte.
Gleich nach den Weihnachtsfeiertagen war die Verhandlung gegen
Fanny. Der Staatsanwalt hatte sie angeklagt wegen vorsätzlicher Kör-
perverletzung mit Todesfolge. Da die Angeklagte noch nicht voll-
jährig war, wurde nicht öffentlich verhandelt.
Da es für die Tat selbst keinen Zeugen gab, beschränkte sich das
Verfahren auf Fannys Aussagen. Und die waren ganz eindeutig.
Um acht Uhr hatte die Verhandlung begonnen, zehn Minuten nach
neun verließ das Mädchen den Sitzungssaal als freier Mensch. Da der
Bus erst um zwei ging, kam sie wie gewohnt in Berls Küche und berichtete in aller Ausführlichkeit über das Verfahren und den Freispruch.
Als Berl abends heimkam, wurde ihm folgendes kundgetan:
Fanny sei in den letzten Tagen öfters bei ihrer Tante Julie gewesen,
weil diese ihr beim Sticken einer Tischdecke geholfen habe. Dabei
habe sie auch die beiden Franzosen kennengelernt. Während Gustav
sehr zurückhaltend und überaus anständig gewesen sein, habe sich
der René immer wieder an sie herangemacht. Sie habe ihn stets
zurückgewiesen, und er habe immer gleich nachgegeben und nur
gelacht. Bis zu jenem bewußten Abend. Sie habe bis neun mit Tante
Julie gestickt und sei dann gegangen. Vor der Haustüre habe der
René ihr aufgelauert, sie in die Futterkammer gezerrt und dort ver-
gewaltigt. Dann habe er sie gezwungen, ihm auch noch mit dem
Mund gefällig zu sein. Das habe sie jedoch energisch abgelehnt. Da
habe er sich an den Haaren gepackt und zwischen seine Beine
gedrückt. Sie habe keine Luft mehr bekommen, und um nicht zu
ersticken, habe sie zugebissen.
Das versammelte Matriarchat fand diese Geschichte ganz plausibel,
und Berl hütete sich, seine begründeten Zweifel vorzubringen.
"Und wie ist es dann weitergegangen?" wollte er wissen.
Der Franzose habe sie daraufhin sofort losgelassen, habe furchtbar
gejammert und versucht, das Blut mit den Händen aufzuhalten. Sie
habe das nicht mitansehen können, habe einen Schock bekommen
und sei zu Tode erschrocken nach Hause gerannt.

Den René habe am anderen Morgen der Gustav gefunden. Er habe gleich den Doktor geholt, aber der habe nur noch den Tod festellen können. Er sei verblutet, habe er konstatiert.

Berl war wieder ganz blaß geworden, und die Tante hatte ihn wieder gefragt, ob ihm schlecht sei. Aber er fand keine Worte. Die Schilderung war ihm verdammt nahegegangen. Früher als gewöhnlich kehrte er in die Kaserne zurück, und wieder begann eine Nacht, angefüllt mit Alpträumen der schlimmsten Art.

Als er am anderen Morgen erwachte, war er gar nicht mehr so sicher, ober er die ganze Geschichte mit der Fanny nicht bloß geträumt habe. Daß dem nicht so war, wurde ihm drei Tage später auf bizarre Art klargemacht. Er erhielt einen Brief von Fanny.

Ganz unverblümt fragte sie an, ob er nicht Lust habe, die nicht zu Ende gebrachte Lektüre fortzusetzen. Es stünden noch einige ganz interessante Kapitel aus.

Berl verbrannte den Brief augenblicklich und war froh, daß er noch am selben Tag den Marschbefehl an die Front bekam.

Kasatschok

Die Maschine hatte die vorgesehene Flughöhe von 6000 m erreicht. Bomber Klein übergab die Steuerung an seinen Co-Piloten und lehnte sich zurück. Wortlos zündete er sich eine Zigarette an. Dann schloß er die Augen. Die Zeit zum Träumen war gekommen.

Kein Zweifel: er war unglücklich.

Immer wieder gingen seine Gedanken zurück in die Zeit nach Beendigung seiner Lehrzeit beim Flugzeugwerk Messerschmidt in Augsburg. Er spielte Fußball beim schwäbischen Renommierclub "Schwaben Augsburg". Zuerst in der Jugend, dann bei den Junioren und zuletzt, kriegsbedingt natürlich, in der 1. Mannschaft.

Er war ein verbissener Linksaußen, der wie ein wildgewordener Terrier an der Außenlinie auf und ab wetzte. Ganz gleich, ob sie ihm einen Ball zuspielten, er rannte und rannte: fünfmal, zehnmal, zwanzigmal. Und wenn er dann endlich an den Ball kam, dann knallte er ihn mit solcher Wucht zum Torstrafraum, daß die gegnerischen Verteidiger ihre Köpfe einzogen. Meist aber waren seine Bälle auch für die eigenen Spieler zu scharf, so daß an ein Einköpfen gar nicht zu denken war.

Das einzige, was ihm diese Spielweise einbrachte, war sein Spitzname: Bomber Klein.

Seine Vereinskameraden waren die Halbgötter der Stadt, und ähnlich groß waren ihre Chancen bei den Mädchen. Einzige Ausnahme: Bomber Klein. Für die schönen, großen Blondinen, die ihm immer schon in die Augen gestochen hatten, war er einfach zu klein: 1,53 m.

Aus Wut und Verzweiflung über die ständigen Zurückweisungen hatte er sich freiwillige gemeldet, obwohl er als Flugzeugbauer unabkömmlich gewesen wäre. Sie hatten ihn auch prompt eingezogen, und nach der Grundausbildung in Augsburg begann seine fliegerische Ausbildung in Kaufbeuren und Lager Lechfeld.

Schon nach einem Jahr flog er alle Typen, die seine Lehrfirma Messerschmidt herstellte. Und er flog sie gut, denn er kannte sie alle in- und auswendig: jede Schraube, jeden Bolzen, jede Niete, Welle, jeden Splint, Zylinder, Kolben und was es alles an so einem Flugzeug gab. Er flog sie gerne, diese Maschinen, weil er sie für absolut zuverlässig hielt. Und er hatte auch noch nie die geringsten Probleme gehabt. Dann kam er an die Front, und das erste Flugzeug, das sie ihm zuteilten, war ein Jagdflugzeug FW 190 A-8. Die einmotorige Maschine hatte nur eine sehr geringe Reichweite, knapp 1500 km, was zur Folge hatte, daß sie für nichts gut war. Luftkämpfe fanden mangels Masse gar nicht erst statt. Also wurden diese Maschinen bald wieder abgezogen und an die Westfront geflogen. Bomber Klein aber mußte in Rußland bleiben und wurde zusammen mit 6 Kameraden in eine FW 200 C-5 gesetzt. Mit ihren vier BMW-Motoren und ihren 22 t Gefechtsgewicht war das natürlich ein ganz anderes Flugzeug. Anfangs war er in der Nähe von Lemberg stationiert gewesen. Nun aber waren sie seit drei Wochen zwischen Rovno und Zwiahel auf einem kleinen Notflugplatz stationiert: fünf Flugzeuge, dreißig Mann Besatzung und dreißig Mann Bodenpersonal.

An vier Tagen flogen sie ihre Einsätze, beladen mit 9 t Sprengbomben, drei Tage verblieben zur Wartung der Maschinen, für Freizeit und Papierkrieg. Ein eintöniges Leben.

Bomber Klein öffnete das Seitenfenster einen Spalt und schob seine Kippe ins Freie.

"Wann werden wir dort sein?" fragte er seinen Co-Piloten.

"Noch dreißig Minuten", antwortete dieser.

"Dann übernehme ich wieder", sagte Bomber Klein.

Die Ortschaft Tucin war auf keiner Landkarte verzeichnet. Sie bestand auch nur aus zwölf Bauernkaten, die - in einer Geländesenke versteckt - an einem kleinen Weiher lagen. Der Ort war wirklich idyllisch, und als der Gefreite Berndl sie mit seiner Gruppe in Beschlag nahm, fühlte er sich wie im Paradies.

Er requirierte das größte Haus am Dorfplatz, das über einen eigenen Ziehbrunnen verfügte. Im Vorgarten blühten Levkojen, Heliotrop, Sommerastern und Phlox in allen Farben.

Die alten Leutchen, die das Haus bewohnten, packten ohne viel Aufhebens ihre Siebensachen und zogen in ein Nachbarhaus.

Von der Wohnstube aus hatte man einen guten Überblick über den ganzen Dorfplatz und die sandige Dorfstraße, die in der Fortsetzung quer durch den Feldflugplatz verlief. Diese Straße hatte die Gruppe zu bewachen. Von hier aus sollte verhindert werden, daß Partisanen den startenden und landenden Flugzeugen gefährlich werden konnten. Berndls Leute verstauten ihre Sachen im Haus und versammelten sich dann unter dem schmalen, überdachten Vorplatz.

Berndls erste Aufgabe war die Erstellung eines Wachplanes, der vorsah, daß rund um die Uhr zwei Mann auf Wache standen: der eine in der Stube neben dem Feldtelefon, der zweite vor der Türe, feldmarschmäßig, mit geschultertem Gewehr und Stahlhelm. Die übrigen hatten sich in Alarmbereitschaft zu halten.

"Wenn einer von euch da hinunter zum Baden gehen will", er zeigte zum kleinen Weiher, "meldet er sich beim Posten ab, damit ich jederzeit weiß, wo ihr seid. Ist das klar?"
Alle nickten.

Drei Tage verliefen in himmlischer Ruhe und Zufriedenheit, bis am vierten Tag ein Kübelwagen am Dorfplatz hielt, dem ein braun uniformierter Mann und zwei Zivilisten entstiegen. Sie schauten sich um und kamen dann auf den Posten zu.

Berndl, von diesem alarmiert, kam aus dem Haus und ging auf die drei zu. Da er diese braunen Lackaffen nicht ausstehen konnte, machte er nur lässig Meldung. "Gruppe Feldflugplatz Tucin auf Wache."

"Mein Name ist Hornbichler", stellte sich der Goldfasan vor und wischte mit seinem Taschentuch das Stirnband seiner Schirmmütze ab. "Ich leite den Erntedienst in dieser Region." Der korpulente Mann litt anscheinend schwer unter der großen Hitze, obwohl die Luftfeuchtigkeit sehr gering war.

"Sind die Häuser hier alle belegt?" fragte er schwer atmend.

"Nein, wir haben nur dieses eine Haus hier belegt", antwortete Berndl, "in manchen Häusern wohnen noch Russen."

"Die stören uns nicht", sagte Hornbichler und wandte sich an die beiden Zivilisten. "Wie viele Häuser werden wir brauchen?"

"Pro Haus zehn Frauen", rechnete der eine, und der andere vervollständigte: "Also mit fünf Häusern kämen wir aus."

"Wir werden Ihnen ein wenig Abwechslung ins eintönige Leben bringen!" sagte Hornbichler schmunzelnd zu dem etwas begriffsstutzig dreinblickenden Berndl. Die drei bestiegen ihren Kübelwagen und fuhren ab. Hornbichlers bleiche Hand zuckte zwei-, dreimal in die Höhe, was soviel wie "Auf Wiedersehen" heißen sollte. Der Staub stob gelbgrau in den Himmel, und ein lästiger Benzingestank versaute die gute Luft. Neugierig kam der Posten auf den Gefreiten zu. "Was hat er gesagt?" wollte er wissen. Aber Berndl war nicht bereit, das Geheimnis zu lüften. Außerdem wußte er ja auch noch keine Einzelheiten. Und, so hatte er zwischenzeitlich gelernt, mit seinem Herrschaftswissen mußte man vorsichtig umgehen. Die Burschen würden noch früh genug von ihrem Glück erfahren. Vielleicht war's ja auch gar kein so großes Glück, was hier anrückte.

Eine nach der anderen plumpsten die neunzig 100 kg-Bomben aus den Schächten der Maschinen und pfiffen durch die glasklare Luft, hinunter auf den feindlichen Bahnhof.

"Meinst du, wir haben was getroffen?" fragte Bomber Klein seinen Co-Piloten.

"Alle können ja nicht danebengefallen sein", stellte der beruhigend fest, obwohl er keineswegs sicher war.

"Aus 6000 m Höhe ist die Treffsicherheit nicht mehr so groß. Aber wenn die Herren Generäle lauter Volltreffer wollen, dann sollen sie doch einfach 'Stukas' schicken", meinte Klein und machte sich bereit, die Maschine in eine steile Linkskurve zu legen.

"In zwei Stunden haben wir's hinter uns", sagte der Co erleichtert.

"Wenn uns keine "Sturmowik" auflauern", warf Klein ein, aber der Co wollte davon nichts wissen. Und tatsächlich landeten die drei Maschinen wohlbehalten auf der holprigen Piste. Rasch wurden sie unter die netzbewehrten Unterstände gezogen, und die Besatzungen gingen zum Essen.

Die Luftwaffe hatte mit der Versorgung ihres fliegenden Personals noch nie gespart. So war auch hier, mitten in Rußland, das Essen ganz vorzüglich, und keiner nahm dem Fettwanst Göring seine hundert Kilo Übergewicht übel. Ein Feldmarschall mußte einen gewissen Umfang haben, sonst war er nicht glaubwürdig.

Am Nachmittag wurden die Maschinen gewartet. Die Besatzung beteiligte sich an den Arbeiten. Nur Bomber Klein saß im Büro des Flugplatzkommandanten und schrieb seinen Bericht.

"Wir sind nicht ganz sicher, ob wir allzuviel getroffen haben", sagte er zu Hauptmann Weniger, der ebenfalls mit irgendwelchen Schreibarbeiten beschäftigt war.

"Hauptsache, ihr habt das Zeugs abgeworfen", entgegnete dieser todernst. Der Mann war kein Militarist und Bomber Klein weit davon entfernt, ihm das übelzunehmen.

"Sie wissen, daß ich Fußball gespielt habe", sagte Klein.

"Ich auch!" erwiderte der andere.

"Wo?" wollte Klein wissen.

"Na, wo schon, hinterm Haus auf der Wiese", sagte der Hauptmann.

"Sie waren also bei keinem Verein?" fragte Klein.

"Nein, warum?"

"Ich hab' bei 'Schwaben Augsburg' in der ersten gespielt", sagte Klein stolz, aber dem Hauptmann war das kein Begriff.

"So, so", sagte er nur und schrieb weiter.

Nach einer kurzen Pause nahm Bomber Klein das Gespräch wieder auf. "Ich hab' das mit dem Fußballspielen nur gesagt, damit Sie wissen, daß ich gerne ein wenig Sport treiben möchte."

"Aber wir treiben doch Sport", sagte der Hauptmann.

"Das schon, aber für einen richtigen Fußballer ist das zuwenig."

"Und was für einen Sport möchten Sie dann treiben?"

"Wenn ich jeden Abend eine halbe Stunde Dauerlauf machen könnte."

Der Hauptmann überlegte nur ganz kurz und erwiderte: "Das können Sie natürlich tun, aber bitte entfernen Sie sich nicht zu weit vom Standort."

"Nein, Herr Hauptmann", sagte Klein und lachte. "Am unteren Ende des Flugfeldes hab' ich ein paar Häuser gesehen. Die möchte ich mir mal aus der Nähe betrachten."

"Nichts dagegen", antwortete der Hauptmann. "Aber wohler wäre mir schon, wenn noch einer mitlaufen würde. Zu zweit ist man immer sicherer."

"Gut", sagte Klein, "ich werd' mir einen suchen, der mitrennt. Danke, Herr Hauptmann."

Klein beendete seinen Bericht, legte ihn dem Hauptmann zur Unterschrift vor und machte sich dann auf, einen zweiten Dauerläufer zu suchen.

Der Bordmechaniker Alois Denk, ein begeisterter Schilangläufer, erklärte sich bereit, bei den täglichen Dauerläufen mitzumachen.

Nach dem Mittagessen gingen Berndl und drei Männer hinunter zum Tümpel, wo sie einen Badesteg zusammenzimmern wollten. Brütende Hitze lag auf dem engen Talkessel, und die Luft flimmerte über dem tiefschwarzen Wasserspiegel. Eine dichte Reihe leuchtender Dotterblumen säumte das Ufer. Die Männer blieben für einen Augenblick stehen und vertieften sich in den idyllischen Anblick.

"Fast wie bei uns zu Hause!" meinte einer, ehe sie den Weg fortsetzten. Vier kräftige Rundholzpfähle ragten aus dem Wasser. An beiden Außenseiten waren sie mit Vierkanthölzern angebunden. Es fehlte noch der Bohlenbelag. Die Bretter lagen schon griffbereit.

Ehe sie den ersten Nagel einschlagen konnten, bohrte sich das Gestöhne schwerer Motoren in ihre Köpfe. "Panzer!" dachten sie sofort, aber dann sahen sie schon den großen Traktor oben am Kesselrand. Bedächtig neigte er sich den schmalen Weg hinunter und zog einen flachen Ladewagen hinter sich her. Auf ihm saßen Frauen: zehn, fünfzehn, zwanzig.

"Lauter Weiber!" jubelten alle. Und plötzlich war Berndl klar, was der Goldfasan mit seiner Abwechslung gemeint hatte.

Gleich darauf kam eine zweite Zugmaschine, und wieder saßen auf dem Ladewagen dicht gedrängt Frauen.

Natürlich war an einen Weiterbau des Badesteges nicht mehr zu denken. Schnell wurden Hammer und Nägel verstaut, und in flottem Tempo gings zurück ins Dorf.

Fahrer und Beifahrer stiegen von den Traktoren und visitierten die Häuser. Sie sprachen lange und eindringlich mit den Bewohnern und kamen schließlich auch zu einer Lösung. In jedes Haus sollten zehn Frauen eingewiesen werden. Das fünfte Haus blieb dem männlichen Personal vorbehalten.

Lautlos hüpften die Frauen von den Wagen und verteilten sich auf die Häuser. Die bisherigen Bewohner zogen zu ihren Nachbarn, und eine Stunde später war der Dorfplatz wieder so leer wie vorher. Berndl stand mit seinem Männern vor dem Haus - niemand sprach ein Wort. Sie wunderten sich nur, wie gut organisiert das alles abgelaufen war. Langsam verdrückten sich die Leute wieder zu ihren gewohnten Beschäftigungen.

Gegen Abend stieg Rauch aus den Kaminen, und der Posten konnte ein paar Frauen beobachten, die Wasser aus den Brunnen schöpften. Dann war wieder alles still.

Berndl saß auf der Holzschwelle seiner Eingangstüre und blies in kurzen, heftigen Stößen den Rauch seiner Zigarette in die immer noch warme Luft. Wie würden sich seine Männer verhalten?

Würde er die neuen Verhältnisse in den Griff bekommen oder würden Sodom und Gomorrha ausbrechen. Das war die Frage, die ihn bewegte. Schon zündete er die nächste Zigarette am Stummel der ersten an, als der Essenholer vom Dienst aus dem Haus trat. Aus dem Stall holte er das Fahrrad mit dem Anhänger und meldete sich ab.

"Schütze Seidel auf dem Weg zum Bataillon", sagte er, drückte mit dem Daumen auf den vorderen Reifen, schwang sich in den Sattel und strampelte los.

Der Posten trottete mißmutig die Straße vor dem Haus auf und ab, hin und her. Dann ging er auf seinen Gefreiten zu. "Nur ruhig Blut", wiegelte Berndl ab. "Wir lassen die Dinge in aller Ruhe auf uns zukommen." Um weiteren Fragen aus dem Weg zu gehen, verzog er sich ins Haus. Bald danach kam der Essenholer zurück.

Wie eine Blutorange versank die Sonne am Horizont, und die Silhouetten der kleinen Häuser standen wie schwarzes Spielzeug vor dem gelben Himmel. Ein leichter Wind kam auf, und als der Sonnenball abgetaucht war, verwandelte sich das Himmelsgelb in ein lichtes Grün, das ganz allmählich in ein zartes Blau überging.

Unberührt von diesem Naturschauspiel drehte der Posten seine Runden. Dann stutzte er. War das nicht Musik? Er blieb stehen und spitzte die Ohren. Tatsächlich: das klang verdammt nach Ziehharmonika. Vorsichtig näherte er sich dem jetzt in blaugraue Dunkelheit getauchten Dorfplatz und erkannte die Umrisse der Frauen. Vor dem mittleren Haus hatten sie einen großen Kreis gebildet. Im Ring der Körper saß ein kleiner Mann auf einem Stuhl und spielte die Harmonika. Neben ihm stand ein Mädchen und sang.

Der Posten hatte genug gesehen. Rasch kehrte er um, betrat den Vorgarten und klopfte ans Fenster. "Was ist los?" fragte der Gefreite. "Die Weiber sind auf dem Dorfplatz", stammelte der Posten ganz aufgeregt. "Na und?" fragte Berndl, der die Sache nicht dramatisieren wollte.

"Sie machen Musik und singen!" vermeldete der Posten.

Der Gefreite wandte sich an seine Männer:

"Wir gehen jetzt in aller Ruhe zum Dorfplatz und schauen das mal an. Aber wir bleiben beieinander, keiner entfernt sich von der Gruppe, keiner versucht mit den Frauen anzubandeln. Ist das klar?"

Sie murmelten ein mehr oder weniger verständliches "Ja" und folgten ihrem Führer.

Der Harmonikaspieler schien nur fünf Töne zu beherrschen, mit der linken Hand sogar nur drei. Dementsprechend simpel trudelten die Sequenzen in den klaren Nachthimmel. Doch der Singsang, den das Mädchen, das mitten im Kreis stand, von sich gab, mußte sehr lustig sein, denn immer wieder wurde es vom Gelächter der Umstehenden unterbrochen. Langsam näherte sich die Gruppe und blieb knapp hinter den Frauen stehen. Diese hatten die Neugierigen natürlich längst entdeckt.

Unter freudigem Applaus verließ die Sängerin den Kreis, wurde aber sofort durch eine andere ersetzt. Diese war groß und kräftig, und dementsprechend war ihre Stimme. Ihr heller Sopran hallte über den Platz, und immer wenn das Wort "Germanski" aufklang, klatschten die Mädchen in die Hände und lachten. Es war klar: Was hier gesungen wurde, war aus dem Stegreif gereimt und bezog sich auf das, was von augenblicklichem Interesse war.

Indes schien die Dichtkunst der Sängerin an Hintersinn zu verlieren. Immer mehr Mädchen hüpften in den Kreis, faßten sich an den Händen und begannen zu tanzen. Dort, wo die Männer standen, entstand, gewollt oder ungewollt, eine Lücke und öffnete so den Blick auf das vergnügte Gehopse. Leider hatten die Soldaten keine Möglichkeit, sich daran zu beteiligen. Niemand forderte sie auf, kein aufmunterndes Handzeichen, kein einladendes Lächeln, gar nichts. Abrupt brach die Musik ab, und stillschweigend verzogen sich die Frauen in ihre Häuser. Auch die Soldaten trotteten heimwärts.

Am nächsten Abend, nach dem Essen schlüpften Oberfeldwebel Klein und Unteroffizier Denk in ihre dunkelblauen Trainingsanzüge, schnürten ihre Turnschuhe, meldeten sich in der Schreibstube ab und machten sich auf den Weg. In leichtem Trab zuckelten sie zuerst nach Norden, folgten dann der Rollbahn, legten kleine Zwischenspurts ein und erreichten nach einer halben Stunde den Talkessel, in dem das Dorf Tucin lag. Es schien ausgestorben zu sein. Da bemerkte Denk den auf der Dorfstraße patrouillierenden Posten. "Ein Soldat!" stellte er fest.

"Wo einer ist, sind auch noch mehr!" folgerte Klein und rannte los. Denk hinter ihm her. Nach drei Minuten standen sie, ein wenig atemlos, vor dem Posten.

"Wo kommt denn ihr her?" wollte der wissen.

"Vom Flugplatz!" sagte Denk.

"Gehört ihr zu den Fliegern?" fragte der Posten dümmlich.

"Klar", erwiderte Klein, "und was machen Sie hier?"

"Wir bewachen das Dorf!" antwortete der Posten.

"Was gibt's da zu bewachen?" staunte Denk.

"Diese Straße läuft quer über die Rollbahn des Flugplatzes. Wir passen auf, daß keine Partisanen hier herumsabotieren."

"Kein sehr aufregender Job!" meinte Klein.

Kaum hatte er seinen Satz beendet, erschienen die Frauen auf dem Dorfplatz. Die erste trug den Stuhl. Ihr folgte der Ziehharmonikaspieler. Wie man jetzt sehen konnte, war er klein und erheblich verkrüppelt. Der Stuhl wurde in den Sand gedrückt, der Spieler setzte sich darauf, und die Frauen bildeten ihren Kreis.

"Was gibt das, wenn's fertig ist?" fragte Denk überrascht.

"Das ist ein Erntekommando", erläuterte der Posten. "Wenn's dunkel wird, singen und tanzen sie da auf dem Dorfplatz."

"Interessant", meinte Klein, "das schauen wir uns mal an!"

Zögernd näherten sie sich dem Kreis und blieben in fünf Meter Entfernung stehen.

Zehn Minuten später kam Berndl mit seinen Soldaten. Sie gesellten sich zu den beiden Piloten. Und wieder rückten die Frauen auseinander, so daß die Männer einen Blick auf das Innere des Kreises werfen konnten. Der kleine Krüppel spielte in gewohnter Weise seine bizarren Melodien, die Mädchen hüpften abwechselnd in den Kreis und sangen. Manchmal waren sie zu dritt. Dann hielten sie sich an den Händen und vollbrachten eine Art Tanz, der sehr simpel aussah, aber wie sich später herausstellen sollte, gar nicht so einfach nachzumachen war.

Noch blieben die Mädchen unter sich. Sie hatten viel Spaß an ihren Reimereien, lachten lauthals und klatschten in die Hände. Genau wie am Vorabend hörte die Musik urplötzlich auf, und die Frauen verschwanden in ihren Häusern.

Klein und Denk schlossen sich den Männern an. Vor deren Unterkunft blieben sie stehen, und Klein fragte:

"Machen die das jeden Abend?"

"Sie sind erst zwei Tage da. Aber bisher haben sie jeden Abend ihren Spaß gehabt", sagte Berndl.

"Wir werden morgen wiederkommen", deutete Klein an, und Denk ergänzte:

"Mit denen muß doch was zu machen sein!"

"Fragt sich bloß, wie", sagte Berndl ohne große Vorfreude.

"Habt ihr keinen Wodka?" fragte Denk.

"Nein. Wir haben noch keine Marketenderwaren erhalten."

"Dann werden wir morgen welchen mitbringe", sagte Klein.

"Prima", freute sich Berndl, "und kommt's gut heim."

"Die zwei Kilometer schaffen wir in zehn Minuten. Also gute Nacht!"

"Gute Nacht!" wünschten die Soldaten im Chor. Sie waren froh, daß diese Flieger einen Weg gefunden hatten, wie an die Frauen heranzukommen war. Das Zauberwort hieß Wodka. Rasch gingen sie ins Haus und legten sich zur Ruhe.

Nur Berndl und der Posten blieben noch vor dem Haus und starrten empor zu den endlosen Weiten der Milchstraße.

Bomber Klein und Alois Denk saßen nebeneinander in der Kantine und tranken Kaffee.

"Die Sache mit den Weibern behalten wir für uns", sagte Klein. "Oder hast du schon davon erzählt?"

"Wo denkst du hin", wehrte Denk erschrocken ab. "Zuerst bedienen wir uns selbst. Und wenn dann noch was übrigbleibt, können wir immer noch ein paar Kumpel mitnehmen."

"Also absolutes Stillschweigen", schloß Klein die Unterhaltung und ging hinaus aufs Rollfeld. Die Maschinen standen unter ihren Netzen. Heute war Donnerstag, und er hatte dienstfrei. Bedächtig schlenderte er zu den Flugzeugen, bestieg seine Maschine und setzte sich in die Pilotenkanzel. Nicht ohne Stolz ruhte sein Blick auf den schwarzen Augen der Instrumente, auf den silbrig glitzernden Hebeln und auf dem stämmigen Steuerknüppel. Diese Fock-Wulff 200 C-5 war seine heimliche Geliebte. Ihre 22 Tonnen zitterten unter seinen Händen. Mit 400 Stundenkilometern schwebten sie zwischen Himmel und Erde, auf mystische Art miteinander verbunden. Wenn er sie mit seinen nervigen Fäusten nach oben riß und sie willig gehorchte, vergaß er alles um sich herum. Er hörte nur das gleichmäßige Brummen ihrer vier Motoren, das leise Ächzen der Tragflächen und die Wucht des Windes, der gegen die Fenster drückte. In diesen Augenblicken gab es für ihn keinen Zweifel: Fliegen war schöner als die Liebe.

Er schloß die Augen und döste vor sich hin. Plötzlich kamen ihm die Frauen von gestern abend in den Sinn. Natürlich war es grundsätzlich verboten, mit der Zivilbevölkerung in Kontakt zu treten. Aber wer kümmerte sich schon darum? Die Burschen im Dorf würden schon mitmachen. Die Frage war nur, ob wirklich etwas Brauchbares dabei war.

Ein wenig steif geworden, kletterte er aus der Maschine und ging zu seiner Unterkunft. Mit Briefeschreiben, Rasieren, Sockenstopfen, lesen und noch zweimal essen vertrödelte er seinen freien Tag.

Still und heimlich verdrückten sich Klein und Denk nach dem Abendessen aus der Kantine. Vorsichtig stopfte jeder von ihnen eine Flasche Wodka in die Turnhose, hielt den Flaschenhals unter der Trainingshose fest, und los ging's in leichtem Trab.

Eine Viertelstunde später kamen sie vor dem Postenhaus an. Die Frauen waren noch in ihren Häusern. Berndl kam heraus und begrüßte die beiden Flieger:

"Hoffentlich habt's den Wodka nicht vergessen."

"Nein, haben wir dabei!" sagte Denk und streckte die Flasche in die Höhe. Auch Klein zeigte seine Flasche, und beide nahmen auf der Bank vor dem Haus Platz, Denk und Klein, die beiden Flieger, die der Schlüssel zu einem erträumten kleinen Paradies inmitten des Krieges werden sollten. So jedenfalls spukte es in den Köpfen der Männer. Endlich war es soweit. Die Frauen kamen lautlos wie die Ameisen aus ihren Häusern und formten den Kreis. Der kleine Krüppel begann zu spielen, und schon hallten die ersten Lachsalven über den Platz. Die Männer machten sich auf den Weg. Der Kreis war schon geöffnet, und wie selbstverständlich drängten sich die Soldaten in die Lücke. Bomber Klein zog den Korken aus seiner Flasche und nahm einen kleinen Schluck. Dann hielt er den Wodka seiner Nachbarin vors Gesicht. Sie schaute zuerst verdutzt und schüttelte dann ihren Kopf. Aber so schnell gab Bomber Klein nicht auf. Er versuchte es bei der zweiten, doch auch diese lehnte ab. Erst die dritte griff nach der Flasche, nahm einen tiefen Schluck und - was Wunder - reichte die Flasche an die vierte weiter. Bomber Klein sah seine Flasche an diesem Abend nicht wieder. Sie machte die Runde und landete schließlich beim Harmonikaspieler, der den letzten Rest in sich hineingoß.

Auch Denk hatte seine Flasche in der anderen Richtung kreisen lassen. Als Ergebnis dieser Wodka-Aktion wurde allgemein festgestellt, daß das Lachen und Händeklatschen an Vehemenz zugenommen hatte. Auch der Gesang klang noch frecher, aber mehr war nicht dabei herausgekommen.

Es war noch dunkel, als die Frauen, angetrieben von den ungeduldigen Befehlen der Fahrer, die Ladewagen bestiegen und auf die Felder fuhren. Sie würden erst kurz vor Sonnenuntergang wiederkehren. Der Posten, der die ganze Prozedur aufmerksam beobachtete, winkte den abfahrenden Gefährten hinterher. Und tatsächlich hoben sich im zweiten Wagen ein paar Hände, die zaghaft in der dunkelblauen Morgenluft herumwedelten. Der Wodka schien das Eis gebrochen zu haben. Es ist nur zu hoffen, dachte der Posten, daß den Fliegern die Vorräte nicht ausgingen. Guten Mutes drehte er seine Runden.

Etwa um dieselbe Zeit herrschte bereits emsiges Treiben auf dem Flugplatz. Die Maschinen waren aus ihrer Tarnung geschoben worden. Die Bodenmechaniker huschten geschäftig hin und her, und die Besatzungen kletterten in die Cockpits. Dünne Nebelschwaden zogen gewichtslos über die Rollbahn, als die Maschinen abhoben. Oberfeldwebel Klein führte die Rotte an. Behäbig gehorchte das schwer beladene Flugzeug seinen Befehlen, gewann stetig an Höhe und wies den nachfolgenden Maschinen den direkten Weg nach

Kiew. Über dem großen Verschiebebahnhof lösten sie ihre Bomben aus, drehten in einer flachen Kurve um 180 Grad und machten sich auf den Heimweg. Wie bisher schoß die feindliche Flak viel zu tief. Also kümmerte sich Bomber Klein einen Dreck um sie, zündete die obligatorische Zigarette an und räkelte sich in seinem Sessel.

Sie würden auch heute ohne den geringsten Kratzer heimkommen. Wo blieben nur die russischen Jagdflugzeuge? Nicht daß er sich unbedingt welche wünschte, aber es war schon seltsam, daß die Russen sich Tag für Tag ohne jede Gegenwehr mit Bomben zudecken ließen. Aber die Ratschlüsse der sowjetischen Generalität waren ebenso unergründlich wie die der deutschen. Im Augenblick war Klein mit der gegebenen Situation durchaus zufrieden.

Er freute sich schon auf den Abend. Er würde außer dem Wodka auch noch ein paar Tafeln Schokolade mitnehmen.

Es war jetzt vier Monate her, daß er eine Frau besessen hatte.

Mit Genugtuung dachte er an die drei Urlaubstage in Warschau. Jeden Tag war er im Hotel Astoria gewesen, wo an die hundert der schönsten Frauen zur Auswahl gestanden hatten. Er hatte sich eine herrliche Blondine herausgesucht, einen Kopf größer als er, schwere Brüste, schlanke Beine und gepflegte Hände. Sie hatte es ihm so sehr angetan, daß er auch an den folgenden beiden Tagen wartete, bis sie frei war. Neben dem üblichen Entgelt hatte er stets ein kleines Geschenk für sie mitgebracht, was der ganzen Affäre einen weniger kommerziellen Anstrich gab. Er konnte nicht umhin, zuzugeben, daß er nach langer Zeit wieder einmal richtig glücklich gewesen war.

Er machte sich keine Illusionen. Unter diesen Erntehelferinnen würde keine Frau sein, die der Warschauer Olga das Wasser reichen könnte. Aber das war auch gar nicht notwendig. In diesen Zeiten mußte man nehmen, was einem geboten wurde.

Ein klein wenig Wehmut überfiel ihn trotzdem, und beinahe hätte er vergessen, das Fahrwerk der Maschine auszufahren. Gottlob hatte sein Co-Pilot keine amourösen Probleme, und so ging die Landung ohne Schwierigkeiten vonstatten.

Hoch erfreut begrüßte Hauptmann Weniger die Besatzungen. Wieder einmal war ihr Einsatz ohne Verluste durchgeführt worden. Er war stolz auf seine Leute, und er würde sie gleich nächste Woche für eine Auszeichnung vorschlagen. Wenn er Glück hatte, fiel für ihn auch endlich das Ritterkreuz ab. Zeit dafür wäre es schon!

Und wieder versank die Sonne im Westen, senkte sich das erwartungsvolle Dunkel auf den Dorfplatz, bildeten die Frauen ihren Kreis und ließen die Soldaten teilhaben an ihrer Fröhlichkeit. Wieder kreisten die beiden Wodkaflaschen, und Bomber Klein machte die Runde. In winzigen Portionen verteilte er seine Schokolade und versuchte dabei, die Gesichter der Frauen zu erkennen. Die Nacht machte sie alle schön.

Am Samstag kehrten die Frauen früher von der Feldarbeit zurück. Goldfasan Hornbichler war angekommen und hatte seine Befehle über den Platz gebrüllt. Auf diese Weise erfuhr der aufmerksam lauschende Posten, daß die Frauen nach Zwiahel gefahren würden, zur Entlausung und anschließendem Duschbad. Der fortschrittliche Hornbichler wußte anscheinend, daß er die Arbeitskraft seiner Frauen nur dadurch erhalten konnte, daß er auf strenge Einhaltung gewisser Hygienemaßnahmen drängte. Daß er auch an das seelische Wohlbefinden seiner Helferinnen dachte, sollten die Soldaten am Sonntag morgen erfahren. Die beiden Flieger waren also am Samstag abend umsonst gekommen. Sie ließen Wodka und Schokolade zu treuen Händen bei Berndl.

"Wir kommen morgen gleich nach dem Mittagessen", kündigte Klein an.

"Gut, sagte Berndl, "die werden am Sonntag auch nicht arbeiten."

"Also dann bis morgen!" verabschiedeten sich die Flieger.

Obwohl sie das abendliche Vergnügen erst zweimal genossen hatten, ging den Soldaten richtig etwas ab, als sie an diesem Samstag vor ihrer Behausung saßen und Löcher in den Himmel guckten.

"Meinst du, daß wir irgendwann an die Weiber rankommen?" fragte Seidel, doch Berndl zuckte mit den Schultern. Für außerdienstliche Vergnügungen war er nicht verantwortlich.

"Es müßte einfach einer mittanzen", schlug Seidel vor, was großes Erstaunen erregte.

"Und dann?" fragte der kleine Brunner.

"Dann können es die anderen auch versuchen."

"Und dann?" hakte Brunner nach.

"Frag nicht so blöd!" stauchte ihn Seidel zusammen. "Dann wird man schon sehen, was draus wird. Auf jeden Fall müssen wir anfangen." Darin waren sich alle einig. Von den Frauen würde nichts kommen.

"Und wer traut sich?" wollte Brunner wissen, der vom Erfolg dieser Tanzerei keineswegs überzeugt war.

"Für eine Schachtel Zigaretten mach ich's!" sagte Seidel, und Brunner nahm die Wette an!

Am Sonntag vormittag gegen neun meldete der Posten seinem Gefreiten ein Fahrzeug. Berndl eilte ins Freie und konnte bald erleichtert feststellen, daß es nur der Goldfasan Hornbichler war. Neben ihm saß ein schwarzgekleideter Mann mit einer hohen Mütze.

"Schaut aus wie ein Pfarrer", meinte der Posten.

"Das ist ein Pope!" klärte ihn Seidel auf.

Während der Gebietskommissar huldvoll lächelte, machte der Geistliche eine Art Kreuz in die Luft, wobei seine milchweiße Hand zum Schluß an die Stirn griff.

"Der hat uns gesegnet", meinte der Posten.

"Der kann mich mal", sagte Berndl, "ich bin doch kein Orthodoxer."

"Deswegen kann er dich trotzdem segnen", sagte Seidel.

"Der kann uns auch den Teufel an den Hals gewünscht haben", entgegnete der in solchen Dingen unnachgiebige Berndl.

Das Fahrzeug hielt vor dem mittleren Haus, und die beiden Herren stiegen aus. Der Pope holte eine große Ledertasche aus dem Fond des Wagens und begann auf einem kleinen Tischchen, das zwei Frauen vor ihm aufgebaut hatten, eine Art Altar herzurichten.

Nach und nach kamen alle Frauen aus ihren Unterkünften und stellten sich vor dem Altar auf. Der Pope begann mit seinem Ritual.

Bald ertönte seine feierliche Stimme die Dorfstraße herunter, und ein sonntägliches Gefühl überkam auch die Soldaten. Hier in dieser armseligen Umgebung fanden wieder einmal leichte Tröstungen ihren Weg über Unwissenheit und geistige Trägheit in die Herzen, die abgespeist wurden. Während der Weihrauch zur Ehre eines Gottes, den es gar nicht gab, in den blaßblauen Himmel aufstieg, starben die weiter vorne an der Front im Namen aller Religionen, die ihnen die ewige Seligkeit versprochen hatten. Es war der Teufel, der sie mit einem Tritt in den Hintern in die Hölle beförderte, die es übrigens auch nicht gab.

"Meinst du, wir können da mal näher herangehen?" fragte Seidel.

"Warum nicht", erwiderte Berndl, "aber stört den Popen nicht!"

Vorsichtig näherten sie sich also dem gottesdienstlichen Tun und bauten sich so hinter dem Altar auf, daß sie den Frauen in die Gesichter sehen konnten.

"Gar nicht schlecht!" flüsterte Seidel seinem Nachbarn ins Ohr. Und während die älteren Frauen mit großer Inbrunst mitsangen, zuckten die Blicke der jüngeren ungeniert über den Altar hinweg auf die Soldaten. Keiner noch so göttlichen Idee war es je gelungen, die

Jugend vom Flirten abzuhalten.

Es war ganz offensichtlich, daß die kommunistische Gottlosigkeit in den Hirnen der jüngeren Frauen ganz schrecklich gewütet hatte. Ohne Rücksicht auf die Anstrengungen des Popen tuschelten sie miteinander und brachten ihre pausbackigen Bauerngesichter zum Leuchten.

Das liturgische Geschehen trat immer mehr in den Hintergrund. Als der Geistliche bemerkte, daß die Schar seiner Gläubigen immer kleiner wurde, entschloß er sich, seine Vorstellung zu beenden, ehe die religiöse Ergriffenheit endgültig in eine volksfestartige Fröhlichkeit hinübergleiten würde.

Enttäuscht packte er seine Gerätschaften zusammen und verschwand mit seiner Ledertasche in der Datscha der Fahrer. Dort saß Hornbichler mit seinen Untergebenen am Tisch. Sie aßen Geräuchertes mit Essiggurken und tranken Wodka. Der Pope ließ sich nicht zweimal bitten.

Ein wenig unschlüssig standen die acht Soldaten dem riesigen Aufgebot der Frauen gegenüber.

"Da treffen ja fünf auf jeden von uns!" rechnete Seidel aus.

"Die alten aus meinem Kontingent überlasse ich dir gerne", sagte Berndl, und die Männer lachten.

Obwohl sie nichts verstanden hatten, lachten die Frauen mit.

Endlich faßte sich Seidel ein Herz. Hatte er nicht gestern abend versprochen, für eine Schachtel Zigaretten den Tanz zu beginnen? Warum nicht jetzt gleich den Anfang machen?

Mutig ging er auf eines der Mädchen zu, deutete mit dem Zeigefinger auf seine Brust und sagte: "Ich Franz!"

Die Angesprochene trat einen Schritt zurück, hielt erschrocken die Hand vor den Mund und kicherte. Da trat das Mädchen neben ihr auf sie zu, deutete mit dem Zeigefinger auf sie und sagte: "Anna!"

Als nächster kam Berndl an die Reihe, und ihm folgte Brunner. Als sie alle dran waren, fing das Spiel von vorne an, und bald kannten sie die Vornamen der hübschesten Mädchen. Die weniger schönen und die älteren wurden ohne Rücksicht auf Verluste übergangen.

Mit unfreundlichen Blicken verfolgten sie das schamlose Treiben, dann trollten sie sich.

Jetzt öffnete sich die Haustüre, und Goldfasan Hornbichler, der Pope, der Fahrer der beiden und die beiden Aufseher des Erntekommandos kamen heraus.

"Man hat also schon Kontakt aufgenommen!" stellte der Goldfasan fest.

"Ich hoffe, Sie haben nichts dagegen einzuwenden?" fragte Berndl.
"Solange die Arbeitskraft der Damen nicht darunter leidet, nein!" sagte Hornbichler und schmunzelte.
"Und ich werde dafür sorgen, daß die Dienstauffassung meiner Männer nicht darunter leidet", sagte der Gefreite.
"Na, dann sind wir uns ja einig." Mit diesen Worten schwang sich der Gebietskommissar ins Auto, ein wenig unbeholfen folgte der Pope, dann schloß der Fahrer die Türen, drückte sich hinter das Lenkrad, und ab ging die Post.
Langsam löste sich auch die Versammlung vor dem Haupthaus auf. Mangels Sprachkenntnissen war die Kommunikation bei den Vornamen steckengeblieben. Aber ein Anfang war gemacht, und irgendwie hatten sich auch schon die Paare gefunden.
Nach dem Mittagessen kreuzten die beiden Flieger auf. Anstelle der Trainingsanzüge waren sie in ihrer Sommerausgehuniform, dekoriert mit allen möglichen Orden, aufs beste ausstaffiert.
Beide hatten Brotbeutel unterm Arm, gefüllt mit den tollsten Dingen: Bonbons, Kopftüchern, Seidenstrümpfen, Toilettenseifen, Zigaretten, Halsketten und vielem mehr.
"Wo sind denn die Weiber jetzt?" wollte Bomber Klein wissen.
"Die sind noch beim Essen", sagte Seidel.
"Habt ihr sie heute schon gesehen?" fragte Denk.
"Ja natürlich", antwortete Berndl, "die haben heute schon einen Gottesdienst absolviert."
"Und?" fragte Klein ganz aufgeregt.
"Was und?" ärgerte sich Berndl über die unpräzise Frage.
"Na ja, sind ein paar Brauchbare dabei?" erläuterte Denk die Frage.
"Aber ja doch", mischte sich Brunner ein, "sehr brauchbar sogar."
Damit setzte man sich unter den überdachten Vorplatz und harrte der Dinge, die da kommen sollten.
So vergingen die Stunden. Mundfaul hockten sie auf den schmalen Holzbänken, rauchten eine Zigarette nach der anderen, vertraten sich zwischendurch die Füße, indem sie ein paar Runden um den Dorfplatz drehten.
"Die hocken in ihren Häusern und flicken ihre Sachen", erklärte Brunner, der einen Blick durch irgendein Fenster gewagt hatte. "Die werden schon noch herauskommen", meinte Berndl, als er die ungeduldige Miene von Bomber Klein bemerkte. Der nickte nur. Und dann war es endlich soweit.

Kurz nach fünf Uhr erschien als erster der Harmonikaspieler. Dann kam eine Frau mit dem Stuhl, und nach und nach kamen die anderen. Sie bildeten wie üblich ihren Kreis, und die erste Sängerin berichtete aus dem Stegreif von den Ereignissen des Vormittags.

Ganz deutlich waren aus dem russischen Singsang die deutschen Vornamen herauszuhören: Helmut, Franz, Max, Ludwig und sogar Reinhard. Xaver Berndl war enttäuscht. Unsicher blickte er um sich. Wo war das Mädchen, dem er sich vorgestellt hatte? Wo war die feingliederige Olga mit dem braunen Kraushaar, die vergeblich versucht hatte, das X am Anfang seines Vornamens auszusprechen? Wie eine Katze um den heißen Brei, umschlich er den Kreis aus kräftigen Frauenrücken, sah sie endlich ein wenig verloren zwischen zwei älteren Matronen, trat auf sie zu und sagte: "Ich ... Xaver!"

Sie sah zu ihm auf, senkte dann schüchtern den Kopf, um ihn gleich wieder anzuheben, lächelte ihn an und sagte: "I ... Olga!"

Auch die anderen Soldaten hatten sich nach ihren Mädchen umgesehen. Überall standen sie jetzt in Paaren beieinander. Nur die beiden Piloten blickten verloren in die Runde. Endlich faßte sich Bomber Klein ein Herz. Er öffnete die beiden Lederriemen an seinem Brotbeutel und begann seine Tour im Innenkreis. Wo immer er ein hübsches Gesicht antraf, griff er ins eine Schatztruhe und entnahm ihr ein Geschenk. So hatte er schon alle Halstücher vergeben, drei Paar Seidenstrümpfe aus Frankreich hatten den Besitzer gewechselt, und auch seine Vorräte an Schokolade neigten sich dem Ende zu.

Da sah er plötzlich in der zweiten Reihe den Traum seiner schlaflosen Nächte. Einen Kopf größer als er, überragte sie die vor ihr stehenden Frauen. Der Pferdeschwanz ihrer strohblonden Haare hing lässig über der linken Schulter. Sie hatte hellblaue Augen und einen Mund, der unentwegt lächelte. Bomber Klein wurde flau im Magen. Seine Knie begannen zu zittern, und der kalte Schweiß trat auf seine Stirne. Verlegen kramte er in seinem Brotbeutel. Was konnte er ihr geben? Er schämte sich der Armseligkeit seiner Geschenke. Dann ertasteten seine Finger eine Halskette aus weißen Milchglaskugeln. Vorsichtig hob er sie ans Licht, zwängte sich durch die beiden Alten und überreichte die Kette dem Mädchen.

"Ich ... Willi!" stellte er sich vor. Verlegen schaute die Angesprochene auf den kleinen Mann herunter, lächelte mit ihrem stets lächelnden Mund und sagte: "Ich ... Anastasia!"

Plötzlich endete die Musik, die letzten beiden Sängerinnen traten in den Kreis zurück, und alles blickte erstaunt auf den Musiker. Der kratzte sich am Hinterkopf, schaute zum Himmel empor und begann dann endlich wieder zu spielen. Die Soldaten trauten ihren Ohren nicht: "Lili Marlen, und ich tanze mit dir in den Himmel hinein." Und spätestens da erinnerte Brunner seinen Kameraden an das gegebene Versprechen.

"Zuerst die Zigaretten!" sagte der, nicht weil er jetzt rauchen wollte, aber er mußte Zeit gewinnen. Während Brunner die Packung aus seiner Brusttasche holte, prüfte Seidel die um ihn herumstehenden Mädchen. Schnell war er sich klar. Er würde Anna auffordern. Mutig trat er vor sie hin, machte einen vorschriftsmäßigen Diener, und bereitwillig folgte sie ihm in die Mitte des Kreises. Erst jetzt bemerkte Seidel, daß Anna barfüßig war. Um ihr nicht auf die nackten Zehen zu treten, bewegten sie sich zuerst in gehöriger Entfernung zu den Klängen der Musik. Dann wurde es dem Seidel zu dumm. Mit einem Ruck entledigte er sich seiner Stiefel, umfaßte das Mädchen enger und legte einen perfekten langsamen Walzer auf den sandigen Dorfplatz.

Er fand schnell Nachahmer. Als der kleine Krüppel mit aller Inbrunst den russischen Schlager von den schwarzen Augen hören ließ, tanzten sie alle, auch die beiden Flieger. Bomber Klein und seine Anastasia waren zweifellos das ungleiche Paar, aber das schien den Bomber überhaupt nicht zu stören. Voller Hingabe schob er das Mädchen vor sich her und strahlte mit solchem Stolz zu ihm hinauf, daß sie ihn gerührt enger an sich heranzog. Sein Scheitel berührte ihr Kinn, und sein Kinn ruhte auf ihrem Busen. Die rechte Hand glitt von der Taille auf den strammen Hintern. Er war glücklich.

Auch die Sonne hatte ein Einsehen. Ihr vom langen Tagewerk ermatteter Glanz tauchte die schlanke Birkenreihe am Rand des Talkessels in goldgelbe Seligkeit. Eine leichte Brise kräuselte das dunkle Wasser des Teiches. Der Harmonikaspieler fing wieder bei Lili Marlen an, weil sein Repertoire nur sechs Stücke umfaßte.

Und wenn er nur ein einziges Stück hätte spielen können, die Tänzer hätten sich damit zufriedengegeben.

Nun aber kam Juri, der Vormann des Erntekommandos, aus der Türe und stoppte die Musik. "Essen fertig!" sagte er zu den Soldaten und zuckte, gleichsam um Entschuldigung bittend, mit den Schultern.

Augenblicklich ließen die Mädchen ihre Tänzer stehen und verschwanden in den Häusern.

Flieger Denk steckte dem Krüppel noch schnell eine Packung Zigaretten zu und sagte: "Sieben!" Dabei ließ er seinen Zeigefinger kreisen. Der Musikant nickte, schulterte seine Harmonika und verzog sich in Richtung Männerhaus. Den Stuhl ließ er stehen, was die Soldaten sehr beruhigte.

Postenkommandant Berndl schickte nun ebenfalls seinen Essenholer los, und eine halbe Stunde später verdrückten sie ziemlich lustlos ihre Ölsardinen.

"Wenn das so weitergeht, dann wachsen mir noch Kiemen!" maulte Seidel und schob die halbvolle Dose in die Tischmitte, wo sie sehr schnell einen Abnehmer fand.

Die beiden Piloten saßen auf der Veranda und stillten ihren Hunger mit Schokolade. Dazu nahmen sie von Zeit zu Zeit einen Schluck Wodka.

"Wer hätte das gedacht", sagte Denk, "Sonntag nachmittags Tanz mitten in Rußland." Bomber Klein hörte gar nicht zu. Seine Gedanken kreisten um Anastasia. Auf seinen Fingerspitzen spürte er ihren muskulösen Rücken, und in seinem Nacken brannte ihre Hand, die ihn fest umschlungen hielt. "Was hast du gesagt?" fragte er zerstreut.

"Nichts!" sagte Denk, weil er schon ahnte, wo Kleins Gedanken weilten. Es hatte keinen Sinn, Banalitäten von sich zu geben, wenn der Angesprochene in den Gefilden der Seligen schwebte.

Bald gesellte sich Berndl zu den beiden Fliegern. Ihn plagte ein wenig das sogenannte gute Gewissen. Was würden seine Vorgesetzten sagen, wenn sie von dieser Tanzveranstaltung erführen?

"Hoffentlich kommt uns niemand drauf!" stöhnte er, und die beiden Flieger wußten sofort, was er meinte.

"Wer soll denn das je erfahren?" fragte Denk.

"Man kann nie wissen!" befürchtete Berndl.

"Und wenn", konstatierte Klein, "sie werden uns die Köpfe schon nicht runterreißen." Er reichte dem Gefreiten die Wodkaflasche, und der nahm einen großen Schluck. Fisch muß schwimmen, dachte er und trank gleich noch mal, denn die Ölsardinen lagen ihm schwer im Magen. Dann überließen sich die drei Männer ihren Gedanken.

Rasch war die Sonne am Horizont verschwunden, und die silbrigen Zweige der Birken ragten wie Eisblumen in den blauen Himmel.

Ungeduldig blickte Klein in Richtung Dorfplatz.

Endlich kamen sie wieder. Sie bildeten lautlos ihren Kreis, und auf Druck der nichttanzenden älteren Frauen spielte der Krüppel den Kasatschok.

Eine dicke Frau, Anfang Vierzig, watschelte in die Mitte und besang mit brüchiger Stimme eine beiläufige Angelegenheit, die von den

Zuhörenden weder beklatscht noch belacht wurde. Beleidigt verließ sie den Kreis. Die Harmonika setzte erneut zum Kasatschok an, aber es fand sich keine Sängerin mehr. Da wurde es Bomber Klein zu dumm. Resolut durchschritt er den Kreis, drückte dem Musikanten zwei Päckchen Zigaretten in den Schoß und sagte:
"Wir wollen tanzen!"
Der Krüppel nickte hocherfreut, verstaute die beiden Packungen und begann wie erwartet mit Lili Marlen.
Zweimal spielte er sein Repertoire, dann hatte er genug. Er sprach mit den Mädchen, und diese lachten. Sie schlugen sich mit den Händen auf die Oberschenkel, schüttelten die Köpfe und lachten immer lauter. Der Musikant zündete sich eine Zigarette an und wartete. Die Mädchen berieten, und die Soldaten wußten nicht, worüber. Dann schien eine Entscheidung gefallen zu sein.
Anastasia ging auf Bomber Klein zu und sagte:
"Du lernen Kasatschok!" Ohne ihm Zeit zum Überlegen zu geben, zerrte sie ihn in die Kreismitte und zeigte ihm seine Schritte. Klein war nicht dumm. Er hatte schnell begriffen.
Er verschränkte seine Arme im Nacken, ging leicht in die Knie, schnellte dann hoch und schlug die Hacken seiner Stiefel zusammen, daß es knallte. Sie stand derweil vor ihm, die Hände in die Hüften gestemmt und die Brust nach vorne gedrückt. Germanischer konnte eine Frau gar nicht aussehen. Freudig hüpfte der Oberfeldwebel um sie herum, ging immer tiefer in die Knie und schlug seine Hacken immer strammer zusammen. Der Schweiß lief ihm über die Wangen, und seine Kondition ließ nach. Erschöpft hielt er inne, während sie sich noch zweimal um die eigene Achse drehte. Obwohl er sie kaum noch sehen konnte, erschien sie ihm umwerfend schön. Er nahm sie bei der Hand und zog sie aus dem Kreis. Hilflos blickte er um sich. Da übernahm sie die Initiative. Vor ihrem Haus stand eine Bank, und dahin zog sie ihn. Sie setzten sich, und Klein fiel auf, daß ihre Köpfe fast in gleicher Höhe waren. Es konnten also nur ihre langen Beine sein, die sie um soviel größer machten. Er faßte nach ihrer Hand, die sie ihm bereitwillig überließ.
"Anastasia!" sagte er und wiederholte ihren Namen immer wieder, bis sie ihm mit dem Zeigefinger über die Lippen strich.
Er überlegte fieberhaft. Sollte er sie küssen? Würde sie sich wehren? Würde sie davonlaufen? Er wollte sie nicht verlieren, nur weil er zu ungeduldig war. Dann enthob sie ihn aller weiteren Fragen.

Das gleichmäßige Dröhnen der vier Motoren drang nur sehr schwach in die Pilotenkanzel. Oberfeldwebel Willi Klein hatte das Steuer seinem Co-Piloten übergeben. Er summte leise vor sich hin, und die Ereignisse des gestrigen Abends trudelten durch seinen Kopf. Der Krieg war in weite Ferne gerückt, obwohl er, Bomber Klein, gerade dabei war, seinem Namen Ehre zu machen. In zwei Stunden würde er neun Tonnen tödliche Fracht abladen. Wieder würden viele Menschen ihr Leben lassen, auch wenn das nicht in seiner Absicht lag. Er wollte in erster Linie Einrichtungen der Eisenbahn zerstören, damit die Russen ihren Vormarsch verlangsamten oder gar aufgaben. Aber aus 6000 Meter Höhe war jedes Zielen Glückssache. Ein Drittel seiner Bomben würde sowieso irgendwo im freien Feld landen, ohne einen kriegsentscheidenden Schaden anzurichten. Diese Tatsache beruhigte ihn sehr.

Die Strahlen der Morgensonne prallten senkrecht auf sein Kabinenfenster und schleuderten ein Meer von glitzernden Funken ins Innere des Flugzeuges. Und in diesem goldenen Lichtgeflimmer tauchte das Bild Anastasias auf, wie Botticellis Venus aus dem Meer. Er wähnte sich immer noch in einem Traum.

"Wir sind gleich soweit!" sagte der Co-Pilot, und Klein übernahm das Steuer. Rechts sah er das Häusermeer von Kiew, und links davon glitzerte das silbrige Band des Dnjepr. In gewohnter Routine gab er seine Befehle, und Minuten später öffneten sich die Bombenschächte. Während sie hinten im Rumpf die Einschläge zählten und kommentierten, legte Klein die Maschine in die Kurve, im Geiste war er schon in Tucin.

Der Co übernahm erneut das Steuer, und Klein zündete die obligatorische Zigarette an. Was war er doch für ein zwiespältiger Charakter? Gerade hatte er noch Tod und Verderben auf diese Russen abgeworfen, und jetzt träumte er davon, mit einer Russin ins Bett zu gehen. Gab es in diesem Krieg noch irgendwo einen unbeschädigten Charakter?

Der Abend brachte eine Überraschung.

Die Frauen waren fest entschlossen, den Soldaten den Kasatschok beizubringen. Immer zwei von ihnen übernahmen einen Soldaten, und während die eine rhythmisch mit den Beinen auf den Boden stampfte, packte ihn die andere von hinten kräftig an den Hüften, drückte ihn in die Knie, zerrte ihn hoch und schwenkte ihn im Kreis. Es war ein schweißtreibendes Unterfangen, aber die Soldaten machten gute

Fortschritte. Bald hüpften alle Frauen barfuß auf dem warmen Sandboden, und auch die Soldaten entledigten sich ihres Schuhzeugs. Stepan, der Krüppel, spielte wie ein Rasender, und die beiden Flieger ließen den Wodka kreisen. Die Tanzerei nahm bacchanalische Züge an. Mehr und mehr Tänzer fielen dem hektischen Tempo zum Opfer. Sie lagen heftig keuchend auf dem Boden, umsorgt von den fassungslosen Mädchen. Wie wollten diese Kerle den Krieg gewinnen, wenn sie von ein paar Runden Kasatschok schon so ausgelaugt waren? Auch Willi Klein saß ein wenig außer Atem mit seiner Anastasia auf einer Bank. Während das Mädchen sich seiner Schokolade widmete, schnaufte Willi mit dick aufgeblasenen Backen, bis er genug Sauerstoff in den Lugen spürte.

Endlich hatte Anastasia die ganze Tafel verdrückt, faltete sorgfältig das Sarottipapier mit dem Mohrenkopf und schob es in ihr Rocktasche. Dann legte sie ihren Oberkörper in Willis Schoß und stellte die Füße auf das andere Bankende. Willi umschloß sie voller Zärtlichkeit. Bedächtig näherten sich seine Lippen ihrem Mund, und sie saugte sich an ihm fest, während ihre Hände seinen Kopf wie in einem Schraubstock preßten. Ihm schwanden fast die Sinne.

Sie küßten sich eine Ewigkeit lang, und nur ganz von Ferne vernahmen sie die Klänge der Harmonika. Die Zahl der Tänzer nahm zusehends ab, und bald kehrten die ersten Frauen in ihre Häuser zurück. Damit war auch die Zweisamkeit von Anastasia und Willi beendet. Wehmütig schlich er zum Wachhaus, wo Denk schon auf ihn wartete.

Wann immer die Besatzungen ihre Flugzeuge bestiegen, wußten sie, daß sie sich in die Nähe des Todes begaben. Wenn sie hoch oben in den Wolken schwebten, lag über dem Gefühl der grenzenlosen Freiheit ein Hauch von Todesahnung, wie der dünne Schleier weißer Zirruswolken. Schweigend litten sie alle unter der Tatsache, in einem hilflos dahintrudelnden Sarg eingeschlossen zu sein. Kaltblütigkeit, Mut, Heldentum waren nicht gefragt. Ihrer aller Leben hing zu 90 Prozent vom fliegerischen Können des Piloten und zu 10 Prozent vom Glück ab. Oft waren die Relationen genau umgekehrt. Keiner wußte das besser als Bomber Klein.

Kaum hatten sie die befohlene Flughöhe erreicht, übergab er das Steuer seinem Co-Piloten. Genußvoll blies er den Rauch seiner Zigarette an die Decke. Dann holte er den kleinen Langenscheidt-Sprachführer Russisch aus seiner Bordtasche und begann zu lesen. Obwohl unter den kyrillischen Buchstaben noch die Aussprache in lateinischen Buchstaben angegeben war, bereitete ihm das Lernen enorme Schwierigkeiten. Auch wenn er nun schon länger als ein Jahr in Rußland war, hatte er kaum Kontakte mit russischen Leuten gehabt, und wenn, dann hatte er wie selbstverständlich vorausgesetzt, daß sein Deutsch verstanden würde. Und nun wollte er partout russisch lernen. Warum eigentlich?

Kein Zweifel, dieses russische Mädchen hatte ihm den Kopf verdreht. Und nun mußte er Anastasia zeigen, daß sein Interesse an ihr nicht so oberflächlich war, wie sie vielleicht glaubte. Mit verbissenem Eifer lernte er seine Vokabeln:

Zdrastvuitje = guten Tag, dobrij vetscher = guten Abend;

da svidanja = auf Wiedersehen, kak pasivaitje = wie geht es Ihnen?;

moschna tjibja pravadjit = darf ich dich begleiten?;

Ja ljublju tjibja = ich liebe dich!;

Genau das würde er ihr sagen, weil es die Wahrheit war; doch es war mit Sicherheit einfacher sie zu lieben, als diesen Satz auszusprechen.

Wieder saßen die Soldaten vor ihrem Haus und warteten auf das Erscheinen der Frauen. Obwohl die unvermeidlichen Ölsardinen ihrem Tatendrang keine außergewöhnlichen Impulse zugeführt hatten, strotzten sie vor Unternehmungsdrang. Gierig zogen sie an ihren Zigaretten und schauten immer wieder auf die Uhr.

"Jetzt wird's bald Zeit, daß sie kommen!" sagte Seidel.

"Vor sieben rührt sich da nichts", dämpfte ihn der Gefreite.

"Ich werd' heut mal aufs Ganze gehen!" verkündete Brunner, und schwellte seine Brust wie ein Preisboxer.

"Und du meinst, die läßt dich?" fragte Seidel, der umsichtig wie immer mit größerer Behutsamkeit vorgehen wollte.

"Die ist ganz wild auf mich", behauptete Brunner.

"Weil sie einen großen Busen hat, braucht sie noch lange nicht wild auf dich zu sein!" schwächte Seidel Brunners Begeisterung ab.

"Meine hat auch einen Riesenbusen", sagte Berndl.

"Das wird schon vom Kommunismus kommen", meinte Brunner.

"Oder vom dauernden Sonnenblumenkernessen", vermutete der Gefreite.

"Kann auch sein", gab Brunner zu, und das Gespräch verstummte für ein paar Minuten, weil sie über die Zusammenhänge von Kommunismus, Sonnenblumenkernen und großen Brüsten nachdachten.

"Da kommen die Flieger!" meldete der Posten, und tatsächlich tauchten Klein und Denk am oberen Dorfende auf.

Nach einer kurzen, aber herzlichen Begrüßung fragte der Gefreite anstandshalber: "Habt ihr einen guten Flug gehabt?"

"Danke", sagte Klein, "wir können nicht klagen."

"Uns ist es schon fast ein wenig unheimlich", ergänzte Denk, "daß sich bei den Russen gar nichts rührt. Keine Flak, keine Abfangjäger, gar nichts. Die lassen sich die Bomben aufs Dach regnen, ohne zu reagieren."

"Seid's doch froh, daß sie euch in Ruhe lassen", meinte Seidel.

"Das schon, aber normal ist das nicht", entgegnete Klein, und Denk stimmte ihm zu. Dann endlich kamen die Mädchen aus ihren Häusern. Während die älteren Frauen und die weniger hübschen Mädchen wie gewohnt ihren Kreis bildeten, stellten sich die auserwählten Mädchen sogleich zu den Soldaten. Zweifellos erleichterte ihnen die dialektische Erziehung den Sprung über den ideologischen Graben. Mühelos paßten sie sich der gegebenen Situation an. Väterchen Stalin war in Moskau, und Moskau war furchtbar weit weg. Wozu sich zieren? Das Leben war kurz, und die Möglichkeiten, ein bißchen Freude zu erhaschen, sehr begrenzt.

Die beiden Piloten verteilten ihre Schokolade an die zu kurz gekommenen Frauen, steckten dem Musikanten ein paar Päcken Zigaretten zu und verschwanden mit ihren Mädchen, ohne auch nur einen einzigen Tanz versucht zu haben.

Um so mehr plagten sich die Soldaten. Im Schweiße ihres Angesichts hüpften sie um ihre Tänzerinnen herum. Dann begannen sich die Zuschauerinnen zu langweilen und traten der Reihe nach in den Kreis, um wenigstens mit Gesang an der abendlichen Geselligkeit teilzuhaben. Das war das Zeichen für die Soldaten, nun auch mit ihren Mädchen im Dunkel der Nacht zu verschwinden.

Bomber Klein saß mit Anastasia auf der Bank und trug seine neu erworbenen Russischkenntnisse vor. Kreuz und quer durcheinander sagte er auf, was er während des langen Fluges gelernt hatte: "Zdrastvuitje, dobrij vetcher, da svidanja, kak pasivaitje, moschna tjibja pravadjit." Anastasia lachte und nach jedem Wort lobte sie: "Charascho Willi." Dann küßte sie ihn. Und endlich war er sicher, daß er es ihr sagen konnte.

"Ja ljublju tjibja", sagte er, und obwohl seine Aussprache dem Chinesischen näher war als dem Russischen, verstand sie ihn und umarmte ihn mit großer Zärtlichkeit. Mehrmals wiederholte sie die drei Worte, und da wußte er, daß ihm hier in diesem Augenblick etwas begegnet war, was er seit Jahren erträumt hatte: er wurde geliebt!

Diese, so unvermutet aufgetauchte Gewißheit machte ihm angst. Er war bisher den großen Gefühlen immer aus dem Weg gegangen. Vaterland, Heldentum, Ehre und was es da noch alles gab, er hatte stets einen großen Bogen um jegliche Versuchung gemacht, sich irgendwie einbeziehen zu lassen in das nebulöse Dickicht völkischer Phraseologie. Er hatte seine Pflicht getan, wie alle anderen auch, aber er hatte immer Angst gehabt, zwischen den Mühlsteinen des Krieges zermalmt zu werden. Auch die Liebe, sosehr er sie herbeigesehnt, hatte ihm im Innern seines Herzens angst gemacht, in erster Linie vor dem Versagen, dann - mit Blick auf seine Mutter - vor den nie endenden Besitzansprüchen der Frau. Diese Ängste und die geringe Körpergröße hatten ihn bisher davor bewahrt, mit der Liebe in Berührung zu kommen. Und jetzt dies!

Unfähig, ihre Zärtlichkeiten zu erwidern, saß er neben ihr und wartete auf den Rat, den ihm sein Intellekt geben würde. Aber seine innere Stimme schwieg. Und je mehr sich das Mädchen bemühte, seine Zurückhaltung zu lösen, um so tiefer zog er sich in das Schneckenhaus seiner Angst zurück. Schließlich gab sie auf. Sie saßen noch ein paar Minuten lang schweigend nebeneinander und hörten kaum die Musik, so sehr waren beide mit dem Wirrwarr ihrer Gedanken beschäftigt. Dann stand sie auf, strich ihm mit der Hand übers Haar und verschwand im Haus.

Bomber Klein wollte sie zurückrufen, aber seine Stimme versagte. Mit einem tiefen Seufzer stemmte er sich von der Bank hoch und wankte wie ein Betrunkener zum Haus der Soldaten. Dort wartete er auf seinen Freund Denk, der auch kurz darauf, fröhlich vor sich hinpfeifend, auftauchte.

"Du bist schon da?" fragte er erstaunt.

"Ja, wie du siehst", knurrte Klein, und Denk spürte sofort, daß seinem Freund eine Laus über die Leber gekrochen war.

"Hat was nicht geklappt?" fragte er teilnahmsvoll.

"Doch, doch!" wimmelte Klein ab, denn er hatte keine Lust, sein Problem mit Denk zu besprechen. Das war ausschließlich seine Sache, und niemand konnte ihm aus dieser Bredouille helfen. Er würde sich, wie der alte Münchhausen selig, am eigenen Haarschopf selbst aus dem Dreck ziehen müssen.

Schweigend stapften sie zurück zum Flugplatz.

Anderntags flogen sie in gewohnter Routine Richtung Kiew und warfen ihre Bomben ab. Klein hatte seinem Wörterbuch keinen Blick geschenkt. Obwohl er sich heftig sträubte, wiederholte seine Gedanken die gelernten Vokabeln, und sein Co-Pilot warf von Zeit zu Zeit einen erstaunten Blick auf die sich krampfhaft bewegenden Lippen. "Führst du Selbstgespräche?" fragte er schließlich besorgt.

"Quatsch nicht, flieg anständig!" herrschte ihn Klein an, biß sich verärgert auf die Unterlippe und versuchte seinen Gedanken eine andere Richtung zu geben. Vergeblich.

Nach dem Abendessen stiefelten beide wieder zum Dorf und verteilten ihre Geschenke. Denk verzog sich kurz darauf mit seinem Mädchen in die Büsche.

Nur Klein stand verlassen außerhalb des Kreises und war den Tränen nahe. Anastasia war nicht da. Bitter enttäuscht wollte er das Päckchen, das er für sein Mädchen geschnürt hatte, einer älteren Frau zustecken. Diese jedoch wehrte ab und zeigte mit der Hand in Richtung Weiher. "Anastasia osera!" sagte sie und machte mit beiden Armen heftige Schwimmbewegungen. Klein hatte verstanden.

"Spasiba!" sagte er hocherfreut und galoppierte hinunter zum Weiher. Tatsächlich saß das Mädchen auf dem Steg. Ihre Beine baumelten im Wasser. Als sie ihn kommen hörte, drehte sie den Kopf ein wenig und lächelte verschmitzt. Sie hatte gewußt, daß er kommen würde.

"Dobrij vetscher, Anastasia!" begrüßte er sie, zog seine Stiefel aus und setzte sich neben sie.

"Dobrij vetscher, moji malinki pilot!" sagte sie und lachte ihn an. Ihre Zähne blitzten in der untergehenden Sonne. Ganz unverhofft preßte sie seinen Kopf zwischen beide Hände, küßte ihn weich auf beide Augen, dann heftiger auf den Mund und wiederholte das Geständnis ihrer Zuneigung: "Moij balschaja tjubovje!"

Dieser kleine Pilot war ihre große Liebe, das wußte sie im Innern ihres so oft mißbrauchten Herzens. In ihrem noch jungen Leben war sie schon durch viele Hände gegangen, aber noch nie hatte sie auch nur den Hauch von Zuneigung gespürt. Die Männer hatten sie genommen und weggeworfen. Die meisten hatten sie nicht einmal geküßt, bevor sie sich über sie hergemacht hatten. Zärtlichkeit war für sie ein Wort aus einem Märchen geblieben.

Und nun gab ihr dieser kapitalistische Feind, den sie eigentlich abgrundtief hassen müßte, das nie gekannte Gefühl bedingungsloser Zuneigung. Sie wußte nur zu gut, daß auch er sie haben wollte; sie hatte die Lust in seinen Augen gesehen und die Gier seiner Küsse gespürt, aber er hatte ihren freien Willen respektiert.

Nun war es also an ihr, Bereitwilligkeit zu zeigen, ohne den Wert ihrer Hingabe zu schmälern. Sie hatte den ganzen Tag über ihr Vorgehen nachgedacht. Und bisher war alles nach ihrem Plan verlaufen. Nun kam der schwierigere Teil, und sie betete zu Gott, er möge sie nicht im Stich lassen.

Bedächtig zog sie das Kleid über den Kopf, und noch ehe er in der blaßblauen Dunkelheit des frühen Abends ihre Nacktheit bewundern konnte, glitt sie ins Wasser. Es reichte ihr bis zum Ansatz der Brüste. Flach legte sie ihre Arme auf die schwarze Fläche vor ihr und plätscherte ungeduldig mit den Handflächen.

"Idi suda!" forderte sie, und da er sie nicht zu verstehen schien, fügte sie rasch hinzu: "Komm!"

Am liebsten wäre Oberfeldwebel Willi Klein in voller Montur der Aufforderung nachgekommen, aber sein militärisch geschulter Verstand sagte ihm, daß er in trockener Uniform weit vorteilhafter aussehen würde. Also entledigte er sich rasch seiner Kleidung und rutschte vom Steg hinunter zu ihr.

Sofort umfingen ihn die warmen Arme. Langsam beugte sie sich hinunter, bis ihre Gesichter in gleicher Höhe lagen und ihre Lippen sich berührten. Er legte seine Hände auf ihre Schultern und hielt sich wie ein Ertrinkender an ihr fest.

Minutenlang standen sie so im lauwarmen Wasser, und die Welt um sie herum war versunken.

"So möchte ich sterben!" dachte Klein, und Anastasia dachte: "So möchte ich für alle Zeiten weiterleben!"

Und da es nichts gab, was ewig dauerte, vor allem keine Seligkeiten, kroch die Kühle des Wassers perlend an ihnen hoch und machte ihnen klar, daß zwar der Ursprung des Lebens auf Erden einmal im Wasser gelegen haben mochte, nicht aber die Erfüllung des menschlichen Glückes. Mit einem kräftigen Schwung stemmte sich Willi auf den Steg und zog das Mädchen aus dem Wasser.

Die Bretter des Steges waren noch warm von der Hitze des Tages. Anastasia legte sich flach auf den Rücken und überließ ihren ganzen Körper dem wohligen Gefühl, das sie durchströmte. Willi stand vor ihr und bewunderte die blaß schimmernden Umrisse ihres Leibes. Es kam ihm vor, als habe er noch nie eine so makellose Schönheit gesehen.

Regungslos lag sie vor ihm. Von jetzt ab lag es an ihm, den Fortgang des Märchens zu bestimmen. Und Willi Klein war Manns genug, seinen Beitrag zu leisten.

Langsam ging er in die Knie und schob sich dann vorsichtig über sie. "So sollte es für alle Zeiten weitergehen!" dachte er und Anastasia ahnte, daß sie wohl nie mehr ein solches Glücksgefühl erleben würde. Ermattet rollte Willi Klein vom weichen Körper des Mädchens hinunter auf die harten Bretter des Steges. Tief atmend lag er auf dem Rücken und streckte alle viere von sich. Immer noch tönte die Musik vom Dorfplatz herunter zum Weiher, aber weder ihr stampfender Rhythmus noch der girrende Gesang der Frauen drangen ins Gehör der beiden Liebenden. Ihr ganzes Dasein reduzierte sich auf die Verzückung der letzten, wundersamen Minuten. Daneben war kein Raum für große Gedanken. So als wolle sie ihn vor der herankriechenden Kühle der Nacht schützen, legte Anastasia sich auf ihn und umschlang ihn mit ihren kräftigen Armen. Die Wärme ihres Körpers drang in ihn, und er schloß die Augen, damit er das kalte Licht der Sterne nicht mehr sehen mußte.

Eine Ewigkeit lagen sie so aufeinander, bis sie bemerkten, daß die Musik aufgehört hatte. Schnell sprangen sie hoch und zogen sich an. Hand in Hand kehrten sie zum Dorfplatz zurück, und Anastasia verschwand mit den übrigen Frauen im Haus.

Klein und Denk trotteten schweigsam zum Flugplatz zurück.

"Hast du so etwas für möglich gehalten?" fragte Klein, kurz bevor sie sich trennten.

"Schon", antwortete Denk, "aber nicht hier in Rußland!"

Beide wußten, wovon sie sprachen, und daher hatte keiner Lust auf eine Vertiefung ihrer Gedanken. Mit einem knappen Händedruck gingen sie auseinander.

"Gut, daß wir morgen nicht fliegen müssen", stellte Klein erleichtert fest.

"Hast du plötzlich Angst?" fragte Denk.

"Ja, große Angst", sagte Klein und verschwand in seiner Baracke.

Als er am anderen Morgen von seinem Burschen geweckt wurde, war es gegen neun Uhr, und eine schwüle Treibhausluft lag träge auf seinem Bett.

"Heute wird doch nicht geflogen!" maulte Klein.

"Das nicht, aber um zehn ist Lagebesprechung!" entgegnete der Bursche. Widerwillig kroch Klein unter seiner Decke hervor. Der Schweiß stand in Perlen auf seinem Körper, und unwillkürlich mußte er an

den gestrigen Abend denken. Sie waren beide tropfnaß gewesen.
Nachdem er sich geduscht und gefrühstückt hatte, ging er hinüber
in den Befehlsstand und hörte sich an, was der Geschwaderkommandeur zu sagen hatte. Es war der alte, wohlbekannte Schmarren,
und Klein erwartete ungeduldig das Ende des Palavers.
Endlich, gegen elf, wurden die Piloten entlassen. Bomber Klein kehrte in seine Stube zurück und begann mit großer Geschäftigkeit seinen persönlichen Krimskrams zu sortieren. Er wollte Anastasia über
seine Herkunft, sein Zuhause, seine Heimat Auskunft geben. Das war
er ihr schuldig, so dachte er, und überprüfte seine bescheidene Habe.
Zwei Fotos von seinem Elternhaus, eins von der Straße aus und eins
mit Garten. Und dann die Eltern: der Vater in seiner Eisenbahneruniform und die Mutter im Sonntagsgewand mit Hut vor der Kirche.
Ein paar Fotos von ihm, bei der Erstkommunion mit riesiger Kerze,
in der braunen Uniform der Hitlerjugend, im Fußballdreß und als
frischgebackener Unteroffizier. Er überlegte kurz, dann zerriß er sein
Konterfei als Jung-Nazi. Alle anderen Bilder wollte er ihr zeigen. Er
fand auch noch einen Stadtplan von Augsburg mit den dazugehörigen
Vororten. Sein Elternhaus in einer Werkssiedlung im Norden der Stadt
war als rotes Pünktchen markiert. Der Weg von der Bahnstation dorthin war grün nachgezogen. "Ich werd' ihr auch diesen Plan zeigen",
dachte er, "sie muß wissen, wo ich herkomme."
Sorgfältig verstaute er alles in seiner Flugzeugführertasche.
Nach dem Mittagessen ging er in die Marketenderei und kaufte
eine Flasche Wodka, fünf Tafeln Schokolade und mehrere Schachteln Zigaretten. Nachdem er alles in seinem Brotbeutel verstaut hatte,
legte er sich ins Bett und schlief bis weit in den Nachmittag hinein.
Dann rasierte er sich sehr sorgfältig und ging wenig später mit Denk
in die Kantine. Beide verdrückten ohne große Begeisterung ihren
Bohneneintopf. Dann machten sie sich auf den Weg.
Am Dorfeingang empfing sie Anastasia. Sie nahm Willi bei der Hand
und zog ihn mit sich fort.
"Ich geh' schon mal voraus!" sagte Denk und schlenderte gemächlich hinüber zum Dorfplatz, der noch ganz ausgestorben im Glanz
der schräg stehenden Sonne vor sich hin brütete.
Bomber Klein folgte derweil dem Mädchen in ein kleineres Haus,
das etwas versteckt in der zweiten Reihe stand und dessen Strohdach nur mit Mühe die prächtigen, blühenden Holderbüsche überragte. Ohne zu zögern folgte er ihr ins Haus und überließ sich ein

wenig erschrocken ihren stürmischen Umarmungen.

Dann setzten sie sich an den Tisch, und Willi packte seine Schätze aus. Während sich das Mädchen genußvoll der Schokolade zuwandte, widmete sich Willi dem Wodka, den er in kleinen Schlückchen aus der Flasche trank. Dabei zeigte er Anastasia die Fotos. Sie schien seine Erklärungen bestens zu verstehen, während er mit ihren Fragen seine Schwierigkeiten hatte. Jedes gelöste Problem wurde mit einem Schluck Wodka begossen, und so erlahmte langsam ihr Interesse an Willis Vergangenheit und wandte sich den handgreiflichen Genüssen zu, die die Gegenwart für sie bereithielt.

Die letzten Tropfen Wodka rannen durch ihre Kehlen, und achtlos entledigten sie sich ihrer Kleidung, ehe sie - bebend vor Lust - auf die Ofenbank fielen.

Die Sonne war längst untergegangen, und der Klang des Kasatschoks verlor sich in der Unendlichkeit des sternenübersäten Firmaments. Willi Klein lag erschöpft neben seinem Mädchen, dessen Hand zärtlich über seine Stirne strich. Ein nie gekanntes Glücksgefühl hüllte ihn ein und verdrängte nach und nach die Rebellion seiner Gedanken, die im Stechschritt durch sein Gehirn polterten und ihn daran erinnerten, daß Krieg war und daher keine Zeit für die Liebe.

Er fröstelte und suchte die Wärme ihres Körpers. Mit ihren kräftigen Armen drückte sie ihn an sich, und aus jeder Pore ihrer Haut übertrug sich die bedingungslose Hingabe ihres Herzens auf ihn.

Plötzlich erzitterte das kleine Haus vom Druck der Explosionswelle einer Bombe, die ganz in der Nähe eingeschlagen hatte.

Klein sprang hoch.

Hilflos stand er in seiner Nacktheit am Fenster und sah durch das Geäst der Holderbüsche die Feuerblitze weiterer Bombeneinschläge. Der Angriff galt dem Flugplatz, und er war nicht dort.

Anastasia war aus seiner militärisch gedrillten Gedankenwelt verschwunden. Obwohl die Wärme ihres Körpers noch auf seiner Haut glühte, galten seine Überlegungen einzig und allein seinen Kameraden und den Flugzeugen. Rasch zog er sich an, umarmte Anastasia, ohne sich ihrer Liebe zu erinnern, und rannte aus dem Haus.

Vor dem Postenhaus der Soldaten traf er Denk.

"Die Russen greifen den Flugplatz an!" brüllte er ihm entgegen.

"Das seh' ich auch", sagte Denk ziemlich ungerührt, "aber was sollen wir dabei tun?"

"Wir müssen sofort hin!" schlug Klein vor.

"Wenn du meinst!" entgegnete Denk, ohne selbst von der Richtigkeit dieser Entscheidung überzeugt zu sein. Dann trabten sie davon. Die russischen Flugzeuge hatten abgedreht, und wenn nicht ein paar Hangars gebrannt hätten, wären beide sicher gewesen, daß das Ganze nur ein eingebildeter Spuk gewesen sei.

Entsetzt starrte Anastasia dem davoneilenden Geliebten nach. In der Ferne blitzten die Bombeneinschläge wie ein drohendes Wetterleuchten. Dann hörte das Krachen auf, und eine unheilvolle Stille senkte sich über das kleine Haus. Nur mühsam fand das Mädchen in die Wirklichkeit zurück.

Hastig zog sie sich an. Auf dem Tisch lagen noch Willis Sachen. Behutsam legte das Mädchen die Fotos aufeinander, faltete den Stadtplan von Augsburg und schob Willis gesamte Vergangenheit zurück in die Ledertasche. Dann verpackte sie die übriggebliebene Schokolade und die Zigaretten im Brotbeutel, löschte das Licht und kehrte zurück in ihr Haus.

Sie würde Willi die Sachen morgen zurückgeben.

Nach und nach leerte sich der Dorfplatz. Die Soldaten kehrten in ihre Unterkunft zurück, und die Frauen bezogen ihre Schlafplätze. In weiter Ferne verglühten langsam die Feuer auf dem Flugplatz. Friedlicher Schlaf senkte sich auf das kleine Dorf. - Bis gegen zwei Uhr morgens der Vulkan ausbrach.

Drei, vier, fünf Reihen Flugzeuge warfen ihre Bomben auf den Flugplatz. Die Häuser des Dorfes erbebten in ihren Grundfesten. Riesige Feuerfontänen sprangen in den Nachthimmel. Alle Bewohner des Dorfes waren ins Freie geeilt, und zusammen mit den Soldaten betrachteten die Frauen, von Grauen erfüllt, das gigantische Feuerwerk des Todes. Fast eine Stunde lang dauerte das Inferno, dann legte sich eine gespenstische Stille über die erstarrten Zuschauer.

Als die Rettungstrupps aus Tucin auf dem kleinen Feldflugplatz von Pandeljowo eintrafen, bot sich ihnen ein Bild des Grauens. Die Hangars, die Flugzeuge, das Kasino und die Mannschaftsunterkünfte, alles war dem Erdboden gleichgemacht. Weißer Rauch stieg aus den verkohlten Resten in den blauen Himmel.

Neben den Resten des Kasinos standen ein paar verrußte Gestalten. Vor ihnen auf dem Boden lagen die zerrissenen Körper der Kameraden, die sie aus den Trümmern gebuddelt hatten. Zwischen den Wohnbaracken lagen die Verwundeten, gräßlich gezeichnet vom nächtlichen Inferno.

Rasch versorgten die angekommenen Ärzte und Sanitäter die Verletzten, verluden sie auf den mitgebrachten Transportern, und nach einer knappen Stunde war der Flugplatz eine rauchende Einöde, eine weitere Ruine dieses sinnlosen Krieges.

Die schwereren Fälle wurden sofort ins Lazarett nach Rovno gebracht. Unter ihnen befand sich auch der Oberfeldwebel Willi Klein.

Ein Bombensplitter war in die linke Schläfe eingedrungen und hatte den Schädel unter dem rechten Auge wieder verlassen. Notdürftig verbunden, war er, nach Ansicht des ihn führenden Sanitäters, blind. Er selbst hatte so große Schmerzen, daß er sich über die Schwere seiner Verletzungen gar keine Gedanken machen konnte. Leise drang sein Röcheln durch den schmalen Schlitz vor seinem Mund, den der Notverband freigelassen hatte.

Im Lazarett spritzten sie ihm eine volle Ampulle Morphium und legten ihn in ein Bett. Sein Fall war dem unerfahrenen Stabsarzt zu kompliziert. Er nahm sich der unproblematischeren Fälle an und besorgte im Laufe des Nachmittags, ohne Pause, ein gutes Dutzend Amputationen. Gegen Abend traf ein Chirurg der Luftwaffe mit dem Flugzeug ein. Er öffnete den Kopfverband des Oberfeldwebels und stellte zu seinem Bedauern fest, daß auch er für diesen Fall nicht ausreichend spezialisiert sei.

Willi Kleins Kopf wurde neu verbunden. Von zwei Sanitätern wurde der Blinde ins Flugzeug gesetzt, das ihn nach Lemberg flog.

Noch in der Nacht untersuchte ein Augenarzt die gräßliche Kopfwunde und stellte fest, daß das linke Auge nicht mehr zu retten war. Lediglich für das rechte bestand eine geringe Hoffnung, wenigstens einen Rest von Sehfähigkeit zu erhalten.

Bomber Klein hatte von all diesen Bemühungen nichts mitgekriegt. Er lag immer noch im Tiefschlaf.

Als er am nächsten Tag gegen Mittag zu sich kam, umgab ihn tiefste Nacht, und aufgeregt erkundigte er sich nach seinem Zustand.

Sie sind am Kopf verletzt", beruhigte ihn ein Sanitäter.

"Was ist mit meinen Augen?" bohrte Klein nach.

"Das weiß man noch nicht genau", antwortete der Sani. "Sie werden morgen operiert. Dann weiß man mehr!"

Obwohl diese Auskunft nicht sehr optimistisch klang, gab sich Klein damit zufrieden. Behutsam überprüfte er seine übrigen Körperteile und stellte fest, daß außer dem Kopf alles in Ordnung zu sein schien. Auch sein Gehirn war offenbar unbeschädigt geblieben. Als er jedoch versuchte, die Vorgänge der letzten Stunden zu rekapitulieren, fehlten ihm die Ereignisse der zweiten Angriffswelle vollständig. Er erinnerte sich noch daran, wie er mit Denk auf dem Flugplatz angekommen war. Ihre Kameraden hatten die kleineren Brände schon alle gelöscht. Also mischten sie sich unter den Trupp, der sich um die zwei Flugzeuge kümmerte, die in hellen Flammen standen. Hier war aber alle Hilfe vergeblich. Die Benzintanks barsten einer nach dem anderen, gottlob waren noch keine Bomben verladen. Mit Tränen in den Augen und hilflos herabhängenden Armen standen die Piloten vor ihren wertvollen Geräten, die unter Krachen in sich zusammenfielen. Dann gingen sie zurück ins Kasino und setzten sich an die Tische. An Schlaf war nicht zu denken. Und bald kamen die Russen erneut.

Die folgenden Tage erweiterten Kleins Sprachschatz um ein gutes Dutzend medizinischer Ausdrücke, die sich ausschließlich auf seine lädierten Augen bezogen: Netzhaut, Sehnerv, Bindehaut, Sehzentrum, Augenmuskeln, Gefäßversorgung und so weiter. Aus den Stimmen der Ärzte glaubte er eine gewisse Beunruhigung heraushören zu können, aber da er ja leider nicht in den Gesichtern lesen konnte, wußte er nicht, wie es wirklich um ihn stand. Zum Glück war er immer noch nicht fähig, seine Gedanken zu ordnen und nach dem Schock der Verletzung ein klares Bild seines wahren Zustandes herzustellen. Unter großen Anstrengungen drang er zurück zu den Ereignissen der Tage vor dem Unglück, und immer deutlicher entstand ein verklärtes Bild des russischen Mädchens, das Anastasia hieß und ihm ein so unerhörtes Maß an Glückseligkeit bereitet hatte.

Während sich so seine Erinnerungsfähigkeit von Tag zu Tag besserte, vertiefte sich das Selbstmitleid, das der offensichtliche Verlust seiner Sehkraft in ihm auslöste. Immer wieder befragte er die Ärzte, aber deren Antworten machten ihm klar, daß die medizinische Kunst zu 80 Prozent auf der Fähigkeit beruhte, den Patienten über den wahren Zustand seiner Befindlichkeit hinwegzutäuschen.

Trotzdem machte er sich immer wieder Hoffnungen. Als ihm endlich in der Universitätsklinik in Leipzig die Verbände abgenommen wurden, stellte er fest, daß sein rechtes Auge noch an seiner gewohnten Stelle saß und tatsächlich zwischen hell und dunkel unterscheiden konnte. Das war doch schon etwas. Erleichtert drückte er dem mit seiner Behandlung betrauten Spezialisten die Hand. Er würde also wieder sehen können! Allerdings nicht mehr mit zwei Augen, aber

immerhin war er nicht ganz blind. Er würde allein umhergehen können, vielleicht sogar einen Beruf ausüben. Jeden flüchtigen Abdruck
auf der Netzhaut begrüßte er mit einem erleichterten Seufzer.

Eines Tages berichtete ihm ein Sanitäter, der ihn wie immer zum Spa-
ziergang im Garten des Leipziger Lazaretts abholte: "Der Führer ist
anscheinend vorgestern in Berlin gefallen." Er sagte das ohne die geringste Rührung, und Klein glaubte zu bemerken, daß die Lichtempfind-
lichkeit seines Auges in diesem Augenblick zugenommen habe.

"Dann wird auch der Krieg bald vorüber sein", erwiderte er, und der
Sani stimmte ihm zu. Danach trotteten sie schweigend auf den
schmalen Kieswegen dahin, und jeder versuchte sich auf seine Weise
auszumalen, wie das Leben ohne Krieg weitergehen sollte.

Obwohl Klein wußte, daß sein kommendes Dasein wenig Spielraum
für großartige Lebensziele bieten würde, versuchte er doch einen
bescheidenen Plan für seine Zukunft aufzustellen. Seine beruflichen
Ambitionen beschränkten sich auf Positionen, die zwischen Nacht-
portier und Liftboy lagen. Keine grandiosen Aussichten, aber zum
Weiterleben würde es sicher reichen. Auf die Hilfe des Staates würde
er nicht warten. Der hatte sicher andere Probleme, als sich um die
vielen tausend Krüppel zu kümmern. Aber er würde sich schon über
Wasser halten - auch ohne Volkswohlfahrt.

Mehr Sorgen bereitete ihm sein Seelenleben!

So schmerzvoll der Gedanke auch war, eine Frau würde er nicht
mehr finden. Und eine reine Versorgungsehe würde er gar nicht eingehen wollen. Immer häufiger kehrten seine Gedanken zu Anastasia zurück, und er dankte dem lieben Gott, auch wenn er langsam
an dessen Wirksamkeit zweifelte, daß er seinem Gedächtnis die herrliche Erinnerung an die Nächte mit ihr geschenkt hatte. Allmählich
entstand so in seinem lädierten Kopf ein Idealbild, das mit der russischen Wirklichkeit nichts mehr zu tun hatte, das aber ausreichte,
in seinem Herzen ein Hochgefühl zu erzeugen, das ihn über die
Depressionen des Gemütes hinaushob.

Die Bomben hatten Tucins Häuser verschont, aber ihre Bewohner
tief geschockt. Man hatte nicht mehr getanzt in den brüllenden Nächten und die Begierden nach Liebe waren verstummt. Der feuerrote
Himmel löschte die funkelnden Sterne und am Tag trieb beißender
Rauch über die Felder.

Die Lastwagen mit den spärlichen Resten des Flugplatzes waren durch
das Dorf gerollt, voll mit verkohlten Motorenteilen, rußgeschwär-

ten Ausrüstungen und den jämmerlichen Körpern verstümmelter Soldaten. Verzweifelt hatte Anastasia Ausschau gehalten nach Willi.

Ihre rotgeweinten Augen verfolgten die Fahrzeuge und das übergroße Leiden des Feindes war plötzlich ihr eigenes geworden. Der kleine Pilot hatte sie verlassen.

Ihr Leben lang hatte sie gehofft es gäbe einen Gott. Jetzt war sie sicher. Kein Gott der Welt hätte ihr dies antun dürfen. Die bleiche Furcht vor der Zukunft saß ihr im Nacken, wenn sie mit gebeugtem Rücken auf den Feldern schuftete. Nachts kroch die Hoffnungslosigkeit unter ihre Decke und umklammerte mit eiskaltem Griff ihr Herz. Welch krankes Hirn konnte glauben, daß ihr grausames Leiden gottwohlgefällig sei? Gab es jemanden in dieser verrückten Welt der imstande war solches Leid zu genießen nur um jenseitiges Heil zu erlangen?

Leise kroch sie aus ihrer Bettstatt und sammelte ihre Habseligkeiten. Sorgfältig verstaute sie Willis´s armselige Hinterlassenschaft in ihrem Kopftuch und stopfte sie mit ihren übrigen Armseligkeiten in einen kleinen Rübensack. Behutsam wickelte sie sich in ihr großes schwarzes Schultertuch und schlüpfte aus dem Haus.

Mit leisen Schritten schlich sie um die Häuser der Soldaten, warf einen kurzen Blick auf den schläfrigen Posten und verschwand in der leblosen Weite des flachen Landes.

In großem Bogen umging sie die noch rauchenden Trümmer des Flugplatzes. Weit und breit keine Menschenseele. Noch nie in ihrem Leben fühlte sie sich so verlassen.

Während sich ihre Füße traumwandlerisch voreinander setzten, formte sich in ihrem Kopf ein einfacher Plan. Sie würde nach Westen gehen, immer weiter, ohne bittere Ungeduld, ohne überspannte Hoffnung. Vielleicht gab es einen Gott in jeder Gegend wo Willi zuhause war. Wer wollte das schon wissen? Sicher war nur eins: sie würde gehen, gehen, gehen! Niemand würde sie aufhalten können. Niemand!

Ende Oktober 1945 erlaubten die Russen einer größeren Zahl Schwerstverwundeter die Heimreise. Unter ihnen befand sich auch Willi Klein. Die Eltern holten ihn am Bahnhof in Augsburg ab.

Ihr Sohn Willi hatte eine Brille auf, deren linkes Glas aus undurchsichtigem Material bestand und die leere Augenhöhle abdeckte. Auf der rechten Seite versuchte eine stark geschliffene Linse, die Hell-Dunkel-Effekte in faßbare Konturen zu zwingen. Willi konnte so die Gestalten von Vater und Mutter gut auseinanderhalten. Zum Glück konnte er nicht die Betroffenheit der beiden erkennen, die sich bei seinem Anblick auf ihren Gesichtern zeigte. Trotzdem liefen der Mutter Tränen der Freude über die Wangen, als sie ihren einzigen Sohn in die Arme schloß. Der Vater reichte ihm stumm die Hand. Er war unfähig, ein Wort der Begrüßung über die Lippen zu bringen. Den 3 km langen Heimweg schafften sie in 40 Minuten. Sie sprachen nur wenig. Man wollte sich Willis Erzählung für die häusliche Umgebung aufheben. Willi war froh über diese Entscheidung, denn das Gefühl, nach so langer Zeit wieder zu Hause zu sein, hatte alle anderen Überlegungen verdrängt. Auf eine besondere Weise war er wieder einmal glücklich.

Die mütterliche Fürsorge verdrängte in den ersten Wochen alle Zukunftsängste. Langsam flossen die Tage dahin, und Willi berichtete nach und nach von seinen Fronterlebnissen. Die bösen Berichte über die Untaten der russischen Kommunisten in den Ostgebieten hinderten ihn daran, von der Existenz Anastasias zu erzählen. Sie blieb sein privates Erlebnis, und je mehr er sich beherrschen mußte, nicht von ihr zu berichten, um so idealisierter wurde ihr Bild in seinem Herzen. Die schwache Reizung des Sehnervs reichte kaum aus, die Reaktionen des Großhirns zu ordnen. So konzentrierte er sich darauf, die geschockten Erinnerungsmuster aus dem zähen Brei der Ganglien zu lösen und in erfreuliche Bilder zu verwandeln.

So verging der Winter in äußerlicher Beschaulichkeit. Willis Seelenleben dagegen verdüsterte sich zusehends, und das russische Mädchen wurde eine fixe Idee. Er dachte Tag und Nacht an sie, und ihr Erscheinungsbild beherrschte seine Innenwelt. Je nach Gemütsverfassung lag sie zwischen Jungfrau Maria und Greta Garbo, und er verzehrte sich an machen Tagen so sehr nach ihr, daß er keinen Bissen hinunterbrachte.

Seine Eltern führten diese Appetitlosigkeit auf die Schwere seiner Verletzung zurück. Und er konnte nicht über den Grund seiner Depressionen sprechen. Dann kam endlich der Frühling.

Die Mutter hatte ihm einen Lehnsessel auf die winzige Terrasse vor der Südseite des Hauses gestellt. Dort saß Willi und lauschte dem nachmittäglichen Gesang der Vögel. Seine Gedanken weilten in Pandeljowo, und seine Verzweiflung über das zerstörte Glück war so groß, daß er daran dachte, sich das unnütze Leben zu nehmen. Da quietschte die Gartentüre, und Willi sah auf.

Wer konnte das sein?

Eine graue Gestalt kam auf ihn zu. War es die Nachbarin? Nein, sie hätte ihn längst angesprochen. Wer war es denn?

Als die Gestalt fünf Meter vor ihm stehenblieb, wußte er, daß es eine Frau war. Sie hielt ein Kind im Arm, das ungeduldig mit den Ärmchen um sich schlug.

"Moi malinki Pilot!" hörte Willi die Frau sagen, und da er nicht sofort reagierte, fügte sie hinzu: "Kasatschok, Willi, Kasatschok!" Mit diesen Worten ging sie auf ihn zu und setzte das Kind auf seinen Schoß. "Nasch malinki niemetski pilot!" sagte sie und kniete vor ihm nieder. Ihre Arme umfingen seine Beine, und mit Tränen in der Stimme sagte sie immer wieder: "Mein kleiner Pilot!"